JN302075

Sasa Tatsuichiro
笹 達一郎

Fantastic English lessons with Mr. Sasa and six wonderful classmates

笹先生と
いっしょに学ぶ
中学英語

はじめに

　「ゼロから英語を勉強したいけれど、わかりやすい本がないかなあ」「中学生に戻ったつもりで英語を勉強しなおしたいけれど、どんな本を読んだらいいのかな」「『中学校英語の本』といっても、読んでみると難しいものが多いなあ」
　この本は、そんなみなさんにきっと満足していただける本です。なぜなら、本書は子どもが初めて学ぶ英語の授業、すなわち「中学校の英語授業」を忠実に再現したものだからです。
　日本の子どもたちは、中学生になって初めて英語のしくみに触れます。中学生は、アルファベットの書き方や英語の文を書くルールなど、ごく初歩の段階から先生に手取り足取りされ、英語を学んでいきます。中学校の英語は週にわずかな時間ですが、それでもこつこつと積み上げることで、知識や技能が身についていきます。3年間英語を学べば、それなりにまとまった英文を読んだり聞いたりして理解できるようになりますし、簡単な英語を話したり書いたりすることもできるようになるのです。
　私は長年にわたって公立中学校に勤務し、中学生に英語を教えてきました。私の授業のいちばん大きな柱は「わかりやすく楽しい文法説明」です。英語の文法というと、難しくとっつきづらいものと受け止められることがほとんどです。大人でも、英文法と聞けば耳をふさぎたくなる人が多いのではないでしょうか。でも、英文法は教え方によっては決して難しくはありませんし、とっつきづらくもありません。中学生はまだまだ子どもです。集中力が長続きせず、飽きっぽい子どもたち。そんな中学生が聞いてもわかりやすく、なおかつ楽しく学べる文法の授業。私はそういう授業を目指してきました。本書はそんな授業

を実況中継のように味わっていただき、「えっ！ 英文法ってこんなにわかりやすいの!?」と感じていただけるように書かれています。

　さあ、読者のみなさん。まずは中学校に入学した１年生になったつもりで、私の英語の授業を受けてみてください。愉快な１年Ａ組のクラスメートたちと一緒に、初歩の初歩から英語の勉強を始めます。２年、３年と学年が進むにつれ、だんだんと英語のしくみがわかるようになり、卒業するとき（本書を読み終えるとき）には中学校で必要とされる英文法の知識や表現のあれこれを漏れなく学ぶことができます。そして、クラスメートたちとそろって笑顔で「中学英語の授業」を卒業できることでしょう。

　さて、授業を始める前に、効果倍増になる本書の使い方を２つ紹介します。
　その１。本書に書かれている板書を、説明にあわせて、ご自分でも実際にノートに書いてみてください。やさしく、わかりやすく解説してありますが、そうはいっても、目だけで説明を追うのとノートをとるのとは大きな違いです。いかにわかりやすい説明であっても、文法説明は一読了解というわけにはいきません。とくに「よくわからないぞ」というレッスンでは、面倒くさがらず、説明にあわせてノートをとったり、メモを書き加えたりすれば、ご自分にとって役立つノートができあがるはずです。
　その２。私が説明の中でしばしば言っている「リピートアフターミー」。これが出てきたら、私の後に続いて、用語や文を口に出して数回読んでみてください。ただ読み流すよりも、ずっと理解が進むはずです。

さあ、お待たせしました。これから、『笹先生といっしょに学ぶ中学英語』の授業が始まります。あなたを新しい世界にお連れすることを約束します。私を信じて、クラスメートたちと一緒についてきてください！

あなたと一緒に勉強する先生とクラスメートたち	
笹先生	40代半ばと思われる英語の先生。家族は奥さんと子ども2人。趣味は英語の授業と冗談と手品。「わかりやすい英語の授業」がモットー。
佐藤翔くん	やんちゃものの男の子。発言は多いが、うっかり間違いをよくするひょうきん者。運動が大好きで、野球部のレギュラー選手。もちろん将来の夢はプロ野球選手。
田中慎治くん	冷静沈着な男の子。通称「ハカセ」。あまり発言はしないが、ときどき鋭い指摘をする。みんなも一目置いている。科学部。科学者が将来の夢。
中村正くん	のんびり屋の男の子。「T坊」があだな。マンガやゲームが大好き。英語は苦手。「難しいなあ」が口癖。柔道部に所属。将来の夢はゲーム関係の仕事に就くこと。
鈴木里佳子さん	「リカ」。明るく元気な女の子。よく発言するが、とんちんかんな意見を言ったりする。「先生！」が口癖。バレー部。将来の夢はたくさんあって、まだ決まっていない。
高橋真優さん	「マユ」。英語が大好きながんばり屋の女の子。将来は英語を使う仕事に就きたいと思っている。本を読むのが好きで、英語の本を読むのが夢。卓球部に所属。
吉田あゆみさん	絵を描くのが大好きな女の子。たまに変わった発言をして、みんなをびっくりさせる。美術部所属で、将来は美術大学を卒業してデザイナーになりたいと思っている。

笹先生といっしょに学ぶ中学英語

目　次

はじめに　3

中学1年

1学期

Lesson1-①	アルファベットをおぼえよう	12
Lesson1-②	英語の文を書く	19
Lesson2-①	be 動詞①	29
Lesson2-②	a と an	36
Lesson2-③	be 動詞の疑問文・否定文	43
Lesson3-①	単数形と複数形	56
Lesson3-②	be 動詞②	71
Lesson3-③	代名詞	81
Lesson4-①	一般動詞	87
Lesson4-②	一般動詞の疑問文・否定文	94

2学期

| Lesson5-① | what を使った文（be 動詞） | 106 |

Lesson5-②	whatを使った文（一般動詞）	115
Lesson6-①	theとa	122
Lesson6-②	命令文、Let's〜	130
Lesson7-①	三単現のs	141
Lesson7-②	三単現のsの疑問文・否定文	155
Lesson8-①	助動詞can	163
Lesson8-②	現在進行形	172
Lesson8-③	所有格	184
Lesson9-①	疑問詞さまざま①（who）	191
Lesson9-②	疑問詞さまざま②（whose）	201
Lesson9-③	疑問詞さまざま③（where）	207
Lesson10-①	疑問詞when	213
Lesson10-②	疑問詞why・which	223

3学期

Lesson10-③	疑問詞how	230
Lesson11-①	一般動詞の過去形（規則変化）	239
Lesson11-②	一般動詞の疑問文・否定文（過去）	248

中学 2 年

1 学期

Lesson1-①	be 動詞過去形の文	258
Lesson1-②	一般動詞の過去形（不規則変化）	269
Lesson1-③	過去進行形	278
Lesson2-①	there is 〜, there are 〜の文	284
Lesson2-②	there was 〜, there were 〜の文	291
Lesson2-③	SVOO の文	298
Lesson3-①	助動詞 will（未来形）	305
Lesson3-②	be going to 〜（未来形）	318
Lesson4-①	助動詞いろいろ①（丁寧なお願い表現）	326
Lesson4-②	助動詞いろいろ②（must）	333
Lesson4-③	助動詞いろいろ③（may）	340
Lesson4-④	助動詞いろいろ④（shall）	347
Lesson4-⑤	have(has) to 〜	354

2 学期

Lesson5-①	to 不定詞①（名詞的用法）	362
Lesson5-②	to 不定詞②（副詞的用法）	374
Lesson5-③	to 不定詞③（形容詞的用法）	381
Lesson5-④	動名詞	390

Lesson6-①	接続詞 that	398
Lesson6-②	接続詞 when と if	404
Lesson7-①	比較級	409
Lesson7-②	最上級	415
Lesson7-③	more, most を使った比較級・最上級	422
Lesson8-①	better を使った文	429
Lesson8-②	best を使った文	437
番外編 Lesson	物を数える	448

3学期

Lesson8-③	同格の表現	456
Lesson9-①	受け身（受動態）①	463
Lesson9-②	受け身（受動態）②	478

中学3年

1学期

Lesson1-①	SVOC の文①	490
Lesson1-②	SVOC の文②	505
Lesson1-③	ask ～ to...	514
Lesson2-①	現在完了形〔完了・結果〕①	520
Lesson2-②	現在完了形〔完了・結果〕②	529

Lesson2-③	現在完了形〔経験〕	539
Lesson2-④	現在完了形〔継続〕	549
Lesson2-⑤	現在完了形の応用表現とまとめ	557

2学期

Lesson3-①	It is ~ for... to –	566
Lesson3-②	疑問詞 +to 不定詞	573
Lesson3-③	間接疑問（を使った）文	580
Lesson4-①	関係代名詞〔主格〕①・who	590
Lesson4-②	関係代名詞〔主格〕②・which	600
Lesson4-③	関係代名詞〔主格〕③・that	608
Lesson5-①	関係代名詞〔目的格〕①・whom, which	616
Lesson5-②	関係代名詞〔目的格〕②・that	631
Lesson5-③	関係代名詞〔所有格〕・whose	636
Lesson6-①	分詞の形容詞的用法	645

3学期

| Lesson6-② | too ~ to... 構文と so ~ that 構文 | 656 |
| Lesson6-③ | as ~ as one can 構文と as soon as ~構文 | 663 |

［巻末資料］中学校で習う不規則変化動詞一覧表　675

おわりに　678

English

中学1年

1学期

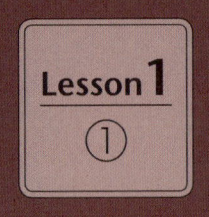

Lesson 1 ① アルファベットをおぼえよう

月　日（　）

　　1年A組のみなさん、こんにちは。

　　こんにちは！
〈みんな〉

　　私は笹といいます。今年1年間、このクラスの英語を担当します。みなさんにとって初めての英語の授業ですね。せっかくですから、お互いに英語で自己紹介しましょう。いえいえ、簡単な自己紹介でけっこうです。"I am 名前。I like 好きなもの。"だけでかまいません。

　　それ以外にも言っていいんですか！
佐藤くん

　　もちろんです。ではいちばんしゃべりたそうな佐藤くんからどうぞ(笑)

　　I am Sato Sho. I like baseball. I like Mr. Sasa!
佐藤くん

　　しょっぱなから、うまいなあ。でも、お世辞言っても何にも出ないよ！(笑) 次は田中くん、どうぞ。

　　I am Tanaka Shinji. I like science.
田中くん

　　"science"なんていう言葉を知ってるんだ。すごいね。You like science. Great!

　　Thank you.
田中くん

　　Next, Mr. Nakamura, please.

中村くん: えーっと、うーんと… I am Nakamura Tadashi. えー、I like... マンガって何て言うんですか。それから、ゲーム。

マンガは"manga"でだいじょうぶだよ。ゲームは"games"でどうぞ。

中村くん: I like manga. I like games.

Good. I like manga, too. My son likes Pokémon. Do you like Pokémon?

中村くん: Yes!（笑）

I see. Next, Ms. Suzuki, please.

鈴木さん: I am Suzuki Rikako. I like volleyball!

バレー部決定かな。Next, Ms. Takahashi, please.

高橋さん: I am Takahashi Mayu. I like English and table tennis.

Oh, you like English! How do you like English?

高橋さん: I like English very much!

Great! Next, Ms. Yoshida, please.

吉田さん: I am Yoshida Ayumi. I like drawing pictures.

すごい。どうして"drawing pictures"なんていう英語を知っているの？

吉田さん: え、それしか知りませんよ。小学校でそれだけおぼえました。絵を描くのが好きなので。

立派なものです。では私の自己紹介。I am Sasa Tatsuichiro. I am a very kind, young, handsome and great English teacher.（笑）I like magic. わかりやすく楽しい授業で頑張りますので、よろしくお願いします。

中村くん なんかマジックって聞こえた。

佐藤くん やってくださいよ（笑）

鈴木さん 見たい、見たい！

　えっ、手品ですか？　見せてあげたいのだけどなあ。ここでハトを出すと教室中を飛び回って授業にならないからなあ。

〈みんな〉 だいじょうぶですよ！

　ハトのフンが頭にかかっちゃうかもしれませんよ！　それでもいい？

〈みんな〉 えーっ！

　というわけで、また今度にします。まあまあ。そのうち見せてあげますから、楽しみにしていてください。

　さて、早速ですが、今日は英語を初めて書く勉強をします。ところで、日本語は何で書きますか。

佐藤くん ひらがな。

鈴木さん 漢字。

吉田さん カタカナ。

　他にもありますか？

高橋さん ローマ字も日本語に入りますか？

　すばらしい、高橋さん。その通りです。ローマ字は日本語です。日本語は、今みなさんが言ってくれたさまざまな記号によって書き表されます。とても大変ですね。ひらがな、カタカナはせいぜい50個ずつですが、漢字にいたっては、普通の漢和辞典でも1万字くらいあります。しかも、漢字にはいろんな読み方

がありますから、日本語を使いこなすことはとても大変です。

　けれども、英語は違います。英語はわずか26のアルファベットしか使いません。それぞれのアルファベットには、大文字と小文字という2種類がありますが、それでも52個しかありません。なんと！ 英語は日本語に比べるとずいぶん簡単な言葉なんですねぇ⁉

　　佐藤くん　**本当ですか〜？（笑）**

　私がウソをつく人間に見えますか！ 私がウソをつくことは滅多にありませんので安心してください、佐藤くん（笑）英語は日本語に比べて簡単だというのは、その滅多にないウソです！

　　〈みんな〉　**えー！**

　どっちの言葉が簡単だ、なんてことが言えるわけがありません。まあ、英語のほうが簡単って思っていたほうが気が楽かもしれませんけど。いずれにしても、英語はアルファベット26個、大文字小文字あわせて52個でできあがっている言葉であるということはウソではありません。逆に言えば、この52個をおぼえなければ、英語の勉強のスタートラインに立つことができません。

　そういうわけで、今日はみなさんにアルファベットを覚えてもらおうと思います。

　さて、黒板を見てください。線が何本書かれていますか？

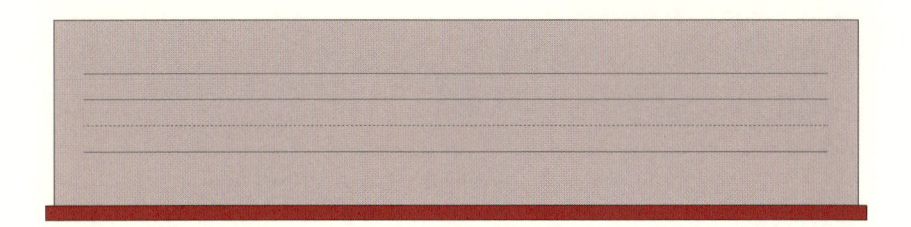

　　〈みんな〉　**4本。**

　そうですね。5本に見える人は、目医者さんに行ったほうがよろしい（笑）

この線は、アルファベットをきちんと書くための、目安となる線です。英語のノートは、どのノートでもこの4本の線が引いてあります。ちなみに5本の線があるノートは何のノートですか。

😊😊😊 音楽！
〈みんな〉

　次の授業までに、英語のノートを用意してきてくださいね。ただし、ノートを買うときに気をつけること。後でみなさんに英語のノートを見せてもらうと、不思議なノートを持ってくる人がいるんですよ。線が5本あるノートに苦労してアルファベットを書いている人が（笑）笑っているそこの君！　ちゃんと「4本線のノートをください」ってお願いするのですよ！
　さて、まずはアルファベットの大文字小文字を眺めてみよう。

ABCDEFGHIJKLMNOPQRSTUVWXYZ
abcdefghijklmnopqrstuvwxyz

　大文字小文字を並べて見て、気づくことがありますか？

🧒 みんなバラバラに見えます。
鈴木さん

🧒 難しいなあ。
中村くん

　ホント？　共通点に注目してみたらどうかな。

🧑 大文字小文字で大きさは違うけど、形が完全に同じものが7個あるよ。
田中くん 〔o, p, s, v, w, x, z〕が同じだ。

🧒 形は違うけど、〔E, e〕とか〔F, f〕〔K, k〕はちょっと似ている。
高橋さん

鈴木さん：先生！ 大文字のUはuにしちゃダメですか。

いい質問だ。答えは×。uという大文字はないよ。

中村くん：あっ、〔q〕は数字の9に見える！

吉田さん：本当だ。気がつかなかった。

佐藤くん：それ、使わせてもらおう。オレ、小文字が苦手なんだよなあ。大文字はだいじょうぶなんだけど。

　そうだね。大文字はみんな早くおぼえるのだけど、小文字は間違える人が多い。中村くんの「Qの小文字は数字の9に見える」は採用だね！ 中村くんのアイデアほどよくはないけど、小文字を間違えないでおぼえるポイントをいくつか紹介しよう。
　その1。bとd、pとqはそれぞれ抱きあう形になります。

鈴木さん：「抱きあう」だってー。先生！ あやしいですよ（笑）

　いやいや、このくらいインパクトのあることを言わないと、みんなは間違えてしまう。下手すると、2年生でもこの間違いをしてしまうから、気をつけましょう。
　その2。jはJapanのj、日本といえば箸、箸は右から左に使いますよね。くれぐれも曲がりを右にしないように！

吉田さん：左利きの人はどうするんですか !? 私、左利きですよ。

　失礼しました！ 日本といえば日の丸。日の丸は時計回りにぐるりと描きますよね。納得？
　その3。〔m, n, o〕は、山が減っていく、とおぼえましょう。
　その4。〔u, v, w, x〕は、谷が深く増えていって、通れなくなる（×）とおぼえましょう。

中学1年　1学期　アルファベットをおぼえよう

17

田中くん　なるほどー。

田中くん、納得してくれてありがとう。
その5。〔x, y, z〕はそういう名前のお酒（カクテル）があるとおぼえましょう(笑)

佐藤くん　そんなこと言っていいんですか!?

失礼しました(笑)〔x, y, z〕をセットで5回唱えて順番をおぼえましょう。

〈みんな〉　〔x, y, z〕× 5

さあ、今日はアルファベットの大文字小文字をおぼえました。まだしっかりおぼえていない、という人も、ここは頑張りどころですよ。ノートに繰り返し書いて確実におぼえましょう。

〈みんな〉　ハーイ。

よい返事ですねえ。私が"Good-bye, everyone!"とあいさつしたら、"Good-bye, Mr. Sasa!"と大きな声で答えてね。Good-bye, everyone!

〈みんな〉　Good-bye, Mr. Sasa!

今日のノートとポイントのおさらい

Lesson1-①　アルファベットをおぼえよう

ABCDEFGHIJKLMNOPQRSTUVWXYZ

abcdefghijklmnopqrstuvwxyz

Lesson 1 ②　英語の文を書く

　　　　　　　　　　　　　月　　日（　）

今日は、英語の約束事（ルール）をいくつか勉強します。

　約束事、ルールというのは、日本語でも同じようにありますよね。例えば、日本語は縦に（上から下に）書いたり、横（左から右に）に書いたりします。でも、右から左に書く人は、普通あんまりいません。

田中くん　えっ、右から左に書くことがありますか？

　車の車体の右側では、右から左に書かれていることがあるね。見たことないかな。

田中くん　あ、そっか。そういえばそうですね。

　でもまあ、これは例外です。

　上から下、左から右、これが日本語のルールです。日本人には当たり前のような気がしますが、世界を見回すとそうではありません。例えばアラビア語は右から左に書きます。これはアラビア語の約束事です。ちなみに下から上に書く言葉というのは、金星のルールです。

佐藤くん　ウソだ〜。

　バレましたか（笑）地球では下から上に書く言葉というのはありません。ところで、今でこそ日本人は左から右にむかって書きますが、昔の日本人が見たらびっくりでしょうね。江戸時代より前の日本人にとって、日本語とは上から下に書くものであって、左から右にむかって書くものではありませんでした。戦前には右から左に書く習慣もありました。時代によってもこのルールは変わるものなのですね。

ところで、なぜ日本人は日本語を左から右に書くようになったのでしょう。これにはいくつか理由がありますが、そのうちの１つは、英語なんです。明治以降になって、日本人が英語に触れることが多くなりました。外国に留学する人も増えました。それまで字を読むときには上から下に目を動かしていた日本人がだんだんと、左から右に目を動かす機会が増えた。それで、日本語を左から右に書く習慣が生まれたのですね。これはそんなに前のことじゃありません。戦前の教科書はほとんどの教科が縦書きです。小学校の社会科で初めて横書きの教科書が登場したのは平成４年なんですよ。横書き文化が一般に浸透したのは戦後です。

〈みんな〉 へえ～。

そういえば教科書はほとんどが左開きですが、国語の教科書は右開きの縦書きでしょ。なぜだと思いますか。… 答えは、「国語の教科書には古文、漢文が書かれているから」。今の日本語は右開き横書きの本も多いですが、古文、漢文は全部上から下、右開きです。だから、どうしても国語の教科書は縦書きでなきゃダメ、なんですね。

さて、英語に話を戻しましょう。英語の原則。「英語は左から右に書く」。これはノートに書かなくてもだいじょうぶですね！

それでは実際に英語を書いてみましょう。私が黒板に書きますので、みなさんはそれを見ながら書き進めます。黒いオタマジャクシのような点も、うまくまねして書いてみてください。

Lesson1-② 英語の文を書く

Hello,

アルファベットの"H, e, l, l, o"がひとかたまりとなっていますね。このアルファベットのひとかたまりを「単語」と言います。英語の単語なので「英単語」とも言います。リピートアフターミー。「単語」

〈みんな〉 ？

〈鈴木さん〉 先生！ 何のことかわかりません！

　私が「リピートアフターミー」と言ったら、みなさんは私の後に続いて元気よく繰り返してください。用意はいいですか。「単語」

〈みんな〉 単語！

「英単語」！

〈みんな〉 英単語‼

　元気がよくて大変けっこうです。
　さて次に、人差し指を出してください。右で書いている人は左手の、左で書いている人は右手の人差し指を1本用意してください（笑）器用な人は足の指でもかまいませんが、鼻先に置くことになるので臭いです（笑）用意できましたか。
　さあ、黒いオタマジャクシの点の右に、用意した指を置いてください。そして"I"を書いてください。

Lesson1-② 英語の文を書く
Hello, I

今度は、"I"の右に指を置いて書いてください。

Lesson1-② 英語の文を書く
Hello, I am

同じように次を書きます。

> **Lesson1-②　英語の文を書く**
> Hello, I am Judy

最後に、"y"の右にぐりぐり黒い点を書いてください。

> **Lesson1-②　英語の文を書く**
> Hello, I am Judy.

はい、教科書が写せましたね。これで1文できあがりです。

　日本語は普通、単語と単語の間をあけませんが、英語はこのように、単語ごとに間をあけます。大きな違いですね。なぜだかわかりますか？ つなげると読めなくなるからです。やってみる？

> Hello,IamJudy.

　🐵 何だこりゃ（笑）
　〈中村くん〉

　見にくいし、読みにくいね。ですから、英語は単語と単語の間をあける、という約束があります。慣れるまでは、指を置いて書くとよい。「単語と単語の間はあける」。これが英語の原則です。ノートには書きませんが、だいじょうぶですね。

　さて、文の最初を見てみましょう。最初の単語の最初の文字、"H"は大文字ですか、小文字ですか。

　👨👧👩 大文字。
　〈みんな〉

　その通り。大文字ですね。ここから先、「大文字ルール」がいくつか出てきます。間違えないようにまとめていきます。大文字ルールその1。「英語の文の最初は大文字になる」

> **Lesson1-②　英語の文を書く**
>
> ## Hello, I am Judy.
>
> ※**大文字ルール**　①文の最初は大文字

"Hello" というのは、「こんにちは」という意味の単語です。これは日本語にもなっていますね。外国人と見るやいなや「ハロー」と言っている人、いませんか？ 恥ずかしいからやめてね。

【鈴木さん】　先生！ だれもそんなことしませんよ！（笑）

失礼しました！ さて、その後ろの〈 , 〉は何だろう。これは、日本語の読点（「、」）と同じと思ってください。文の区切りで使うものです。

【中村くん】　オタマジャクシみたいだ。

そうだね。このオタマジャクシには名前があります。おぼえましょう。リピートアフターミー。「コンマ」

【みんな】　コンマ。

「カンマ」と言う人もいますけど、まあ「コンマ」でいいでしょう。

> **Lesson1-②　英語の文を書く**
>
> ## Hello , I am Judy.
> 　　　　　コンマ
>
> ※**大文字ルール**　①文の最初は大文字

"I" は「私は」という意味の単語です。

ところで、あなたは自分のことを何と呼びますか。

佐藤くん　オレ。

田中くん　ぼく。

鈴木さん　あたし。

他にある？

吉田さん　家では自分のことを「アユ」って言ったりする。

なるほど。中村くんはどう？

中村くん　オレは「おれ」って言います(笑)

　なるほど。「私（わたし）」「あたし」「自分」「オレ」「われ」「ぼく」「うち」「わたい」「わし」「おいら」「あたい」…ずいぶんたくさんあります。しかも日本人はこれらを使い分けますね。女の人が自分のことを「オレ」と言うのは、ないわけではないけれど、あまり普通ではないよね。男の人が自分のことを「わたし」とは言いますけど、「あたし」と呼んだらちょっと普通ではない(笑)

　けれども、英語ではカンタンです。どのくらいカンタンかというと、見ての通り、ほとんど棒１本じゃありませんか。英語の勉強の最初としてはさい先がいいですね。その通り。非常に単純です。

　まあ、逆に言えば、つまらんですね。せっかく日本語ではいろんな使い分けができる「私」の言い方ですが、「わし」も「あたい」も「ぼく」も「自分」も、ぜーんぶ"I"です。日本語の豊かさを感じてもらいたいね。

　さて、"I"はぜーんぶひっくるめているために、とても出しゃばりです。どのくらい出しゃばりかというと、先ほどの大文字ルールを無視していますよね。大文字ルールその１は何でしたっけ？

＜みんな＞　文の最初は大文字。

　はい、その通り。さっそくこのルールを無視しておりますな。文の最初でな

いにもかかわらず、大文字。「でかい面」をしています。

「"I（私は）"はいつも大文字」。これが、「大文字ルール」その２です。

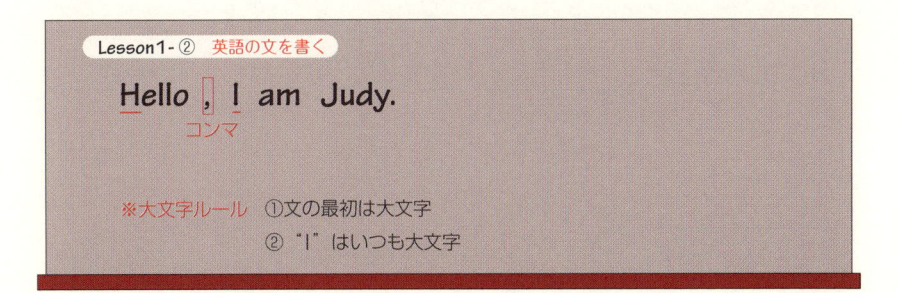

Lesson1-② 英語の文を書く

<u>H</u>ello , <u>I</u> am Judy.
　　　　コンマ

※大文字ルール　①文の最初は大文字
　　　　　　　　②"I"はいつも大文字

さて、次に"am"という単語が続いています。これは何だろう。

今のところ、日本語の「〜です」に当たる単語だと思ってください。だんだんと説明していきます。

ところで、"Judy"はどういう意味ですか。

🧑（佐藤くん）　ジュディじゃないんですか。

…本当ですか。ファイナルアンサー？

🧑（佐藤くん）　ええっ？　うーん、ファイナルアンサー！（笑）

…………残念！　マリーです。

👨👩👧（みんな）　ウソー!!

ウソです（笑）私はときどきウソをつきます。みなさんがウソを見破る力をつけるために、我慢してウソをついているのです。上手に見破ってください（笑）

"Judy"はジュディ。正解です。おやおや、"Judy"の"J"も大文字ですね。

👧👦👩（みんな）　ウソだ！（笑）

いやいや、これはウソではない（笑）　「大文字ルール」その３。「人の名前や地

名の最初は大文字」。みなさんの住んでいる群馬。これも地名ですから、"Gunma"のように、大文字で始めます。

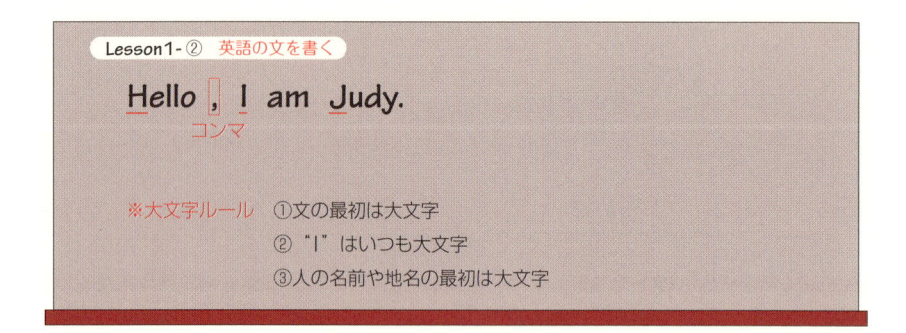

> **Lesson1-②　英語の文を書く**
>
> Hello , I am Judy.
> 　　　コンマ
>
> ※大文字ルール　①文の最初は大文字
> 　　　　　　　　②"I"はいつも大文字
> 　　　　　　　　③人の名前や地名の最初は大文字

さて、最後の「てん」だ。これは日本語の「。」に当たる、句点です。これで文は終わりですよ、という印です。この「てん」にも名前がある。知っている人いますか。

高橋さん　「ピリオド」です。

高橋さん、よく知っていますね。「ピリオド」と言います。これは日本語になっていますね。みなさんはこの3月にピリオドを打ちましたよね。「小学校時代にピリオドを打った」わけです。

私がもしも、万が一、ひょっとして離婚するようなことになったら、「笹先生は結婚生活にピリオドを打った」ということになります。とりあえず、まだピリオドを打ちたくないですけど(笑)

冗談はさておき、今日勉強した英語の原則の大事なところです。「文の終わりは必ずピリオドを打つ」。これは「うんちをしたらおしり拭く」というくらい、当たり前のことです。拭かずにトイレを出てこないように！(笑)

鈴木さん　先生！ 例えが汚いですよ！

失礼しました！(笑)

> **Lesson1-②　英語の文を書く**
>
> H̲ello｢,｣ I̲ am J̲udy｢.｣
> 　　　　コンマ　　　　　　ピリオド
>
> ※大文字ルール　①文の最初は大文字
> 　　　　　　　　②"I"はいつも大文字
> 　　　　　　　　③人の名前や地名の最初は大文字

　これで英語の基本的なルールがわかった。単語1つ1つの意味もわかっている。では、この文の意味を単語に沿って考えてみよう。

　日本語の順番に直すのを忘れないようにね。

　🧑‍🤝‍🧑〈みんな〉　こんにちは…私は…ジュディ…です。

　できましたね。みなさんにとって、初めての英語の文の意味がわかりました。

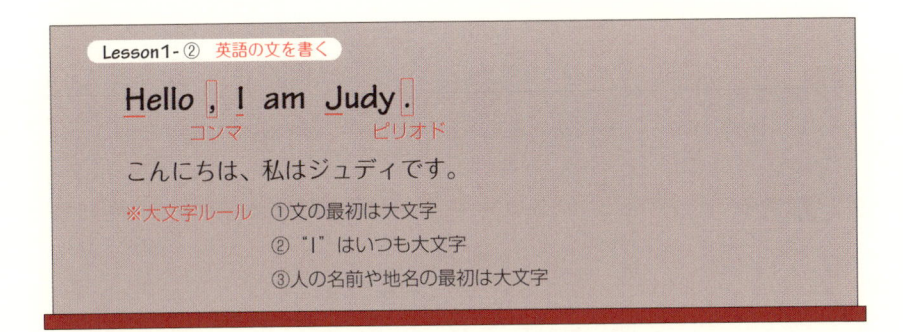

> **Lesson1-②　英語の文を書く**
>
> H̲ello｢,｣ I̲ am J̲udy｢.｣
> 　　　　コンマ　　　　　　ピリオド
>
> こんにちは、私はジュディです。
>
> ※大文字ルール　①文の最初は大文字
> 　　　　　　　　②"I"はいつも大文字
> 　　　　　　　　③人の名前や地名の最初は大文字

　今日はいくつもルールが出てきましたね。英語の単語も4つ出てきました。このように、英語は<u>単語</u>と<u>ルール</u>の積み重ねでできています。大変ですが、単語をおぼえ、ルールを1つ1つ積み重ねていって、正しく英語を理解できるように頑張りましょう。

　That's all for today! Good-bye, everyone!

　👧〈みんな〉　Good-bye, Mr. Sasa!

今日のノートとポイントのおさらい

> **Lesson1-②　英語の文を書く**
>
> Hello **,** I am Judy **.**
> 　　　　コンマ　　　　　ピリオド
>
> こんにちは、私はジュディです。
>
> ※大文字ルール　①文の最初は大文字
> 　　　　　　　　②"I" はいつも大文字
> 　　　　　　　　③人の名前や地名の最初は大文字

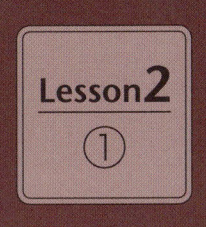

Lesson 2 ① be 動詞①

まず、次の A.a の文を見てください。

> **Lesson2-① be 動詞①**
> A. be 動詞の文
>   a. I **am** Katsuo.

"I am Katsuo." この文の意味はもうわかりますね。田中くん、どうですか。

（田中くん）　私はカツオです。

その通り。次は A.b の文です。

> **Lesson2-① be 動詞①**
> A. be 動詞の文
>   a. I **am** Katsuo.
>   私はカツオ**です**。
>   b. You **are** Wakame.

"you" というのは「あなたは」という意味です。"are" は何だろう？ これは「〜です」という意味です。

では、この文は日本語でどんな意味になりますか。

〈みんな〉　あなたは…ワカメ…です。

中学1年　1学期　be 動詞①

そうですね。日本語と順番が違いますが、1つ1つの言葉の意味がわかって、例文を参考にすれば文全体の意味は見えてきます。今度はA.cの文を見てください。

Lesson2-①　be動詞①

A. be動詞の文
a. I am Katsuo.
　私はカツオです。
b. You are Wakame.
　あなたはワカメです。
c. My mother is Fune.

"my"は「私の」という意味です。マザーはわかるね。「母ちゃん」だ。"is"は「〜です」という意味。では、日本語にしてみてください。

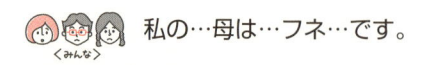

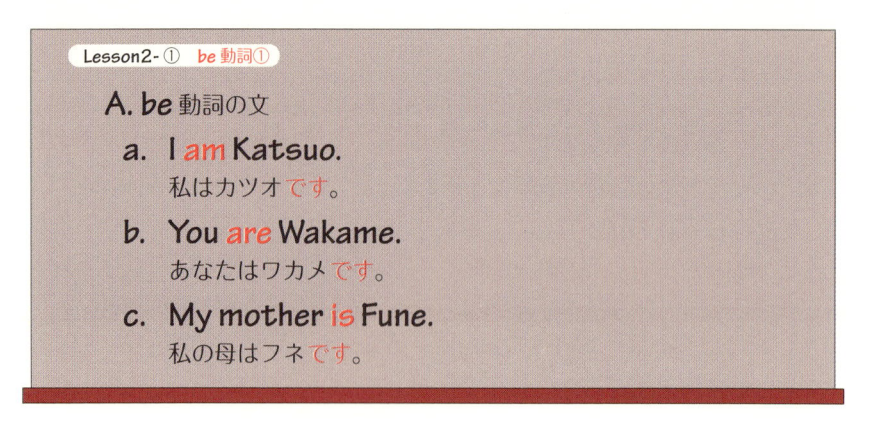

〈みんな〉　私の…母は…フネ…です。

Lesson2-①　be動詞①

A. be動詞の文
a. I am Katsuo.
　私はカツオです。
b. You are Wakame.
　あなたはワカメです。
c. My mother is Fune.
　私の母はフネです。

OKです。さて、ここまでにします。この3つの文章をにらんでいて気づくことはありませんか。

佐藤くん　サザエさんのキャラクター（笑）

確かにね（笑）ワンポイントあげます（笑）他にありますか。赤に注目。

吉田さん　… みんな「～です」を使っている。

そうですね。「私はカツオです」「あなたはワカメです」「私の母はフネです」、みな「～です」を使っていますね。

日本語ではみな「～です」でよいのですが、英語では形が違っていますよね。何と何と何？　中村くん。

中村くん　難しいなあ。

田中くん　赤い字のことだよ。

中村くん　am, are, is...

いいですね。順番は "am, is, are" とおぼえましょう。リピートアフターミー。"am, is, are"

〈みんな〉　am, is, are!

けっこうです。順番は "is, am, are" でも、"are, am, is" でも何でもいいのですが、私の長年にわたる研究の結果、順番はこれが一番言いやすいということが判明した、という説がないわけではないかもしれない（笑）

まぁ、だまされたと思って、この順番で練習しましょう。リピートアフターミー。"am, is, are"

〈みんな〉　am, is, are!

この３つは、意味はみな「～です」なので、私としては「３つあわせて『ですトリオ』」と名づけたい。よいアイデアでしょう。ところがみなさんの問題集や、参考書には「ですトリオ」とは書いてないわけです。学校でも塾でも「ですトリオ」

中学１年　１学期　be動詞①

とは教えない。
　なぜか。実は理由があるのです。「です」というのは英語で…。

中村くん　「死」だ！

　おっ、すごい。なんで知っているの？

中村くん　ゲームでおぼえた。

　さすが、中村くん(笑)　その通り。「死(death)」なんですね。「死のトリオ(3人)」じゃ不気味すぎるでしょう(笑)　というわけで、私のアイデアは却下となるわけです。では、3つあわせて何と呼べばいいのか。名前をおぼえておきましょう。
　その名前を「be動詞」と言います。リピートアフターミー。「be動詞」

〈みんな〉　be動詞！

　リピートアフターミーアゲイン。「be動詞」

〈みんな〉　be動詞！

　けっこうです。いつ何時でも、私が「be動詞は？」と尋ねたら、みなさんは"am, is, are"と答えなければなりません。いいですね。
　(別なことをするふりをして) be動詞は!?

〈みんな〉　am, is, are!

　"am, is, are"は？

〈みんな〉　be動詞！

　合格です！　この「ですトリオ」こと「be動詞」の意味は「～です」という意味だということもわかりました。

B. a. be 動詞の意味 ……～です

　さて、ここからちょっとやっかいな話になります。やっかいといっても、心配することはない。笹式だと非常に簡単です。
　もう一度、黒板に戻りましょう。
　be 動詞には、"am, is, are" の3種類があるわけですが、実は使い分けがあります。どのようにして使い分けているのでしょうか。

〈みんな〉 …。

見ての通りなんですよ。
"I"（私は）のときは何を使ってますか。

〈みんな〉 am

そうですね。"you"（あなたは）のときは？

〈みんな〉 are

そうです。"I" のときは "am"、"you" のときは "are"、とこのように使い分けをしているのです。日本語にはこういう考え方がないので、ちょっとびっくりですね。でも、数が少ないので、だいじょうぶ。"I" のときは "am"、"you" のときは "are"。いいね。
　問題は "is" ですね。黒板の文では、"My mother" の次は "is" ですね。鈴木さんに質問です。"Mr. Sasa" の次には、どの be 動詞がくると思う？

鈴木さん am

なんでなんで？ "I" のときが "am"、"you" のときが "are" です。"Mr. Sasa" のときは？

🧑 is?

そうです。じゃあ、"My father"（私のお父さん）にはどの be 動詞？

🧑 is?

そうそう。実はね、ルールは単純(シンプル)なんです。

> **B. a.** be 動詞の意味 ……〜です
> **b.** be 動詞の使い方
> 　　　　　┌ I のときは am
> 主語が ─┼ you のときは are
> 　　　　　└ I, you 以外のときは is

おわかりになりました？ 「主語」という言葉の意味は、わからなくてもけっこう。またいつか勉強します。3つだけなんだから簡単でしょ。"I" と "you" 以外は全部 "is" なんです。あとは練習です。行くよ〜！ be 動詞は？

👥〈みんな〉 am, is, are!

"I" がきたら？

👥〈みんな〉 am!

"you" がきたら？

👥〈みんな〉 are!

"My mother" がきたら？

👥〈みんな〉 is!

「机」がきたら？

〈みんな〉 is?

自信をもって！ "I" "you" 以外は全部 "is" だよ。テレビがきたら？

〈みんな〉 is!

"Kocho-sensei" がきたら？

〈みんな〉 is!

ブー。「こんにちは」でした〜。

〈みんな〉 ！

しっかりあいさつしましょうね！ Good-bye, everyone!

〈みんな〉 Good-bye, Mr. Sasa!

今日のノートとポイントのおさらい

Lesson2-① be動詞①

A. be 動詞の文
 a. I **am** Katsuo.
  私はカツオです。
 b. You **are** Wakame.
  あなたはワカメです。
 c. My mother **is** Fune.
  私の母はフネです。

B. a. be 動詞の意味 …… 〜です
  b. be 動詞の使い方

 主語が
  ├ I のときは **am**
  ├ you のときは **are**
  └ I, you 以外のときは **is**

Lesson 2 ② a と an

月　　日（　）

今日は"a"と"an"のお話です。
まず、日本語の問題です。黒板を見てください。

Lesson2-② a と an

A. ペン

さて、このペンは何本あるでしょうか。なぞなぞじゃないですよ。

佐藤くん　1本。

中村くん　2本。

鈴木さん　いっぱい。

違うなあ。答えはね、「わからない」です。

〈みんな〉　なんだ〜。

だってそうでしょ。日本語では、単語を見ただけでは数はわかりません。1本でもニンジンだし、2足でもサンダルです（意味不明）。ところが英語は、見ただけで数がわかるようにできています。

Lesson2-② a と an

A. ペン＝ *a* pen

"a pen"と書きました。さて、吉田さん、ペンはいくつあるか。

吉田さん：1本？

そう。これは絶対に1本です。なにがなんでも1本です。なぜなら、"a" というのは「1つの」という意味だから。

じゃあ、高橋さん、「1つの机」を英語にしてみよう。

高橋さん：a desk

その通り。

日本語では、ニンジンは1本、サンダルは1足、ヨットは1艘（そう）と数えますが、英語はスッキリと"a"でおしまい。楽ですな。他の例もあげてみましょう。鈴木さん、1つのカップは？

鈴木さん：a cup

中村くん、1冊の本。

中村くん：a book

この"a"に続く単語の形を「単数形」と言います。でも、それはまた先の授業でお話ししますので、ここでは細かく説明しません。

Lesson2-② a と an

A. 1本のペン＝ *a* pen
　　a desk, *a* cup, *a* book...

じゃあ、次はリンゴ。日本語で「リンゴ」と言っただけでは、やはりいくつあるかわかりません。リンゴは英語で？

〈みんな〉：apple

そうです。では、「1個のリンゴ」という意味にしてみましょう。

B. 1個のリンゴ = a apple

読んでみてください。

〈みんな〉 a apple

"a apple"って、言いづらくないかな？　そこで、ルールがあります。こういう場合には"a"を"an"に変えます。

B. 1個のリンゴ = an apple

こうすると読みやすいですよ。リピートアフターミー。"an apple"

〈みんな〉 an apple

"an"の"n"と、"apple"の"a"がくっついて"na"ですよね。それを意識して、リピートアフターミーアゲイン。"an apple（アナップル）"

〈みんな〉 an apple

読みやすくなったでしょ。

田中くん　なるほどー。

お次は耳（ear）。"a ear"は続けて読むと中国語みたいになっちゃう。ウソだと思ったら読んでごらん。

〈みんな〉 アイヤ…。アイヤー！（笑）

…ですので、"an ear"となる。卵（egg）も、"a egg"は言いづらい。こ

れも"an egg"となります。"orange"もそうです。"an orange"となる。
きりがないので、この辺でやめときましょう。

> **B.** 1個のリンゴ= an apple
> an ear, an egg, an orange...

ところで、どういうときに"an"になるか、ルールが見えますか。ただ「読みづらいから」では、応用が利かない。

佐藤くん　食べ物？

吉田さん　違うよ、体の部分？

ヒント。次の赤線と、"apple""ear""egg""orange"の順番に注意。

> **B.** 1個のリンゴ= an apple
> an ear, an egg, an orange...

田中くん　アイウエオ？

正解！　まさにその通りです。アイウエオから始まる単語の前の"a"は、日本人に限らず、英語をしゃべる人にとっても読みづらいものだから、"an"にしようというルールがあるのです。よくわかりましたね。たいへんすばらしい。これは大切なので、言葉でまとめておこう。

"a, i, u, e, o"は別の言葉でまとめると、「母音」と言います。一応知っておいてほしい言葉なので、この言葉を使います。本当は使いたくないんだけどなあ…。理由ですか？　ほ～ら、喜んじゃってる男子がいる！　あなたの好きなボインじゃありませんよ！（爆笑）

中学1年　1学期　aとan

> B. リンゴ ＝ an apple ＝ 1個のリンゴ
> an ear, an egg, an orange...
> ※母音 (a, i, u, e, o) で始まる単語の前の "a" は "an" になる。

ここまでは、だいじょうぶだね。

さて、ここでちょっと問題を解きながら考えてみたいと思います。まだ教えていない内容だから、できなくても泣かないでね。

> 次の（　）の中から適切な語を選びなさい。
> A. (A Osaka / Osaka / An Osaka) is a big city.
> B. This is my book. That is (a your / your / your a) book.

まず、A. の問題を見てみよう。どれが正しいと思うかな。

佐藤くん　どれも違うような気がするなあ。

鈴木さん　大阪は1つだから "An Osaka" じゃないの!?　"A Osaka" はあり得ないけど。

田中くん　でも、"An Osaka" って変な感じがする。"A Tokyo" とか "A Gunma" って聞いたことないよ。

なるほど。よい意見が出るなあ。答えは "Osaka" で、"A" も "An" もつきません。一言でまとめると、地名や人名などの「固有名詞」には "a" や "an" はつかない、というルールになります。

中村くん　難しいなあ。

そうだね。だんだん慣れていってください。でも、さっき田中くんが言ってくれたように、"A Tokyo" や "A Mr. Sasa" とかが変なのはわかるような気

がしない？

中村くん: うーん。

吉田さん: 東京とか笹先生が1人って当たり前だから？

田中くん: そうだよね。地名や人名は「1つ、1人が当たり前」だから"a"とか"an"がつかないって考えればいいんじゃないかな？

中村くん: なるほど。そうかあ。

中村くんの疑問が解消したようだから、次に進もう。B.の問題だ。

高橋さん: これは"your"が正しいと思います。

佐藤くん: なんでわかるの？

高橋さん: よくわからないけど…なんとなく。

そういう勘も大事ですよ。実は高橋さんの指摘通りです。"my"や"your"を使った場合、"a"や"an"は使わないルールがあります。「じゃあ、単数か複数かわからないじゃない！」という疑問には、「次の次の時間」にお答えしたいと思います。

```
C. a. ⓞTokyo      A T̶o̶k̶y̶o̶
   b. ⓜy pen     a m̶y̶ pen
```

今日の授業は短かったけれど、みんなよく聞いてくれたので、これで終わりにします。ところで、今日勉強したのは何だっけ。

佐藤くん・中村くん: 母音！（笑）

…次回の授業にも、その元気をとっておいてください。Good-bye, everyone!

〈みんな〉 Good-bye, Mr. Sasa!

今日のノートとポイントのおさらい

Lesson2-② aとan

A. 1本のペン= **a** pen
　　a desk, **a** cup, **a** book…

B. リンゴ= **an apple** = 1個のリンゴ
　　an ear, **an** egg, **an** orange…
　　※母音（a, i, u, e, o）で始まる単語の前の "a" は "an" になる。

C. a. Tokyo　　A Tokyo
　　b. my pen　　a my pen

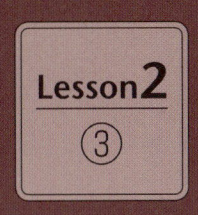

Lesson2 ③ be 動詞の疑問文・否定文

月　　日（　）

Lesson2-③　be 動詞の疑問文・否定文

今日は be 動詞の文の続きです。「be 動詞の」に続く部分が読めるかな。

　　ぎもんぶん、ひていぶん…。

けっこうです。この言葉についてはだんだん説明していきますので、今のところは意味がわからなくても気にしなくてかまいません。
　さて、復習です。次の日本語を英語にしてください。「あなたは 1 人の生徒です」。生徒は英語で"student"と言います。

　　You are... a... student.

そうです。復習ですから、意味は書きませんよ。

Lesson2-③　be 動詞の疑問文・否定文

A. 疑問文

a. You are a student.

ところで、見た目が非常にオジサンくさくて年齢不詳の学生もいますよね（笑）ホントに生徒なんだろうか？　「あなたは生徒ですか」と尋ねたいとします。どうしたらよいだろうか、というのが今日の最初のテーマです。
　その話に入る前に、あなた方に知っておいてほしいことがあります。それは、be 動詞というのは、数が少なくて強い存在だということです。例えて言えば、

レアカードです。だって、何千、何万と英語の単語がある中で、ごくわずかしかありませんから。be 動詞は？

〈みんな〉 am, is, are!

ほら、3つしかない。これはレアです。ちなみにレアカードは普通は強いんでしたっけ、弱いんでしたっけ。ゲームに強い中村くん！

〈中村くん〉 強い！（笑）

みなさんの言葉で言うと、be 動詞は「つえ〜」動詞なんです（笑）あんまり「つえ〜」ので、こんな術が使えます。人呼んで「逆立ちの術」です。やらせてみましょう。

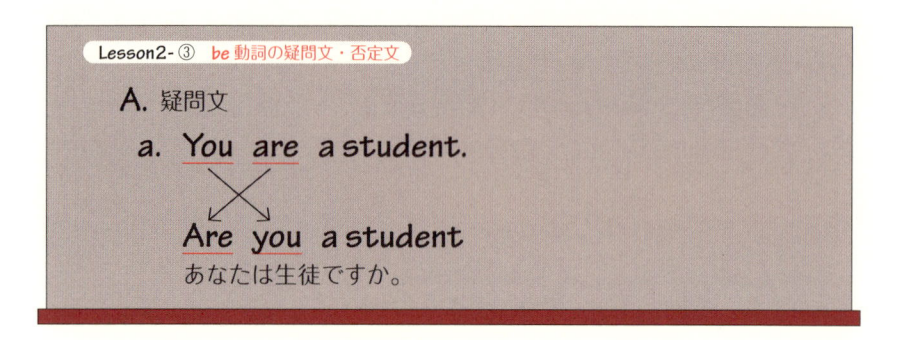

Lesson2-③ be 動詞の疑問文・否定文

A. 疑問文

a. You are a student.

　　 Are you a student

　あなたは生徒ですか。

「逆立ちの術」によって逆立ちをさせた文のことを「人に聞く形の文」、すなわち「疑問文」と言います。

　リピートアフターミー。「疑問文」

〈みんな〉 疑問文。

疑問文は最後が「．」（ピリオド）ではなくて、こんなマークがつきます。

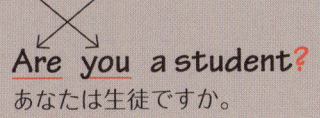

> **Lesson2-③** be 動詞の疑問文・否定文
>
> A. 疑問文
>
> a. You are a student.
>   ╳
>   Are you a student?
>   あなたは生徒ですか。

（中村くん）「はてなマーク」だ。

もうみなさんは中学生なんだから、こう呼んであげて。リピートアフターミー。
「クエスチョンマーク」

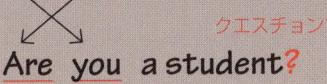

〈みんな〉 クエスチョンマーク。

> **Lesson2-③** be 動詞の疑問文・否定文
>
> A. 疑問文
>
> a. You are a student.
>   ╳
>   Are you a student?　クエスチョンマーク
>   あなたは生徒ですか。

じゃあ、文章を読んでみよう。
リピートアフターミー。"Are you a student?"

〈みんな〉 Are you a student?

うん、もう知っている人もいるようだけど、疑問文では、最後が上がり調子になります。
これは日本語でも同じですよね。

「昨日、ステーキを食べた」（下がり調子）。これは事実ですね。

「昨日、ステーキを食べた」（上がり調子）。「はい、食べました」ってね。

疑問文の最後は上がり調子になります。

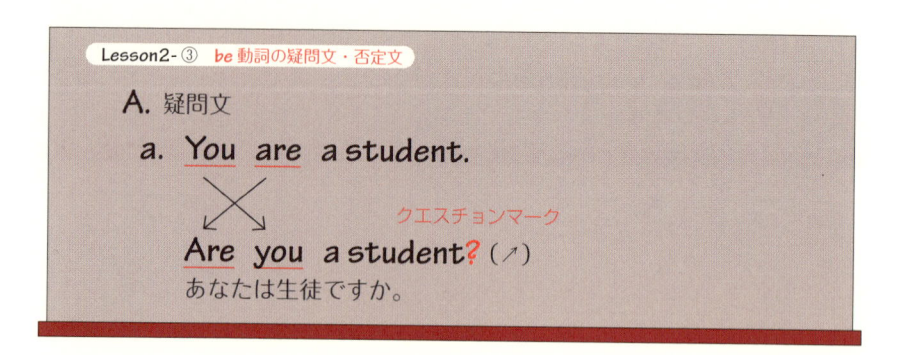

Lesson2-③　be 動詞の疑問文・否定文

A. 疑問文

a. You are a student.

　　　　　✕

　　Are you a student?（↗）　クエスチョンマーク

　　あなたは生徒ですか。

リピートアフターミー。"Are you a student?"（上がり調子を意識して）

😀😀😀〈みんな〉　Are you a student?

さて、be 動詞がレアで強くて、「逆立ちの術」ができるっていうことがわかった。そして、逆立ちした文が「人に聞く形の文」、すなわち「疑問文」になるということもわかった。では次に進むことにしよう。

人に何かを尋ねられたら、答えなければならない。「昨日、ステーキを食べましたか」「はい、食べました。血の滴るようなステーキを」（笑）というわけで、"Are you a student?" と聞かれて、答えよう。

"Yes."（はい）、"No."（いいえ）でもかまわないのだけど、みなさんは初心者ですから、ここはちゃんとした答え方を知っておきましょう。「はい、私は生徒です」というように。

まず、"Yes"（はい）と答えてから文を続けます。Yes, ... I am... a student.

> Lesson2-③ be動詞の疑問文・否定文
>
> A. 疑問文
>
> a. You are a student.
>
> Are you a student? (↗) クエスチョンマーク
> あなたは生徒ですか。
>
> ans: Yes, I am a student.
> はい、私は生徒です。

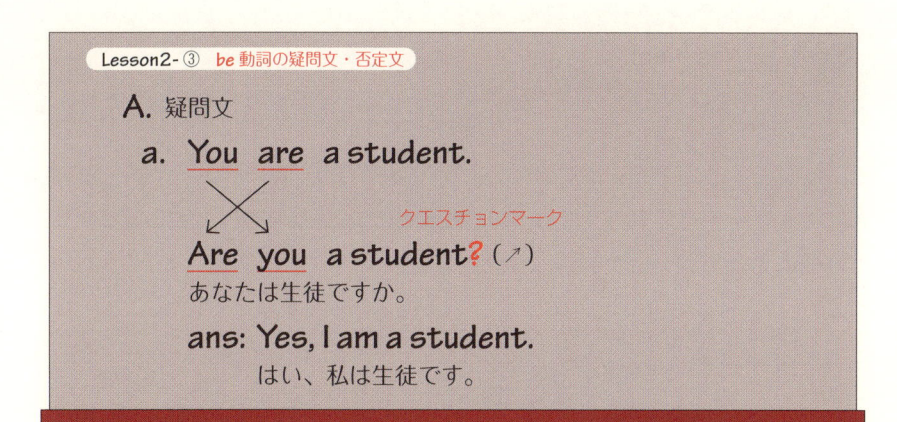

　先に勉強を進めている人は、「えっ？」と思うかもしれませんね。「"Yes, I am."じゃないの？」ってね。でも、こう考えたほうがのちのち便利です。

　"Are you a student?"（あなたは生徒ですか）に対して、"Yes, I am a student."（はい、私は生徒です）、おかしくないでしょ。

　しか〜し、これではちょっとくどいのも事実ですので、通常、"a student"を省略して答えます。「あなたは生徒ですか」と尋ねられて、「はい、私は先生です」ってことはあり得ないわけですしね（笑）そんなわけで、こうなります。

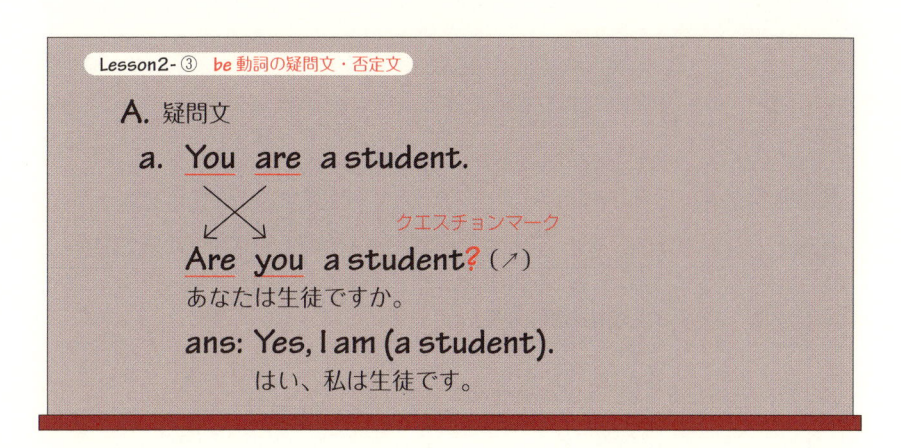

> Lesson2-③ be動詞の疑問文・否定文
>
> A. 疑問文
>
> a. You are a student.
>
> Are you a student? (↗) クエスチョンマーク
> あなたは生徒ですか。
>
> ans: Yes, I am (a student).
> はい、私は生徒です。

　リピートアフターミー。"Yes, I am."

Yes, I am.

けっこうです。さて、「いいえ、生徒じゃないですよ」と答えるにはどうしたらいいのか。その話をする前に、ちょっと先に行きます。そのほうがわかりやすいから。その話が終わったら、ここに戻りたいと思います。今度は否定文について考えます。B.a の文を見てください。

B. 否定文
 a. You are　　　a student.

否定文は、文を否定すること、「そうじゃないよ」と打ち消す文です。この文には"not"を使います。リピートアフターミー。"not"

not

"not"は文のどこに入れればよいのだろう。
そこで思い出してください。先ほど be 動詞はどんなカードだって言ったっけ。

レアカード。

つえ〜（笑）

そうそう、つえ〜レアカードです。「逆立ち」以外にも、強力な技を使えます。それは、人呼んで「納豆引き寄せの術」（笑）リピートアフターミー。「納豆引き寄せの術」

「納豆引き寄せの術」（笑）

be 動詞は納豆を引き寄せる術が使えます。"not"はべとべとしているから be 動詞にくっつく、とおぼえてもよい。笹先生、う、うまい！（笑）

先生！ 自分で言ってる！（笑）

> **B. 否定文**
> **a. You are not a student.**
> 　あなたは生徒ではありません。

リピートアフターミー。"You are not a student."

〈みんな〉 You are not a student.

　be 動詞の「納豆引き寄せの術」と納豆のべとべとで、be 動詞と"not"はくっついてしまうこともあります。しかも！ この２人はくっつくばかりか、子どもまでできちゃいます。" ' " こんな子どもです。

〈みんな〉 （爆笑）

鈴木さん 先生、調子に乗りすぎですよ！

　失礼しました。でも一応、その子どもの名前だけは紹介させてください（笑）その名を、「アポちゃん」と言います（笑）

> **B. 否定文**
> **You are not a student.**
> 　　　　　 aren't
> 　あなたは生徒ではありません。

　あんまり馬鹿なことを言っていると、鈴木さんに限らず変態教師と思われますので、キレイにまとめましょう（笑）
　be 動詞が"not"と仲良くすることを「短縮形」と言います。短く縮める形だからですね。リピートアフターミー。「短縮形」

〈みんな〉 短縮形。

> **B. 否定文**
>
> You are <u>not</u> a student.
> 　　　　aren't（短縮形）
> あなたは生徒ではありません。

"'"は「アポちゃん」。正式名称をアポストロフィーと言う。リピートアフターミー。「アポストロフィー」

〈みんな〉　アポストロフィー。

"is + not"も"isn't"のような、短縮形になりますが、"am + not"は一緒にならないんですよ。ついでだから話しちゃいますけど、別に仲が悪いわけではありません。みなさんは「愛」と「納豆」のどちらかを選べと言われたら、どっちをとりますか。聞くまでもないけど。

〈みんな〉　愛！

そういうわけで、"I am not"は"I + am"が優先して"I'm not"となります（笑）

"are"は八方美人です。"aren't"のように、"not"にもくっつくし、"you"にもくっつきます。ですから、"you + are"で、"you're"にもなる。短縮形のいくつかをまとめておきましょうね。

> **B. 否定文**
>
> You are <u>not</u> a student.
> 　　　　aren't（短縮形）
> あなたは生徒ではありません。
>
> ───── 短縮形 ─────
> アポストロフィー
> are + not = aren't
> is + not = isn't
> I + am = I'm
> you + are = you're

さて、話を疑問文の答え方、A.a に戻そう。"Are you a student?"と尋ねられて、「自分は生徒ではない」と答えたい。どうしたらよいか。もうわかるのじゃ

ないかな。ご一緒に。"No, ..."？

👧👦👧〈みんな〉 No, ... I am... not... a student.

その通り！「はい、私は生徒です」の答え方と同じように、これもくどい部分を省略して答えることがほとんどです。

リピートアフターミー。"No, I am not."

👧👦👧〈みんな〉 No, I am not.

せっかく短縮形を勉強したので、短縮形でも読んでみましょう。リピートアフターミー。"No, I'm not."

👧👦👧〈みんな〉 No, I'm not.

これで、be動詞の疑問文・否定文の基本ルールの説明はすべて終了です。

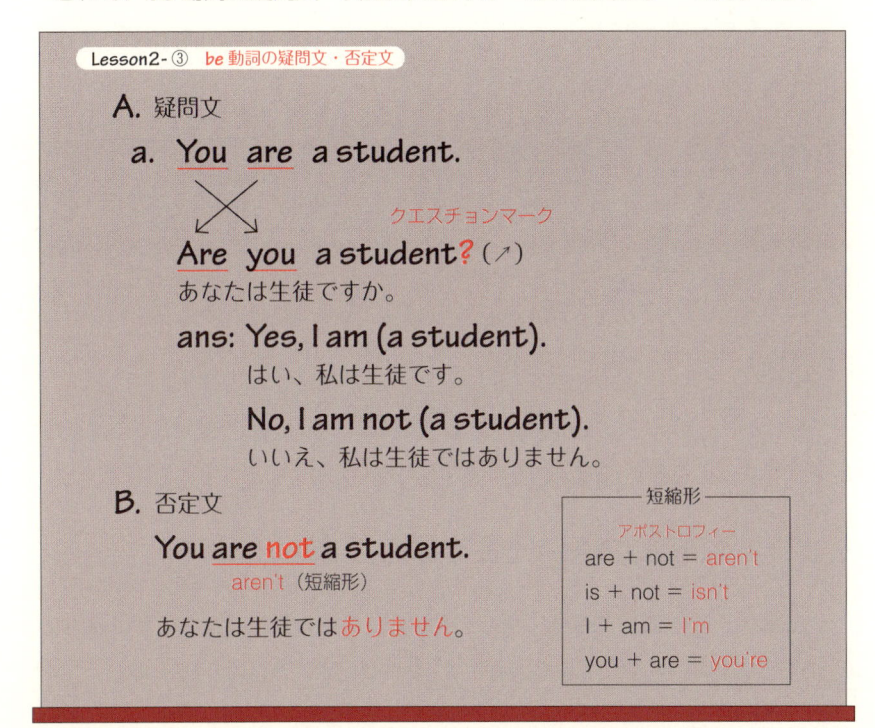

Lesson2-③　be動詞の疑問文・否定文

A. 疑問文

a. You are a student.

　　Are you a student？(↗)　　クエスチョンマーク
　　あなたは生徒ですか。

ans: Yes, I am (a student).
　　はい、私は生徒です。

No, I am not (a student).
　　いいえ、私は生徒ではありません。

B. 否定文

You are not a student.
　aren't（短縮形）
あなたは生徒ではありません。

短縮形　アポストロフィー
are + not = aren't
is + not = isn't
I + am = I'm
you + are = you're

中学1年　1学期　be動詞の疑問文・否定文

もうちょっと頑張って、ここまでの復習と、ちょっとした応用をやっておきます。"Mr. Sasa is a good teacher." という文を、a. 疑問文、b. 否定文にしてみましょう。自分でノートに書いてごらん。ルールは同じですよ。be 動詞はレアで強い。人に聞く形の疑問文では「逆立ちの術」、"not"のついた打ち消す文では「納豆引き寄せの術」が使えます。

👥（ノートに答えを書く）

では、答え合わせをしましょう。

> C. Mr. Sasa is a good teacher.
>   a. Is Mr. Sasa a good teacher?
>   b. Mr. Sasa isn't a good teacher.

　できたかな。疑問文のクエスチョンマークを忘れなかったかな。文の意味もわかりますか。疑問文では？

👥 笹先生はよい先生ですか。

　その通り。答えは "Yes, he is."（はい、よい先生です）の１種類しかありませんけどね(笑)

👥 No, he isn't!

　やられた〜(笑)　"No, he isn't."（いいえ、よい先生ではありません）も「あり」だそうです。ところで、否定文の意味はどうなりますか。

👥 **笹先生はよい先生ではありません。**

　そんな大きな声で言わなくても…(笑)　隣のクラスで授業をしている先生がびっくりして飛び込んできちゃいますよ。いよいよ笹先生もおしまいかって(笑)

> C. Mr. Sasa is a good teacher.
>   a. Is Mr. Sasa a good teacher?
>   笹先生はよい先生ですか。
>   b. Mr. Sasa isn't a good teacher.
>   笹先生はよい先生ではありません。

あと5分、時間が余っているので、昔話をしたいと思います。その前に、次の文を疑問文にしてみてください。

> I am a teacher.

〈みんな〉 Am I a teacher??

変な感じがする？ そうですよね。これは、「あり」だと思いますか、「なし」だと思いますか。

〈高橋さん〉 「なし」だと思います。自分のことなのに、疑問文は変だと思います。

〈田中くん〉 うーん、「あり」のような気もするし、「なし」のような気もするし。でも「あり」じゃないかと思います。

〈鈴木さん〉 私は「なし」だと思うなあ。なんとなくだけど。

〈吉田さん〉 私は「あり」のような気がする。

〈中村くん〉 難しいなあ。

〈佐藤くん〉 出ました、「難しいなあ」。でも、今日はオレも同じで、「難しいなあ」だ(笑)

これはねえ、思い出すのも悔しい、私が中学1年のときの話。そのときの私の英語の先生が、「この文を疑問文にすることはできない」って主張されたんで

すよ。でも、私はどうも納得がいかなかった。だって、"am" は be 動詞でしょ。逆立ちさせれば、当然、"Am I a teacher?"（私は先生ですか）じゃないですか。でも、その先生は、これはあり得ないって言うのですよ。

　悔しくてねえ、私は絶対「あり」だと思っていた。それで、英語の勉強をして、今、こうして英語の先生になったわけです（笑）人生、何がきっかけになるかわかりませんね。H 先生、ありがとう。

　　　　実話ですか？
〈佐藤くん〉

　実話ですとも。で、答えは「あり」です。

I am a teacher. → Am I a teacher?
　　　　　　　　　　私は先生ですか。

　例えば、私が教室で教えても、みんな話を聞いてくれない。私は教えることに自信をなくして、「あ〜、こんな教師でいいのだろうか、本当にいいのだろうか」って悩みに悩むわけですよ。「こんな教師でいいのか、こんな教師でいいのか」で、叫ぶわけです。"Am I a teacher?" と。そうすると、みんなが答えてくれるわけです。

　　　　No, you are not!!
〈みんな〉

　…本日これにてお開き〜。Good-bye, everyone!

　　　　Good-bye, Mr. Sasa!
〈みんな〉

今日のノートとポイントのおさらい

Lesson2-③ be動詞の疑問文・否定文

A. 疑問文

a. You are a student.

Are you a student? (↗) クエスチョンマーク
あなたは生徒ですか。

ans: Yes, I am (a student).
はい、私は生徒です。

No, I am not (a student).
いいえ、私は生徒ではありません。

B. 否定文

You are <u>not</u> a student.
aren't（短縮形）
あなたは生徒ではありません。

短縮形
アポストロフィー
are + not = aren't
is + not = isn't
I + am = I'm
you + are = you're

C. Mr. Sasa is a good teacher.

a. Is Mr. Sasa a good teacher?
笹先生はよい先生ですか。

b. Mr. Sasa isn't a good teacher.
笹先生はよい先生ではありません。

Lesson3 ① 単数形と複数形

月　　日（　）

さて、おぼえているかな。

---
a pen

ペンは何本ありますか。

〈みんな〉 1本。

正解。おぼえていましたね。
じゃあ、次の質問。"a" を消してしまおう。

---
pen

"pen" さて、勘で答えてください。ペンは何本ある？

鈴木さん：先生！ 何本なのか本当にわかるんですか？ だって "a" がないのだから、わからないんじゃないですか。

佐藤くん：わかった！ 答えは「何本あるかわからない」だ！

高橋さん：私は1本のような気がします。なんとなくだけれど。

田中くん：高橋さんに1票。

中村くん：難しいなあ。

高橋さん、田中くん、よい勘をしていらっしゃる。実はこのペンは1本です。「aがないのに…」と悲しそうな顔をしないでください、鈴木さん。わからなくて当然です。まだ教えていないのですから。ちょっと我慢して、今日の授業を聞いてみてください。必ずわかります。
　ここで日本語の質問をさせてください。「単数」って、いくつあるかわかりますか。漢字を見ると想像がつくかな。

<みんな> 　1つ。

　けっこうです。単数とは「1つ、1人」のことです。しっかりおぼえてください。じゃあ、複数っていくつある？

佐藤くん 　いっぱい。

中村くん 　たくさん。

　残念！ 違います。
　答えは「2つ、2人以上」です。2つ以上なら、100でも1000でも、1億でも100億でも複数です。これをしっかり押さえておいてくださいね。
　前回の授業で私がちらっと言ったので、記憶力のよい人はおぼえているかもしれない。"a"や"an"に続く名詞の形を…。

吉田さん 　単数形？

　よくおぼえていましたね。実は"pen"というのは単数形なんです。つまり、数は1つだよ、という形なんです。わからなくなった？ でも、単数形の反対、すなわち複数の形がわかれば、すぐに理解できます。

Lesson3-①　単数形と複数形

　　　単数形　　　　複数形

　a. pen

中学1年　1学期　単数形と複数形

57

複数形を作るためのルールがわからなければなりませんね。そのルールは「"s"をつける」です。

Lesson3-①　単数形と複数形

　　　　単数形　　　　複数形
a. pen　→　pens

読んでみよう。リピートアフターミー。"pens"

〈みんな〉　pens

じゃあ、"pens"って、ペンが何本ある？

佐藤くん　いっぱい。

鈴木さん　何本か。

中村くん　2本。

おいおい、今勉強したばっかりだよ。複数形といったらいくつなの？

〈みんな〉　2つ、2人以上。

正解です。じゃあ、"pens"はペンがいくつある？

〈みんな〉　2本以上。

次に"desk"だ。さあ机はいくつある？

〈みんな〉　1つ。

けっこう。では2つ以上にしてください。

〈みんな〉 desks

Lesson3-①　単数形と複数形

A.　単数形　　　複数形
a. pen　　→　pens
b. desk　→　desks

少しわかってきたかな。もう一丁いってみよう。"cat" は何匹いますか。

〈みんな〉 1匹。

間違いないですか、鈴木さん！

鈴木さん　はい！

けっこうです。じゃあ、2匹以上にしてください。

鈴木さん　cats

Lesson3-①　単数形と複数形

A.　単数形　　　複数形
a. pen　　→　pens
b. desk　→　desks
c. cat　　→　cats

わかってきたかな。しつこいけど、もう1つ。

> Lesson3-① 単数形と複数形
>
> A.　単数形　　　複数形
> a. pen　→　pens
> b. desk　→　desks
> c. cat　→　cats
> d. bed

ベッドは何台ありますか。

〈みんな〉 1台。

では、"s"をつけましょう。

> Lesson3-① 単数形と複数形
>
> A.　単数形　　　複数形
> a. pen　→　pens
> b. desk　→　desks
> c. cat　→　cats
> d. bed　→　beds

"beds"さあ、ベッドは何台ありますか、中村くん。

〈中村くん〉 2台以上。

　よーし、複数形の意味と形はわかってきたね。では次は発音。"pens"の"s"だけを発音してください。

〈みんな〉 すぅ。

　これこれ、それはおならじゃ（笑）みなさんのは〔su〕。"s"だけを発音して

60

ください。

〔s〕〔z〕
〈みんな〉

〔s〕と〔z〕が聞こえるなあ。どっちが正しいの？

〔z〕〔s〕
〈みんな〉

わかった。〔z〕ね。じゃあ、今度は"desks"の"s"だけを発音してください。

〔s〕〔z〕
〈みんな〉

どっちかなあ。

〔s〕〔z〕
〈みんな〉

はっきり言って、わからない？

はい！
〈みんな〉

では、笹式すっぱり〔s〕〔z〕解決法を伝授しよう。

Lesson3-① 単数形と複数形

A.　単数形　　　複数形　　の基本
- a. pen → pen**s**
- b. desk → desk**s**
- c. cat → cat**s**
- d. bed → bed**s**

赤い下線部だけを発音してみよう。まず、"pen"の"n"！

〔n〕
〈みんな〉

中学1年　1学期　単数形と複数形

はいっ、のどに手を当てて。手が当てられない人は足を当てて！(笑)
のどが震えていますかぁ？

🧑‍🦱🧑🧑‍🦰 はい。
＜みんな＞

じゃあ、この発音は〔z〕だ。次に"desks"の"k"！

🧑‍🦰🧑🧑 くぅ。
＜みんな＞

お腹がすいてるみたいですねえ。"k"だけですよ！

🧑🧑🧑‍🦰 〔k〕
＜みんな＞

はいっ、また手か足をのどに当てて！ のどが震えていますか。

🧑‍🦰🧑🧑 震えてない！
＜みんな＞

じゃあ、この発音は〔s〕だ。おわかりいただけた？
〔s〕か〔z〕かわからなくなったら、直前のアルファベットを発音してみてください。のどが震えれば〔z〕、震えなければ〔s〕です。英語の先生でも知らない人が多い、マル秘テクニックです。

🧑🧑🧑‍🦰 おぉっ！
＜みんな＞

ちなみに c. の"cats"の"s"の場合はどうする？

🧑 何だろう。「キャッ〔t〕〔s〕」かな。
＜佐藤くん＞

いいねえ。でも〔t〕〔s〕を分解して発音するのは厄介なので、まとめて〔ts〕となります。同じように d. の"beds"の"s"も〔d〕と〔z〕であわせて〔z〕となります。

Lesson3-① 単数形と複数形

A. 単数形 → 複数形 の基本
a. pe<u>n</u> → pe<u>n</u>s 〔z〕
b. des<u>k</u> → des<u>k</u>s 〔s〕
c. ca<u>t</u> → ca<u>t</u>s 〔ts〕
d. be<u>d</u> → be<u>d</u>s 〔z〕

…あ～疲れた。みんなも疲れた？

（高橋さん）疲れてません！

（鈴木さん）だいじょうぶでーす。

エライ、エライ。まだまだ授業を終わりにするわけにはいかないのです。とりあえずみんなは、複数形にするときに"s"をつけるのだ、ということはわかりましたね。発音もわかった。

でもねえ、これで済むなら英語教師はいらないのだ（笑）これで済まないから、英語は厄介であり、笹先生が必要とされている理由なのであります（笑）みんなはまだ、基本パターンしか習っていない。これから、基本を外れた「複数形の作り方パターン集」をやります。頑張ってついてきて！

B. それ以外の複数形の作り方
a. library → librar**ies**, city → cit**ies**

これは、こうおぼえてください。単語が"y"で終わっている場合、「yをiに変えてes」。リピートアフターミー。「yをiに変えてes」

〈みんな〉 yをiに変えてes。

ところで、「yをiに変えないでes」というパターンがある。それは"boy"（少

年)、"toy"(おもちゃ)、"bay"(湾)…。どういうときにこのパターンか、わかりますか。佐藤くん、中村くん？ 指名しただけで何を要求しているかわかるんじゃない？(笑)

母音！

正解！(笑)"y"の前が母音のときは、例外として「yをiに変えないでes」。こうなる。

> **B. それ以外の複数形の作り方**
> a. library → librar**ies**, city → cit**ies**
> ※ boy**s**, toy**s**, bay**s**…

次です。パターンb。
"s"で終わっている単語を複数形にする場合、"s"ではなく"es"になります。

> **B. それ以外の複数形の作り方**
> a. library → librar**ies**, city → cit**ies**
> ※ boy**s**, toy**s**, bay**s**…
> b. class → class**es**

次っ。パターンc。
"sh"で終わっている単語は複数形が"es"になります。

まだあるんですか～？ 勘弁してください！(笑)

まだまだ！ パターンd。"ch"で終わっている場合も"es"。さらにっ、パターンe。"x"で終わっている場合も"es"！ もうちょいっ。パターンf。"o"で終わっている場合も"es"。

> B. それ以外の複数形の作り方
>   a. library → libraries, city → cities
>   ※ boys, toys, bays...
>   b. class → classes
>   c. dish → dishes
>   d. watch → watches
>   e. box → boxes
>   f. tomato → tomatoes

まいったか。全部おぼえられる？

<みんな> ムリです…。

よしっ。再び、マル秘テクニックをお教えしよう。むふふ。c. から f. まで消してしまおう。そして…。

> B. それ以外の複数形の作り方
>   a. library → libraries, city → cities
>   ※ boys, toys, bays...
>   b. s, sh, ch, x, o で終わる語には es
>   class → classes
>   dish → dishes
>   watch → watches
>   box → boxes
>   tomato → tomatoes

リピートアフターミー。"s, sh, ch, x, o"

<みんな> s, sh, ch, x, o

元気ないなあ。"s, sh, ch, x, o!"（片手を突き上げて）

〈みんな〉 s, sh, ch, x, o!

5回繰り返すよ。"o!"のときに、片手を突き上げてジャンプするとよい！（笑）

〈みんな〉 s, sh, ch, x, o!.........

おぼえたでしょ。どういうときに"es"になるの？

〈みんな〉 s, sh, ch, x, o!

"s, sh, ch, x, o"で終わっているときね。けっこうです。これで十分です。ここから先は「おまけ」です。

B. それ以外の複数形の作り方

a. library → libraries, city → cities
 ※ boys, toys, bays...

b. **s, sh, ch, x, o で終わる語には es**
 class → classes
 dish → dishes
 watch → watches
 box → boxes
 tomato → tomatoes

c. house → houses
  〔ziz〕

d. wolf → wolves, life → lives
e. child → children, man → men
f. × → people
g. Japanese → Japanese, sheep → sheep
h. water → ×

c. は、複数形になると、発音が変わるパターンです。

d. は、「f, fe を v に変えて es」パターン。

e. は形がまったく変わるパターン。

f. は常に複数扱いするパターン。だって意味が「人々」だものね。

g. は単数形と複数形で形が同じパターン。

h. は数えることができないので、基本的に単数扱いするパターン。

ここまでおぼえたらご立派です。おつかれさまでした〜。

Good-bye, everyone!

〈みんな〉 Good-bye, Mr. Sasa!

今日のノートとポイントのおさらい

Lesson3-① 単数形と複数形

A. 単数形　　複数形　　の基本
- a. pen → pens 〔z〕
- b. desk → desks 〔s〕
- c. cat → cats 〔ts〕
- d. bed → beds 〔z〕

B. それ以外の複数形の作り方
- a. library → libraries, city → cities
  ※ boys, toys, bays...
- b. s, sh, ch, x, o で終わる語には es
  class → classes
  dish → dishes
  watch → watches
  box → boxes
  tomato → tomatoes
- c. house → houses 〔ziz〕
- d. wolf → wolves, life → lives
- e. child → children, man → men
- f. × → people
- g. Japanese → Japanese, sheep → sheep
- h. water → ×

English After School
放課後の職員室で…

高橋さん: 先生！ チラシを見ていたら、"photos" というのがあったんですけど、これは間違いですか？

〈先生〉: いい質問だね。実は "o" で終わっていても、"es" にならず、"s" をつけるパターンというのがある。

吉田さん: へえ。どうしてですか。

〈先生〉: 実は、"photo" というのは "photograph" という言葉を短くしたものなんだよ。

高橋さん: 他にもそんな例がありますか。

〈先生〉: "kilometer"（キロメーター）の省略の "kilos" などがそうだね。面白いのは "piano" だな。"piano" も "es" ではなく "s" をつけるのだけど、これはなぜかわかるかな。

吉田さん: え、ピアノはピアノじゃないんですか。

高橋さん: あっ、聞いたことがある。"piano" の正式名称は "pianoforte" っていうんじゃなかったかな。

〈先生〉: その通り。だから "es" ではなく、"s" がつくんだね。

高橋さん: 複数形の形には、他にも例外がありますか？

〈先生〉: 授業では取り上げなかったけど、中学生でも、3年になったら知っておいたほうがよいものとして2つ紹介しよう。

- roof → roofs（"f" の前が母音なのでそのまま "s" のパターン）
- tooth → teeth, foot → feet（"oo" が "ee" に変わるパターン）

吉田さん: わっ、複雑。

〈先生〉: 2つ目の tooth → teeth は、どっちが単数形でどっちが複数形かわからなくなっちゃうこともある。せっかく放課後に聞きにきてくれた2人にだけ、これをスッキリおぼえる方法を教えよう。

高橋さん 吉田さん: やったー！

〈先生〉: 私が、"tooth" って言ってみるよ。私の口に歯は何本見えますか。"tooth"

高橋さん: 4本。

吉田さん: 3本。

〈先生〉: 1本しか見えませんね、見えませんね、見えませんね(笑)
今度は "teeth" って言うから、何本見えるかよく見ててね。"teeth" 何本見えた？

吉田さん: 8本！

高橋さん: たくさん！

〈先生〉: はい。2本以上見えますね。"tooth, teeth"、どちらが複数形だかわからなくなったら、自分で "tooth, teeth" って言ってみると区別がつくよ。

高橋さん: なるほど〜。ありがとうございました！

Lesson3 ② be 動詞②

月　　日（　）

突然ですが、be 動詞は？

〈みんな〉 am, is, are!

"am, is, are" は？

〈みんな〉 be 動詞！

"I" がきたら？

〈みんな〉 am!

"you" がきたら？

〈みんな〉 are!

"Kocho-sensei" がきたら？

〈みんな〉 こんにちは！（笑）

大変よくできました。さあ、今日はもう１つ新しいことをおぼえてもらいたいと思います。とはいっても、難しくはないからだいじょうぶだよ、中村くん（笑）

Lesson3-②　be 動詞②

A. a.　Mr. Sasa is a nice teacher.

中学1年　1学期　be 動詞②

この文は復習です。意味もわかりますね。

　　　　　笹先生は…よい…先生です。

　その通りです。まったくその通り。でも、よい先生は私だけではありませんね。例えばみんなが教わっている ALT のグラント先生。よい先生ですよねぇ。というわけで、せっかくだから付け加えましょう。で、付け加えると、こうなる。

Lesson3-② be 動詞②

A. a.　Mr. Sasa　　　　　　　　is　a nice teacher.
　　b.　Mr. Sasa and Mr. Grant are nice teachers.

　これはどういうことだろう。be 動詞の"are"が登場してきました。はい。ここで新ルールです。be 動詞の前の言葉が 2 つ、2 人以上のときは、ぜーんぶ"are"を使います。ちなみに be 動詞の前の言葉は主語と言います。日本語に直すと「〜は」「〜が」に当たる言葉です。リピートアフターミー。「主語」

　　　　　主語。

　そして「2 つ、2 人以上」については、みなさんも知っているはずです、たぶん。

　　　　　複数？

　そうそう。まとめるとこうなる。

Lesson3-② be 動詞②

A. a.　Mr. Sasa　　　　　　　　is　a nice teacher.
　　b.　Mr. Sasa and Mr. Grant are nice teachers.
　　　　※主語が複数のときの be 動詞は"are"になる。

　じゃあ、いくよ。"I" がきたら？

👥 am!

"you" がきたら？

👥 are!

"Mr. Sato" がきたら？

👥 is!

"Mr. Sato and Mr. Tanaka" がきたら？

👥 ... are

そうそう！ じゃあ "you and I" がきたら？

👥 ... are?

自信をもって！ "you" と "I"、足したら何人なの？

👥 2人。

そうでしょう。じゃあ "Mr. Sasa and Ms. Watanabe" がきたら？

👥 are!

残念！ 「おめでとうございます」でした〜。

👥 えーっ！

「えーっ」じゃないでしょ。「あーっ」(are) でしょ！

👥 (笑)

ウソですよ、ウソ！ 本気にしないでね。渡辺先生はステキですけど、私の奥

73

さんもステキですから…(笑) さてさて、今日の話は半分終わりました。まだ半分残ってます。といっても、残りはわずかです。

<みんな> やった〜。

これこれ。別に説明が終わったって、授業が終わりになるわけではない。

<みんな> なんだ〜。

まあまあ。3分くらいはサービスするから勘弁しなさい。

<みんな> やった〜。

今日は反応がいいなあ。

<鈴木さん> もうすぐ夏休みですから！

やる気まんまんだね。では夏休み前にみっちり仕込まなければ！

<みんな> …。

さて、be動詞には2つの意味があります。1つはみんなも知っている…？

<みんな> 〜です。

そうですね。だから、次の文の意味もわかる。

B. be動詞の意味
 a. 意味その1：　　　（　　　　　）
  I am a student.

<みんな> 私は生徒です。

そうです。私は生徒です。私は生徒である。「です、である」に当たるのがbe動詞である（笑）

これを、私の言葉で、「です、である」のbe動詞と言う。

（佐藤くん） そのままじゃないですか〜。

そうである（笑）

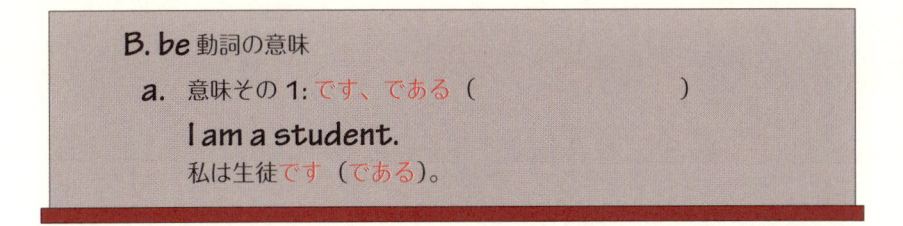

> **B. be動詞の意味**
> a. 意味その1：です、である（　　　　　）
> **I am a student.**
> 私は生徒です（である）。

冗談はさておき、ちょっと、次の文をよく見てください。

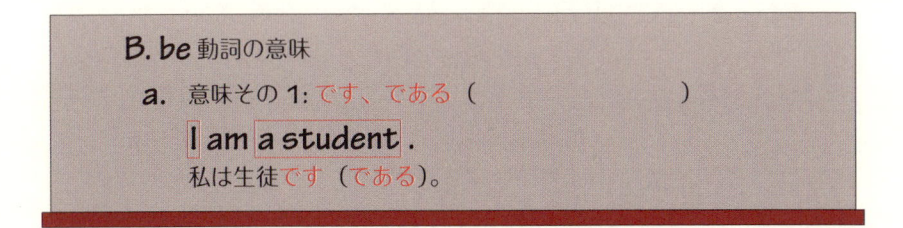

> **B. be動詞の意味**
> a. 意味その1：です、である（　　　　　）
> **I am a student .**
> 私は生徒です（である）。

四角で囲みましたけど、この2つの四角の関係がわかりますか？

〈みんな〉 ???

「関係」です。どういう関係にあるか???

〈みんな〉 ???

よーく見てみるとわかるのだが、"I" と "a student" って同じものじゃありませんか？「私」は「1人の生徒」だし、「1人の生徒」は「私」でしょ。同じ

じゃないですか。

　この関係を私の言葉で「イコール」と言います。みんなも、数学を勉強してるから、イコールの意味はわかるよね。1＋1イコール2。イコールの両辺は同じだということだ。私は、この「です、である」の意味のbe動詞のことを、「イコールのbe動詞」と名づけたい。リピートアフターミー。「イコールのbe動詞」

　　　　　イコールのbe動詞。
　〈みんな〉

B. be動詞の意味
　a. 意味その1 …… です、である（イコールのbe動詞）
　　 I am a student.　　※I＝a student
　　 私は生徒です（である）。

　さて、耳をかっぽじって、よーく聞きなさい。とても大事なことを言いますよ。
　be動詞には2つの意味があります。逆に言うと、be動詞には2つしか意味がない！ということです。その意味とは、今みなさんが勉強した、「です、である」と、もう1つの意味は「いる、ある」です。

B. be動詞の意味
　a. 意味その1 …… です、である（イコールのbe動詞）
　　 I am a student.　　※I＝a student
　　 私は生徒です（である）。
　b. 意味その2 …… いる、ある

　なーんだ、と思うかもしれませんが、実際に、文の中で見てみましょう。意外に難しかったりする。

> **B. be 動詞の意味**
> **a.** 意味その 1 …… です、である（イコールの **be** 動詞）
>   I am a student .   ※I＝a student
>   私は生徒です（である）。
> **b.** 意味その 2 …… いる、ある（　　　　　）
>   He is in a classroom.

もしも、この文の be 動詞が、イコールの be 動詞だったら、彼は何になっちゃう？

〈みんな〉 教室（笑）

そうですよね。こりゃ可笑しい。「彼は教室です」になっちゃう。違うよね。
じゃ、この文章の意味はどうなるか。"in" というのは、「～（の中）に」という意味です。

〈みんな〉 彼は教室にいる。

大変けっこう。

> **B. be 動詞の意味**
> **a.** 意味その 1 …… です、である（イコールの **be** 動詞）
>   I am a student .   ※I＝a student
>   私は生徒です（である）。
> **b.** 意味その 2 …… いる、ある（　　　　　）
>   He is in a classroom.
>   彼は教室にいます。

もう 1 文やってみよう。一番下の文を見て。

> **B. be 動詞の意味**
>   **a.** 意味その1 …… です、である（イコールの **be** 動詞）
>   I am a student．　※I = a student
>   私は生徒です（である）。
>   **b.** 意味その2 …… いる、ある（　　　　　　）
>   He is in a classroom.
>   彼は教室にいます。
>   A book is on the bed.

"on" というのは、「〜の上に」という意味です。

【みんな】　1冊の本がベッドの上にあります。

その通り。あるんですよ、本が。ベッドの上に。下じゃなくて。

【佐藤くん】　先生、何言ってるんですか！（爆笑）

> **B. be 動詞の意味**
>   **a.** 意味その1 …… です、である（イコールの **be** 動詞）
>   I am a student．　※I = a student
>   私は生徒です（である）。
>   **b.** 意味その2 …… いる、ある（　　　　　　）
>   He is in a classroom.
>   彼は教室にいます。
>   A book is on the bed.
>   1冊の本がベッドの上にあります。

　この be 動詞、ちょっと言葉は難しいのだけど、「いる、ある」と、存在を意味しているので、私の言葉で、「存在の be 動詞」と言う。

リピートアフターミー。「存在の be 動詞」

〈みんな〉 存在の be 動詞。

> **B. be 動詞の意味**
> **a.** 意味その 1 …… です、である（イコールの **be** 動詞）
> I am a student．　※I = a student
> 私は生徒です（である）。
> **b.** 意味その 2 …… いる、ある（存在の **be** 動詞）
> He is in a classroom.
> 彼は教室にいます。
> A book is on the bed.
> 1 冊の本がベッドの上にあります。

存在しておるわけだ。彼が教室に。そして本がベッドの下に。

〈鈴木さん〉 上！

失礼。上に（笑）では復習するよ。be 動詞には 2 つの意味しかありません。何と何？

〈みんな〉「です、である」と「いる、ある」。

難しく言うと何の be 動詞と、何の be 動詞？

〈みんな〉「イコールの be 動詞」と「存在の be 動詞」。

大変よくできたので、終わりにしようって思ったら、あら、チャイムが鳴りましたね。冗談を言ってたら、あっという間でした。3 分サービスできなくてごめんね。今日の授業は終わり。

〈みんな〉…。

Good-bye, everyone!

Good-bye, Mr. Sasa!
〈みんな〉

今日のノートとポイントのおさらい

Lesson3-② be動詞②

A. a. Mr. Sasa　　　　　　　　is　a nice teacher.
　b. Mr. Sasa and Mr. Grant are nice teachers.
　　※主語が複数のときのbe動詞は "are" になる。

B. be動詞の意味
　a. 意味その1……です、である（イコールのbe動詞）
　　I am a student .　　※I = a student
　　私は生徒です（である）。
　b. 意味その2……いる、ある（存在のbe動詞）
　　He is in a classroom.
　　彼は教室にいます。
　　A book is on the bed.
　　1冊の本がベッドの上にあります。

Lesson 3 ③ 代名詞

月　日（　）

今日は代名詞のお話です。

代名詞といっても、ピンとこないでしょうね。代名詞というのは、「それは」とか「これは」とか「彼は」「彼女は」といった、そのものの名前を使わないで指し示す言葉のことです。

みなさんが代名詞にあんまりピンとこない理由は簡単で、日本人はあまり代名詞を使わないからです。

例えば日本語で、「彼は」とか「彼女は」と言うと、ちょっと別な意味が含まれてしまいますよね。

　鈴木さん：なんだか恋人同士みたい。

そうでしょう。こんな言葉を使ったら、ウワサになっちゃいそうですね。それは日本人があまりこのような代名詞を使わないからでしょう。一方、英語ではとてもよく代名詞を使います。たぶん20倍くらい（違うかな〜）。ですから、代名詞をおぼえることは英語を勉強する上で欠かせないものです。

あとはいかに効率的におぼえるか、です。

これは、ちまちまおぼえるよりも、まとめて一気におぼえてしまうほうがいい。そのためのツールが次の表です。これは、私が苦節〇十年もかけて作り上げた、「代名詞・一発スッキリ解決記憶表」（笑）です。少し名前が長いのですけど。

大変ですが、この一覧表を何枚もコピーして、すらすらと空欄を埋められるように頑張るしかない。やってみよう。

代名詞・一発スッキリ解決記憶表

			主格 ~は,が	所有格 ~の	目的格 ~に,を	所有代名詞 ~のもの	be動詞 現在形
人称代名詞	一人称	単数	私				
	二人称		あなた				
	三人称		彼				
			彼女				
			それ				
	一人称	複数	私たち				
	二人称		あなたたち				
	三人称		彼・彼女・それ ら				

指示代名詞	三人称	単数	これ	
			あれ	
		複数	これら	
			あれら	

【参考】

名詞	三人称	単数	かばん	
		複数	かばん	

代名詞・一発スッキリ解決記憶表（完成版）

			主格	所有格	目的格	所有代名詞	主格に対応する be動詞
			～は,が	～の	～に,を	～のもの	現在形
人称代名詞	一人称	単数	私 / I	my	me	mine	am
	二人称		あなた / you	your	you	yours	are
	三人称		彼 / he	his	him	his	is
			彼女 / she	her	her	hers	is
			それ / it	its	it		is
	一人称	複数	私たち / we	our	us	ours	are
	二人称		あなたたち / you	your	you	yours	are
	三人称		彼・彼女・それら / they	their	them	theirs	are

指示代名詞	三人称	単数	これ / this				is
			あれ / that				is
		複数	これら / these				are
			あれら / those				are

【参考】

名詞	三人称	単数	かばん / bag				is
		複数	かばん / bags				are

たくさんあるけど、おぼえられそう？

【みんな】　う〜ん。

【中村くん】　難しいなあ。

　確かにね。主格・所有格・目的格・所有代名詞。なんだか難しそうだ。だんだん勉強していくから、今日のところは後で聞いたときに「なんとなく聞いたことがあるなあ」というくらいでいいから、おぼえる努力をしてみよう。

　それから、代名詞そのものについてはそれほどやっかいではない。これね、おぼえ方があって、先生が中学生の頃はこうやっておぼえたのよ。

　アイマイミーマイン、ユーユアユーユアーズ、ヒーヒズヒムヒズ…。

　一緒にやってみよう。アイマイミーマイン…。

【みんな】　アイマイミーマイン…。

　そうそう、リズムで、歌のようにしておぼえます。わからなくなったら、この表を書いてみる。そして意味を思い出せばよいのです。

　こういう教え方がよくない、という人も最近はたくさんいるようだけど、おぼえなければ始まらないものとか、おぼえてしまったほうがあとあと便利っていうものも、たくさんあるんですよね。

　そういうことを言う人は、無理矢理おぼえさせると英語が嫌いになる、おぼえ込ませることはよくない、とか主張していらっしゃるわけですけど、私に言わせれば…、言っていいかな？

【みんな】　どうぞ。

　バッカじゃないかしらってことです（笑）わ・か・る？

【佐藤くん】　先生の語りが始まった（笑）

　いいですか。みなさんも小学生の頃にやったでしょう。「いんいちがいち、いんにがに、さんしじゅうに、さんごじゅうご、ごしにじゅう」ってね。おぼえ

なけりゃ算数なんて何にも始まりませんよ。九九ができないで、わり算やろうとしたり、応用問題を解こうと思ったって、できるわけないじゃないですか。こういうのを、砂の上に城を造ると言います。土台がしっかりしないところに、どんなに立派なお城を造ろうとしたって、ダメだってことです。このことをかっこよく言うと、砂上楼閣と言います。

リピートアフターミー。「砂上楼閣」

〈みんな〉砂上楼閣（笑）

砂上楼閣じゃダメなんですよ。ついでなので、いつかみなさんに言っておかなければならないと思っていたことを話します。

英語は、世間で言われているように、なんとか法とかかんとか法を使ったり、○×教室とか○△教室に行けば、楽しく自然に身についたりするようなことは、残念ながらありません。みなさんの夢をつぶすようですが、アメリカに行ったり、イギリスに行ったりすれば、英語を読んだり、書いたり、話したりできるようになるわけでもありません。

私のウチの息子が３歳の頃、ようやく片言の日本語に加えて、ひらがなを読めるようになってきました。そんな彼が言っていたことです。これまで、保育園のことを、ずっと「ほよくえん、ほよくえん」と言っていたのですね。ところが、ひらがなで書いてあるのを「ほ、い、く、え、ん、ふーん、『ほよくえん』は『ほいくえん』だったんだ！」と申しておったわけです。私は感動したわけですね。なるほど、これか、と（笑）

文字の力はスゴイ、ということです。

耳で聞いているとき、彼の耳には「ほよくえん」と聞こえていたのですね。それで、自分が毎日行っているのが「ほよくえん」だと思っていたわけです。ところが、文字を知って、初めて「ほいくえん」という正しい発音とともに、正しい言葉を知ったわけです。

みんなは「サンキューサンキュー」って言いますけど、あれは１語ではないのですよね。書いてみましょうか。

> **thank　　you**
> 感謝する　あなたに

　すなわち、サンキューというのは、「あなたに感謝します」って意味なんだよ。そこから、ありがとうっていう日本語の意味になるわけでしょ。

　〈みんな〉　おおっ。

　書いてみて初めてわかる、文字で見て初めてわかるっていうことがあるわけですよ。ですから、私は、「英語の授業の目的は、英語が話せるようになることだ」なんて言う人がいると、「ちょっと待ってよ」って思いますね。ちゃんと正しい綴りを書けるようになる、ちゃんと言葉の意味がわかるっていうのは、日本語の初心者だった当時のウチの坊主同様、英語の初心者のみなさんにとって大切なことだと信じています。

　だから、この代名詞、つらいけど、できればいっぺんにおぼえてしまいなさい。私も頭のいい生徒じゃなかったので、苦労もしました。どうしたかというと、頭ではおぼえられないので、口におぼえさせました。何度も繰り返して読むことで、頭の代わりに口がおぼえてくれますよ！　アイマイミーマイン、ユーユアユーユアーズ…。

　〈みんな〉　アイマイミーマイン、ユーユアユーユアーズ…。

　リズムにあわせて、100回繰り返せば、誰だっておぼえられます。がんばって…！

Lesson 4 ① 一般動詞

月　　日（　）

　みなさんが知っている話から始めましょう。みなさんは英語の動詞を知っていますね。何ですか。

〈みんな〉　…？…？…？

　え、知っているはずですよ。be…？

〈みんな〉　…be 動詞。

be 動詞は？

〈みんな〉　am, is, are

"am, is, are" は？

〈みんな〉　be 動詞。

　ちゃんと英語の動詞を知っているじゃないですか。ところで be 動詞には何種類ありますか。

〈みんな〉　3 種類。

　その通りです。"am" と "is" と "are" ですよね。以前の授業で be 動詞はレアカードで数が少なくて強い、ということは強調しましたよね。
　さて、レアカードがあるってことは、ノーマルカードがあるってことだ。今日のお話はこのノーマルカードについてです。
　さて、みなさん。日本語でいいから、動詞をあげてください。思いつくまま。

〈みんな〉 ☆▲×○●□

何のこっちゃ。動詞って何だかわからない？ そうですか。じゃ、教えましょう。
「動作や動きを表す言葉」なんておぼえている人がいるけど、今は国語の時間じゃないので、理屈はさておき、わかりやすい判別方法を教えます。ただし、正確じゃないので、国語のテストでこんな答えを書かないでね。書いても×ですし(笑)
笹式で言うとね、動詞というのは、「最後をのばすと『うー』になる言葉」なんだ。

鈴木さん　先生！ 何ですか、それ？

まあ、見てごらん。

> 走るう
> 歩くう
> 泳ぐう

「走るう」「歩くう」「泳ぐう」。ね、のばすと「う」になるでしょう。じゃ、これ以外に例をあげてみて。

高橋さん　「飛ぶ」

吉田さん　「書く」

佐藤くん　「打つ」

中村くん　「投げる」

田中くん　「勉強する」

走る	run	飛ぶ	fly
歩く	walk	書く	write
泳ぐ	swim	開く	open

このたぐいのものをあげていくと、いくらでも出てきます。「叩くう」「殴るう」「蹴るう」「はたくう」…ね。

暴力教師だ（笑）〈中村くん〉

…さあ、これらの動詞に名前をつけたいと思います。そこで思い出してください。be 動詞は何カードでしたか。

レアカード。〈みんな〉

そう、枚数が少なくて、強いやつね。じゃあ、今みんなにあげてもらった動詞たちは何か。あえて言うならノーマルカード。数も多いし、何をかくそう、「弱い」（笑）で、名前も貧弱です。「一般動詞」と言う。

リピートアフターミー。「一般動詞」

一般動詞。〈みんな〉

だいたいノーマルっていうのは「普通、一般の」という意味だから、この考え方はホントに正しいのですよ。バカなことばっかり言っているけど、まったくいい加減なことを言っているわけではありません。少しはいい加減だけど（笑）

じゃあ、この一般動詞を文章の中で見てみましょう。みなさんの大好きな一般動詞、"love" を使いましょう。

Lesson4-①　一般動詞

A. I love sushi.

いいねえ、"I love sushi." の "love" ってどういう意味ですか。

〈みんな〉 「愛」「愛する」「大好き」…

おお、いい答えも出てますねえ。まあ、みなさんが知っているのは"I love you."だ。「私はあなたを愛しています」、"love"は愛する、でけっこうです。では、"I love sushi."はどんな意味になるかというと？

〈みんな〉 私はすしを愛する。

けっこうです。

Lesson4-① 一般動詞

A. I love sushi.
　私はすしを愛する。

中学１年生、それでよい。十分です。マル。あえて、もう少しこなれた日本語も付け加えておこう。「私はすしを愛する」ということは、すなわち、私はすしを愛してるっていうことは、私はすしが…どのくらい好きだということなのだろう。

〈みんな〉 大好き！

先ほども答えていた人がいたね。「私はすしが大好きです」、これも大変けっこうです。

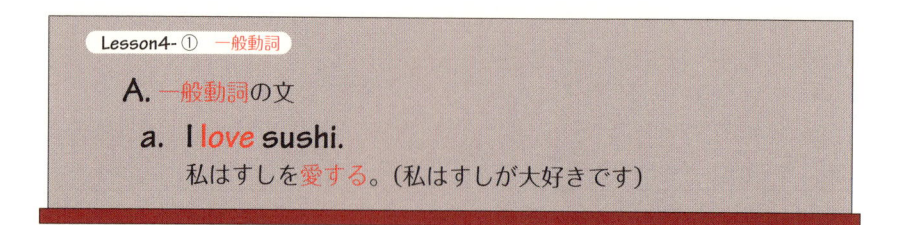

Lesson4-① 一般動詞

A. 一般動詞の文
　a. I love sushi.
　　私はすしを愛する。（私はすしが大好きです）

さっきも言った通り、この一般動詞はいくらでもあるので、例文を作ってい

るときりがありません。もう1つだけで止めておきましょう。A.bの文を見てください。

> Lesson4-① 一般動詞
>
> A. 一般動詞の文
> a. I love sushi.
>   私はすしを愛する。(私はすしが大好きです)
> b. You like sukiyaki.

"like"って、どういう意味かな。

〈みんな〉 好き。

おー、よく知っているね。でも「好き」の「き」をのばしてください。「いー」になりませんか。動詞は「うー」になるのでしたよね。"like"はあくまで一般動詞ですから、原則通り「うー」にならなければなりません。さあ、じゃあ、どんな日本語が適当なのかな。

〈みんな〉 ???

ちょっと難しいかな。「好む」ってわかるかな。あるいは「好く」でもいい。両方とも、「う」につながるでしょ。"like"の意味は、最初はこの「好む」で考えたほうがいい、というのが私の考えです。じゃあやってみよう。あなたは…好むぅ…何を？

〈みんな〉 すき焼きを。

> **Lesson4-① 一般動詞**
>
> **A. 一般動詞の文**
> a. **I love sushi.**
>   私はすしを愛する。（私はすしが大好きです）
> b. **You like sukiyaki.**
>   あなたはすき焼きを好む。

　よくできました。でも、「あなたはすき焼きを好む」という言い方は、いくら何でも不自然だ。で、ここから「あなたはすき焼きが好きです」という意味が出てくる。

> **Lesson4-① 一般動詞**
>
> **A. 一般動詞の文**
> a. **I love sushi.**
>   私はすしを愛する。（私はすしが大好きです）
> b. **You like sukiyaki.**
>   あなたはすき焼きを好む。（あなたはすき焼きが好きです）

　私は思うんですけどね、もともと、英語を日本語に直すというのは、とても難しいことなんですよ。だって、まったく違うルールで成り立っている言葉同士なわけでしょ。難しいし、不可能に近いと言ってもいい。その不可能なことをムリにやっているのだから、いろんなところに不自然が生じてくるのは当たり前なんです。でも、何がどう違うのか、ということを考えないと、中学校の英語を勉強している意味がないと私は思うのです。わ・か・る？

　佐藤くん　始まった、始まった。

　だって、私たちは日本人として生まれ育って、日本語を使って生き、日本語で考えています。英語で自然に考えることができるようになるには、お母さん

のお腹の中に戻って、英語が話されている国に生まれて、もう一度人生をやりなおさなきゃなんない。それはできないわけですよね。それができない私たちが英語を勉強するということは、日本語の中で英語を考えたり、理解したりしなければいけない、ということなのです。

　そのことを、なんだかすごく不幸なことのように言う人がたくさんいるのだけど、私は、そういう言葉を聞くと本当に悲しくなります。英語の勉強を通じて、日本語や日本に強くなろうよ。そして、日本や日本語の中でしっかり英語を勉強して、英語のよい使い手になりましょうよ。

　難しいお話をしたところで、今日はおしまい。Good-bye, everyone!

〈みんな〉 Good-bye, Mr. Sasa!

今日のノートとポイントのおさらい

Lesson4-① 一般動詞

A. 一般動詞の文
　a. I love sushi.
　　私はすしを愛する。（私はすしが大好きです）
　b. You like sukiyaki.
　　あなたはすき焼きを好む。（あなたはすき焼きが好きです）

中学1年　1学期　一般動詞

Lesson4 ② 一般動詞の疑問文・否定文

月　日（　）

　前回のレッスンで、一般動詞の文を勉強しました。今日はこれを発展させて、一般動詞の文の疑問文・否定文を勉強したいと思います。これで1年生1学期の勉強はおしまいです。いよいよ夏休みですね。Do you like summer vacations?

　　　Yes!
〈みんな〉

　おやおや。教わる前から"Do you ～?"の意味がわかっているようですね。すばらしい。

　ところで、疑問文・否定文はおぼえているかな。疑問文は「人に聞く形」の文、否定文は「そうじゃないよと打ち消す」文でしたね。

　では、前回と同じ文、"You like sukiyaki." に登場してもらいましょう。

Lesson4-②　一般動詞の疑問文・否定文

　A. 疑問文

　a.　You like sukiyaki.

　ちょっと思い出してほしいのですが、be動詞の文、"You are a student." を疑問文にするときには、どのようにしたらよいのでしたっけ。

　　　逆立ち。
〈みんな〉

　そうですね。be動詞はレアで強い。強いから「逆立ちの術」が使える。"you" と "are" を逆立ちさせて、ピリオドの代わりにクエスチョンマーク、"Are you a student?" で、できあがりでした。じゃあ、一般動詞です。同じように考えてみましょう。

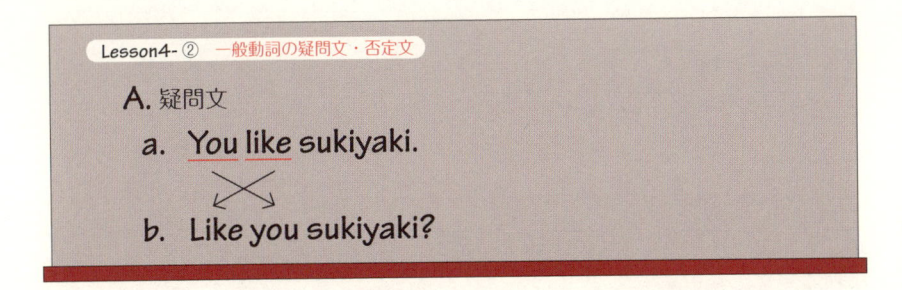

```
Lesson4-②  一般動詞の疑問文・否定文

  A. 疑問文
    a. You like sukiyaki.
         ╲╱
         ╱╲
    b. Like you sukiyaki?
```

"Like you sukiyaki?" なんだかよさそうですね。ところが！ 残念ながらこの文はダメなんです。

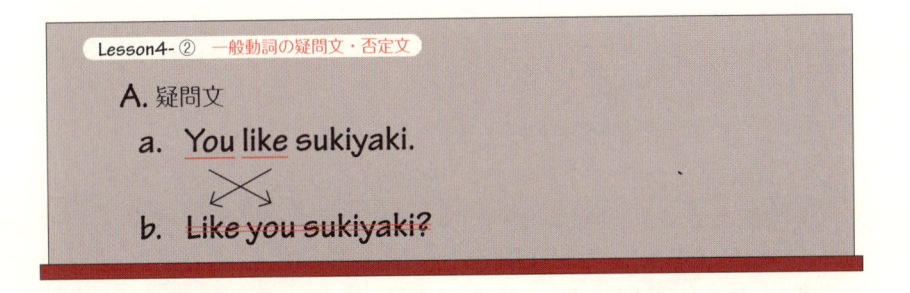

```
Lesson4-②  一般動詞の疑問文・否定文

  A. 疑問文
    a. You like sukiyaki.
         ╲╱
         ╱╲
    b. Like you sukiyaki?
```

なぜか。先ほど be 動詞はレアで強く、「逆立ちの術」が使えると言いました。でも、前回の授業で勉強した一般動詞はレアカードではなくて…。

中村くん　ノーマルカード！

その通り！ ノーマルカードの一般動詞では逆立ちする力がないからです。
じゃあ、どうしたらよいのか。
　どうしよう、どうしよう、と困っているところに、タイミングよく助けてくれるお助けカードが登場します。それは、どうしよう、どうしようと困っているところに現れるので、"do" です…。

<みんな> おぉ！

> **Lesson4-②　一般動詞の疑問文・否定文**
>
> A. 疑問文
> 　a. You like sukiyaki.
> 　b. ~~Like you sukiyaki?~~
> 　　 Do you like sukiyaki?

　この"do"が、先頭に立って助けてくれるために、その後の文では逆立ちをする必要がなくなります。本当にそうなっているでしょ？　これ、とっても重要。
　文の意味はわかるかな。「あなたはすき焼きが好きです」を聞く形にしたわけだから…？

<みんな> あなたはすき焼きが好きですか。

　日本語は、逆立ちも何もない。「か」をつければいいだけだから、簡単ですね。ちなみにこの"do"さん、名前があります。動詞を助けるので、その名を「助動詞」と言う。リピートアフターミー。「助動詞」

<みんな> 助動詞。

> **Lesson4-②　一般動詞の疑問文・否定文**
>
> A. 疑問文
> 　a. You like sukiyaki.
> 　b. ~~Like you sukiyaki?~~
> 　　 Do you like sukiyaki?
> 　　（助動詞）あなたはすき焼きが好きですか。

さて、尋ねられたら、答えなければいけない。"Do you like sukiyaki?" と聞かれて、どのように答えようか？ 好きかどうかを尋ねられているのだから、まずは「はい」か「いいえ」、"Yes" か "No" かですね。好きなのかどうなのかをはっきりさせなければ。何て答えたらいいだろう。

その前に、ちょっと思い出してほしいのですが、be動詞で尋ねられたら何で答えるのでしたっけ。例文をあげてみましょう。"Are you a student?" と聞かれたら？

　Yes, I am.

はい。"Are you ～?" のように、be動詞で尋ねられたら、"Yes, I am." とbe動詞で答えるルールでした。同じように、一般動詞の文では、"do" で聞かれたら "do" で答えるというルールがあります。

リピートアフターミー。「"do" で聞かれたら "do" で答える」

　"do" で聞かれたら "do" で答える。

では、この場合にはどのように答えるのか。"Yes, I..." ？

　Yes, I do.

そう。"Yes, I do." となります。

> **Lesson4-②　一般動詞の疑問文・否定文**
>
> **A. 疑問文**
> a. You like sukiyaki.
> b. ~~Like you sukiyaki?~~
>   **Do** you like sukiyaki?
>   (助動詞)　あなたはすき焼きが好きです**か**。
>   ans: Yes, I *do*. /
>   　　　はい、好きです。/

　次に、"No" で答えたい場合です。「すき焼きはどうも好きじゃないんですよ」と答えたい場合です。でも、これは、今日の勉強のもう1つ、「否定文」を勉強した後に戻って考えますので、ちょっとこのままにしておこう。

　では否定文の作り方を見てみましょう。考え方は疑問文と同じになります。まず be 動詞の文の否定文を思い出してみましょう。"I am a student." という文を否定文にする場合、"not" は be 動詞の「納豆引き寄せの術」によって be 動詞が "not" を引き寄せていましたね。"I am not a student." のように。これができたのは、be 動詞がレアで強いからです。

　では、一般動詞の文である "You like sukiyaki." の場合、"like" が "not" を引き寄せられるでしょうか。

🧒中村くん　　できない。

🧑佐藤くん　　ノーマルカードだから、ダメ。

　すばらしい。中村くんと佐藤くんが言ってくれた通り、残念ながら、"like" はノーマルカードなので、"not" を引きつける力はありません。"You like not sukiyaki." はダメなんですね。

> Lesson4-② 一般動詞の疑問文・否定文
>
> A. 疑問文
> a. You like sukiyaki.
> b. ~~Like you sukiyaki?~~
>   **Do** you like sukiyaki?
>   (助動詞) あなたはすき焼きが好きです**か**。
> ans: Yes, I *do*. /
>   はい、好きです。/
>
> B. 否定文
> a. You like sukiyaki.
>   ↓
>   ~~You like not sukiyaki.~~

どうしよう、どうしようと悩んでいたら、白馬の王子様じゃなくて、だれが助けにきてくれるんだっけ、鈴木さん？

「"do!"なんで私なんですか！（笑）」

いえいえ、迎えにきてほしそうだったから（笑）さあ、お助け助動詞"do"がやってきた。"do"が一般動詞の先に立って一般動詞を助けてくれます。"do"は一般動詞のかわりに納豆(not)を引き寄せて否定文を作ります。

be動詞が強い「レアカード」、一般動詞が弱い「ノーマルカード」とすると、助動詞"do"は動詞に力を与える「エネルギーカード」と考えるとよい。

「「エネルギーカード」！」

中村くんが興味津々だけど、「エネルギーカード」については、もう少し先で詳しく説明します。

ちなみに助動詞"do"は、"not"を引き寄せるだけでなく、短縮形"don't"を作ることもできます。

> Lesson4-② 一般動詞の疑問文・否定文
>
> A. 疑問文
> a. You like sukiyaki.
> b. ~~Like you sukiyaki?~~
> **Do** you like sukiyaki?
> (助動詞) あなたはすき焼きが好きです**か**。
> ans: Yes, I *do*. /
> はい、好きです。/
>
> B. 否定文
> a. You like sukiyaki.
> ↓
> ~~You like not sukiyaki.~~
> You **do not** like sukiyaki.
> don't

念のため、確認しておきますと、このくっついた形、何形と言いましたか？

〈みんな〉 短縮形。

" ' " は何でしたっけ。

〈みんな〉 アポちゃん。

よくおぼえていましたね。正式名称は？

田中くん アポストロフィー。

よくおぼえていてくれました。アポストロフィー、でしたね。
　さて、A.bの疑問文の答え方に戻りましょう。
　"Do you like sukiyaki?" と聞かれて「どうもあんまり好きじゃないんだよなあ」というわけで、「いいえ」と答えたい。さあ、答えてください。"do" で

聞かれたら？

<みんな> "do" で答える。

ですから "No, I do not." あるいは "No, I don't." と答えることになりますよね。

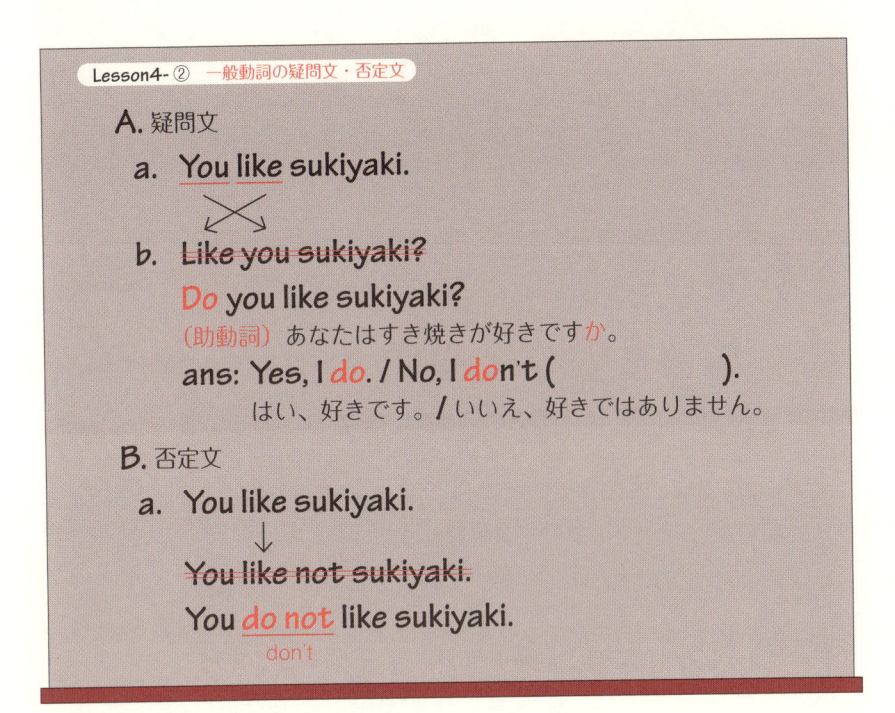

Lesson4-② 一般動詞の疑問文・否定文

A. 疑問文

a. You like sukiyaki.

b. ~~Like you sukiyaki?~~
Do you like sukiyaki?
(助動詞) あなたはすき焼きが好きですか。
ans: Yes, I do. / No, I don't (　　　).
　　　はい、好きです。／ いいえ、好きではありません。

B. 否定文

a. You like sukiyaki.
　↓
~~You like not sukiyaki.~~
You do not like sukiyaki.
　　don't

後ろに（　）を書きましたけど、後ろに何か隠れていることがわかるかな？
"No, I don't..." 何なんですか？

<みんな> ... like sukiyaki

Lesson4-② 一般動詞の疑問文・否定文

A. 疑問文
a. You like sukiyaki.
b. ~~Like you sukiyaki?~~
   Do you like sukiyaki?
   (助動詞) あなたはすき焼きが好きですか。
   ans: Yes, I do. / No, I don't (like sukiyaki).
   はい、好きです。／いいえ、好きではありません。

B. 否定文
a. You like sukiyaki.
   ↓
   ~~You like not sukiyaki.~~
   You do not like sukiyaki.
        don't

そうなりますね。be 動詞の文と同じように、省略されることがほとんどですが、文の理屈を押さえるために、確認だけしておきました。
　ちなみに聞いておきたいのですが、"Do you like Mr. Sasa?"

〈みんな〉 **No, I don't!**（笑）

…完全に理解できたようですね。よい夏休みをお過ごしください！
Good-bye, everyone!

〈みんな〉 **Good-bye, Mr. Sasa!**

今日のノートとポイントのおさらい

> **Lesson4-②** 一般動詞の疑問文・否定文
>
> **A.** 疑問文
>
> a. You like sukiyaki.
>
> b. ~~Like you sukiyaki?~~
>
>   Do you like sukiyaki?
>   (助動詞) あなたはすき焼きが好きですか。
>
>   ans: Yes, I do. / No, I don't (like sukiyaki).
>   はい、好きです。／いいえ、好きではありません。
>
> **B.** 否定文
>
> a. You like sukiyaki.
>   ↓
>   ~~You like not sukiyaki.~~
>   You do not like sukiyaki.
>   don't

中学1年　1学期　一般動詞の疑問文・否定文

English

中学1年

2学期

Lesson5 ① whatを使った文（be動詞）

　　　　　　　　　　　　　　月　　日（　）

　いよいよ2学期が始まりますね。夏休みあけですが、今日は新しい表現を勉強します。みんな夏休みでしっかりお休みしたので、パワーが余っているでしょう。まさか脳ミソまでしっかりお休みしちゃったのではないでしょうね。

佐藤くん　図星です！（笑）

高橋さん　だいじょうぶです！　英語の勉強、頑張りました。

中村くん　ずっと寝てた（笑）

鈴木さん　バレーボールばっかりやってました。

田中くん　理科の自由研究に燃えました。

吉田さんはなんだか疲れているみたいだけど。

吉田さん　コンテストの絵を描いていて、休みがなかったんですよ。ホント大変でした。

　…どうやら、みんなそれぞれの夏休みを過ごしたみたいだね。2学期に入って早速だけど、今日の授業は重要度が高いので、頑張りましょう。

〈みんな〉　…は～い。

　…さて、復習ですが、動詞には2種類あります。何と何？

〈みんな〉　？

忘れてますね〜。いいですか、これをしっかり押さえられるかどうかが、今後のあなたの英語人生を左右します。be動詞と？

　一般動詞？

そうです。いいですか。思い出してくださいよ。動詞には2種類しかありません。「be動詞」と「一般動詞」です。be動詞は？

　am, is, are

じゃあ、一般動詞は？

　love, like...

けっこうです。でも、まだ足りませんよ。

　run, fly...

まだまだ足りません。

　???

すばらしい答え方を教えましょう。日本広しと言えども、こんなにわかりやすく教えている英語の先生は、私を含めて1834人しかいません。けっこういるな（笑）がっちりおぼえておいてくださいよ〜。

　一般動詞は？と尋ねられて、100点の答えは……「be動詞以外」です。

　先生！ だましじゃないですか〜！（笑）

いえいえ、だましてなんかいないですよ。これが事実なんです。単純なんです。でも、この単純であることを知らないで、英語の文法は難しい、難しい、と言っておるわけですねぇ。動詞には「be動詞」と「一般動詞」しかないわけですよ。be動詞は？

〈みんな〉 am, is, are

ということは、"am, is, are"以外は一般動詞ということになりませんか。でしょ？ 納得した？

〈みんな〉 はーい。

本当にだいじょうぶなんだろうなあ。まだ夏休みボケがなおっていないように見えるな。では次に、この大原則を、しっかり頭の中に刻み込んでくださいね。

「動詞は1つの文に1つ」

名前が2つある人はいますか？「僕はショウでタダシでもあります」とか「リカコですけど、アユミとも言います」という人は手をあげて(笑) はい、普通はいません。名前を2つももっていたら、名前同士がけんかになっちゃいます。1つの文というのは1人の人だと考えてください。1人の人には1つの名前、1つの文には1つの動詞です。2つになることはありません。天地がひっくり返っても、「動詞は1つの文に1つ」です。

リピートアフターミー。「動詞は1つの文に1つ」

〈みんな〉 動詞は1つの文に1つ。

動詞には2種類しかありませんから、英語の中は「be動詞の文」か、「一般動詞の文」の2種類しかないことになります。be動詞と一般動詞が交ざった文、というのもありません。これは太陽が東から昇る、というのと同じくらい動かない中学校英語の大原則とおぼえておこう。

さて、話を今日の中心の勉強に向けていこう。

Lesson5-① **what** を使った文

A. be 動詞の文
a. This is a pen.

　質問。"This is a pen." この文章は、be 動詞の文、一般動詞の文、どちらですか、鈴木さん。

鈴木さん be 動詞の文。

けっこうです。意味もだいじょうぶですね、田中くん。

田中くん これは 1 本のペンです。

　"This is a pen." という例文ね、昔の教科書では、こういうシンプルな英語が多かった。でも「くだらない文だ」「ダメな文だ」と盛んに批判された。「こんな英語は使わない」ってね。そして、こういう文は教科書から追放されてしまった。いまだにいますね、そういう批判をする人が。私は「そんな表現、とっくの昔から教科書には載ってないよ」って思いながら…過激な言葉だけど、言っちゃってもいいかな。

〈みんな〉 どうぞ！(笑)

バッカじゃないの、と思います。わ・か・る？

佐藤くん 始まった、始まった！(笑)

　だってさ、初心者が文の構造を考えようとしているのだから、シンプルでいいんですよ。それにさ、「使わない」って言ったって、逆にこんな簡単な英語もわからなければ、より難しい英語はわからないっていうことになるじゃないですか。そうでしょ。「これはペンです」っていう日本語を理解できない人が、「これは私のお気に入りのペンです」っていう日本語を理解できるわけがない。

中学1年　2学期　what を使った文（be 動詞）

だから自信をもって、このシンプルな例文を材料に、新しいことを勉強しましょう。順序を追ってシンプルに考えれば、文法なんて怖くないんです。

　　もう終わりですか。

はい、終わりです。

　　今日の語りは短い…。

…さて、"This is a pen." は「これはペンです」という意味です。でも、もしも、何だかわからないものが机にあったとする。ペンのように見えるけど、そうでないようにも見える。たまたまそこを通りかかった友人Ｓに「これは何だろう」と尋ねたい。これを英語でどのように言うか。これが今日の勉強の目玉です。

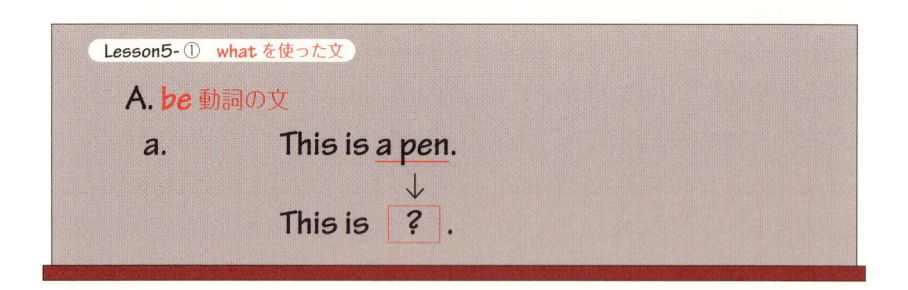

Lesson5-①　whatを使った文

A. be 動詞の文

a.　　　　This is a pen.
　　　　　　　　↓
　　　　　This is ? .

今の話を英語で書くと、このようになりますね。"a pen" の部分がわからないのだから、クエスチョンボックスになるわけですね。 ? じゃ言葉になりませんから、ここに "what" という言葉を置くルールがあります。"what" というのは「何」という意味の単語ですから、"This is what." とすると「これは何です」という文ができあがる。疑問文だから、クエスチョンマークもつけておこう。

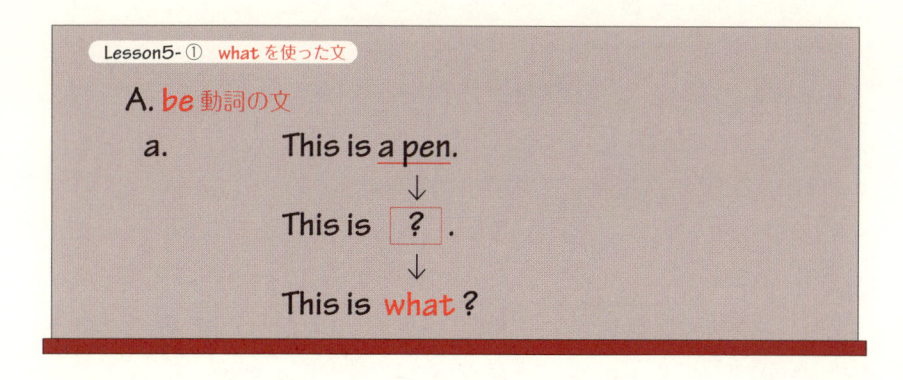

> **Lesson5-① what を使った文**
>
> **A. be 動詞の文**
>
> a.　　This is <u>a pen</u>.
> 　　　　↓
> 　　　This is ?.
> 　　　　↓
> 　　　This is **what** ?

　これでよさそうですね。実際、これで通じないわけではありません。でも外国の人に、日本語で「これは何です」と言われたら、面くらいますね。状況を考えれば言っている意味はわかるけど、面くらう。それは、「これは何です」という日本語が、正しい日本語ではないからだ。正しい日本語にするには、どうしたらいいかな、中村くん？

中村くん　「か」をつける。

　そうですね。「これは何です**か**」。パーフェクト。人に聞く形の文を作るとき、日本語なら「か」を文の最後につければよい。けれど、英語はそうではなかったね。記憶力のよい方、「人に聞く形の文」はどういう文の形にならなければいけなかったのか、おぼえていますか。佐藤くん。

佐藤くん　「逆立ちの術」を使って、逆立ち。

　そう、逆立ちの文にならなければいけない。でも、逆立ちできるかな。確認してみよう。この文で使われている動詞は何ですか、吉田さん。

吉田さん　is

　"is" は何動詞？

吉田さん　be 動詞。

be 動詞は逆立ちできますか。

<では> できる！

じゃ、逆立ちして人に聞く形の文を作ってみよう。

　その前に新しいルールの登場。"what" は文の先頭にくる、というルールがあります。名づけて「what は〈ほわっと〉軽いから文の先頭にくる」ルールです（笑）この話は次の授業で詳しく説明しますので、今回のところは「変な名前のルール」って思ってもらうだけでいい。とりあえず、"what" を先頭にもってきて、その後ろの "this" と "is" を逆立ちさせてみましょう。

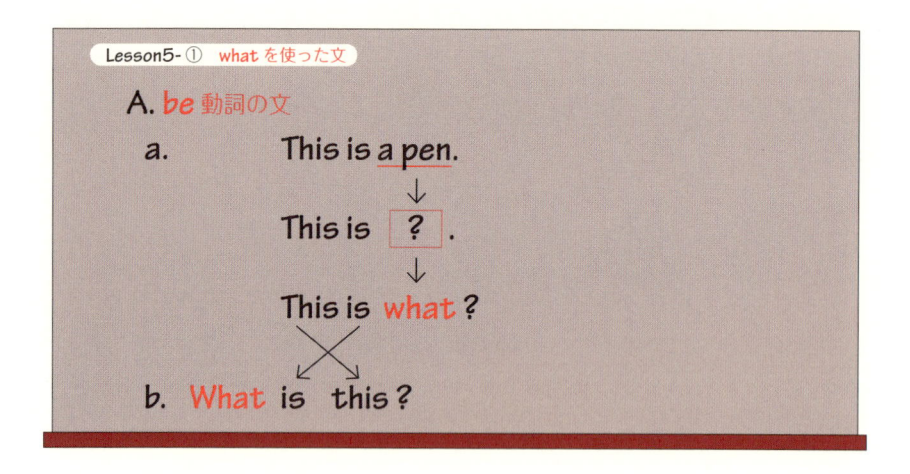

```
Lesson5-①  what を使った文
    A. be 動詞の文
        a.    This is a pen.
                    ↓
              This is  ? .
                    ↓
              This is what ?
                     ╲╱
                     ╱╲
        b.   What is this ?
```

これでできあがり。読んでみよう。リピートアフターミー。"What is this?"

<みんな> What is this?

疑問文は最後が上がり調子でしたっけ、下がり調子でしたっけ。

<みんな> 上がり調子。

　その通り。それではルールを1つおぼえてください。"what" で始まる文は最後が下がり調子になります。

リピートアフターミーアゲイン。"What is this?"（下がり調子）

What is this?（下がり調子）
〈みんな〉

けっこうです。このことは、たくさん英文を声に出して読んでいるうちにだんだん身につくと思います。

さて、尋ねられたら答えなければならない。「これは何ですか」と尋ねられて、「はい」とか「いいえ」と答える人はいますか。

いない（笑）
〈みんな〉

普通はいませんね（笑）

じゃあ、何と答えるか。「これは何ですか」と聞かれれば、「それはペンです」だよね。"It is a pen."となる。あら、ほとんど最初の文に戻りました。

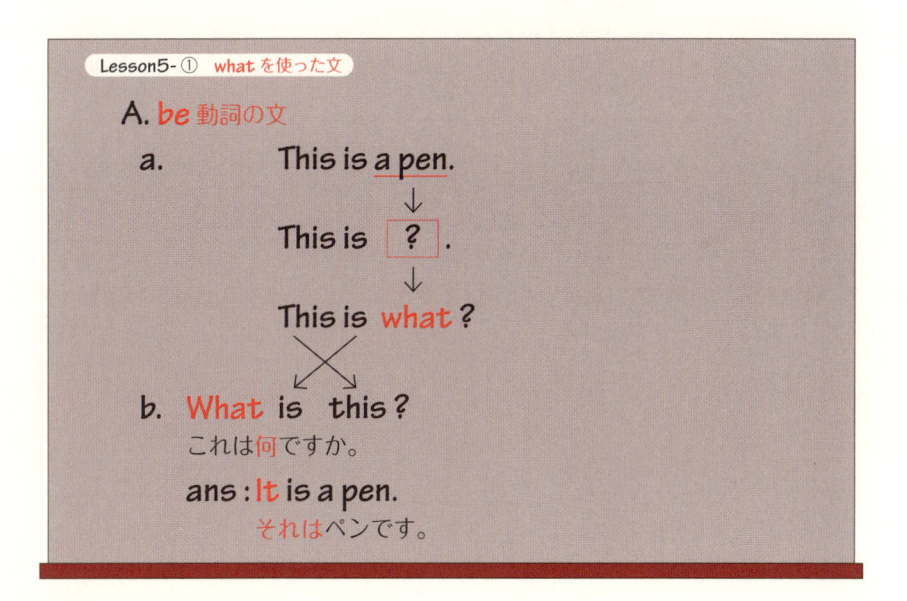

Lesson5-①　whatを使った文

A. be動詞の文

a.　　　This is a pen.
　　　　　　↓
　　　　This is ? .
　　　　　　↓
　　　　This is what ?

b. **What** is this ?
　　これは何ですか。

　　ans : It is a pen.
　　　　それはペンです。

文が最初に戻ったところで、今日の授業も終わりです。Good-bye, everyone!

Good-bye, Mr. Sasa!

今日のノートとポイントのおさらい

Lesson5-① whatを使った文

A. be 動詞の文

a.　　This is a pen.
　　　　　↓
　　　This is ? .
　　　　　↓
　　　This is what ?

b. What is this ?
　　これは何ですか。
　ans : It is a pen.
　　　　それはペンです。

Lesson 5 ② what を使った文（一般動詞）

月　日（　）

```
Lesson5-②　what を使った文
　B. 一般動詞の文
　　a.　　　　You like sukiyaki.
```

　今日のノートは B. から始まっていますが、間違いではありません。前回の Lesson の続きの内容と考えてください。
　いきなりですが、a. の文はどんな意味ですか。

〈みんな〉 あなたはすき焼きが好きです。

　じゃあ、「あなた」が何を好きなのかわからない、それを尋ねたいとします。さて、クエスチョンボックスになるのはどの言葉ですか。

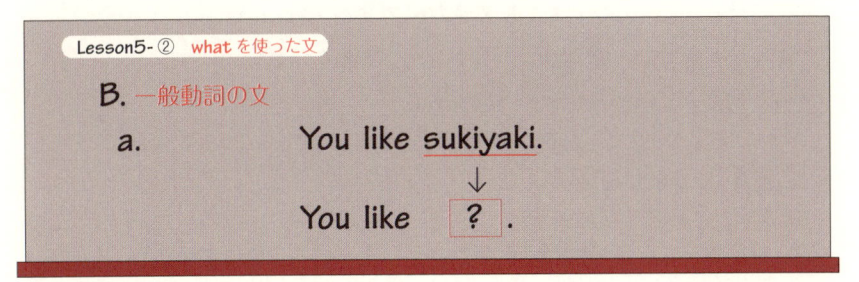

〈みんな〉 sukiyaki

```
Lesson5-②　what を使った文
　B. 一般動詞の文
　　a.　　　　You like sukiyaki.
　　　　　　　　　　　↓
　　　　　　　You like ? .
```

　前回の授業を思い出してください。クエスチョンボックスに入る言葉は何でしたっけ、佐藤くん。

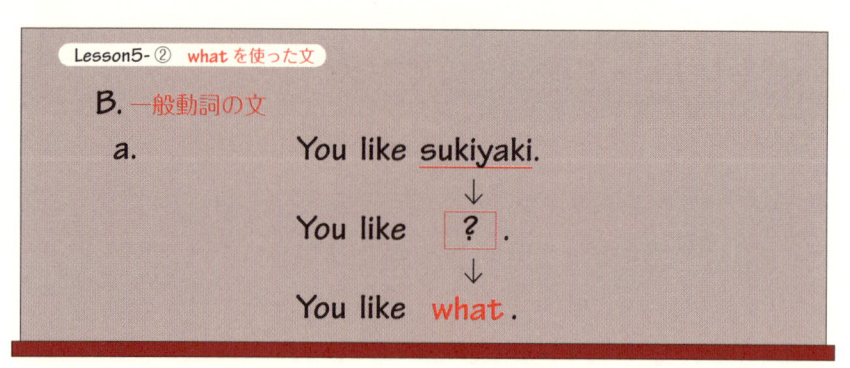

佐藤くん　"what" です。

```
Lesson5-②  what を使った文
  B. 一般動詞の文
   a.        You like sukiyaki.
                    ↓
              You like  ? .
                    ↓
              You like  what .
```

　さて、人に聞く形の文にしましょう。「人に聞く形の文」は「逆立ち」でしたね。そこはだいじょうぶのようだ。しか〜し、次の確認を忘れてはイケマセン。まず、この文で使われている動詞がどれかを確認しましょう。はい、高橋さん。

　高橋さん　"like" です。

　"like" は何動詞ですか。

　高橋さん　一般動詞です。

　この文は一般動詞が使われている文なのですね。
　この文は一般動詞が使われている文なのですね(笑)
　この文は一般動詞が使われている文なのですね(笑)(笑)
　では、みなさんに聞きますが、逆立ちはできますか？

　みんな　できません。

　できないから、どうしよう、どうしよう、で、だれに助けてもらうのかな？

　みんな　do

　助けてもらいましょう。逆立ちせずに疑問文になります。

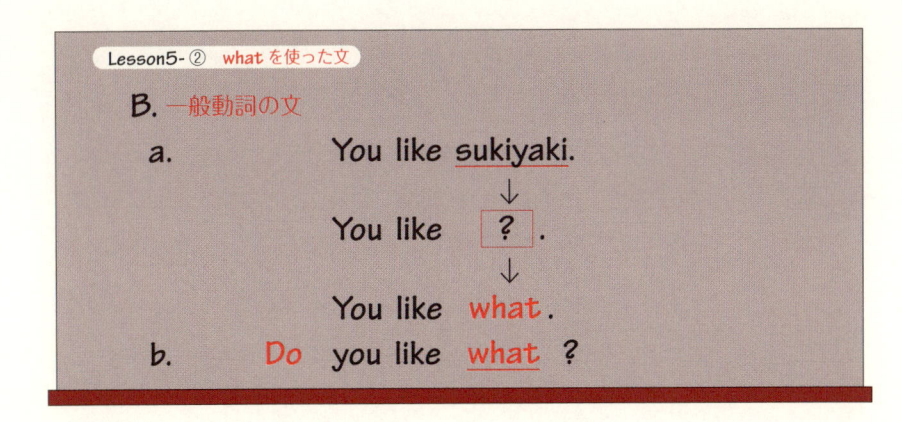

> **Lesson5-② what を使った文**
>
> **B. 一般動詞の文**
>
> a.　　　You like sukiyaki.
> 　　　　　　　　↓
> 　　　　You like ? .
> 　　　　　　　　↓
> 　　　　You like what .
> b.　　**Do** you like **what** ?

　これでも、意味は十分に通じます。でも、日本語にしたら、「あなたは好きですか何を」ってな意味ですな（笑）

　前回から登場している、この"what"ですが、別の名前があります。「動詞」とか「名詞」というような名前がある。でも、簡単です。疑問文を作る言葉（詞）だから？

🙂🙂🙂〈みんな〉 疑問詞？

　その通り。リピートアフターミー。「疑問詞」

🙂🙂🙂〈みんな〉 疑問詞。

　大変けっこう。この疑問詞ね、他にも仲間がいくつかあるのだけれど、みんな最初が"W"なんです。例外もあるけれど、だいたい"W"。で、前回の授業を思い出してください。「what は〈ほわっと〉軽いから文の先頭にくる」ルールです。

🙂〈佐藤くん〉 「変な名前のルール」だ（笑）

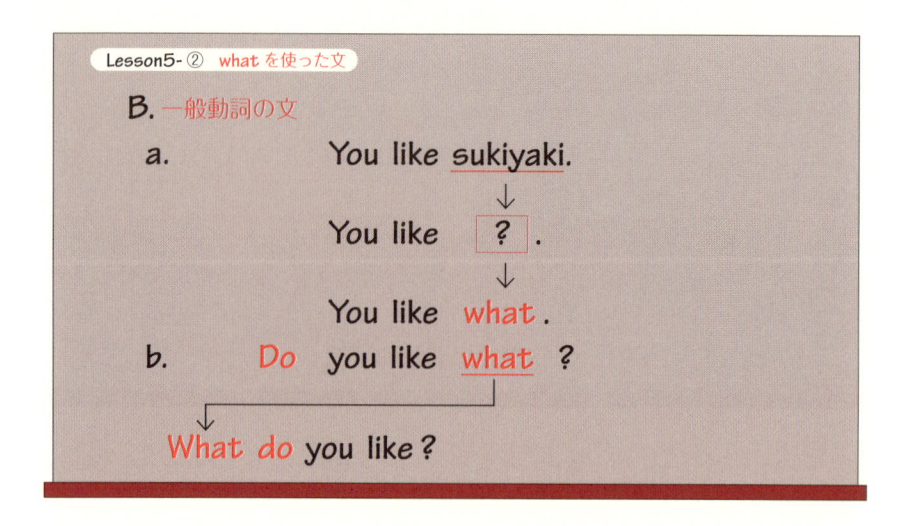

```
Lesson5-②  what を使った文

B. 一般動詞の文
  a.       You like sukiyaki.
                   ↓
           You like  ? .
                   ↓
           You like what .
  b.    Do you like what ?
           ↓
        What do you like ?
```

どう？「what は〈ほわっと〉軽いから文の先頭にくる」っていうのは。

　先生、ムリがありますよ！

　この「疑問詞ほわっと理論」は、私が初めて英語を教えた年に開発して、冗談半分で授業で教えたものです。で、びっくりしたのは、その学期末に集めたノートを見ていたら、ある女の子のノートの片隅に、「what は〈ほわっと〉軽いから、文の先頭にくる！」って書いてあるんですよ。びっくりマークまで！

　えーっ。

　私は黒板に書いたわけじゃないですよ。口で言っただけです。すごいなあ、と思いました。この子はSさんといって、優秀な生徒で、勉強もよくできました。でも、当然だなあと思いました。授業の内容もよーくおぼえていましたしね。一度、Sさんはこんなことを言ってましたよ。「テストの前にノートを見直していると、先生が説明しているときの光景が目に浮かんできて、何が大切なのかを思い出します」ってね。私、泣きましたよ(笑)

　まあ、そこまでじゃなくてもいいので、授業はしっかり聞いてください。私も頑張るから。

さて、リピートアフターミー。"What do you like?"

〈みんな〉 What do you like?

前回の授業で、"what"を使った文の最後は上がり調子と言ったかな、下がり調子と言ったかな。

〈みんな〉 下がり調子。

そう、意識して読みましょう。
リピートアフターミー。"What do you like?"（下がり調子）

〈みんな〉 What do you like?（下がり調子）

追加で説明しておくと、"what"などを使った疑問詞の文は基本的に下がり調子に読みます。別な言い方もできます。"what"で尋ねられた文は、"yes, no"で答えられましたっけ？

〈みんな〉 答えられない。

そうですね。「yes, noで答えられない疑問文は下がり調子」、こういう言い方もできます。これは大切。…と、こういうのをノートにとるのよ〜。

〈みんな〉（あわててノートをとる）

さあ、"What do you like?"で一丁上がりです。意味もだいじょうぶだね。

〈みんな〉 あなたは何が好きですか。

本来なら「あなたは何を好きですか」としたいところですが、日本語では「〜が好き」という言い方が一般的ですから、こちらを採用します。

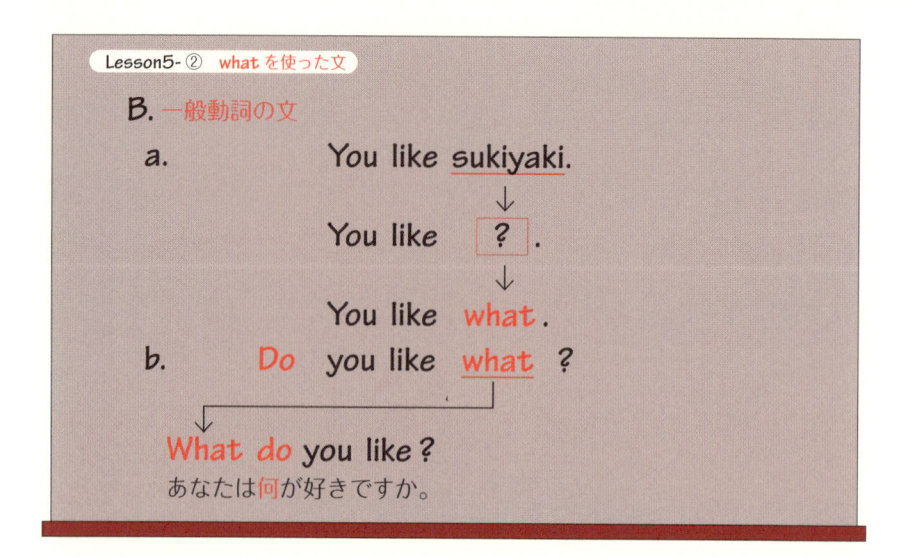

```
Lesson5-②　whatを使った文
   B. 一般動詞の文
      a.           You like sukiyaki.
                        ↓
                  You like   ? .
                        ↓
                  You like  what .
      b.      Do  you like  what ?
           ↓
          What do you like?
          あなたは何が好きですか。
```

さて、答えましょう。

　何を好きか尋ねられていますから、"Yes, No"では答えられません。何を好きかを答えなければなりません。答えはこうなりますね。

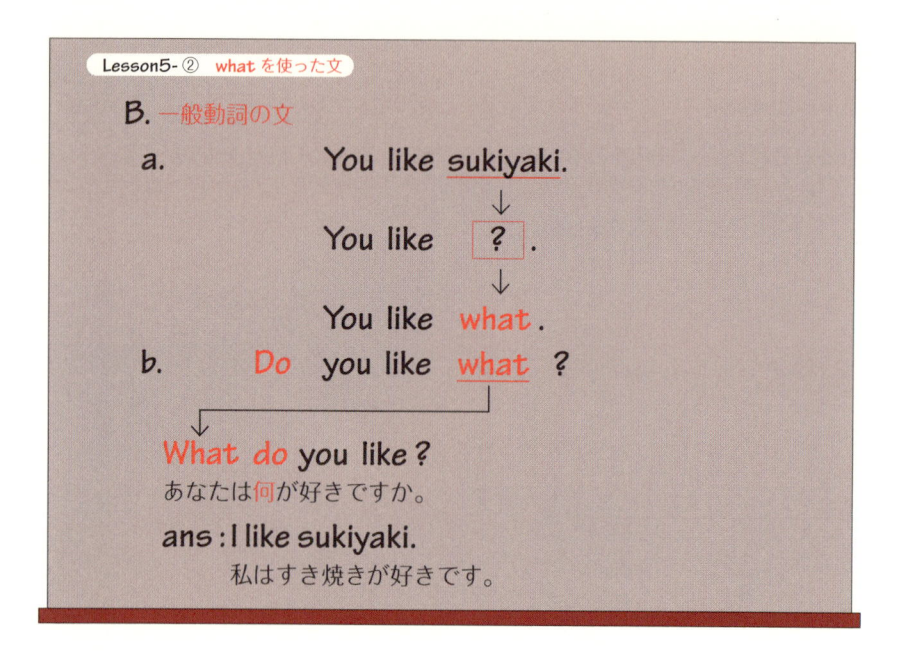

```
Lesson5-②　whatを使った文
   B. 一般動詞の文
      a.           You like sukiyaki.
                        ↓
                  You like   ? .
                        ↓
                  You like  what .
      b.      Do  you like  what ?
           ↓
          What do you like?
          あなたは何が好きですか。
          ans : I like sukiyaki.
                  私はすき焼きが好きです。
```

ルール通りに考えていけば、納得しながら理解できるのが英語です。今回勉強したことは、まさにその通りでしたね。
　英語が難しい、とか、文法は難しい、とかいう言葉にだまされてはいけません。目を見開いて、私をじーっと見つめて、信じてついてきなさい!?　これこれ、きゃーとか気持ち悪いとか言うなぁ…と叫んだところで、Good-bye, everyone!

〈みんな〉 Good-bye, Mr. Sasa!

今日のノートとポイントのおさらい

Lesson5-②　what を使った文

B. 一般動詞の文

a.　　　　You like sukiyaki.
　　　　　　　↓
　　　　　You like ? .
　　　　　　　↓
　　　　　You like what .
b.　　Do you like what ?

What do you like ?
あなたは何が好きですか。

ans : I like sukiyaki.
　　　私はすき焼きが好きです。

Lesson6 ① theとa

月　　日（　）

　さて、今日はとてもよく使われるのだけど、とても難しい、"the"の登場です。どのくらい難しいかというと、長年英語を使っている人でもうっかり間違うことがあるくらいです。

　🧑‍🦰　そんなに難しいのですか？　嫌だなあ。

　滅多にウソを言わない私ですから、あえて断る必要もないと思うけど（笑）、本当に難しい。なぜそんなにやっかいかというと、日本語には"the"に相当する言葉や考え方がないからなんですね。

　例えばこの間、こんなことがありました。外国の人がたくさん集まっているところで、「このペンを落としたのは誰ですか」とある人が聞いたんです。そしたら、1人の外国人が「私は落としました」と、手をあげたんですね。みんなは日本語の使い手だから、この場合は「私が落としました」が正しいことがわかるけど、じゃ、なんで「私は落としました」じゃ変なのか、ということを説明しろと言われたら、ちょっと困りますよね。
　こんな例えもある。
　知らない中学生がたくさん集まっているところで、田中くんが自己紹介しようとして、「私は○△中の田中シンジです」と言うのならわかるけど、「私が○△中の田中シンジです」と言ったら、なんだか田中くんは特別な中学生です、と自己紹介しているみたいですよね（笑）だから、自己紹介では、普通こういう言い方はしないと思うけど、どう？

　🧑　しません！（笑）

佐藤くん： ハカセならするかも!?

田中くん： しない、しない！（笑）

　このように「は」と「が」の違いは日本人としてわかるけど、他人に説明するのは難しいですね。日本人なら中学生でも「は」と「が」を間違えることはないと思いますけど、外国の人が日本語を勉強しようとして、「は」と「が」の違いに頭を抱えるのは、わかるような気がしませんか。文法的に「は」が副助詞で、「が」は格助詞だ、と説明しても、とても伝えきれない部分があります。

　長いこと日本に住んでいる外国の人の話す日本語が変だったりするのは、こういう、細かい間違いがあるからですよね。英語には助詞というものがないために起こることだと思います。

　"the"が日本人には難しいというのも、これと似たようなものではないかと思います。"the"に相当するものが日本語にはないわけですから、理屈を説明されてもなかなかわかりません。まあ、そうはいっても、語の働きを理解しないことには使いようもありませんので、今日は頑張って説明します。「そのうちわかるよ」じゃ、みんなも困るでしょ。

　さて、前置きが長くなりました。今日はこの"the"を"a"と比較しながら考えてみよう。まずは次の2つの文を見比べてください。

Lesson6-① the と a

A. a. I have a picture.
　 b. I have the picture.

　まず、a.の文を見てください。「私」の写真が、何のどういう写真か、みなさんにわかりますか。

〈みんな〉 わからない。

　そうですね。恋人の写真かもしれないし、家族の写真かもしれないし、ツチ

ノコの写真かもしれない（笑）わかっているのは、その写真が1枚である、ということだけです。だから、"I have a picture."と言われたら、「ふーん」と答えるしかありません。だって、何の写真なのか、全然わからないのだから。

　今度は b. の文を見てみよう。"I have the picture."さて、今度はどうか。この場合、あなたは、「ふーん」じゃなくて、「へー」と答えることになります。「へー、そうなの。その写真を持ってるの〜」と感じることになります。なぜなら、あなたは "the picture" がどんな写真なのかを知っていることになるからなんです。ここまでだいじょうぶ、吉田さん？

　　　だいじょうぶじゃありません。

　そうでしょうね。もう少し説明を続けさせてもらったほうがわかると思うので、もう少し辛抱してください。

　　　ラジャー（笑）

　これまでの説明をまとめると、次のようになります。
　あなたが "the picture" と聞いたとき、"the picture" と言った人は、あなたがその写真についてすでに何かしら知っている、ということを前提として話していることになります。難しく言えば、「ある特定の写真について話している」と言えるでしょう。
　一方、"a picture" と聞いた場合、あなたはその写真について、何も知らないことになります。この場合、"a picture" は「不特定のものを指している」と言うことができます。ですから、"the" を、あえて日本語に直せば、「その」という意味を与えることができるでしょう。

> **Lesson6-①　theとa**
>
> A. a.　I have a picture.
> 　　　私は（1枚の）写真を持っています。
> 　b.　I have **the** picture.
> 　　　私は（その）写真を持っています。

　まだまだ難しいね。ちょっと、こんなふうに考えてみますか。1つの例をあげてみたいと思います。よしおくん、えりこさんが話しています。

シーンA

「I have a picture.」
「I have a picture, too.」

　このシーンでは、えりこさんが"I have a picture."（私、写真を持ってるのよ）と言っています。これに対してよしおくんが"I have a picture, too."（僕も写真を持っているよ）と答えていますね。2人の写真は同じ写真でしょうか。例えば、2人の持っている写真は同じモスラの写真であるとか？

中村くん：たぶん違う。女の子がモスラの写真を持っているわけない！

鈴木さん：T坊、何にも考えてないでしょ（笑）

高橋さん：違うんじゃないかと思います。

田中くん：「わからない」んじゃないかな、1枚写真を持っているって言ってるだけだから。

なるほど。答えを言ってしまえば、「違う」あるいは「わからない」です。理由は、田中くんが言ってくれた通り。確かなのは、2人とも「1枚の写真を持っている」という事実です。けれども、その2枚の写真は、お互いに何の関係もありません。例えば、えりこさんの写真が恋人の写真で、よしおくんの写真がモスラの写真というように。では、次の場面を見てください。

シーン B

I have a picture.

I have the picture, too!

　えりこさんは"I have a picture."（私、写真を持っているのよ）と言っています。これは先ほどのシーンAと同じですね。恋人の写真です。
　ところが、その写真を見たよしおくんは、びっくりして"I have the picture, too!"（僕もその写真を持っているよ！）と言っています。
　どういうことかわかりますか？…2人は三角関係だったわけです。

〈みんな〉 えーっ！（笑）

　その後の3人の恋の行方はわかりませんが（笑）、みなさんはこの"a"と"the"の違いについて、少しはわかったかな。はっはっは。

〈みんな〉 …。

　…もう1つ"the"の使い方の例をあげてみましょう。実は、必ず"the"がつく言葉があるのです。
　例えば"sun"です。これは必ず"the sun"という言い方をして、"a sun"

と言うことはありません。"moon" も同じです。つねに "the moon" であって、"a moon" ではありません。なんでかわかる？

田中くん　天体だからですか。

田中くんらしい答えですね。"earth"（地球）も "the" がつきます。でも、"north"（北）とか、"president"（大統領）、"king"（王様）にも "the" をつけることになっている。共通するのは何だろう？

中村くん　何だろう。難しいなあ。

佐藤くん　わかった！　エライ人。

残念ですけど「北」は人じゃありませんよ（笑）数に注意。地球、大統領、王様。それぞれいくつある？

〈みんな〉　1つ。

そうなんです。もしも、"a sun" という言い方をしたら、他にも太陽があるように聞こえてしまいます。太陽は私たちが知っている、あの太陽しかありません。北や南、大統領や王様が何人もいたら困りますよね。

　これらは「もともと特定されている」存在なので、いつも "the earth" とか "the king" という言い方をする、という約束があるのです。

　なんとなくわかってくれたかな。

〈みんな〉　うーん。

まあ、このへんで勘弁してください。私はこういうことを滅多に言わないようにしているんですけど、この "the" に関してはなんとなくルールがわかった状態で、「だんだんと慣れていく」しかないと思います。今日の説明を基本にして、迷ったときや間違えたときに基本に戻って直すことを繰り返しましょう。だいいち、かくいう私も、迷うし間違うことがあるんですよ。これからも同じだと思います。私に限りません。けっこうな英語の使い手でも "the" の使い方には

苦しんでいます。仕方ないですよ。外国語なんだから、ね。

さて、最後に同じ"the"の話でも、スッキリとわかりやすい話を２つして終わりにしたいと思います。

「私は野球をします」。英語になおしてください、佐藤くん。

　　　　I play baseball.

けっこうです。では、「私はピアノを弾きます」。"I play"から始めてください。みんなでどうぞ。

　　　　I play piano.

はい、ここでルールがあります。それは「play the 楽器」。

> **B. play the 楽器**
>   **a. I play the piano (guitar).**
>   　私はピアノ（ギター）を弾きます。

楽器を"play"する場合、楽器の前に"the"をつける習慣があります。なんでかというと、…私は知りません。

　　　　なんだ～。

だまれだまれ～。私はさ、ほら、あまりにもいろんなことを知っているでしょ。たまには知らないままにしておくのもいいかな、と思って、これは知らないままにとっておいているのです。

　　　　絶対ウソだ～。

えへん、えへん。"the"にまつわるわかりやすい話をもう１つ。
普通"the"は〔ðə〕（ザ）と発音しますが、次のような場合は〔ði〕（ジ）という発音になるのが「正しい発音」です。

> **C.**
> **the apple, the end, the orange...**

どういうときに〔ðə〕は〔ði〕と発音するのか、わかりますか。佐藤くん、中村くん、出番だよ。

母音！

はい、よくできました（笑）母音の前の"the"は〔ðə〕ではなく〔ði〕と発音するのが基本です。なぜかは考えておいてください。次の時間までの宿題です。
This is the end of this class. Bye!

> **C. 母音の前の the は〔ði〕と発音する**
> **the apple, the end, the orange...**

中学1年　2学期　the と a

今日のノートとポイントのおさらい

Lesson6-① the と a

A. a. I have a picture.
　　　私は（1枚の）写真を持っています。
　b. I have the picture.
　　　私は（その）写真を持っています。

B. play the 楽器
　a. I play the piano (guitar).
　　　私はピアノ（ギター）を弾きます。

C. 母音の前の the は〔ði〕と発音する
　the apple, the end, the orange...

Lesson6 ② 命令文、Let's 〜

月　　日（　）

今日は「命令文」というのを勉強します。
言ってみましょう。リピートアフターミー。「命令文」

　〈みんな〉　命令文。

「〜しなさい」というのが命令ですよね。「勉強しなさい」と、これは命令ですね。「寝なさい」というのも命令です。こんなのも命令ですよね。「宿題の答えを言いなさい」、佐藤くん。

　佐藤くん　えっ、宿題なんてあったっけ？

　吉田さん　翔はいっつも宿題忘れる。

誰か助けてあげてください。はい、じゃあ高橋さん。

　高橋さん　母音の前の"the"を〔ðɪ〕と読むのは、〔ðə〕だと読みづらいからだと思います。

他の考えがありましたか。…なさそうですね。佐藤くんも納得ですか。

　佐藤くん　納得しました！

本当だろうね〜？　「では、前回のノートのC.の単語の母音に、赤でアンダーラインを引きなさい」。これも命令文だね。

> C. 母音の前の **the** は〔ði〕と発音する
> the <u>a</u>pple, the <u>e</u>nd, the <u>o</u>range...

佐藤くん　今日は命令が多い…（笑）

わかりました。言い方を変えましょう。「どうぞ、前回のノートのC.の単語の母音に、赤でアンダーラインを引いてください」、これでよろしいですか（笑）もっとも、「〜してください」というのは、依頼とも言えますけど、何かするように伝えているわけだから、命令の一種と考えることもできますね。今日はこんな英語の表現をいくつか勉強します。

でもね、これはみなさん、基本のところはもうわかっているのですよ。やってみようか？　勉強しなさい！って英語で言ってください。

〈みんな〉　Study???

ほら、できた。それが命令文ですよ。もっと「命令」っぽく言えればもっといい。「開けなさい」は？

〈みんな〉　Open!

けっこうです。それでいいのですよ。ま、それだけでは寂しいので、ノートでは、「その窓を開けなさい」とでもしようか。

Lesson6-② 命令文、Let's〜

A. その1　〜しなさい
　a.　　**Open the window.**
　　　　窓を開けなさい。

中学1年　2学期　命令文、Let's〜

🧑‍🎓〈田中くん〉　先生、文の最初がちょっとあいているのは、どういう意味ですか。

よいところに気づきましたね。実は、ここには何かが省略されているのです。さて、何でしょう。勘のよい人はわかると思うよ。

👧👦👩〈みんな〉　うーん。

ヒント。「主語がない」

🧑‍🎓〈田中くん〉　"You" かな？

よくできました、田中くん。冴えていますね。ある人がある人に対して、"Open!" と言っているわけですから、「（あなたが）窓を開けなさい」ってことですよね。"(I) Open the window." 「私が窓を開けなさい」なら、口に出して自分に命令する必要はない（笑）勝手に開ければいいのです（笑）

Lesson6-②　命令文、Let's〜

A. その1　〜しなさい

a. (You) **Open** the window.
　　　　窓を開けなさい。

このことがわかると、次のことがわかります。「窓を開けてはいけません」と言いたい場合はどうなるか。

👧👦👩〈みんな〉　…。

わからないかな。よく考えて。主語は "you"、否定文にしてみたら…。

👧👦👩〈みんな〉　... Don't open the window. ???

その通り！　スバラシイ。"You open the window." を否定文にすれば、"You don't open the window." 前の例文にならって、この文の "you" をはずせば、

"Don't open the window." ですよね。

Lesson6-②　命令文、Let's～

A. その1　～しなさい
　a. (You) Open the window.
　　　　　　窓を開けなさい。
　b. (You) Don't open the window.
　　　　　　窓を開けてはいけません。

　とまあ、実はこれは正しいとは言えない説明なんだけど、このほうがとっつきやすいかな、と思います。普通の先生の説明の仕方をすれば、「命令文は動詞の原形で始まる」ということになる。だけど、ちょっとねぇ～。それでみなさんがわかるならいいんですけど。

佐藤くん：わかりませーん。

中村くん：難しいでーす。

　一応重要なので、書くだけは書いておきますけど、あくまで「一応書く」だけにしておきましょう。もう少し勉強が進んだらわかってくるはずです。

Lesson6-②　命令文、Let's～

A. その1　～しなさい
　a. (You) Open the window.
　　　　　　窓を開けなさい。
　b. (You) Don't open the window.
　　　　　　窓を開けてはいけません。
　　　※命令文は動詞の原形で始まる。

　さて次に、もう少し丁寧な言い方を勉強しましょう。「どうぞ窓を開けてくだ

さい」という文です。これは簡単。文の最初か終わりに"please"をつければよい。

> B. その2　〜してください
> 　a. **Please** open the window.
> 　　どうぞ窓を開けてください。

中村くん：簡単だあ。

佐藤くん：T坊、珍しいな。

中村くん：だって簡単じゃない。

簡単でしょ。「どうぞ窓を開けないでください」という言い方も確認しておきます。今度は"please"を後ろにつけてみましょう。なお、後ろにつける場合には、"please"の前にコンマをお忘れなく。

> B. その2　〜してください
> 　a. **Please** open the window.
> 　　どうぞ窓を開けてください。
> 　b. Don't open the window, **please**.
> 　　どうぞ窓を開けないでください。

さて、命令文についての話は以上ですが、まだ時間がだいぶ余っていますので、もう1つの表現についてお話ししたいと思います。まあまあ、そんな嫌そうな顔をするんじゃない。知っておかないと将来大変困ることになるから。

鈴木さん：先生！　生徒を脅しちゃダメですよ。

いえいえ、本当なんです。例えばですねえ、こう、ステキな男性がいる。思いは募るばかりなんですねえ（笑）こういう状態になったらデートに誘わにゃな

らん。ね、重大な問題でしょ、鈴木さん！（笑）

鈴木さん 先生！

ごめんごめん。

C. その3　〜しましょう
a. Let's go to the park.
　　公園に行きましょう。

佐藤くん 公園ですか〜？　しょぼい（笑）

デートといえば公園に決まっています！　中学生は時間はあるけどお金がないんだから！

〈みんな〉 …。

さてさて、この"let's"を使った文章については、あんまり注意すべき点はありません。強いて言えば…この"let's"って、もともと2つの言葉からできているのですが、これが何＋何だかわかるかな？

〈みんな〉 ？＋？

はい、知らなくてけっこう。普通の中学生は知りません。答えは"let＋us"です。"let"というのは「〜させる」、"us"というのは代名詞のところで勉強した通り、「私たちに」という意味です。となると、"let's"というのは「私たちに〜させよう」すなわち、「（私たちで）〜しましょう」という意味になります。だから、1人で"Let's go!"ってのはあり得ないのね（笑）ま、ひょっとすると背後霊を誘っているのかもしれないですけど…。

吉田さん やめてください〜。

吉田さんは怖い話が苦手なんですよ。

　失礼しました。だいじょうぶです。みなさんの背後霊は英語がわからないから、ついてきません（笑）さてさて、誘われたら答えなきゃならない。私があなたにこう言う。"Let's go to the park." みんなは何て答える？

　No!

　…そうね〜、"No 〜 !" ってやつね。まあ、中学生なんですから健全ですよ。中学生の分際でデートしようなどというのは。私なんか想像したことすらなかったですよ！

　相手がいなかったんじゃないですか〜（笑）

　ご名答！　コラコラ（笑）
　とっても丁寧に答えるならこうなります。"let's" で尋ねられているから、"let's" で答えます。

C. その3　〜しましょう
　a. <u>Let's go to the park.</u>
　　　公園に行きましょう。
　ans. Yes, let's. (OK.)
　　　/ No, let's not.

　でもねえ…、"Yes, let's." も "No, let's not." もあんまり使われないなあ。"Yes" の場合は、"OK" が普通かなあ。それから "No, let's not." の意味なんだけど、略さずに言えば、"Let's not go to the park." でしょ。公園に行かないのはだれ？

　…2人…!?

そうそう。「公園に行きましょう」「いや、公園に行くのはやめておこう（不良のたまり場になっているから）」(笑) これは、2人とも公園には行かないようにしようってことだよね。じゃあ、私は行かない（行きたいなら1人で行って！）と言うためには、どう答えるか。

佐藤くん　No!(笑)

"No!" っていうのもキツイかなあ。断られた相手の人、傷つきますよね(笑)

佐藤くん　経験あるんですか？

まさか。こう見えても、私は中学校時代はモテモテだったんだよ。

鈴木さん　先生！ ウソついちゃダメですよ(笑)

本当ですとも。昔話になりますが…と思ったけど時間がないので、話を戻します。続きを聞きたい人は放課後においで。

鈴木さん　だれもいません！(笑)

「いいえ、けっこうです」くらいにしてほしかったなあ(笑) この場合も。そういう意味のよい英語がありますよ。"No, thank you." です。一応、誘ってくれてありがとうってわけね。

これ、一度でいいから言ってみたかったなあ〜。

鈴木さん　やっぱり相手がいなかったんじゃないですか〜(笑)

C. その3　〜しましょう

a. <u>Let's</u> go to the park.
　　公園に行きましょう。
　　ans. Yes, let's. (OK.)
　　　　/ No, let's not. (No, thank you.)

中学1年　2学期　命令文、Let's〜

ところで、Let's finish our class!

Yes, let's!!!

今日のノートとポイントのおさらい

Lesson6-② 命令文、Let's〜

A. その1　〜しなさい

a. (You) **Open** the window.
　　　　窓を開けなさい。

b. (You) Don't open the window.
　　　　窓を開けてはいけません。

※命令文は動詞の原形で始まる。

B. その2　〜してください

a. **Please** open the window.
　　どうぞ窓を開けてください。

b. Don't open the window, please.
　　どうぞ窓を開けないでください。

C. その3　〜しましょう

a. Let's go to the park.
　　公園に行きましょう。

ans. Yes, let's. (OK.)
　／ No, let's not. (No, thank you.)

English After School
放課後の職員室で…

田中くん: 先生、今日勉強した命令文について質問があります。

〈先生〉: ん、何ですか。

田中くん: クラーク博士の"Boys, be ambitious."というのが「命令文」だと聞いたことがあるんです。今日の授業との関連を教えてください。

〈先生〉: なるほど、よく知っているね。じゃあ、田中くん、「あなたはよい男の子です」という英文を作ってごらん。

田中くん: "You are a good boy."ですか。

〈先生〉: そうですね。では、「あなたはよい男の子になりなさい」という「命令文」を作ってみましょう。授業の中で、命令文では"You"を（　）に入れたのをおぼえているよね。そうすると"(You) are a good boy."となる。ここまでだいじょうぶだね。

田中くん: ハイ。

〈先生〉: もう1つ、授業の中でちらっと「命令文では、最初の動詞が原形になる」と言ったのをおぼえているかな。

田中くん: はい。あ、なるほど。

〈先生〉: わかりましたか。"am, is, are"の原形は"be"です。するとこの文は"Be a good boy."となるね。"ambitious"というのは「野心のある」という意味ですから…。

田中くん: 「大志を抱け」と。わかりました。ありがとうございました。

先生: どういたしまして。ちなみに、"not"をつけた形は一般動詞の命令文と同じになります。"Don't be a bad boy."（悪い少年になるな）ですね。ところで田中くん、"Be a good boy and be ambitious!"

田中くん: Thank you very much!

Lesson 7 ① 三単現の s

月　　日（　）

　1年生の英語の勉強もいよいよ最大の山、最難関に挑戦することになります。なるべくやさしくわかりやすく話をしたいと思いますけど、もともとそんなにやさしくないものなので、説明を簡単にするにも限界があります。今日の目標は、「とりあえず今日のところはなんとなくわかった」という気持ちになれるかどうか、です。私も頑張って一生懸命教えますから、みなさんも頑張って理解しようと努力してください。じゃあ、いくよ。

　その最大の山の名前は、「三単現の s」です。

Lesson7-①　三単現の s

リピートアフターミー。「三単現の s」

〈みんな〉　三単現の s。

声が小さい！　気合を入れて、「三単現の s」！

〈みんな〉　三単現の s！

よーし、気合でやっつけるぞ〜。

　まず、「三単現の s」について考える前に、三単現っちゅうのは何なんだろう。まず、これらからなんとかしなければならない。

> **Lesson7-①　三単現の s**
>
> 　**A.** 三単現とは

　田中くん：「これら」ということは、1つじゃないのですね。

　そう。「三単現」は1人に見えるけど、実はあるものとあるものとあるものの合体なんです。何と何と何？

　中村くん：「三」と「単」と「現」だ！

　正解。冴えてるねえ、中村くん！

　まずは「三」っちゅうのはいったい何なのか、こいつをやっつけるのが先決だ。この「三」というのは、「三人称」の「三」なのです。しかし、まず「三人称」がいったい何者なのか。これがわからんと何も始まらない。

> **Lesson7-①　三単現の s**
>
> 　**A.** 三単現とは
> 　　**a.** 三人称とは

　難しそうに見えるけど、心配ご無用。笹式であっさりと一刀両断。よく見ててね。

> **Lesson7-①　三単現の s**
>
> 　**A.** 三単現とは
> 　　**a.** 三人称とは
> 　　　　**I** ……一人称
> 　　　　**you** ……二人称
> 　　　　**I, you** 以外 ……三人称

以上です。踊っておぼえましょう。

😀😀😀 エー！
〈みんな〉

体におぼえさせます。『人称体操』始め〜。
「一、二、三人称。I, you, それ以外」

一、	二、	三人称。
I、	you、	それ以外。

😀😀😀 一、二、三人称。I, you, それ以外。
〈みんな〉

じゃあ、質問するよ。わからなかったら踊りながら答えてね（笑）何人称かを答えてください。"I" は？

😀😀😀 一人称。
〈みんな〉

"you" は？

😀😀😀 二人称。
〈みんな〉

"he" は？

〈みんな〉 三人称。

"my mother"は？

〈みんな〉「一人称」「三人称」

こらこら、「I, you 以外は三人称」。だから「人称体操」で、三人称のところでは三本指を出してバタバタやるのよ。あっちこっちにたくさんある、ということでね。"my mother"は？

〈みんな〉 三人称。

"my dog"は？

〈みんな〉 三人称。

"I"は？

〈みんな〉 一人称。

どうです、わかったかな。わからなくなったら『人称体操』で思い出してください。ただし、あんまり大きく踊ると隣の人の鼻の穴に指を突っ込むことになるので、気をつけてください(笑)

　さて、三人称の「三」はわかったこととして、お次は「単」ですね。これは単数の「単」です。

> **Lesson7-① 三単現の s**
>
> **A.** 三単現とは
>   **a.** 三人称とは
>   I …… 一人称
>   you …… 二人称
>   I, you 以外 …… 三人称
>   **b.** 単数とは ……

これは復習になりますね。単数っていくつだったっけ、中村くん？

中村くん： 1つ。

「1つ、1人」だったよね。複数はいくつだっけ、田中くん。

田中くん： 2つ、2人以上です。

パーフェクトです。単数は「1つ、1人」、複数は「2つ、2人以上」

> **Lesson7-① 三単現の s**
>
> **A.** 三単現とは
>   **a.** 三人称とは
>   I …… 一人称
>   you …… 二人称
>   I, you 以外 …… 三人称
>   **b.** 単数とは …… 1つ、1人 / 2つ、2人以上（複数）

次は「現」だ。これは現在の「現」です。現在は何だろう、佐藤くん？

佐藤くん： え、何だろう、「今」のこと？

そうです。今、現在のことです。

Lesson7-①　三単現の s

A. 三単現とは

　a. 三人称とは

　　I …… 一人称
　　you …… 二人称
　　I, you 以外 …… 三人称

　b. 単数とは …… 1つ、1人 / 2つ、2人以上（複数）
　c. 現在とは …… 現在（今）/ 過去・未来

　ちなみに、みなさんは過去のことや未来のことについては、まだ英語で表現することができません。これは先になってから勉強しますので、「現」を気にする必要はありません。みなさんが、今、見聞きする英文はすべて「現在」の文です。

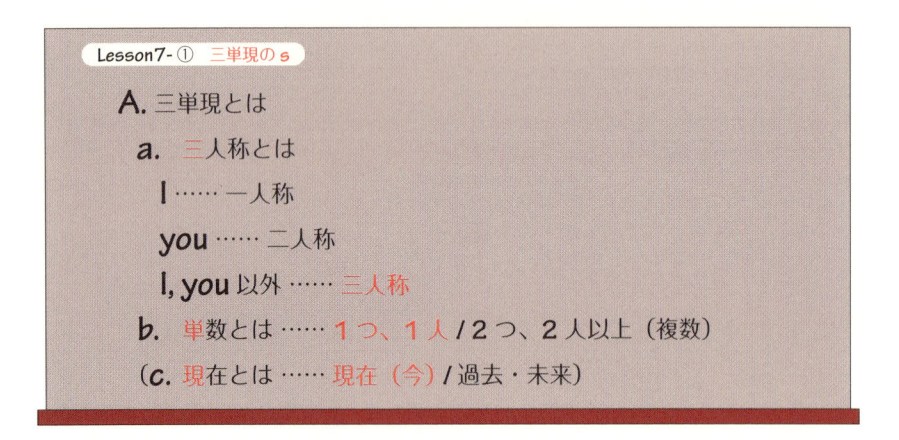

Lesson7-①　三単現の s

A. 三単現とは

　a. 三人称とは

　　I …… 一人称
　　you …… 二人称
　　I, you 以外 …… 三人称

　b. 単数とは …… 1つ、1人 / 2つ、2人以上（複数）
　（**c.** 現在とは …… 現在（今）/ 過去・未来）

　さあ、やっと三と、単と、現がわかった。これで、ようやく三単元の s について説明することができます。三単現の s というのはこういうことです。

> **B. 三単現の s とは**
> 「主語が三人称、単数、現在形のとき、一般動詞の語尾に s または es がつく」

これ、おぼえます。

〈みんな〉 え～！

有無を言わせません、おぼえます。リピートアフターミー。「主語が三人称、単数、現在形のとき、一般動詞の語尾に s または es がつく」

〈みんな〉 主語が三人称、単数、現在形のとき、一般動詞の語尾に s または es がつく。

5回繰り返します。

〈みんな〉 主語が三人称…。

おぼえられたかな。うまく頭に入らない人は、口におぼえさせるのです。なるべく早く繰り返して、口が自動的に動くくらいに。「主語が三人称、単数、現在形のとき、一般動詞の語尾に s または es がつく」ってね。さらっと言えるようになるまで繰り返す。

実はねえ、これは、私が中学1年生のとき、英語の先生が授業で「おぼえろ!!」って言ってたものなんです。で、全員これを先生の前で暗唱して合格しなければならなかった。ホントの話だよ。で、理解できたかっていうと、全然理解できない。何のことやらさっぱり、でした。そりゃそうです。言葉で頭に入れても、理解できなきゃ。

じゃ、理解しよう。ぐちゃぐちゃ解説しても、頭が混乱するだけだから、実際に英文を使って考えてみよう。

次に、a.～d. までの4つの英文を書きます。正しければ○、正しくなければ×を書いて、全文を正しく書き直してください。ヒントはもちろん、「主語が三

人称、単数、現在形のとき、一般動詞の語尾に s または es がつく」です。

> C. a. I like sushi.
>   b. You like sushi
>   c. Mr. Sasa like sushi.
>   d. Mr. Sasa and Ms. Watanabe like sushi.

…やってみたかな。まず、a. の文章を見てみよう。主語は何？

〈みんな〉 I

何人称ですか。

〈みんな〉 一人称。

じゃ、このルールとは関係ない。だって、主語が三人称（第一条件）で、単数（第二条件）、現在形（第三条件・これは考える必要がない）の３つの条件がそろったとき、一般動詞の語尾に "s" か "es" がつくわけでしょ。このままでいいので、◯。いいですね。

〈みんな〉 はい。

次。b. の文。主語は "you" ですね。何人称ですか。

〈みんな〉 二人称。

条件に当てはまるか、当てはまらないか。

〈みんな〉 当てはま…らない。

そう。条件に当てはまらないから、このままでいいので、◯。
次は c. です。"Mr. Sasa" は何人称？

三人称。

　おっ、きたきた。第一条件に引っかかった。確かに、"Mr. Sasa"は三人称だ。"I"でも"you"でもないよね。次に第二条件、単数かどうか、だ。"Mr. Sasa"は何人いる？

　　　1人。

　私が5人も6人もいたら気味悪いよね（笑）この私は世界中どこを探しても、ここにいる1人だけです。第三条件は関係ないとして、さあ、3つの条件がそろった。思い出してください。「主語が三人称、単数、現在形のとき」何が起こるの。

　　　一般動詞の語尾に"s"または"es"がつく。

　この文章の一般動詞はどれ？

　　　like

　語尾っていうのは、語のしっぽ、おしりだ。"like"のおしりに何がつくの。

　　　"s"または"es"です。

　この場合は"s"になります。

```
C. a. I like sushi.           ○
   b. You like sushi.         ○
   c. Mr. Sasa like sushi.    ×  Mr. Sasa likes sushi.
   d. Mr. Sasa and Ms. Watanabe like sushi.
```

　さあ、最後のd.だ。主語は何ですか。

　　　Mr. Sasa and Ms. Watanabe

中学1年　2学期　三単現のs

149

別に理由があって並んでるわけではありません。勘ぐらないように(笑)さて、"Mr. Sasa and Ms. Watanabe" は何人称ですか、佐藤くん。

佐藤くん …三人称？

悩むことないよ。だって一人称が"I"、二人称は"you"、それ以外は全部三人称でしょ。じゃ、"Mr. Sasa and Ms. Watanabe" は何人称。

佐藤くん 三人称。

おっ、これも第一条件に適合だ。注意して見ていく必要がある。さて、第二条件をチェック。"Mr. Sasa and Ms. Watanabe" は何人いるかな、中村くん。

中村くん …2人？

自信もって。「笹先生」+「渡辺先生」、どう考えたって2人だ。2人というのは単数ですか、田中くん。

田中くん 違います。複数です。

では、第二条件で挫折です。これは○。よろしいですね。

これで三単現のsのルールは8割終了です。どうです？ まったく手も足も出ないほど難しい？ さて、残りを一気に片付けたいので、3分休憩にします。席を離れず、おしゃべりをしてリフレッシュしてください。

みんな ？

まだ残り2割あるんだから、どうぞガヤガヤしてください。

みんな ガヤガヤ(笑)

さて、3分たちました。私が休憩したかったのね。けっこう疲れるんだよ、集中して説明するのは。さあ、残り2割の話をして、今日は終わりにします。私も頑張るので、みんなももう一息頑張ってね。

先ほどから繰り返していますが、「主語が三人称、単数、現在形のとき、一般動詞の語尾に」何がつくのだっけ、鈴木さん。

鈴木さん　えーっと、えー、「s または es」。

そうだよね。でも「s または es」って、何じゃ。はっきりしてもらわねば困る。はっきりさせましょう。基本的には"s"がつきます。じゃあ、次の動詞に三単現の s をつけてみよう。

D. 三単現の s のつき方
a. speak , love , eat , need

つけられたかな。

D. 三単現の s のつき方
a. speak**s**, love**s**, eat**s**, need**s**

それぞれを読んでみよう。リピートアフターミー。"speak, speaks" "love, loves"...

みんな　"speak, speaks" "love, loves"...

ちょっと発音チェックもしておこう。複数形の"s"のところで丁寧に勉強したからだいじょうぶかな。発音記号を書いておこう。

D. 三単現の s のつき方
a. speak**s**, love**s**, eat**s**, need**s**
　　　〔s〕　〔z〕　〔ts〕　〔z〕

中学1年　2学期　三単現の s

さあ、次はパターンb。"es"がつく場合です。"go"のときは"s"ではなくて"es"。"watch"のときも"s"ではなくて"es"。あれ、どこかで見たことのあるルールですねえ。じゃあ、どういうときに"es"になるのだろう。

〈みんな〉 s, sh, ch, x, o!

おぼえていましたね。複数形のときと同じルールですね。発音の注意も同じです。"go"にくっついた"es"はそのまま〔z〕でよいけれど、"watch"の"es"は〔iz〕になるのでしたね。

D. 三単現の s のつき方
　a. speak**s**, love**s**, eat**s**, need**s**
　　　　〔s〕　〔z〕　〔ts〕　〔z〕
　b. go**es**, watch**es**…（s, sh, ch, x, o の後ろは **es**）
　　　〔z〕　　〔iz〕

続いて、パターンc。パターンd。両方とも、複数形と同じルールです。「yをiに変えてes」。ただし"y"の前が"a, i, u, e, o"のとき「yをiに変えずにs」。これも複数形の"s"と同じだね。例の母音の後のルールだ。

D. 三単現の s のつき方
　a. speak**s**, love**s**, eat**s**, need**s**
　　　　〔s〕　〔z〕　〔ts〕　〔z〕
　b. go**es**, watch**es**…（s, sh, ch, x, o の後ろは **es**）
　　　〔z〕　　〔iz〕
　c. study → stud**ies**　　※ play → play**s**

さて、ここまではだいじょうぶ。以前に勉強したルール通りだものね。でも、パターンdで、1つだけ例外をおぼえておいてほしいのです。"have"に"s"

がつく場合です。これは、"haves" にならずに "has" となる。例外パターンで、形が変わってしまうのは "have" だけです。発音も注意しよう。

D. 三単現の s のつき方

a. speak**s**, love**s**, eat**s**, need**s**
　　　〔s〕　〔z〕　〔ts〕　〔z〕

b. go**es**, watch**es**…　(s, sh, ch, x, o の後ろは **es**)
　　〔z〕　　〔iz〕

c. study → stud**ies**　　※ play → play**s**

d. have → **has**
　　　　　〔z〕

以上で打ち止めです。

どうでした？ 三単現の s。理解できたかな。

難しいなあ。

そりゃそうです。1年生の最大の山場なんですから。いっぺんにわかったらたいしたもんです。私も中1の頃、なかなかわからずに苦労しました。わからなくなったら、いつでもこのノートに戻ってください。このノートが三単現のsのすべてですから。

153

今日のノートとポイントのおさらい

Lesson7-① 三単現の s

A. 三単現とは
  a. 三人称とは
    I …… 一人称
    you …… 二人称
    I, you 以外 …… 三人称
  b. 単数とは …… 1つ、1人 / 2つ、2人以上（複数）
  c. 現在とは …… 現在（今）/ 過去・未来

B. 三単現の s とは
「主語が三人称、単数、現在形のとき、一般動詞の語尾に s または es がつく」

C. a. I like sushi.　　　　○
  b. You like sushi　　　○
  c. ~~Mr. Sasa like sushi.~~　×　Mr. Sasa likes sushi.
  d. Mr. Sasa and Ms. Watanabe like sushi.　○

D. 三単現の s のつき方
  a. speaks, loves, eats, needs
     〔s〕　〔z〕　〔ts〕　〔z〕
  b. goes, watches... （s, sh, ch, x, o の後ろは es）
     〔z〕　　〔iz〕
  c. study → studies　※ play → plays
  d. have → has
     〔z〕

Lesson7 ② 三単現のsの疑問文・否定文

月　日（　）

さて、おぼえているかな。三単現のsって何？

「主語が三人称、単数、現在形のとき、一般動詞の語尾にsまたはesがつく」

よくおぼえていました。今日は、「『主語が三人称、単数、現在形のとき、一般動詞の語尾にsまたはes』がついた文、略して『三単現のsの文』の、疑問文・否定文」を勉強します。長くて黒板に書くのが面倒くさいので、もっと省略したタイトルを書きます（笑）

Lesson7-② 三単現のsの文

ここから先は、しばらくの間、ノートを書かずに聞いていてくださいね。前回の復習から入ります。まず、次の文を見てください。

He like sushi.

文に誤りがありますね。わかるかな。

わかった。"s"がない。

正解ですよ。なぜ間違いなのか、説明できるかな。

…？

理由をきちんと説明できないと、理解していることになりませんよ。はい、手をあげてくれた田中くん。

> 🧑 **田中くん** 主語が三人称、単数、現在形の文なのに、三単現の s がついていないから。

マル。

He like*s* sushi.

さて、この文を人に聞く形、疑問文にしたいと思います。疑問文といったら、まずは逆立ちの可能性を考えます。使われている動詞に注目です。使われている動詞はどれですか、吉田さん？

> 👧 **吉田さん** likes

"likes" は何動詞ですか、高橋さん。

> 👧 **高橋さん** 一般動詞です。

一般動詞は逆立ちできますか、鈴木さん。

> 👧 **鈴木さん** できません。

レアカードで強い be 動詞と違って、ノーマルカードの一般動詞は「逆立ちの術」が使えません。どうしよう、どうしようと困っていたら、だれが助けてくれるの、中村くん？

> 🧑 **中村くん** えーっと、えー。

どうしよう、どうしよう、だよ。

> 🧑 **中村くん** あっ、わかった。"do"。

そう、お助け助動詞"do"だ。動詞を助けるエネルギーカードだよ。

> He lik**e**s sushi.
> **Do**　he likes sushi?

そういえば、お助け助動詞っていうのはねえ…。言おうかな、どうしようかな…。

鈴木さん　何ですか〜。言ってくださいよ。

え〜、ちょっと大人向けの話なんだよなあ。言うと、みんな引いちゃうかもしれないしなあ。

佐藤くん　だいじょうぶですよ！ 言ってくださいよ！

ホントかなあ。じゃあ言うけど、実は、とてもこれなんです。

> 助動詞　＝　助平

〈みんな〉　？

読めないかな。そのまま読んでごらん。

田中くん　スケベイ？

そうなんですよ。助動詞の「助」は「助平」の「助」でもあるのですよ。

〈みんな〉　ウソだ〜！

いやいや本当です。

なんと言うのかなあ、この"do"は助平なもので、人が着ているものを見ると、すぐ脱がせたがってしまうんですよ。とくに、この"likes"の"s"ね。どうもこういうものを見ると、"do"は助平だから、ムラムラしてしまう。ついにはス

ペシャルビームを放って"s"を奪い、動詞を素っ裸にしてしまうんです。

〈みんな〉（大爆笑）

　本当ですって。"do"が"likes"の"s"を奪ってしまいます。"do"は"o"で終わっていますから、"s"がつくときは"es"になるよね。もちろん"like"は素っ裸の原形になってしまうわけです。

```
        He likes sushi.
              ↙
        Does he like sushi?
```

　助動詞は「逆立ちの術」「納豆引き寄せの術(not)」に加えて、こんな術が使えるんですね。「素っ裸の術」と呼びたいのだけど、あんまり露骨ですから「スペシャルビームの術」と呼びましょう(笑) いるよねえ、こういう"do"みたいなスケベな人って(笑)

〈佐藤くん〉　先生そのものじゃないですか〜(笑)

　…リピートアフターミー。"does"

〈みんな〉does

　ちなみにこの「助動詞 does」は、本当は「助動詞 do ＋三単現のs」ではありません。が、今はこのように考えたほうがわかりやすいので、のちのち勉強を進めていく中で修正をかけてください、と付け加えておきます。
　…話を戻しまして、"Does he like sushi?" どんな意味ですか。

〈みんな〉彼はすしが好きですか。

> Lesson7-② 三単現のsの文
>
> **A. 疑問文**
>
> **Does** he like sushi?
> 彼はすしが好きですか。

じゃ、答えてみよう。"Yes, ..."？

〈みんな〉 ... Yes, he does.

それでいいんですよ。"does" で聞かれたら、"does" で答える。いつものルールだ。

リピートアフターミー。「does で聞かれたら、does で答える」

〈みんな〉 "does" で聞かれたら、"does" で答える。

> Lesson7-② 三単現のsの文
>
> **A. 疑問文**
>
> **Does** he like sushi?
> 彼はすしが好きですか。
> ans：Yes, he **does**./

"No" の答え方を勉強する前に、先に否定文について考えてみよう。

考え方は先ほどと同じです。「彼はすしが好きではありません」という文を作りたい。元の文 "He likes sushi." で使われている動詞は一般動詞の "likes" ですから、"not" のつく場所がない。どうしよう、どうしよう、で助けてくれるのが？

〈みんな〉 do

例の(笑)…"do"です。まずは、この"do"に助けてもらって、"do"が"not"を引き寄せる。

> He do not like**s** sushi.

そしてやっぱり"do"はいつもの癖が出て…(笑)"likes"の"s"を奪ってしまう(爆笑)ほら、見てごらん(笑)

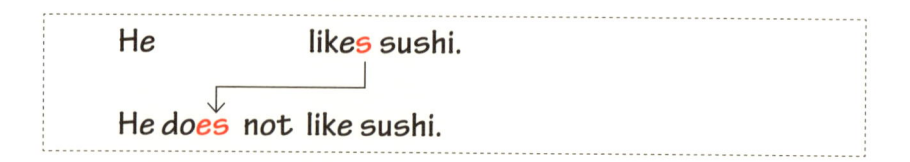

> He   like**s** sushi.
>   ↓
> He do**es** not like sushi.

バカみたいに聞こえますけど、いろいろ説明の仕方を考えたら、この「笹式 do 助平理論」がいちばんハマるんですよ。ただ、さっきも言った通り正確な説明ではないので、あんまり本気でこの説明をすると、英語の知識と自分の品性を疑われますから気をつけてくださいね(笑) ちなみに"does + not"で"doesn't"になります。

B. 否定文
He doesn't like sushi.
彼はすしが好きではありません。

それから、この"s"をとられた"like"、「素っ裸」の形を正しく言うと「原形」となります。参考書や問題集にはよく登場するので、おぼえておこう。リピートアフターミー。「原形」

〈みんな〉 原形。

> **B. 否定文**
>
> He doesn't like sushi.
> 彼はすしが好きではありません。　　※ likes → like（原形）

さて、A. に戻って、疑問文に対する答え方を見てみよう。
"Does he like sushi?" と尋ねられて、"No, he..."？

〈みんな〉 doesn't

さらに後ろに何か隠れているよね。

〈みんな〉 like sushi

よくできました。

> **Lesson7-② 三単現のsの文**
>
> **A. 疑問文**
>
> Does he like sushi?
> 彼はすしが好きですか。
> ans : Yes, he does.
> 　　　/ No, he doesn't (like sushi).
> はい、好きです。/ いいえ、好きではありません。
>
> **B. 否定文**
>
> He doesn't like sushi.
> 彼はすしが好きではありません。　　※ likes → like（原形）

こんなところで、助平理論はおしまい〜（笑）Good-bye, everyone!

〈みんな〉 Good-bye, Mr. Sasa!

今日のノートとポイントのおさらい

Lesson7-② 三単現の s の文

A. 疑問文

Does he like sushi?

彼はすしが好きですか。

ans：Yes, he **does**.
／ No, he **doesn't** (like sushi).

はい、好きです。／ いいえ、好きではありません。

B. 否定文

He **doesn't** like sushi.

彼はすしが好きではありません。　　※ likes → like（原形）

Lesson8 ① 助動詞 can

月　日（　）

今日は新人の登場です。その名を"can"と言う。リピートアフターミー。"can"

can

キャンキャンってあんまり強そうじゃないけど、けっこう強い（笑）この"can"は助平、もとい、助動詞です（笑）みんなも助動詞を1つは知っていますね。

do

そうです。
"can"は"do"と同じ助動詞の仲間です。これから、英語の勉強を進めていくと、助動詞の仲間が増えていきます。助動詞についてはこれまでも少しずつ触れてきたけど、この機会に助動詞の能力について整理しておこう。いやいや、難しくはありませんからだいじょうぶだよ、中村くん。

よかったあ（笑）

ところで、be動詞がレアで強いということは、みんなも知っている。どんな術が使えたっけ？

「逆立ちの術」と「納豆引き寄せの術（not）」。

その通り。一方で、一般動詞はノーマルでしたね。術が使えたっけ？

使えない。

そうそう、ノーマル（普通）だから…？

中村くん： 弱い。

その通り。弱い。では助動詞はどうだろうか。カードに例えると…。

エネルギーカード

佐藤くん： エネルギーカード！ このあいだもちょっと出てきましたよね。何ですか、それ！

ゲーム好きな中村くんに聞こう（笑）レアカードやノーマルカードは、そのまま出して戦えるけど、エネルギーカードはそのまま出せるの？

中村くん： 他のカードと一緒じゃないと出せないことが多い！

まさにそれです。助動詞は、レアカードやノーマルカードにパワーを与えるエネルギーカードなんです。本邦初！ 助動詞＝エネルギーカード説！（笑）

助動詞はエネルギーカードという性格から、それだけで使うことはできませんが、レアカード（be 動詞）やノーマルカード（一般動詞）とセットになって、パワーを発揮することができます。なんと、そのパワーは be 動詞をも上回るかもしれないという…。

中村くん： へえっ！

そう、動詞に力を与える大事なカードなんですよ。助動詞のイメージをつかんでもらえたかな。

ではいよいよ、助動詞"can"の意味と働きについて説明していこう。

Lesson8-① 助動詞 can

A. 意味……〜できる

助動詞 "can" は「〜できる」という意味をもっています。でも先ほど言っ

た通り、助動詞はエネルギーカードですから、単独では使えません。だって、"I can."（できます）と言ったって、何がどうできるのか、全然わからないでしょ。助動詞はbe動詞や一般動詞とセットになって、初めて「使える」ものです。"can"は単独で意味のある文を作ることができません。

　別な言い方をすれば、助動詞というのは「動詞のお助け」をする言葉であって、「お助けの動詞」じゃないのです。名前に惑わされないでください。それでも間違いが多いので、私はあえて、助動の詞なんて言うこともあるくらいです。

　さて、話を戻しましょう。動詞が助動詞"can"に助けてもらうとどうなるのか、見てみたいと思います。

Lesson8-①　助動詞 can

　A. 意味 …… 〜できる

　　a.　can run（　　）
　　　　can speak（　　　）
　　　　can read（　　　）

それぞれの意味を見ていきましょう。"can run"というのはどんな意味でしょうか、佐藤くん。

　走れる。

"can speak"は、田中くん？

　話せる。

"can read"は、鈴木さん？

　読める。

けっこうです。

> **Lesson8-①　助動詞 can**
>
> 　A. 意味……〜できる
> 　　a. **can** run（走れる）
> 　　　 **can** speak（話せる）
> 　　　 **can** read（読める）

では、文の中で"can"がどのように使われるか見てみましょう。

> **Lesson8-①　助動詞 can**
>
> 　A. 意味……〜できる
> 　　a. **can** run（走れる）
> 　　　 **can** speak（話せる）
> 　　　 **can** read（読める）
> 　　b. **can** を使った文の形
> 　　　 He <u>**can**</u> speaks Japanese.

さて、この文は実は間違っています。なぜか。"can"は何動詞でしたっけ？

　〈みんな〉　助動詞。

そうです。助平なので後ろを素っ裸、すなわち原形にしてしまう（笑）

　〈佐藤くん〉　「スペシャルビームの術」だ。

あれ、こういうのだけはよくおぼえているなあ（笑）そう、人呼んで「スペシャルビームの術」だ。くれぐれも「素っ裸の術」と呼ばないように（笑）したがってこの文の場合、"speaks"の"s"ははずさなければならない。ノートに「スペシャルビームの術」とは書けませんので（笑）、こう書きましょう。「can の次の動詞は原形」、意味もだいじょうぶですね。

166

彼は日本語を話せます。

Lesson8-① 助動詞 can

A. 意味 …… ～できる
- a. **can** run （走れる）
  can speak （話せる）
  can read （読める）
- b. **can** を使った文の形＝ **can** ＋動詞の原形
  He **can** speak Japanese.
  彼は日本語を話せます。

さて、今度は助動詞"can"を使った文の疑問文について考えてみましょう。B.a の文を見てください。

B. 疑問文
- a. You **can** speak Japanese.

もうこの文の意味はだいじょうぶですね。

あなたは日本語を話せます。

では、「あなたは日本語を話せますか」という意味にするにはどうしたらよいか。助動詞はエネルギーカードですから、それだけでは使えませんが、動詞とセットになってパワーを発揮します。疑問文にするときには、be 動詞と同じように「逆立ちの術」が使えます。やってみましょう。

> **B. 疑問文**
> 　a. You *can* speak Japanese.
> 　　　　↙↘
> 　b. *Can* you speak Japanese?

このようになります。意味は先ほど言った通りですね。

> **B. 疑問文**
> 　a. You *can* speak Japanese.
> 　　　　↙↘
> 　b. *Can* you speak Japanese?
> 　　あなたは日本語を話せますか。

　尋ねられたら答えなければならない。答えましょう。話せるかどうかを聞かれているのだから、"Yes"か"No"で答えましょう。

　まずは"Yes"ですよね。そして、助動詞で聞かれたら、助動詞で答える。ルールはそろそろ見えてきたね。"Yes, I..."？

😀😀😀 can
〈みんな〉

> **B. 疑問文**
> 　a. You *can* speak Japanese.
> 　　　　↙↘
> 　b. *Can* you speak Japanese?
> 　　あなたは日本語を話せますか。
> 　　ans：Yes, I *can*. /
> 　　　　　はい、話せます。/

168

"No"の答え方を勉強する前に、否定文について説明してしまおう。今までも繰り返してきたパターンだから、みんなもだいたいルールは見えてきているはずだ。

B.aの文を参考に続けよう。"not"を入れて「私は日本語を話せない」という文にしたいわけですが、"not"はどこにつくか。

〈みんな〉 can

そうです。みなさん、わかってきましたね。助動詞はbe動詞のように「納豆引き寄せの術」を使って"not"を引きつけることができる。パワーのあるエネルギーカードたるゆえんだ。

C. 否定文
a. I can not speak Japanese.
　　私は日本語を話せない。

ついでに"can + not"の形を押さえてしまおう。みなさんにすっかりなじみになった、アポちゃんバージョンの他に、そっと寄り添うバージョンもあります。やっかいな気もしますが、この2つだけなのでだいじょうぶですね。どちらも、意味も使い方も同じです。

C. 否定文
a. I can not speak Japanese.
　　私は日本語を話せない。
b. can + not = can't, cannot

さて、B.bに戻って、"Can you speak Japanese?"と尋ねられた場合に、"No"と答える言い方を確認しよう。もうわかりますね。"No, I can..."?

〈みんな〉 not

> B. 疑問文
>
> a. You can speak Japanese.
>
> b. Can you speak Japanese?
> あなたは日本語を話せますか。
> ans：Yes, I can. / No, I can not.
> 　　はい、話せます。/ いいえ、話せません。
>
> C. 否定文
>
> a. I can not speak Japanese.
> 私は日本語を話せない。
>
> b. can + not = can't, cannot

もちろん、"No, I can't." "No, I cannot." どちらでもOKです。

これが助動詞 "can" のすべてです。わりとわかりやすかったでしょ。じゃあ、復習するよ。be動詞を例えるとレアカード、一般動詞を例えるとノーマルカード、では助動詞は何カード？

〈みんな〉 エネルギーカード！

技を3つ使えます。疑問文のときには？

〈みんな〉 「逆立ちの術」。

否定文のときには？

〈みんな〉 「納豆引き寄せの術」。

そして、後ろにくる動詞を原形にしてしまうのは？

「スペシャルビームの術！」（笑）

Good-bye, everyone!

Good-bye, Mr. Sasa!

今日のノートとポイントのおさらい

Lesson8-① 助動詞 can

A. 意味 …… 〜できる
　a. can run（走れる）
　　 can speak（話せる）
　　 can read（読める）
　b. can を使った文の形 = can + 動詞の原形
　　 He can speak Japanese.
　　 彼は日本語を話せます。

B. 疑問文
　a. You can speak Japanese.
　b. Can you speak Japanese?
　　 あなたは日本語を話せますか。
　　 ans：Yes, I can. / No, I can not.
　　 　　はい、話せます。 / いいえ、話せません。

C. 否定文
　a. I can not speak Japanese.
　　 私は日本語を話せない。
　b. can + not = can't, cannot

中学1年　2学期　助動詞 can

Lesson8 ② 現在進行形

月　日（　）

Lesson8-②　現在進行形

　今日の学習は「現在進行形」です。
　「現在進行形」って、難しそうですか？
　そんなことないですよ。けっこう日本語になってます。例えばラブラブの2人がいたとする。「彼と彼女は現在進行中」。

鈴木さん：先生！　また始まった！

佐藤くん：リカが喜んじゃうから止めてくださいよ、先生（笑）

鈴木さん：翔、変なこと言わないでよ。

　ハイハイ、授業中にケンカしないでください（笑）2人を刺激するのはひとまず止めておきましょう（笑）さて、現在進行形の意味ですが、「～している」あるいは「～しているところだ」というものです。英語ではこの意味を出すために、文の形を次のようにするルールがあります。

Lesson8-②　現在進行形

A. a. 意味 ……～している（ところだ）
　　b. 形　……**be 動詞＋～ing**

　リピートアフターミー。「be 動詞＋（プラス）～ing（アイ・エヌ・ジー）」

🙂😀🙂 be動詞＋（プラス）〜ing（アイ・エヌ・ジー）。
〈みんな〉

けっこうです。現在進行形の形は？と聞かれたら、すぐにそのように答えてくださいね。

さて、実はこの黒板にある…「現在進行形の形は？」

🙂😀🙂 …be動詞＋（プラス）〜ing（アイ・エヌ・ジー）。
〈みんな〉

遅い！ 0.5秒で反応しなければ合格とは呼べない。だいたい君たちは…「現在進行形の形は？」

🙂😀🙂 be動詞＋（プラス）〜ing（アイ・エヌ・ジー）！
〈みんな〉

合格です。さて、これだけでは何を勉強しているのか、まるでわかりませんので、実際に文章の中で確認してみましょう。

> **B. a. He is studying English.**

"He is studying English." さて、どんな意味になるかわかりますか。

🙂😀🙂 彼は…英語を勉強している…ところです。
〈みんな〉

大変けっこうです。

> **B. a. He is studying English.**
> 　　　彼は英語を勉強しているところです。

文を作ってみてください。「私は英語を勉強しているところです」

🙂😀🙂 I... am... studying English.
〈みんな〉

正解。今度は「あなたは英語を教えているところです」

You... are... teaching English.

そういうことです。

じゃ、今度は、「彼は英語を勉強しているところですか」と尋ねたいとします。どのようにすればいいだろう。

???

ルールは知っているはずですよ。現在進行形なんてご大層な名前がついていますけど、こんなの気にしない。

使われている動詞はどれ、吉田さん？

is

"is" は何動詞、高橋さん？

be 動詞です。

be 動詞の文が疑問文、人に聞く形になるときはどうなるんだっけ、鈴木さん。

逆立ち。

じゃ、逆立ちさせてみよう。

B. a. He is studying English.
　　　彼は英語を勉強しているところです。
　b. Is he studying English?
　　　彼は英語を勉強しているところですか。

これで、できあがりです。何の問題もない！ 答え方だってだいじょうぶでしょ。"Yes, he..."？

〈みんな〉 is

「いいえ」と答えるのであれば？

〈みんな〉 No, he isn't.

その通り！ ついでだから、"No, he isn't..." 何なの？ 何かが後ろに隠れているね。はい、田中くん。

田中くん ... studying English

ご名答。"No, he isn't (studying English)."「いいえ（英語を勉強していません）」と、答えの中に否定文が隠れていることもわかるね。

> B. a. He is studying English.
> 　　　彼は英語を勉強しているところです。
> 　b. Is he studying English?
> 　　　彼は英語を勉強しているところですか。
> 　ans. Yes, he is.
> 　　　/ No, he isn't (studying English).
> 　　　はい。/ いいえ（英語を勉強していません）。

次の表現も、今までの知識で十分理解できるはずです。
彼が「何を勉強しているのか」わからない場合です。どうなるか？ はい、高橋さん、どうぞ。

高橋さん ... What is he... studying?

そうだね。ノートには書きませんが、念のため確認しておくと、考え方の流

175

れはこうなるのでしたよね。

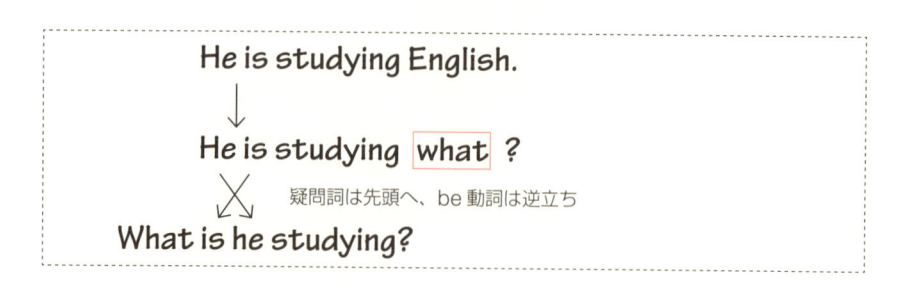

```
            He is studying English.
                    ↓
            He is studying what ?    疑問詞は先頭へ、be動詞は逆立ち
        What is he studying?
```

これはだいじょうぶそうだ。じゃ、今度は、何をしているのかわからない場合です。こっちがちょっとやっかい。

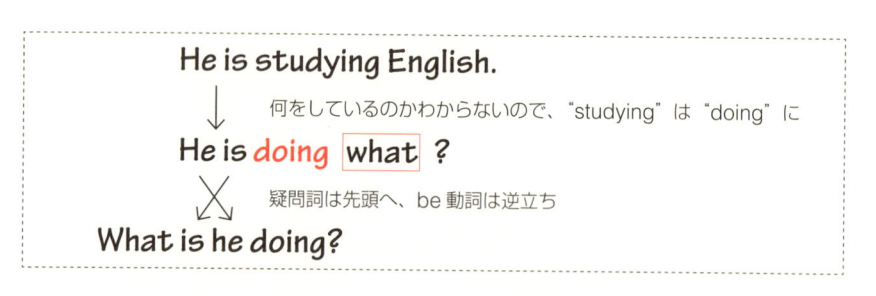

```
            He is studying English.
                    ↓        何をしているのかわからないので、"studying" は "doing" に
            He is doing what ?    疑問詞は先頭へ、be動詞は逆立ち
        What is he doing?
```

順序立てて考えれば、理屈通りであることがわかると思います。あとは何度も読んで口に慣らしてしまいましょう。

> B. a. He is studying English.
> 　　　彼は英語を勉強しているところです。
> 　b. Is he studying English?
> 　　　彼は英語を勉強しているところですか。
> 　　ans. Yes, he is.
> 　　　　／No, he isn't (studying English).
> 　　　　はい。／いいえ（英語を勉強していません）。
> 　c. What is he doing?
> 　　　彼は何をしているところですか。

リピートアフターミー。"What is he studying?"

〈みんな〉 What is he studying?

"What is he doing?"

〈みんな〉 What is he doing?

ところで、"What are you doing now, Mr. Nakamura?"

中村くん えーっと、うーん… I am studying English!

パチパチ。"I am studying math."とか言われちゃったらどうしようと思っていたのですけど、ほっとしました（笑）

さて、ここまでちょっと急ぎ足でやってきましたが、現在進行形の説明はまだ2割残っています。しかも、ここからはおぼえなければいけないお話です。うまく整理して教えますので、もうちょっとの間、頑張ってついてきてください。ところで…現在進行形の形は？

〈みんな〉 ……………be 動詞＋〜 ing

気を抜いているから、そういうことになる！（笑）現在進行形の形は？

〈みんな〉 be 動詞＋〜 ing!

現在進行形の意味は？

〈みんな〉 〜しているところ。

現在進行形の要となる"ing"のつき方を勉強していきましょう。何でもかんでも"ing"をつければいいというわけではなく、ルールがあるのです。まずはパターン a。

中学1年 2学期 現在進行形

177

> **C. ing いろいろ**
> a. study → study**ing**, do → do**ing**

そのまま"ing"がつくパターンです。ほとんどの動詞にはこのパターンが適用されます。

次にパターン b。

> **C. ing いろいろ**
> a. study → study**ing**, do → do**ing**
> b. make → mak**ing**, use → us**ing**

ルールが見えますか？

👧（高橋さん） "e"で終わっているときは"e"をとって"ing"だと思います。

その通りです。「e をはずして ing」。
リピートアフターミー。「e をはずして ing」

👧👦👧〈みんな〉 "e"をはずして"ing"。

ただし、例外として"see"があります。これは"e"をはずして"ing"にしてしまうと、元の形が崩れすぎてしまうので、"seeing"となります。あくまで例外ね。次、パターン c。

> **C. ing いろいろ**
> a. study → study**ing**, do → do**ing**
> b. make → mak**ing**, use → us**ing** 〔see**ing**〕
> c. run → run**ning**, swim → swim**ming**

いやな予感がしますね。

〈みんな〉 するする！

ルールが見えますか？

〈吉田さん〉 "n, m"で終わっているときは"n, m"を重ねる、とか？

残念。例えば"open"は"n"で終わっているけれど、"opening"です。どうしようか…。しかも、次の例を見てください！

C. ing いろいろ
- a. study → study**ing**, do → do**ing**
- b. make → mak**ing**, use → us**ing** 〔see**ing**〕
- c. run → run**ning**, swim → swim**ming**
  sit → sit**ting**, cut → cut**ting**

さて、困った。"sitting"だし、"cutting"だ。今度は"t"が重なっている！どういうルールなんだろう…。答えはあります。「短母音＋子音」の動詞は、子音を重ねて"ing"。わかったかな？

〈佐藤くん〉 ぜーんぜんわかりません。

〈中村くん〉 難しいなあ。

ハイッ。じゃあ、笹式でいきましょう。答えは簡単。まず１つ目の、「n, m を重ねるパターンは、この run と swim しかない」です。本当はウソなんですけど(笑)、中学生の知識の中ではそれで十分です。私を信じてこの２つだけおぼえましょう。じゃあ、"t"を重ねるパターンはどう考えたらいいか。じゃあね、このほかに"t"が重なる例をあげてみよう。

中学１年　２学期　現在進行形

179

> C. ing いろいろ
> a. study → study**ing**, do → do**ing**
> b. make → mak**ing**, use → us**ing** 〔see**ing**〕
> c. run → run**n**ing, swim → swim**m**ing
>   sit → sit**t**ing, cut → cut**t**ing
>   hit**t**ing, get**t**ing, put**t**ing...

ルールが見えてきた？ ざっくり言ってしまいましょう。スィット、カット、ヒット、ゲット、プットといった、短くて"t"で終わる語は"t"を重ねる。このくらいで勘弁してくれる？

最後になります、パターンd。

> C. ing いろいろ
> a. study → study**ing**, do → do**ing**
> b. make → mak**ing**, use → us**ing** 〔see**ing**〕
> c. run → run**n**ing, swim → swim**m**ing
>   sit → sit**t**ing, cut → cut**t**ing
>   hit**t**ing, get**t**ing, put**t**ing...
> d. like →

これは…何がどうなんでしょうねえ。何かアイデアのある人はいますか。

【高橋さん】"e"をはずして"ing"。

あれ、それはパターンbで出てきているよ。

【高橋さん】あ、そうか。

【田中くん】進行形にならない動詞じゃないかと思う。どこかで聞いたことがある。

そう、実はこれ、使わない表現なんです。例えば、"I am liking her." これが日本語になりますか？

佐藤くん 私は彼女を好きしてる?!（笑）

変な日本語だ。どうせなら、「好き好き好き好き…」ってのはどう？（笑）これは、"I like her." で十分ですよね。"like" という語は「好きである」という状態を示す言葉なので、あえて現在進行形にする必要がないのです。

してしまうと、「好き好き好き好き…」。（笑）

C. ing いろいろ
a. study → study**ing**, do → do**ing**
b. make → mak**ing**, use → us**ing** 〔see**ing**〕
c. run → run**ning**, swim → swim**ming**
　sit → sit**ting**, cut → cut**ting**
　　　　　　　hit**ting**, get**ting**, put**ting**…
d. like → lik**ing**

---

ing パターンは他にもあるけど、このくらいおぼえておけば中学生としては合格でしょう。では、Good-bye, everyone!

〈みんな〉 Good-bye, Mr. Sasa!

今日のノートとポイントのおさらい

Lesson8-② 現在進行形

A. a. 意味 …… 〜している（ところだ）
　b. 形 …… be 動詞＋〜ing

B. a. He is studying English.
　　　彼は英語を勉強しているところです。
　b. Is he studying English?
　　　彼は英語を勉強しているところですか。
　　　ans. Yes, he is.
　　　　　/ No, he isn't (studying English).
　　　　　はい。/ いいえ（英語を勉強していません）。
　c. What is he doing?
　　　彼は何をしているところですか。

C. ing いろいろ
　a. study → studying, do → doing
　b. make → making, use → using〔seeing〕
　c. run → running, swim → swimming
　　 sit → sitting, cut → cutting
　　　　　　　　hitting, getting, putting...
　d. like → liking

English After School
放課後の職員室で…

佐藤くん: 先生！ 質問があります。

先生: おや、珍しいね。現在進行形は難しかった？

佐藤くん: けっこうわかりました。"ing" のつけ方のところで、アルファベットが重なるのは、先生が "run" と "swim" だけで十分って説明してましたが、せっかくだからもっとおぼえて、みんなをびっくりさせてやろうと思うんですけど、他にどんなのがありますか。

先生: そうだな。"stop" は "p" を重ねて "stopping" となるね。ただ、"The bus is stopping."（バスが停車しようとしている）のような表現は、中学生の読む文には出てこないね。そうそう、今日は授業で触れなかったけど、"lie"（横たわる・ウソをつく）→ "lying"、"die"（死ぬ）→ "dying" などは中学3年生になったら知っていてもいい。「ie を y に変えて ing」というパターンなんだよ。これは1年生で知っていたらリスペクトだね。

佐藤くん: やったー。

先生: あ、思い出した。アルファベットを重ねるパターンでは、"stop" よりも "plan" のほうがわかりやすいかもしれないな。"I am planning an English test tomorrow."（明日、英語のテストを計画しているよ）なんてね。

佐藤くん: 本当ですか！ 早く帰って勉強しなくちゃ！ 先生、さようなら。

先生: Good-bye!

Lesson8 ③ 所有格

月　日（　）

今日は「だれかのもの」についてのお話です。これはだれの車ですか。

〈中村くん〉　笹先生の車だ！

よく知っているね、中村くん。すばらしい「笹先生の車」です。税込み33万円の高級車です。

〈みんな〉　…。

…今日は、「これは笹先生の車です」という表現を勉強します。その前に、日本語で少々言葉を整理しておきたいと思います。

「だれだれの」という言い方を難しく言うと「所有格」と言います。そういえば、みなさんは代名詞の所有格を知っていますね。

〈みんな〉　my, your, his, her...

そうそう、それです。「私の」「あなたの」「彼の」「彼女の」というように、「〜の」という意味になります。

Lesson8-③　所有格

A. a. 所有格の意味 …… 〜の

もう1つ、おぼえておきましょう。「これは笹先生の車です」という言い方に対して、「これは笹先生の（もの）です」という言い方もありますね。だれが見たっ

て車ですから、省略してしまった言い方です。英語にも同じような言い方がありますが、所有格と区別して「所有代名詞」という言い方をします。

> Lesson8-③ 所有格
> A. a. 所有格の意味 …… 〜の
>   所有代名詞の意味 …… 〜のもの

所有代名詞をおぼえているかな。

〈みんな〉 ... mine... yours...

自信がなさそうだなあ。例の代名詞一覧を出してごらん。じゃあ、思い出すために一度、全部を読みますよ〜。リピートアフターミー。「アイマイミーマイン、ユーユアユーユアーズ…」（P.83参照）

〈みんな〉 アイマイミーマイン、ユーユアユーユアーズ…。

…はい、お疲れさま。"mine, yours, ours..." などが「所有代名詞」だということを思い出したかな。
さて、所有格・所有代名詞の形の話に移りましょう。今みなさんが復習したのは、代名詞の所有格と所有代名詞です。これは形が決まっていて、そのままおぼえればいいのですが、例えば「笹先生の」とか「笹先生のもの」という場合はどうしたらいいのだろう。これが今日の勉強の中心です。
実は、"Mr. Sasa" にあるものを加えると「笹先生の」とか「笹先生のもの」という意味になります。「あるもの」とは "'s（アポストロフィー＋ s）" です。

鈴木さん また "s" が出てきたー。

確かに、複数形のsとか三単現のsとか、いろいろ出てきて混乱するよね。でも、この "'s" はいちばん簡単なんだよ。だって " ' " をよく見てくださいよ。これはカタカナの「ノ」だよ！（笑）

🧑 〈佐藤くん〉　ウソだあ。

ウソなものか。拡大してみると、こうなっている。

👧 〈吉田さん〉　じゃあ"s"は何ですか。

まーた、私を困らせようと思ってー（笑）でも困らなかったりするんだなあ。だてに英語教師を〇十年もやってませんよ〜。だって"s"は平仮名の「の」なんだもん。

👨👧👩 〈みんな〉　ウソだー！

ウソなものか！　見てろよ〜。

S → ƨ → の

🧑 〈佐藤くん〉　無理だ！

👩 〈鈴木さん〉　ある意味すごーい！（笑）

　日本人は長い間英語の勉強をしてきたけれど、こんなことを言った英語の先生は、断言しますが私以外に１人もいません！（笑）日本で初めてあきらかにされた、「アポストロフィー＋s＝カタカナの〈ノ〉＋平仮名の〈の〉説」です。まいったか！（笑）

　でも、さすがにノートにはそうは書けませんので、ちゃんとまとめます。「名詞＋アポストロフィー＋s」といたします。

Lesson8-③ 所有格

A. a. 所有格の意味 …… 〜の

　　　　所有代名詞の意味 …… 〜のもの

b. 所有格・所有代名詞の形 …… 名詞＋アポストロフィー＋s

さて、実際に文の中でどのように使われるのか見てみましょう。

B. a. This is Mr. Sasa's car.

"Mr. Sasa" が名詞ですから、これにアポストロフィー＋s、これで「笹先生の」という意味になります。文全体の意味はどうなりますか。

🧑‍🦰🧑🧑‍🦰 これは笹先生の車です。
〈みんな〉

その通りです。

B. a. This is Mr. Sasa's car.
　　　これは笹先生の車です。

もう1つの、「〜のもの」という言い方の文も見てみましょう。

B. a. This is Mr. Sasa's car.
　　　これは笹先生の車です。
b. This nice car is Mr. Sasa's.

このステキな車は…？

🧑‍🦰🧑🧑‍🦰 …笹先生のものです。
〈みんな〉

中学1年　2学期　所有格

187

という意味がわかりましたか。

> B. a. This is Mr. Sasa's car.
>   これは笹先生の車です。
> b. This nice car is Mr. Sasa's.
>   このステキな車は笹先生のもの（車）です。

所有格、所有代名詞。両方とも、それほど難しくないでしょう。

さて、この形は原則的には「名詞＋アポストロフィー＋ s」ですが、アポストロフィー＋sのつき方にいくつかルールがありますので、まとめておきましょう。a パターンから c パターンまでのわずか 3 パターンです。これ以上は大学生も知りません。なぜなら、これ以上パターンがないからです！

まずはパターン a を見てみましょう。原則通りにアポストロフィーと " s " がつくパターンです。

> C. s のつき方さまざま
> a. Sasa's, Yoshiko's

お次はパターン b。「Jones さんの」あるいは「Jones さんのもの」と言うためには、どうしたらいいか。最後が " s " で終わってますので、ちょっと迷ってしまう。で、こうなります。

> C. s のつき方さまざま
> a. Sasa's, Yoshiko's
> b. Jones's, Jones'
>   〔ziz〕 〔ziz〕/〔z〕

発音記号も参考にしてください。まあ、中学生の学習でこのパターン b はほ

とんど登場しませんけど。

　さて、パターン c。これで終わりです。これは難しいよ。しかも教科書に出たりもする。正解を書けて読めたら、"Mr. Sasa's car" をプレゼントしちゃおう！

吉田さん　ホントですか！

ホントですとも。以前に1人だけ当てた人がいます。

鈴木さん　車、あげたんですか？

断られました（笑）

　さて "girl" を、「女の子の」という意味にするには "girl's" でよいわけですが、"girls"（女の子たち）を「女の子たちのもの」とするには、どうしたらよいでしょうか。

高橋さん　girls's

田中くん　僕も "girls's" だと思うなあ。

佐藤くん　わかった！ 形が変わらないで "girls" のまま！ 当たりでしょ！

　残念！ "Mr. Sasa's car" をもらい損ねたね。何？ だれだ、「残念じゃない」って言ったのは？（笑）

　答えは "girls" にアポストロフィーだけをつけて、"girls'" となります。もちろん「男の子たちの」「男の子たちのもの」は "boys'" となります。さっきも言ったけど、これは教科書でも出てくることがあるので、知っておいてソンはない。

C. s のつき方さまざま
  a. Sasa's, Yoshiko's
  b. Jones's, Jones'
     〔ziz〕 〔ziz〕/〔z〕
  c. girls', boys'
     〔z〕   〔z〕

パターンが少ないので、すぐおぼえられますね。

今日はここまで。Good-bye everyone!

〈みんな〉 Good-bye, Mr. Sasa!

今日のノートとポイントのおさらい

Lesson8-③ 所有格

A. a. 所有格の意味 …… 〜の
   所有代名詞の意味 …… 〜のもの
  b. 所有格・所有代名詞の形 …… 名詞＋アポストロフィー＋s

B. a. This is Mr. Sasa's car.
     これは笹先生の車です。
  b. This nice car is Mr. Sasa's.
     このステキな車は笹先生のもの（車）です。

C. s のつき方さまざま
  a. Sasa's, Yoshiko's
  b. Jones's, Jones'
     〔ziz〕 〔ziz〕/〔z〕
  c. girls', boys'
     〔z〕   〔z〕

Lesson 9 ① 疑問詞さまざま①（who）

　　　　　　　　　　　　　　　　月　　日（　）

さて、今日登場するのは"who"という人です。

　人？

人です。「だれそれ？」と思った人、スジがいいですね。その意味は「だれ」という意味なんです。この"who"は疑問詞の仲間です。

> **Lesson9-①　疑問詞 who**

みなさんが知っている疑問詞には何がありますか。

　what

そうですね。これから数回のレッスンにかけて、何種類かの疑問詞を紹介していきます。みんな文の中で同じような役割を果たしますので、そこに注意するとわかりがよくなると思いますよ。
　さて、まずはA.aの文を見てください。

> **Lesson9-①　疑問詞 who**
> **A. a. That boy is her brother.**

意味もわかりますね。高橋さん、どう？

　あの少年は彼女の兄です。

けっこうです。この文は復習なので意味は書きませんよ。

さて、では疑問詞"who"(だれ)について考えてみましょう。

みなさん、想像してください。みなさんが友達と歩いているとします。するとむこうから少年が歩いてくる。あなたはその子がだれなのか、わからない。でも、あなたと一緒に歩いている友達はうれしそうに手を振っている。では、あなたは友達に何と尋ねるか。

佐藤くん　あれ、だれ〜？(笑)

…まあ、そういうことですね。できれば「あの少年はだれですか」と答えてほしかった笹先生でしたが(笑)ところで、「だれ」という意味の"who"は、A.aの文のどの部分と置き換えることができますか。

佐藤くん　her brother

そうですね。じゃ、交換しましょう。

Lesson9-① 疑問詞 who

A. a. That boy is her brother .
　　　　　　　　　　　who

"That boy is who." これでも意味は通じます。けれど、残念ながら、これでは正しい文ではありません。ではどうするか。2つのルールでできあがります。

まずは「疑問詞は文の先頭」というルールがあります。みなさんの知っている"what"も「〈ほわっと〉軽いから文の先頭」だったでしょ(笑)

もう1つのルールは、みなさんご存じです。疑問文は「逆立ち」というルールです。"that boy"と"is"を逆立ちさせましょう。

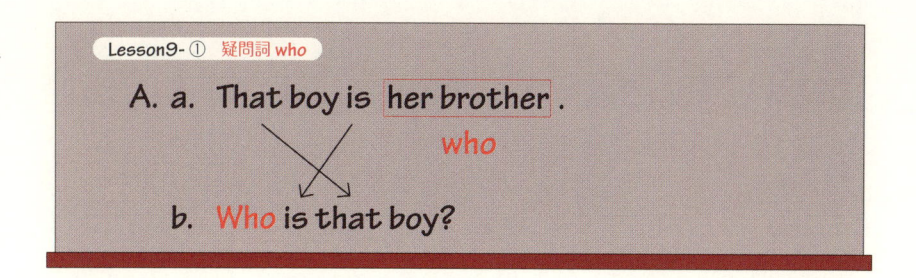

> **Lesson9-① 疑問詞 who**
>
> A. a. That boy is her brother .
> 　　　　　　　　　　　　　who
> 　 b. Who is that boy?

これで、できあがりです。意味は「あれ、だれ？」でもいいのですが、一応「あの少年はだれですか」と書いておきます(笑)

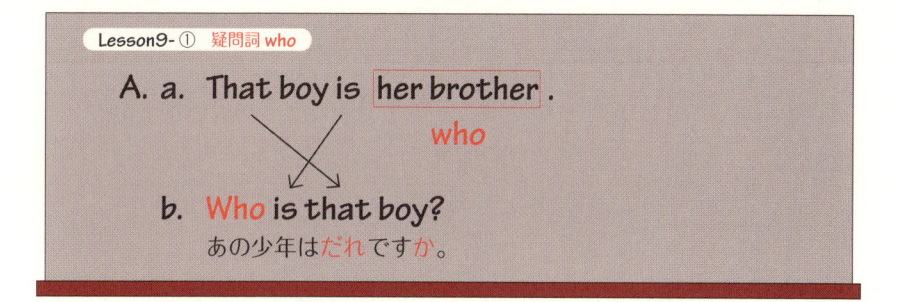

> **Lesson9-① 疑問詞 who**
>
> A. a. That boy is her brother .
> 　　　　　　　　　　　　　who
> 　 b. Who is that boy?
> 　　　あの少年はだれですか。

答え方はどうなるでしょうか。

🧑 鈴木さん　　... That boy is her brother.

悪くはありません。"that boy"は男ですか、女ですか。

🧑 吉田さん　　普通は男(笑)

そうですね。では"he"で受けて、こうしましょう。

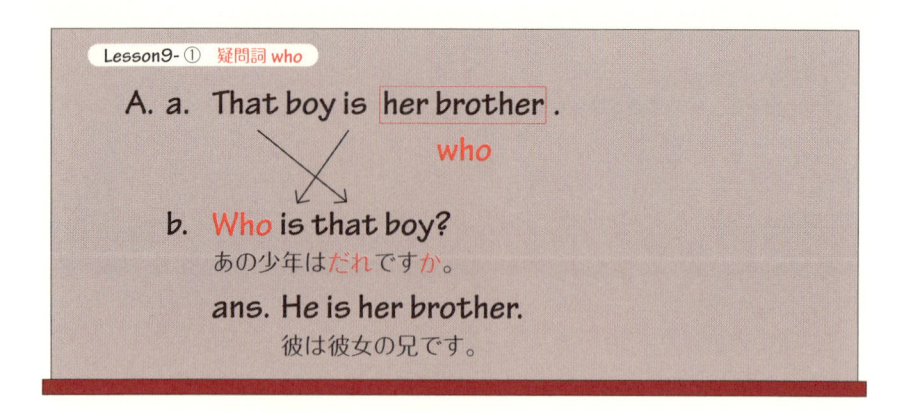

Lesson9-① 疑問詞 who

A. a.　That boy is her brother .

　　　　　　　　　　　who

b.　Who is that boy?
　　あの少年はだれですか。

ans. He is her brother.
　　彼は彼女の兄です。

さて、ちょっと考え方を変えてみますよ。

もう一度 A.a の文を見てください。

今度は何人か男の子がいて、どの男の子が彼女のお兄さんなのかわからないとします。このとき、クエスチョンボックスに入るのは"That boy is her brother."のどの部分になるか、わかるかな。

〈みんな〉　that boy?

よくわかりましたね。では、"that boy"のところに"who"を入れて文を作ってみましょう。

B. a.　Who is her brother?

人に尋ねる文なので、逆立ちをさせなければなりません。…どうなりますか？

〈みんな〉　Is who her brother ???

ありゃりゃ。何か変ですね。これはどういうことだろう。「疑問詞は文の先頭」のルールが崩れちゃった。

さて、今まで私は、英語の疑問文では必ず何が起こると言ってきたかな。

逆立ち。

　そうです。でも、実は、逆立ちしない…というよりも「逆立ちする必要のない疑問文」というのが例外としてあるのです。それが、この文のパターンです。逆立ちで言うところの「頭」の部分である"that boy"が疑問詞"who"に置き換えられたため、「逆立ちする必要がなくなった」場合なのです。みんなだって、必要がないのにわざわざ逆立ちしたくないでしょう。英語も同じです。逆立ちする必要がなければ逆立ちはしません。

　さて、答え方はA.aの"That boy is her brother."という言い方に戻りますが、省略して"That boy is."となることがほとんどです。

B. a. Who is her brother?
　　　　だれが彼女のお兄さんですか。
　　ans. That boy is (her brother).
　　　　あの男の子（が彼女の兄）です。

　これは少し難しい。すぐにわからなくても仕方のないところです。ですから、もう1つ例をあげておきましょう。次の文を見てください。

B. a. Who is her brother?
　　　　だれが彼女のお兄さんですか。
　　ans. That boy is (her brother).
　　　　あの男の子（が彼女の兄）です。
　　b. Mrs. Sasa cooks dinner every day.

　B.bの文章を見てください。意味はわかりますか。

　　笹先生は毎日夕食を作っています。

🧑 鈴木さん　先生、料理できるんですか？（笑）

できますとも！ 独身時代が長かったから！（笑）でもごめん、よく見てくれる？ "Mr. Sasa" じゃなくて…。

👧 吉田さん　"Mrs.Sasa" だ。

だから「笹先生の奥さんは毎日夕食を作っている」わけです。Mr. Sasa sometimes cooks dinner.

👥〈みんな〉 I see.

では「だれが夕食を毎日作っているのですか」と聞きたいとします。「だれ」ですから "who" を使います。"who" に置き換えられるのは、この文のどこになりますか。

👥〈みんな〉 Mrs. Sasa

ノートに書いた…なんて言うと、うちの奥さんに怒られるから、"Mrs. Sasa" を消して "who" と置き換えますよ（笑）

> B. a. **Who** is her brother?
>   だれが彼女のお兄さんですか。
>   ans. That boy is (her brother).
>   あの男の子（が彼女の兄）です。
> b. **Who** cooks dinner every day?
>   だれが毎日夕食を作るのですか。

これも頭の部分が "who" に置き換えられたため、逆立ちの必要がない疑問文のパターンです。リピートアフターミー。"Who cooks dinner every day?"

👥〈みんな〉 Who cooks dinner every day?

3回繰り返してください。

〈みんな〉 Who cooks dinner every day? Who cooks dinner every day?...

繰り返し読んで、文の感覚をつかんでください。このパターンの文の場合は、理屈で理解するよりも、体でおぼえたほうがよいと思います。

さて、先を続けるけれど、この文にはどのように答えるのが正しいでしょうか。毎日料理をするのは…？

〈みんな〉 Mrs. Sasa

うんうん、そうだね。"Mrs. Sasa" が何するの？

〈みんな〉 毎日料理する。

じゃ、省略せずに答えるとしたら、"Mrs. Sasa cooks dinner every day." だね。でも質問の言葉の繰り返しになっちゃうので、"Mrs. Sasa does."（笹先生の奥さんがします）という答え方をします。ちょっと慣れない言い方なので、練習します。リピートアフターミー。"Mrs. Sasa does."

〈みんな〉 Mrs. Sasa does.

> **B. a.** Who is her brother?
> だれが彼女のお兄さんですか。
> **ans.** That boy is (her brother).
> あの男の子（が彼女の兄）です。
> **b.** Who cooks dinner every day?
> だれが毎日夕食を作るのですか。
> **ans.** Mr. Sasa does.
> 笹先生がします。

〈鈴木さん〉 先生！ 黒板、"Mrs. Sasa" が "Mr. Sasa" になっています。

中学1年 2学期 疑問詞さまざま①（who）

うちの奥さんがノートに書かれるのは恥ずかしいって言うから、仕方なく…。今日のノートはお家の人がのぞかないように気をつけてね。これ以上、笹先生の評判が上がると困るから！（笑）そうそう、これ以上評判が上がらないように、宣言しておかなければ。次回は「ミニテスト」をします。

〈みんな〉 えーっ！

予告問題を配布しておくので、参考にするように。サービスでチャイムが鳴るまで、やっていてよし。では、Good-bye, everyone!

〈みんな〉 ... Good-bye, Mr. Sasa!

今日のノートとポイントのおさらい

Lesson9-① 疑問詞 who

A. a. That boy is her brother.
　　　　　　　　　　　　who

　b. Who is that boy?
　　　あの少年はだれですか。

　　ans. He is her brother.
　　　　彼は彼女の兄です。

B. a. Who is her brother?
　　　だれが彼女のお兄さんですか。

　　ans. That boy is (her brother).
　　　　あの男の子（が彼女の兄）です。

　b. Who cooks dinner every day?
　　　だれが毎日夕食を作るのですか。

　　ans. Mr. Sasa does.
　　　　笹先生がします。

English After School
放課後の職員室で…

中村くん: 先生、明日のミニテストの予告問題でわからないことがあったので質問にきました。

〈先生〉: おっ、偉いね。田中くんも一緒かい。

田中くん: 中村くんに質問されたんですけど、僕もわからなかったので一緒にきました。

中村くん: "Who (play / plays / plaies) the piano?" という問題なんですけど。

〈先生〉: うん、うん。

田中くん: "y" の前が母音なので "plaies" は間違いだってわかるんです。

〈先生〉: そうだね。

田中くん: たぶん "plays" が正解だと思うんですが。

中村くん: "play" じゃダメなんですか。

〈先生〉: いやあ、いい質問だ。本当は予告問題を出したあと、みんなから質問が出てもよかったはずなのに、だれも質問しないから、ほっといたんだよね…というのは冗談で、テストの前に簡単に解説しようと思っていたんだよ。答えは "plays" が正解。理由は、「疑問詞のwhoは三人称単数扱いにする」というルールによります。原則なので例外もありますが、基本的にはこう考えたほうがいい。

田中くん: 例えば、何人か人がいて、"Who are they?" というような言い方はあるのですか。

〈先生〉 それは「あり」ですね。「あきらかに質問している人も、尋ねられている人も複数だと認識している場合」なら「あり」です。ただ、混乱するようなら、先に言ったように「疑問詞の who は三人称単数扱いにする」から、be 動詞なら "is"、一般動詞なら三単現の s がつく、とおぼえておいたほうがいい。中村くん、そのほうがおぼえやすいでしょ。

〈中村くん〉 はい。じゃあ、三単現の s がつくわけですね。

〈先生〉 その通り。ぜひ明日のミニテストの前に、みんなの前で質問してください。とってもいい質問だから！

〈中村くん〉 何かもらえますか？

〈先生〉 もちろんです。いいものがもらえますよ、田中くんから！

〈田中くん〉 先生！（笑）

Lesson9 ② 疑問詞さまざま②（whose）

月　　日（　）

前々回の授業で"This is Mr. Sasa's car."という表現を勉強しましたね。どんな意味でしたっけ？

😊😊😊〈みんな〉 これは笹先生の車です。

忘れていませんでしたね。大変けっこうです。今日は、このすばらしい、ステキな車が、いったいだれの車なのかを尋ねる表現を勉強します（笑）

😊〈佐藤くん〉 前よりさらにボロくなっているような…。

気のせいでしょう（笑）まずは、前回登場した文から始めましょう。

Lesson9-② 疑問詞 whose

A. a.　　　This is Mr. Sasa's car.

さて、このステキな車が「だれの」車かわからないとします。わからない（クエスチョンボックスに入る）のは、この文のどの語ですか。

😊😊😊〈みんな〉 Mr. Sasa's

そうですよね。「笹先生の」という部分です。さて、このクエスチョンボックスに入るのは、"whose"（だれの）という新しい言葉になります。リピートアフターミー。"whose"

whose

> Lesson9-② 疑問詞 whose
>
> A. a.　　　This is Mr. Sasa's car.
> 　　　　　　This is whose car.

この"whose"は、形から言って何かの仲間のようですね。

　　疑問詞？

その通り。みなさんも勘がよくなってきたね。

"whose"は「疑問詞の仲間」です。ですから、文の先頭にきますが、"whose car"＝「だれの車」の関係が強いので、"whose"だけでなく、"car"も一緒に移動します。

> Lesson9-② 疑問詞 whose
>
> A. a.　　　This is Mr. Sasa's car.
> 　　　　　　This is whose car.
> 　　 b.　Whose car

さて、使われている動詞は何ですか、鈴木さん。

　　is

"is"は何動詞ですか、高橋さん。

　　「be動詞」です。

では、人に聞く形の文にするには？

🧍‍♀️ 逆立ち。

逆立ちをさせましょう。意味もわかりますね。

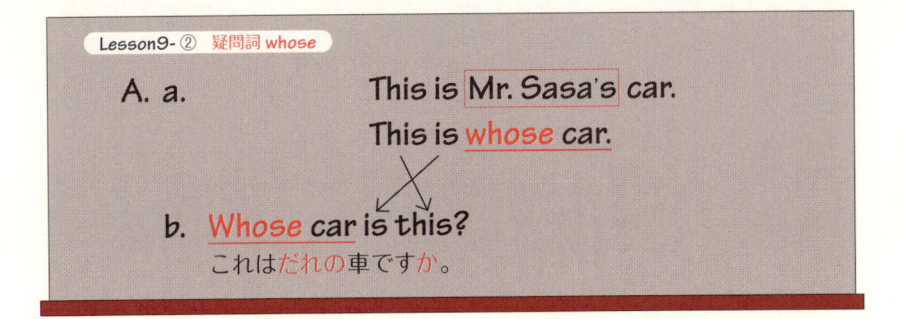

Lesson9-② 疑問詞 whose

A. a.　　This is Mr. Sasa's car.
　　　　 This is whose car.

b. Whose car is this?
　　これはだれの車ですか。

リピートアフターミー。"Whose car is this?"

👥 Whose car is this?

答え方はわかりますか、佐藤くん。

🧑 "Mr. Sasa's car." ですか。

そうですね。"It's Mr. Sasa's car." となります。

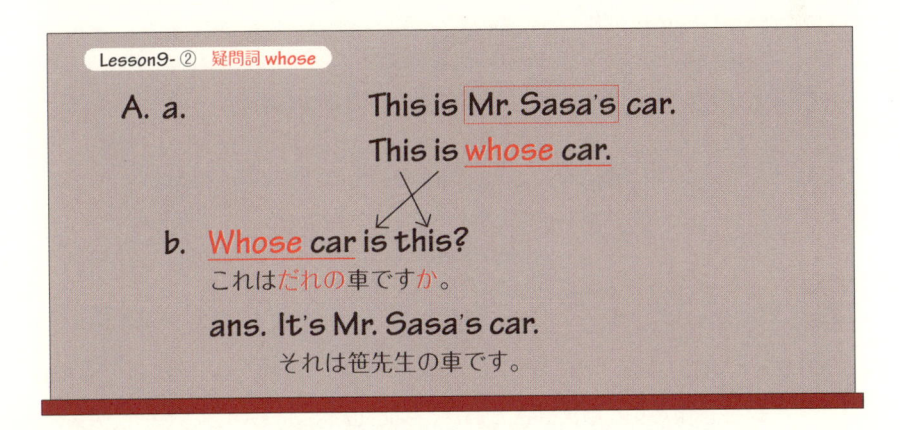

Lesson9-② 疑問詞 whose

A. a.　　This is Mr. Sasa's car.
　　　　 This is whose car.

b. Whose car is this?
　　これはだれの車ですか。
　ans. It's Mr. Sasa's car.
　　それは笹先生の車です。

もう1つ例文を見ておきたいと思います。というのも、前回勉強したアポストロフィー＋sの形には2種類ありましたよね。おぼえていますか。所有格と…？

田中くん　所有代名詞。

よくおぼえていてくれました、田中くん。「～のもの」という所有代名詞です。A.b の文の "Mr. Sasa's car" の "Mr. Sasa's" は所有格です。今度は所有代名詞の文の "whose" がどのように使われるかを見ておきましょう。

　…あの、一応言っておきたいのですけど、所有格とか所有代名詞とか、いちいちわからなくても心配しないでくださいね。とくにおぼえなくてもいいですよ。でも、この使い方には2種類あるのだ、ということを押さえておいてほしいので、言葉で分けているだけです。別に「パターンA」の使い方、「パターンB」の使い方という言い方をしてもかまわないのですが、そういう言い方をしていると、どっちがAでどっちがBかわからなくなっても困っちゃいますから、名前で呼んでいるだけです。

　B.a の文を見てください。

B. a.　　　This nice car is Mr. Sasa's .

意味はわかりますか。

〈みんな〉　この…ステキな…車は…笹先生のものです(笑)

なぜそこで笑う(笑)　あ、わかった、ステキなのは「私の車」ではなくて、「笹先生」そのものじゃないか、と、そういうことですね(笑)

鈴木さん　考えすぎです！(笑)

みなさんの気持ちはありがたいが、この文は「このステキな車は笹先生の（車）です」という意味です。事実はさておき、文としては正しい。さて、このステキな車はだれのだろう、こんなステキな車に乗っている人は、きっとステキな

人に違いない、というわけで、「このステキな車はだれのですか」と尋ねたいと思います。クエスチョンボックスに入るのはどの語ですか。

👥 Mr. Sasa's

くどいようですが、ルール通りにやっていきましょう。疑問詞は文の前へ、疑問文だから逆立ち、です。

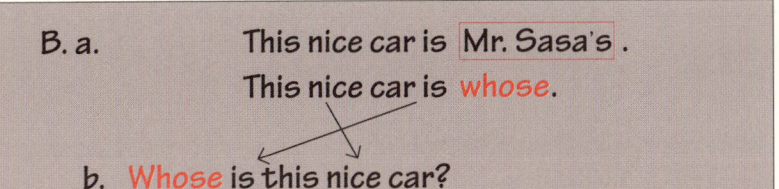

```
B. a.    This nice car is Mr. Sasa's.
         This nice car is whose.

   b.  Whose is this nice car?
```

意味もわかりますか。

👥 このステキな車は…だれのですか。

そうなりますね。答え方は先ほどと同じです。

```
B. a.    This nice car is Mr. Sasa's.
         This nice car is whose.

   b.  Whose is this nice car?
        このステキな車はだれのものですか。
     ans. It's Mr. Sasa's.
          それは笹先生のものです。
```

授業はこれで終わりです。そういえばこの財布は… "Whose is this wallet?"

It's mine!

…お後がよろしいようで…。

今日のノートとポイントのおさらい

Lesson9-② 疑問詞 whose

A. a.　　　　This is Mr. Sasa's car.
　　　　　　This is whose car.

　b. Whose car is this?
　　　これはだれの車ですか。
　　　ans. It's Mr. Sasa's car.
　　　　　それは笹先生の車です。

B. a.　　　　This nice car is Mr. Sasa's .
　　　　　　This nice car is whose.

　b. Whose is this nice car?
　　　このステキな車はだれのものですか。
　　　ans. It's Mr. Sasa's.
　　　　　それは笹先生のものです。

Lesson9 ③ 疑問詞さまざま③（where）

月　日（　）

さて、今日も「疑問詞の仲間」の勉強を続けたいと思います。
まずA.aの文を見てください。

Lesson9-③　疑問詞 where

A. a.　　　Tom is in the park.

意味もだいじょうぶかな。

〈みんな〉　トムは公園にいます。

OKです。じゃあ、本題に入ろう。

　トムはあなたの友達、あなたの知り合いだとします。あなたはトムに用事があります。話をしたい。トムの家に行ってトムのお母さんに、「トムはどこにいますか」と尋ねたい。さあ、どうするか。トムに携帯電話をかけるというのはダメです（笑）

　ここで登場するのが、疑問詞の新しい仲間です。最初のアルファベットは何だと思う？

佐藤くん　w？

　だんだんわかってきましたね。疑問詞の仲間はみんな"w"で始まっているみたいね。はい、その疑問詞の仲間は"where"と言います。リピートアフターミー。"where"

where

さて、元の文に戻ろう。トムが「どこにいるのか」がわからないのですから、この文で、クエスチョンボックスに入るのはどの語ですか？

park

いいですね。ただ、"park" だけでは公園の外にいるのか中にいるのか、はたまた公園の上空にいるのか、地下にいるのかわかりませんので…。

in the park

そう。クエスチョンボックスに入るのは "in the park"（公園の中）と考えます。さて、ではこのクエスチョンボックスに "where" を代入してみましょう。

代入って何ですか。

代わりに入れる、ということです。

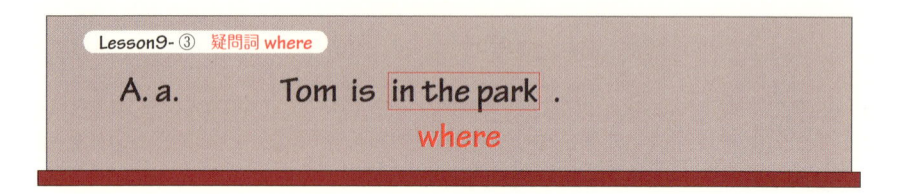

Lesson9-③ 疑問詞 where

A. a.　　　Tom is in the park .
　　　　　　　　　　　where

さて、いま、私たちが作ろうとしている文は、「トムはどこにいますか」という、人に尋ねる形の文です。"where" は疑問詞ですから文の先頭というルールはだいじょうぶだね。そして、人に聞く形の文はどうなるのでしたっけ？

逆立ちする。

させましょう。

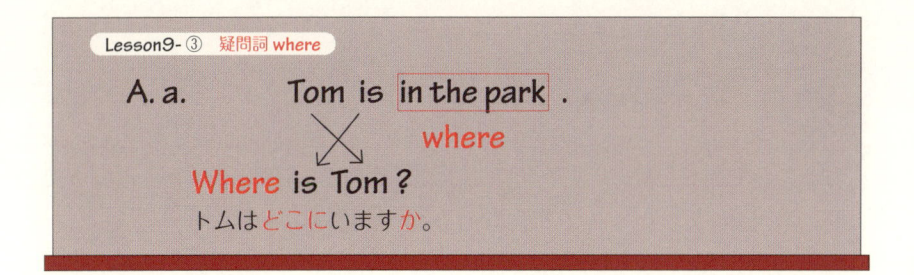

> **Lesson9-③ 疑問詞 where**
>
> A. a.　　　Tom is in the park .
> 　　　　　　　　　✕　　where
> 　　　Where is Tom ?
> 　　　トムはどこにいますか。

これでできあがりです。意味は「トムはどこにいますか」。そして、答え方もだいじょうぶですね。

〈みんな〉 Tom is in the park.

"Tom, Tom" と、少しくどいので、"he" で受けよう。

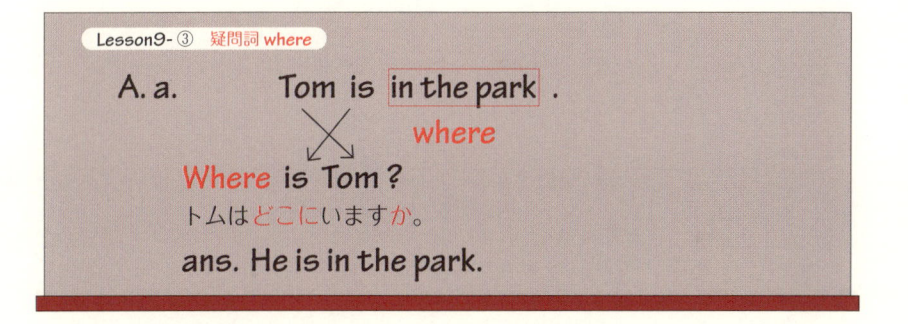

> **Lesson9-③ 疑問詞 where**
>
> A. a.　　　Tom is in the park .
> 　　　　　　　　　✕　　where
> 　　　Where is Tom ?
> 　　　トムはどこにいますか。
> 　　　ans. He is in the park.

そんなに難しくないでしょ。

〈鈴木さん〉 先生！ 今日の授業はけっこうわかりやすかった。

そうでしょ。"where" はけっこう理解しやすいんです。基本はこれで終わりですけど、これだけだとノートが寂しいのでもうちょっと書こう。B.a の文を見てください。

> B. a.　　　　　　Nobita lives in Tokyo .

209

意味はだいじょうぶですね。

🧑‍🤝‍🧑〈みんな〉　…のび太は東京に住んでいます。

けっこうです。じゃあ、これを「のび太はどこに住んでいますか」という文にしてみよう。どこに住んでいるのかわからないのだから、クエスチョンボックスに入るのは？

🧑〈中村くん〉　Tokyo

もうちょい。

🧑〈田中くん〉　"in" もだよ。

🧑〈中村くん〉　in Tokyo

その通り。「どこに」の "where" なんだから、「東京に」の "in Tokyo" がクエスチョンボックスに入る。

B. a.　　　　　Nobita lives in Tokyo .
　　　　　　　　　　　　　　　　　where

あとは原則通りです。人に聞く形の文、疑問文にしたいので、まず逆立ちさせたい。疑問詞 "where" は文の先頭…の原則ですから、文の最初にもってくるとして、"Where lives Nobita?" となりますか。

🧑‍🤝‍🧑〈みんな〉　ならない。

そうですね。"live" は一般動詞ですから、逆立ちできません。どうしよう、どうしようで、助けてくれるのは？

🧑‍🤝‍🧑〈みんな〉　do!

210

さらに、"lives" の "s" を奪って何になる？

does!

これでできあがりです。

> B. a.　　　　　　Nobita lives in Tokyo .
> 　　　　　　　　　　　　　　　　　where
> 　 b.　Where does Nobita live?
> 　　　のび太はどこに住んでいますか。

"Where does Nobita live in?" にならないように注意してね。これは中学生がよく失敗してしまう間違いです。気をつけよう。

答え方はだいじょうぶですね。

He lives in Tokyo.

> B. a.　　　　　　Nobita lives in Tokyo .
> 　　　　　　　　　　　　　　　　　where
> 　 b.　Where does Nobita live?
> 　　　のび太はどこに住んでいますか。
> 　 ans. He lives in Tokyo.

よくできました。By the way, where do you live?

I live in Maebashi.

Where do I live?

You live in Maebashi, too.

No, no. I live in America. So I speak English well. I come to school by airplain every morning!

ウソだぁ。
<みんな>

Good-bye, everyone!

Good-bye, Mr. Sasa!
<みんな>

今日のノートとポイントのおさらい

Lesson9-③ 疑問詞 where

A. a.　　　Tom is in the park .
　　　　　　　　　　　　where
　　Where is Tom ?
　　トムはどこにいますか。
　　ans. He is in the park.

B. a.　　　Nobita lives in Tokyo .
　　　　　　　　　　　　　where
　　b. Where does Nobita live?
　　のび太はどこに住んでいますか。
　　ans. He lives in Tokyo.

Lesson 10 ① 疑問詞 when

月　　日（　）

今日は大切な話から始めます。

> テストに出ますか（笑）

もちろんです。A.aの文を見てください。

Lesson10-① 疑問詞 when

A. a.　　　　Mr. Sasa's birthday is July 27.

> せんせ〜い、テストに出るって本当ですか？（笑）

本当ですよ。日付までちゃんと正確に答えられなかったら×にしちゃう！　その代わり大サービスで、テストの問題文まで教えておきますから。

Lesson10-① 疑問詞 when

A. a.　　　　Mr. Sasa's birthday is July 27.

　　　　　　笹先生の誕生日はいつですか。

みなさんがわからないのは「いつ」の部分です。これを英語では"when"と言う。リピートアフターミー。"when"

〈みんな〉 when

中学1年　2学期　疑問詞 when

"when" が何の仲間かというと…。

🙂 疑問詞！
〈みんな〉

さすが、もうすっかりわかってらっしゃる。"w" で始まっていて、それっぽいものね。

さて、A.a の文を見てください。笹先生の誕生日を知らない場合、この文で「わからない」のはどの部分ですか。

🙂 July 27
〈みんな〉

そうです、"July 27" です。ではこの部分がクエスチョンボックスですから、ここに "when" を入れましょう。

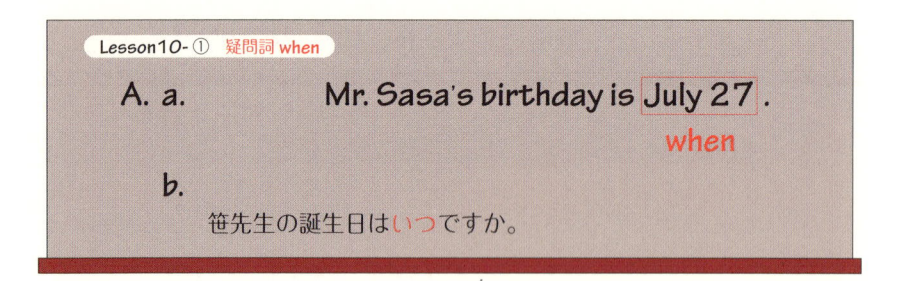

Lesson10-① 疑問詞 when

A. a.　　　　Mr. Sasa's birthday is July 27 .
　　　　　　　　　　　　　　　　　　　　when

　　b.
　　　　　　笹先生の誕生日はいつですか。

"Mr. Sasa's birthday is when?" でも、意味が伝わらないわけではないけど、日本語で言ったら「笹先生の誕生日はいつでーす」みたいなもんだ(笑)

正しい手順で正しい文にいたしましょう。先ほど答えてもらった通り、"when" は疑問詞です。私が次に言う言葉は何だろう？

🙂 疑問詞は〈ほわっと〉軽いから文の先頭！
〈みんな〉

ありがとうございます。手間が省けました(笑)

> **Lesson10-① 疑問詞 when**
>
> A. a.　　　Mr. Sasa's birthday is July 27.
>   when
>
>   b.　When
>   笹先生の誕生日はいつですか。

「いつですか」と人に尋ねる文ですから、逆立ちが必要です。どうなりますか。

〈みんな〉 When... is... Mr. Sasa's... birthday?

けっこうです。

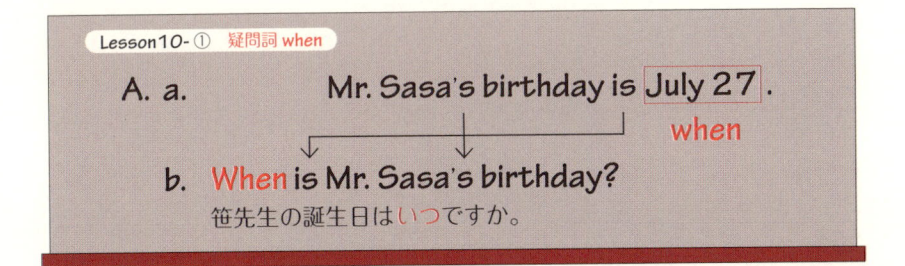

> **Lesson10-① 疑問詞 when**
>
> A. a.　　　Mr. Sasa's birthday is July 27.
>   when
>
>   b.　When is Mr. Sasa's birthday?
>   笹先生の誕生日はいつですか。

リピートアフターミー。"When is Mr. Sasa's birthday?"

〈みんな〉 When is Mr. Sasa's birthday?

答え方はわかるかな。

〈みんな〉 Mr. Sasa's birthday is...

×ではないけど、"It's" を使って答えましょう。

Lesson10-① 疑問詞 when

A. a.　　　Mr. Sasa's birthday is July 27.
　　　　　　　　　　　　　　　　　　　　when
　b. When is Mr. Sasa's birthday?
　　　笹先生の誕生日はいつですか。
　　　ans. It's July 27.
　　　　　7月27日です。

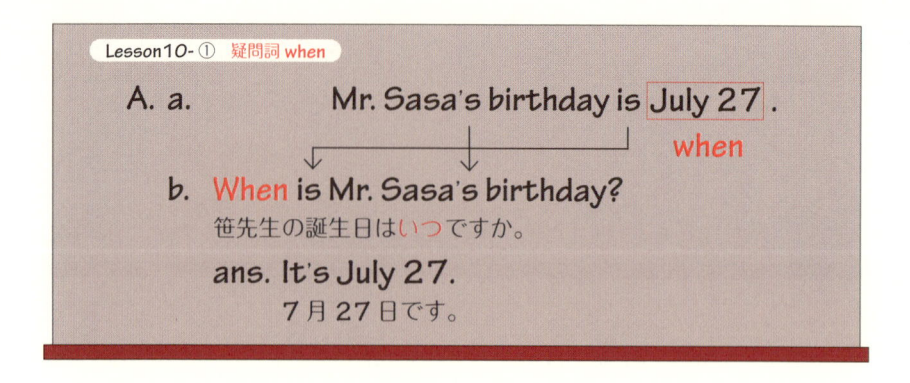

リピートアフターミー。"It's July 27."

〈みんな〉　It's July 27.

3回繰り返してください！

〈みんな〉　It's July 27. It's July 27. It's July 27.

"July 27" は何の日ですか。

中村くん　だれかの誕生日だったような気がするなー！（笑）

…B.a の文を見てください。

B. a.　　　　　　Ken studies at night.

"at" は「〜に」という意味です。"night" は夜だから、この文の意味はだいじょうぶですね、田中くん。

田中くん　ケンは夜に勉強します。

けっこうです。復習だから意味は書きませんよ。
では、ケンが「いつ」勉強するのかわからないとすると、この文でクエスチョ

ンボックスに入るのはどれ？

🧒 鈴木さん　night!

👧 高橋さん　"at" も入るよ。

🧒 鈴木さん　at night!（笑）

けっこうです。「夜に」までと考えて、"at night" までとしましょう。ここに "when" を代入します。

👦 中村くん　代入って何だっけ。

👦 田中くん　「代わりに入れること」って、前に先生が言ってたよ。

👦 中村くん　そうだっけ。

B. a.　　　Ken studies at night .
　　　　　　　　　　　　 when

"Ken studies when." になりますね。これでも意味は通じますが、日本語で言えば…。

👦 佐藤くん　ケンは勉強します、いつー（笑）

手間が省けました（笑）では「ケンはいつ勉強をしますか」という正しい文を作りましょう。「when は文の先頭」まではだいじょうぶですよね。

B. a.　　　　　　　Ken studies at night．
　　　　　　　　　　　　　　　　　when
　　b.　When

この文で使われている動詞は何、佐藤くん？

佐藤くん　一般動詞。

その通りです。逆立ちできますか、鈴木さん。

鈴木さん　できない。

誰に助けてもらうの、吉田さん？

吉田さん　スケベな"do"（笑）

じゃ、助けてもらおう。三単現のｓにも注意してくださいね。

B. a.　　　　　　　Ken studies at night．
　　　　　　　　　　　　　　　　　when
　　b.　When does Ken study?

はい、できあがりました。意味はもちろん、「ケンはいつ勉強しますか」ですね。

B. a.　　　　　　　Ken studies at night．
　　　　　　　　　　　　　　　　　when
　　b.　When does Ken study?
　　　　ケンはいつ勉強しますか。

答えもわかりますね。

〈みんな〉 He studies at night.

> B. a. 　　　　　　Ken studies at night .
> 　　　　　　　　　　　　　　　　　　when
> 　　b. **When** does Ken study?
> 　　　　ケンはいつ勉強しますか。
> 　　**ans. He studies at night.**

ケンちゃんの家の平和のために、1つ説明を追加させてください。

〈みんな〉 ？

私が何を言っているかは、すぐわかります。C.a の文を見てください。

> C. a. 　　　　　　Ken studies at seven o'clock.

文の意味はわかりますね。

〈みんな〉 ケンは7時に勉強します。

話は変わります。ケンがいつまでたっても、みなさんみたいに勉強を始めないので、ケンのお母さんがイライラしちゃって叫びます。「いつ勉強するの！」（笑）するとケンが答えます…。

〈佐藤くん〉 うるせーなー（笑）

これこれ、口が悪い人がいますね。「静かにしていただけませんか」と言ってほしいですね（笑）

中学1年　2学期　疑問詞 when

それはさておき、このときお母さんが"When do you study?"と聞いたら、ケンは当然、"At night."（夜だよ～）と答えますよね。でも、夜は長～い。こうしてケンは、今日も勉強しないわけです（笑）お母さんの負けです（笑）

このとき、お母さんはどうすればよかったのかな。

田中くん：いつ勉強するか、時間を聞けばよかった。

その通り。じゃ、その言い方はどんなふうになるのか、というと、「何時（なんじ）」だから…。

高橋さん："what time"だと思います。

そう、"what time"を使います。日本語にすると、"when"も"what time"も両方とも「いつ」なので、区別するのが難しくなるのですが、"when"の「いつ」が少し幅広い時間帯をさすのに対し、"what time"の「いつ」ははっきりと時間を尋ねる言い方になります。「何時に」と考えるのがいちばんわかりやすい。

もう一度C.aの文を見てください。「何時に」がわからないわけですから、この文でクエスチョンボックスに入るのはどれですか。

鈴木さん：seven o'clock

高橋さん："at"も入るよ。

鈴木さん：at seven o'clock（笑）

その通り。"at seven o'clock（7時に）"と考えてください。だって「何時に」がわからないのですから。ここに"what time"が入ります。

C. a.　　　　　Ken studies at seven o'clock .
　　　　　　　　　　　　　　　　 what time

あとはもういいね。"do" の助けを借りて、正しい文になおしましょう。やってごらん。

🧑‍🤝‍🧑〈みんな〉 ... What time does Ken study?

大変けっこう。意味もだいじょうぶですね。

🧑‍🤝‍🧑〈みんな〉 ケンは何時に勉強するのですか。

今度は時間を尋ねられていますから、ケンくん、勉強しなきゃならなくなりましたね。"He studies at seven o'clock." が答え。そしてお母さんの勝ち、ケンちゃんの家は平和、ということになります（笑）答え方を書いて終わりにしましょう。

> C. a.　　　　　　Ken studies at seven o'clock .
> 　　　　　　　　　　　　　　　　what time
> 　　b. **What time** does Ken study?
> 　　　　ケンは何時に勉強しますか。
> 　　　ans. He studies at seven o'clock.

ところで、"When do you study?"

🧑‍🤝‍🧑〈みんな〉 **At night!**

... Good-bye, everyone!

🧑‍🤝‍🧑〈みんな〉 Good-bye, Mr. Sasa!

中学1年　2学期　疑問詞 when

今日のノートとポイントのおさらい

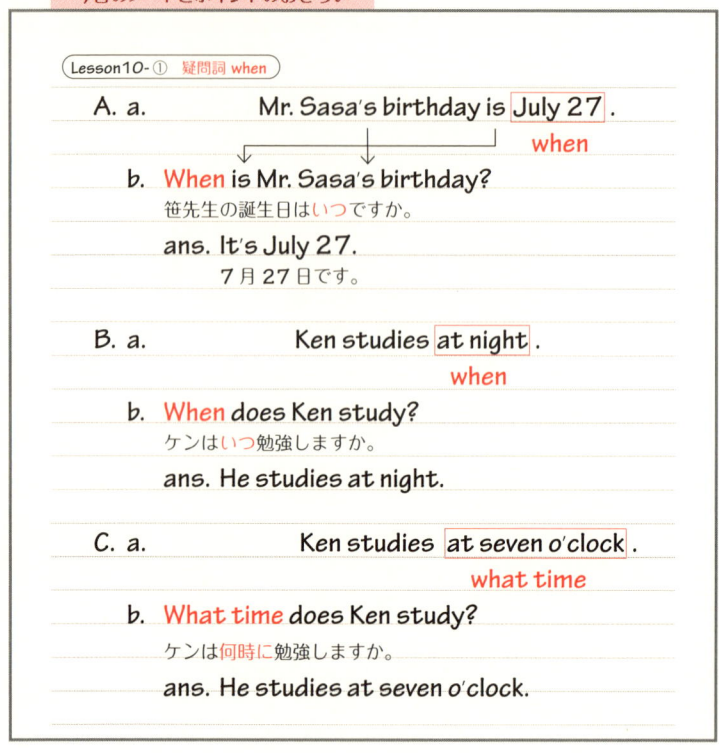

Lesson10-① 疑問詞 when

A. a.   Mr. Sasa's birthday is ⬚July 27⬚.
                                when

   b. **When** is Mr. Sasa's birthday?
       笹先生の誕生日はいつですか。

   ans. It's July 27.
        7月27日です。

B. a.   Ken studies ⬚at night⬚.
                              when

   b. **When** does Ken study?
       ケンはいつ勉強しますか。

   ans. He studies at night.

C. a.   Ken studies ⬚at seven o'clock⬚.
                                  what time

   b. **What time** does Ken study?
       ケンは何時に勉強しますか。

   ans. He studies at seven o'clock.

Lesson 10 ② 疑問詞 why・which

月　日（　）

Lesson10-② 疑問詞 why・which

　今年の英語の授業も今日でおしまいです。みなさんは明日から冬休み。クリスマスにお正月。楽しいことがいっぱいですね。

鈴木さん　先生！ クリスマスプレゼントください！

佐藤くん　お年玉ください！

　わかりました。次の質問に正しく答えられたら、クリスマスプレゼントを差し上げましょう。

中村くん　本当ですか？！

　本当ですとも。では質問。「なぜ笹先生が１年A組のみなさんにクリスマスプレゼントをあげなければいけないのでしょう」

鈴木さん　だってクリスマスじゃないですか。

佐藤くん　たまにはいいじゃないですか（笑）

　残念！ 間違っています。「なぜ〜なのですか」という質問には、「〜だから」と答えるのが正しい、と国語の先生に教わりましたね、教わりましたね、教わりましたね(笑)

〈みんな〉　ずるーい。

国語の問題でやったでしょ。「なぜ主人公の佐藤くんは、授業の途中でおしっこに行きたくなったのか、20字以内で述べよ」(笑)「なぜなら給食のとき、牛乳を飲みすぎたから」が正解です。20字。満点(笑)

じゃあ、もう1つ質問してあげよう。正しく答えられたらお年玉あげるから。質問。「なぜあなたは英語が好きなのですか」

佐藤くん　選択の余地はないんですかぁ？

ありません(笑)答えは1つしかありません。正解は「なぜなら、英語の先生が好きだから」です。

〈みんな〉　え〜！

あ〜あ、その通りって言っておけば、お年玉ほどではないにしても、よいことがあったかもしれないのに…。

〈みんな〉　その通りです！

手遅れ！(笑)

さて、今日みなさんが勉強するのはこの「なぜ」と「〜だから」です。そして今日登場する疑問詞は"why"です。リピートアフターミー。"why"

〈みんな〉　why

意味は、「なぜ」です。

では、"Why do you like English?"の文の意味を答えてください。

〈みんな〉　あなたはなぜ英語が好きなのですか。

はい、その通り。

> Lesson10-② 疑問詞 why・which
>
> ## A. **Why** do you like English?
> あなたはなぜ英語が好きなのですか。

突然ですが、リピートアフターミー。「why ときたら because」

👥〈みんな〉 "why" ときたら "because"（笑）

3回繰り返してください。「why ときたら because」

👥〈みんな〉 "why" ときたら "because" … "why" ときたら "because" … "why" ときたら !?

👥〈みんな〉 because

大変よろしい。

　"because" は「〜だから」に当たります。"why" =「なぜ」と、"because" =「〜だから」はセットでおぼえてしまいましょう。"why" ときたら !?

👥〈みんな〉 because

　さて、それじゃあ、さっきの質問に答えを書いてみよう。もちろん "because" から始めます。"Because...?"

👥〈みんな〉 Because I like my English teacher.

すばらしい。

> Lesson10-② 疑問詞 why・which
>
> **A. Why do you like English?**
> あなたはなぜ英語が好きなのですか。
> **ans. Because I like my English teacher.**
> 私は英語の先生が好きだからです。

"why" については以上です。

さて、"why" の説明を短く切り上げたので、時間がちょっとだけ余っています。そこで、もう1つ疑問詞を付け加えて説明したいと思います。「付け加えられる」くらいだから簡単な疑問詞です。それは "which" という疑問詞です。リピートアフターミー。"which"

〈みんな〉 which

この疑問詞は「どちら」という意味です。使い方は "what" と同じと言っていいでしょう。一気に2つの文を紹介しちゃいますよ。

> **B. a. Which is your classroom, this one or that one?**
> あなたの教室は、こちらとあちらのどちらですか。
> **ans. This one.**
> こちらです。
> **b. Which textbook do you have, English or math?**
> あなたは英語と数学のどちらの教科書を持っていますか。
> **ans. I have an English textbook.**
> 英語の教科書を持っています。

"which" は2年になってから「比較級」のところで復習する機会がありますので今日はあっさりめにしておきます。"which" は「ドッチ」とおぼえてね（笑）

That's all for today's lesson.

えーっ！
〈みんな〉

You like English because you like your English teacher. Thank you very much! よい年をお迎えください！ Good-bye, everyone!

Good-bye, Mr. Sasa!
〈みんな〉

今日のノートとポイントのおさらい

Lesson10-② 疑問詞 why・which

A. **Why** do you like English?
　あなたは**なぜ**英語が好きなのですか。
　ans. **Because** I like my English teacher.
　　私は英語の先生が好き**だから**です。

B. a. **Which** is your classroom, this one or that one?
　　あなたの教室は、こちらとあちらの**どちら**ですか。
　　ans. This one.
　　　こちらです。

　b. **Which** textbook do you have, English or math?
　　あなたは英語と数学の**どちら**の教科書を持っていますか。
　　ans. I have an English textbook.
　　　英語の教科書を持っています。

English

中学1年

3学期

Lesson 10 ③ 疑問詞 how

月　　日（　）

　あけましておめでとうございます。

〈みんな〉　あけましておめでとうございます。

　年もあけて、3学期になりました。去年の勉強でやり残してしまったものがあります。それが最後の疑問詞です。最後に登場するだけあって、今日の疑問詞は、今までのものと形が違う。みんなの知っている疑問詞をあげてください。

佐藤くん　what

田中くん　who

中村くん　where

吉田さん　when

鈴木さん　why

高橋さん　which

　みんながあげてくれた疑問詞は"w"で始まっています。"which"をのぞいたら「5W」。よく言われる言葉に「5W1H」という言葉があります。じゃあ、もう1つ疑問詞が残っているわけだ。どのアルファベットで始まるかというと、佐藤くんの好きな…。

〈みんな〉　H!!

勘弁してくださいよ〜。先生でしょ、好きなのは〜（笑）

えへん、えへん。その"H"で始まる疑問詞を"how"と言う。リピートアフターミー。"how"

how

Lesson10-③　疑問詞 how

ところで、"I'm fine."って全員が知っている文ですよね。どんな意味ですか。

私は元気です。

じゃ、次の文もだいじょうぶ？

Lesson10-③　疑問詞 how

A. a.　　You are fine.

どんな意味ですか。

あなたは元気です。

大変けっこうです。
　今日登場する"how"というのは、「どのような」とか、「どのように」という意味の疑問詞なんです。
　さて、質問。この文章を、"how"を使って人に聞く形の文、すなわち疑問文にしたい。要するに、「あなたはどのようですか」と尋ねたい。さて、どの部分がクエスチョンボックスとして"how"に置き換わりそうですか。

fine?

そうですよ。自信もって。

Lesson10-③　疑問詞 how

A. a.　　　You are fine．
　　　　　You are how．

あとは今まで勉強した疑問文と同じです。"how" は "what" と同じ疑問詞ですから「〈ほわっと〉軽く文の先頭へ」。そして使われている動詞は be 動詞ですから、逆立ちさせましょう。どうぞ！

〈みんな〉　... How are you?!!!

ほれほれ、知っている文じゃない。みんなは毎回授業で言ってますよね。どんな意味ですか。吉田さん。

〈吉田さん〉　えーっと。何だっけ。あっ、「ご機嫌いかがですか」だ。

そうですよね。「あなたはどのよう（な機嫌なの）ですか」というのが、元の文章の意味なんです。でも「あなたはどのようですか」という日本語はあまりに変ですから、「ご機嫌いかがですか」になるわけ。わかった？

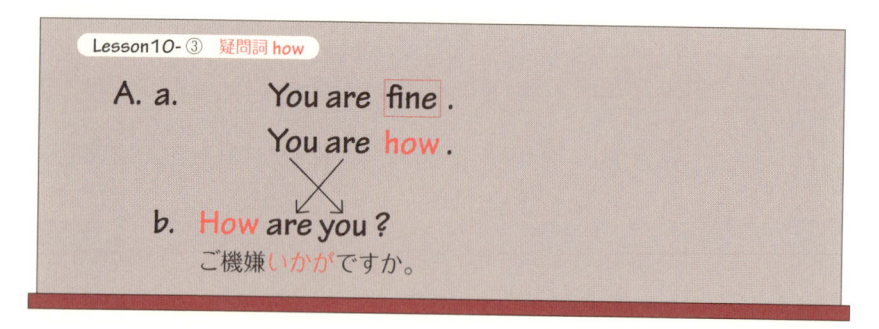

〈みんな〉　おぉ！

Lesson10-③　疑問詞 how

A. a.　　　You are fine．
　　　　　You are how．

b.　How are you？
　　ご機嫌いかがですか。

もう１つ例をあげてみよう。次のB.aの文の意味がおわかりかな？　"weather"というのは「天気」という意味だよ。

> B. a.　　The weather is fine in Tokyo.

〈みんな〉　天気は…いいです…東京では？

けっこうです。東京では天気は晴れです、という意味だね。じゃ、東京の天気は「いかが」なのかを尋ねる文を作ってみよう。「いかが」な天気なのかがわからないのだから、クエスチョンボックスに入るのは？

〈みんな〉　fine

その通り。ここに"how"が入ります。あとは先ほどと同じように考えましょう。答え方まで書いちゃいますね。

> B. a.　　The weather is fine in Tokyo.
> 　　　　The weather is how in Tokyo.
>
> b.　How is the weather in Tokyo?
> 　　東京の天気はいかがですか。
> ans. It's fine.　晴れです。

ところで、今日のメインテーマである疑問詞"how"とは関係がないのだけど、絶対に知っておいてほしい大切なことを１つ話します。上のB.bの文に対する答えを見てください。"It's fine."（晴れです）と書きました。この"it"（それ）はとくに日本語にしていませんが、"it"が指すものは具体的に何でしょう。

〈佐藤くん〉　うーん、何だろう。東京 … じゃないし。

天気のことじゃないですか。

　その通り！　この"it"は「天気を示す"it"」と言います。"it"は天気以外も示すことがあります。例えば"It's five o'clock now."

　　　時間だ！

　そうそう。「時間を示す"it"」です。"It's hot today."とか"It's cold today."だったら？

　　　暑さとか寒さだと思います。

「寒暖を示す"it"」ですね。

　"it"はこんなふうに「天気、時間、寒暖、温度、距離、季節」などを指すときに使われます。日本語にしないほうが自然なので普通は日本語にしませんが、「具体的に何を指しているのか」は気にしてほしいと思います。

　さて、話を"how"に戻しましょう。
　少し表現の範囲を広げてみたいと思います。次のC.aの文を見てもらいたい。

C. a.　　　You go to school by bus.

　文の意味は、「あなたはバスで学校へ行く」という意味です。じゃ、あなたは学校に「どのようにして」行くのか、と聞きたいとする。
　クエスチョンボックスに入るのは？

　　　by bus?

C. a.　　　You go to school by bus.

はい、よくできました。じゃ、ここを"how"に置き換えよう。

問題は、疑問詞を前にもってきて、"How you go to school?"で済むのか、ということです。OKですか、鈴木さん？

　　鈴木さん　ダメ。

どうしてじゃ？

　　鈴木さん　逆立ちできないから。

なぜじゃ(笑)

　　鈴木さん　…一般動詞の文だから。

その通りじゃ〜(笑)いやいや、よくわかってきました。そうですよね。この文の動詞はどれ？

　　〈みんな〉　go

"go"は何動詞？

　　〈みんな〉　一般動詞。

一般動詞の文は逆立ちが？

　　〈みんな〉　できない。

どうしよう、どうしようで、だれに助けてもらうの？

　　〈みんな〉　do

じゃ、助けてもらおう。

> C. a. 　　　　　You go to school by bus .
> b. How do you go to school?
> 　　あなたはどのようにして学校に行くのですか。
> ans. I go to school by bus.
> 　　私はバスで学校に行きます。

　できあがりました。答えも書いてしまいましたが、"By bus."（バスでです）のように簡潔な答えもOKです。

　最後になりますけど、この"how"は、他の言葉とくっついて決まった言い方（定型表現）をすることがあります。文の構造を説明してもいいのだけど、複雑になって余計わかりづらくなりますし数も多くないので、言い方をおぼえてしまったほうがよいでしょう。何度も読んで口に慣らしておいてほしいと思います。中学生におぼえておいてほしいものに限定して、例文をあげておきます。

> D. how を使った定型表現
> a. 数を尋ねる表現
> 　How many books do you have?
> 　どのくらいたくさんの（何冊）本を持っていますか。
> 　※ "How many" に続く名詞は複数形になる。
> ans. I have about fifty. 　だいたい 50 冊です。
> b. 量を尋ねる表現
> 　How much is this?
> 　これはいくらですか。
> ans. It's 1000 yen. 　1000 円です。
> c. 長さを尋ねる表現
> 　How long is the river?
> 　川はどのくらいの長さですか。
> ans. It's about 200 km. 　およそ 200km です。

D.aの"How many～?"の表現では、「How many に続く名詞は複数形になる」というルールがあります。しばしば問題としても問われますので要注意です。どれもキーとなる表現を赤で書いておきましたので、次の授業でテストするときに気をつけてね。

　　　先生、今、何か言いましたか。

「How many に続く名詞は複数形になる」

　　　その後ですよ。

うーん、「気をつけてね」かな(笑)

　　　テストやるんですか。

　もちろんです！ 次の授業では今日ノートに書いた文を使って穴埋めテストをするよ。

　　　えーっ！

How are you today?

　　　I'm not fine!

……Good-bye, everyone!

　　　Good-bye, Mr. Sasa!

今日のノートとポイントのおさらい

Lesson10-③ 疑問詞 how

A. a.　　　　You are fine．
　　　　　　You are how．

　b. How are you?
　　ご機嫌いかがですか。

B. a.　　　The weather is fine in Tokyo.
　　　　　The weather is how in Tokyo.

　b. How is the weather in Tokyo?
　　東京の天気はいかがですか。

　ans. It's fine.　　晴れです。

C. a.　　　You go to school by bus．

　b. How do you go to school?
　　あなたはどのようにして学校に行くのですか。

　ans. I go to school by bus.
　　私はバスで学校に行きます。

D. how を使った定型表現
　a. 数を尋ねる表現

　　How many books do you have?
　　どのくらいたくさんの（何冊）本を持っていますか。
　　※ "How many" に続く名詞は複数形になる。

　　ans. I have about fifty.　だいたい 50 冊です。

　b. 量を尋ねる表現

　　How much is this?
　　これはいくらですか。

　　ans. It's 1000 yen.　1000 円です。

　c. 長さを尋ねる表現

　　How long is the river?
　　川はどのくらいの長さですか。

　　ans. It's about 200 km.　およそ 200km です。

Lesson 11 ① 一般動詞の過去形（規則変化）

月　　日（　）

　さあ、いよいよ1年生最後のレッスンに入りました。もうすぐみなさんは2年生です。進級できればだけど。

🧒 鈴木さん　先生、イジワル。

🧒 中村くん　進級できない人っているんですか。

　もちろん、います。私は大学に6年も通いました。

🧒 吉田さん　留年したんですか！　私、あこがれてるんですよね！（笑）

　あゆみさんは珍しい人だなあ。私は学校が好きだったので、2年も留年しました！　だからみなさんも、どうしてもあと1年、私と一緒に1年生の勉強をしなおしたいという強い希望があるなら…。

🧒〈みんな〉　ありません！

　吉田さんはどうですか。

🧒 吉田さん　けっこうです！（笑）

　…A.aの文を見てください。

Lesson11-① 一般動詞の過去形

A. a.　I watch TV.

"I watch TV." 意味はわかりますね。

〈みんな〉 私はテレビを見…ます。

Lesson11-①　一般動詞の過去形

A. a.　I watch TV.

そうです、そうです。「私はテレビを見る（見ます）」、大変けっこうです。今日の勉強はですね、この文に、こんなものがついたときのお話なんです。

Lesson11-①　一般動詞の過去形

A. a.　I watch TV.
　　b.　I watch TV <u>yesterday</u>.

"yesterday" っていうのは、「昨日」という意味ですね。じゃあ、この文はどんな意味になるかというと…。

〈みんな〉 私は昨日テレビを見ます？

Lesson11-①　一般動詞の過去形

A. a.　I watch TV.（私はテレビを見ます）
　　b.　I watch TV <u>yesterday</u>.（私は昨日テレビを見ます）

これは、あきらかに変だね。

〈吉田さん〉 四次元の世界みたい。

うまいこと言うなあ。a. の文はいつの話ですか。

今。

そう、今。「現在」の話ですね。一方、b. の文は？

　昨日。

そうですね。昨日。昔。「過去」のことだ。じゃあ、日本語を直さなければならない。私は昨日テレビを…？

　「見ました」じゃないとおかしいと思います。

その通りです。さもないと、時間がねじれて「ドラえもんの世界」になってしまう。

> Lesson11-① 　一般動詞の過去形
>
> A. a.　I watch TV.（私はテレビを見ます）
> 　　b.　I watch TV yesterday.（私は昨日テレビを見ます）
> 　　　　　　　　　　　　　　　　　　　　　　　　　　ました

英語もこのままではダメです。"watch" というのは「見る」という意味ですから、これを「見た」にしなければいけない。じゃあ、どうするかというと、こんなものをつけます。

> Lesson11-① 　一般動詞の過去形
>
> A. a.　I watch TV.（私はテレビを見ます）
> 　　b.　I watched TV yesterday.（私は昨日テレビを見ます）
> 　　　　　　　　　　　　　　　　　　　　　　　　　　ました

はい。一般動詞で過去のことを表す場合、"ed" をつけるというルールがあります。"ed" です。い〜で〜すね…。

中学1年　3学期　一般動詞の過去形（規則変化）

先生！　寒い。

　もうすぐ春がきますよ、無事進級できれば！（笑）

　さて、気をとりなおしまして、"ed"がつけばすべて「～した」という過去形になるかというと、そうではない。この"ed"がつくパターンがいくつかあります。例のごとく、パターンaから見ていきましょう。

　まず、パターンa。そのまま"ed"が素直につくパターンです。

> **B. 過去形の作り方**
>   a. open → open*ed*, help → help*ed*

　これは、形は簡単ですが、発音だけはチェックしておかなければなりません。では"open"についた"ed"だけを発音してください。

　〔t〕〔d〕

　〔t〕ですか、〔d〕ですか、どっちですか。

　〔d〕〔t〕

　じゃあ、"help"の"ed"は。

　〔t〕〔d〕

　英語の発音のルールがわかってきた人も多いようですね。複数形や、三単現のｓの発音を思い出してください。ポイントは"ed"の直前の発音です。

> **B. 過去形の作り方**
>   a. open → open_*ed*, help → help*ed*

"open"の"n"を発音しながら、のどに手を当ててください。のどが震えていますかぁ？

〈みんな〉 はい！

ではこの発音は〔d〕だ。同じように"help"の"p"を発音しながら、のどに手を当ててください。震えていませんねぇ。

〈みんな〉 はい！

ですから、〔t〕になる。OKですね。

〈みんな〉 OKでーす！

> B. 過去形の作り方
>   a. open → open*ed*, help → help*ed*
>   〔d〕   〔t〕

次はパターンb。動詞が"e"で終わっている場合には、そのまま"d"をつけます。"ed"の発音は、今説明したルールがそのまま適用されます。

> B. 過去形の作り方
>   a. open → open*ed*, help → help*ed*
>   〔d〕   〔t〕
>   b. like → lik*ed*, use → us*ed*
>   〔t〕   〔d〕

パターンc。"y"で終わっている語に"ed"をつける場合、「yをiに変えてed」をつけるというルールがあります。前も似たようなルールを聞いたことがあるね。複数形のs、三単現のsと同じだ。リピートアフターミー。「yをiに変えてed」

👥 "y" を "i" に変えて "ed"。

ただし、"play" や "enjoy" のように "y" で終わっているけれど、"y" の前が "a, i, u, e, o" の母音のときは「y を i に変えないで ed」。一緒に。

👥 "y" を "i" に変えないで "ed"。

> **B. 過去形の作り方**
> a. open → open**ed**, help → help**ed**
>   　　　　　　〔d〕　　　　　　〔t〕
> b. like → lik**ed**, use → use**d**
>   　　　　〔t〕　　　　　　〔d〕
> c. study → stud**ied**, worry → worr**ied**
>   　※ play → play**ed**, enjoy → enjoy**ed**

パターン d。こいつは、ちょっとやっかい。"stop" というのは、止まるとか止める、という意味だけど、これを過去形にする。みんなが嫌いな例のパターンだよ。「p を重ねて ed」

> **B. 過去形の作り方**
> a. open → open**ed**, help → help**ed**
>   　　　　　　〔d〕　　　　　　〔t〕
> b. like → lik**ed**, use → use**d**
>   　　　　〔t〕　　　　　　〔d〕
> c. study → stud**ied**, worry → worr**ied**
>   　※ play → play**ed**, enjoy → enjoy**ed**
> d. stop → stop**ped**

うわー、やだな、と思うでしょ。

<佐藤くん> わー、やだな。

でもね、中学生ならこれしかないと思っていてだいじょうぶ。"stop"だけに気をつけてね。

さて、今回は長いよ。e, f, g, h, i, j, k......... 延々パターンが続いているんだよ。e. は形がまったく変わるパターン、f. も形がまったく変わるパターン、g. も同じく形が完全に変わるパターン…。h, i, j, k... みーんな形が違うパターン。

B. 過去形の作り方

a. open → open_ed, help → helped
　　　　　　　〔d〕　　　　　　〔t〕

b. like → liked, use → used
　　　　　〔t〕　　　　　〔d〕

c. study → studied, worry → worried
　　※ play → played, enjoy → enjoyed

d. stop → stopped

e. go → went

f. know → knew

g. think → thought

h.

i.

j...

これ、全部おぼえてもらいます。

<みんな> えー！

<中村くん> 難しいなあ！

そうか、反対意見が多いようだから、2年になってからにしようかな。

やさしい、若い、きれいな女の先生に教えてもらってください。

佐藤くん　よかったー。

鈴木さん　本当ですかー!?

これこれ、喜ぶでない。私がかわいそうじゃないか（笑）まあ、冗談はさておき、2年になったらこの「形が変わるパターン」をおぼえなければなりません。とはいっても、本当は形がまったく変わるのではなく、ルールはあるので、あんまり心配しなくていいよ。しかも笹式でおぼえれば、いっぺんに頭に入っちゃうから、だいじょうぶです。

中村くん　来年も先生ですかー!?

…（笑）ここで、2年生の内容を紹介しておいたのは、「形が変わる変化」＝「不規則変化」を知っておいてほしいからなんです。これに対して、今日みなさんが勉強した「規則的に ed をつける」パターンにも名前があります。「不規則変化」に対して…？

〈みんな〉　規則変化？

そうです。この言葉だけしっかりおぼえておこう。
リピートアフターミー。「規則変化」

〈みんな〉　規則変化。

じゃあ、このことがわかったら、2年生のノートは消してしまおう。それでは、ノートを書いてください。書き終わった人から… Good-bye, everyone!

〈みんな〉　Good-bye, Mr. Sasa!

B. 過去形の作り方（規則変化）

   a. open → open**ed**, help → help**ed**
              〔d〕   〔t〕

   b. like → lik**ed**, use → use**d**
          〔t〕   〔d〕

   c. study → stud**ied**, worry → worr**ied**
      ※ play → play**ed**, enjoy → enjoy**ed**

   d. stop → stop**ped**

今日のノートとポイントのおさらい

Lesson11-① 一般動詞の過去形

   A. a. I watch TV. （私はテレビを見ます）
      b. I watch**ed** TV <u>yesterday</u>. （私は昨日テレビを見ました）

   B. 過去形の作り方（規則変化）

     a. open → open**ed**, help → help**ed**
             〔d〕   〔t〕

     b. like → lik**ed**, use → use**d**
          〔t〕   〔d〕

     c. study → stud**ied**, worry → worr**ied**
        ※ play → play**ed**, enjoy → enjoy**ed**

     d. stop → stop**ped**

中学1年　3学期　一般動詞の過去形（規則変化）

Lesson 11 ② 一般動詞の疑問文・否定文（過去）

月　　日（　）

今日で１年生の授業も終わりますね。入学してから１年、ピヨピヨだったみなさんもすっかり中学生が板についてきたね(笑)

さて、今日は、過去のことを尋ねる表現について学びます。「昨日○○しましたか」「去年○○に行きましたか」なんてところかな。

まず、基本となる文を見てみよう。

Lesson11-② 一般動詞の疑問文・否定文（過去）

A. 疑問文

a.　　You watch**ed** TV yesterday.

復習です。これはどんな意味でしたっけ。

〈みんな〉 あなたは…昨日…テレビを見ました。

けっこうです。これを、「あなたは昨日テレビを見ましたか」という文にしてみたい。まず、使われている動詞に注目しましょう。

思い出してください。動詞には２種類しかありません。何動詞と何動詞？

〈みんな〉 be動詞と一般動詞。

その通り。この文で使われている動詞はどれ？

〈みんな〉 watched

"watched" は何動詞ですか。

🧑‍🤝‍🧑 一般動詞。
〈みんな〉

一般動詞の文は疑問文になるとき、逆立ちが？

🧑‍🤝‍🧑 できない。
〈みんな〉

で、どうしよう、どうしよう、とだれに助けてもらうの？

🧑‍🤝‍🧑 do
〈みんな〉

1年間勉強してきたことが、しっかり身についているね。みんなもう完璧だ。さあ、お助け助動詞 "do" に助けてもらいましょう。

Lesson11-② 一般動詞の疑問文・否定文（過去）

A. 疑問文

a. You watch**ed** TV yesterday.
b. **Do** you watch**ed** TV yesterday?

ところが、みなさんは知らないでしょうけど、この "do" は助平なのです。

👩 先生！ またですかー！（笑）
〈鈴木さん〉

👦 よーく知ってますよ。
〈中村くん〉

どのくらい助平かというと、すぐ裸にしたがる（笑）とくにこの "watched" の "ed"、これがたまらないわけ。これを奪って、"watch" ちゃんを裸にしてしまう（笑）「スペシャルビームの術」全開ですね（笑）

> Lesson11-② 一般動詞の疑問文・否定文（過去）
>
> A. 疑問文
>
> a.　　　You watch**ed** TV yesterday.
>
> b.　Do**ed** you watch TV yesterday?

ところで、この"doed"って、何て読む？

🧑‍🦱👩👩‍🦰〈みんな〉 ドエド？

「ドエド　ユー　ウォッチ　TV」っていうのはかなり読みづらい。じゃあ、ドエドを素早く10回言ってごらん。

🧑‍🦱👩👩‍🦰〈みんな〉 ドエド、ドエド、ドエド…

どうなりましたか。

🧑‍🦱👩👩‍🦰〈みんな〉 「デド」「ディド」

はい、全員「ディド」になりましたね。なりましたね。なりましたね。

🧑‍🦱👩👩‍🦰〈みんな〉 「ディド」！(笑)

全員が「ディド」になりました！(笑) そうなんです。"doed"は読みにくいので"did"に変態してしまったんです(爆笑) さすが、助平（本気にしないでね）。

> **Lesson11-②　一般動詞の疑問文・否定文（過去）**
>
> A. 疑問文
>
> a.　　You watch**ed** TV yesterday.
>
> b.　**Did** you watch TV yesterday?

リピートアフターミー。"Did you watch TV yesterday?"

〈みんな〉 Did you watch TV yesterday?

意味はどうなりますか？

〈みんな〉 あなたは…昨日…テレビを見ましたか。

> **Lesson11-②　一般動詞の疑問文・否定文（過去）**
>
> A. 疑問文
>
> a.　　You watch**ed** TV yesterday.
>
> b.　**Did** you watch TV yesterday?
> 　　　あなたは昨日テレビを見ましたか。

今度は答え方ですね。いつもと同じですよ。リピートアフターミー。「didで聞かれたらdidで答える」

〈みんな〉 "did"で聞かれたら"did"で答える。

で、どうなりますか。"Yes, …"

〈みんな〉 Yes, I did.

> **Lesson11-②　一般動詞の疑問文・否定文（過去）**
>
> A. 疑問文
>
> a.　　You watch**ed** TV yesterday.
>
> b. **Did** you watch TV yesterday?
>   あなたは昨日テレビを見**ましたか**。
>   ans : Yes, I **did**. /

"No"で答えるのも、もうだいじょうぶかな。"No, I..."?

〈みんな〉　No, I did not.

> **Lesson11-②　一般動詞の疑問文・否定文（過去）**
>
> A. 疑問文
>
> a.　　You watch**ed** TV yesterday.
>
> b. **Did** you watch TV yesterday?
>   あなたは昨日テレビを見**ましたか**。
>   ans : Yes, I **did**. / No, I **did** not.

"did + not"で？

〈みんな〉　didn't

正解。意味もだいじょうぶだね。

Lesson11-② 一般動詞の疑問文・否定文（過去）

A. 疑問文

a. You watch**ed** TV yesterday.

b. **Did** you watch TV yesterday?
あなたは昨日テレビを見ましたか。
ans : Yes, I **did**. / No, I **did** not.
　　　　　　　　　　　　didn't
はい、見ました。／いいえ、見ませんでした。

否定文も、今までの理屈通りで考えてみよう。
　a. の文で使われている動詞は一般動詞。一般動詞は逆立ちできない。"do" の助けをもらって、"ed" を奪って "did" に変態、"not" を引きつけて…。

B. 否定文

a. You 　　　 watch**ed** TV yesterday.

b. You **did** not watch TV yesterday.

意味もだいじょうぶですね。

〈みんな〉あなたは…昨日…テレビを見なかった。

大変けっこうです。もちろん "didn't" でもOKです。

> B. 否定文
>
> a. You　　　watch**ed** TV yesterday.
>
> b. You **did** **not** watch TV yesterday.
> 　　　　didn't
>
> あなたは昨日テレビを見なかった。

　さて、長い間おつきあいいただいた"Mr. Sasa"の英語授業も、今日でおしまいになります。Did you enjoy my English class?

〈みんな〉　Yes, I did!

Thank you very much.

　授業の中で、ずいぶんおバカなことも言ってきましたが、中学1年生が知っておかなければならないことについては、最低限+αのお話をすることができたと思います。要するに、どこに出ても恥をかかない知識だと思います。

　さて、今日が最後の授業なので、みなさんに話しておきたいことがあります。みなさんは、なんで英語の勉強をしなきゃならないのだと思う？

高橋さん　将来困るからだと思います。

吉田さん　必要だから。

佐藤くん　オレは必要じゃないな〜（笑）

　高橋さんや吉田さんの言っていることもわかるけど、英語を話せないと、ホントに日本人全員が困るわけ？　自分は必要かもしれないけど、どうして全員が英語を勉強しなきゃならないわけなの？

　私は佐藤くんが正しいと思うなあ。だってさ、日本人は英語がしゃべれなくて日常的に困ってるわけ？

鈴木さん　英語で道を聞かれて答えられなかったことがある。

　ねえねえ、英語で道を聞かれて答えるために、こんな苦労して英語を勉強しているわけ？　連れて行ってあげりゃ、済むじゃない。地図を描いたっていいでしょ。

　私ね、今まで内緒にしてましたけど、「なんで中学生がみな英語の勉強をしなきゃならないか、ちゃんと説明できる3956人の英語の先生のうちの1人」なんですよ。

　　佐藤くん　なんと中途半端な…（笑）

　なんでみんなが英語を勉強しなきゃならないのかなあ。必要がない人がほとんどなのに。でも、勉強しなきゃならない理由は、ちゃんとある！！

　　吉田さん　何ですか〜？　知りたい〜。

　　佐藤くん　何ですか。気になります。

　　中村くん　教えてくださいよ〜？

　よーし、教えてあげよう！…。卒業するとき！

　　〈みんな〉　えーっ！

　See you again!! Good-bye, everyone!

　　〈みんな〉　Good-bye, Mr. Sasa!

中学1年　3学期　一般動詞の疑問文・否定文（過去）

今日のノートとポイントのおさらい

Lesson11-② 一般動詞の疑問文・否定文（過去）

A. 疑問文

a. You watch**ed** TV yesterday.

b. **Did** you watch TV yesterday?
あなたは昨日テレビを見ましたか。

ans：Yes, I **did**. / No, I **did** not.
　　　　　　　　　　　　　　didn't
はい、見ました。/ いいえ、見ませんでした。

B. 否定文

a. You watch**ed** TV yesterday.

b. You **did** **not** watch TV yesterday.
　　　didn't
あなたは昨日テレビを見なかった。

English

中学2年

1学期

Lesson 1 ① be 動詞過去形の文

月　　日（　）

　みなさん、いよいよ2年生ですね。今年も私が英語を担当します。1年間よろしくお願いします。

👧👦👧〈みんな〉　よろしくお願いします！

　さて、2年になって最初の授業ですが、脅します。

🧑中村くん　脅迫ですか。

　ハイ。でも金品を出せと脅すわけではありません(笑) お金は出さなくてけっこうですが、やる気を出してください(笑)
　1年生のうちは、頑張って英語の授業についてこられたけど、2年になってぐぐっと苦しくなってしまう人がいます。その理由は簡単です。分量が多くて内容が難しいからです。1年生は入学1年目なので配慮されるし、3年生は受験で配慮される。

👧吉田さん　2年生は損してるじゃないですか！

　そう。割を食うのが2年生です。とりわけ、2年の後半からは、急に読まなければならない英文の量も増えますし、文法事項も複雑になります。

👧👦👧〈みんな〉　うえー。

　とはいえ、昨年1年間、私の授業を聞いてくれたみなさんならわかってもらえると思うけれど、私はみんなが理解しやすいように一生懸命わかりやすい授業を心がけます。みなさんも授業中にしっかりノートをとったり、説明を聞こ

うとする努力を続けたりしてくださいね。

🙂🙂🙂〈みんな〉 ハイ！

　きちんと勉強を積み上げていけば、手がつけられないほどわからなくなることはありません。さあ、しっかりと心構えができたところで、いよいよ2年最初の授業内容に入っていきましょう。

　最初の学習内容は、be 動詞の過去形です。次の文の意味を答えてください。1年1学期のレベルです。

> Lesson1- ① be 動詞の過去形
> A. a.　I am a student.

🙂🙂🙂〈みんな〉 私は生徒です。

　ほっとしました。1年1学期の内容はおぼえていてくれたようですね（笑）では、A.b の文を見てください。

> Lesson1- ① be 動詞の過去形
> A. a.　I am a student.（私は生徒です。）
> 　 b.　I am a student ten years ago.

　"ten years ago" の意味はわかるかな、佐藤くん。

🙂〈佐藤くん〉 "ago" は「〜前」だから…「10年前」。

　そうですね。じゃあ、文全体の意味を考えてみよう、中村くん、どうぞ。

🙂〈中村くん〉 10年前、私は生徒でした！

　え、本当ですか。みなさん、"am" はどういう意味でしたっけ。

〈みんな〉 …。

ありゃありゃ。忘れちゃったかな。じゃあ、復習するよ。be 動詞は?!

〈みんな〉 am, is, are

"am, is, are" は？

〈みんな〉 be 動詞。

"I" がきたら？

〈みんな〉 am

"you" がきたら？

〈みんな〉 are

"he" がきたら？

〈みんな〉 is

"books" がきたら？

〈みんな〉 are

"they" がきたら？

〈みんな〉 are

"Kocho-sensei" がきたら !?

〈みんな〉 こんにちは！

行儀よくて大変よろしい。さすが、昨年私に教わっていただけのことはある（笑）be 動詞の意味もおぼえていますか。

<みんな> 「です、である」と「いる、ある」。

その通りです。では、この A.b の文の be 動詞の意味は「です、である」「いる、ある」のどちらかわかるかな。私は生徒…。

<みんな> …です。

「です、である」のほうですね。でも A.b の文"I am a student ten years ago."の文は、そのまま意味をとるとおかしなことになる。ね、中村くん。

中村くん　うーん、「私は…10年前…生徒…です」？

この人は四次元世界の人間のようですね。

佐藤くん　ドラえもんだ（笑）

そう、時間と空間がねじ曲がっている。ドラえもん的世界（笑）

Lesson1-① be 動詞の過去形

A. a. I am a student.（私は生徒です）
　 b. I am a student ten years ago.（私は10年前、生徒です）

私たちは三次元の人間ですから、こうはいかない。残念ながらドラえもんはまだ発明されていませんからね（笑）日本語で過去のことを表すのは「〜です」ではなくて…。

高橋さん　「〜でした」です。

その通り。「〜でした」だよね。

> **Lesson1-①** **be動詞の過去形**
>
> A. a. I am a student.（私は生徒です）
>   b. I am a student ten years ago.（私は10年前、生徒です）
>   でした

さて、そうすると、A.bの英語は間違っているわけだ。過去の表現になおさなければならない。どこをなおさなければいけないのか？

〈みんな〉 am

"am"は「～です」だから、これがいけない。「～でした」の意味をもつ言葉にしなければいけないわけですね。
　そこで"am"の過去形が登場。その名を"was"と言います。
　リピートアフターミー。"was"

〈みんな〉 was

> **Lesson1-①** **be動詞の過去形**
>
> A. a. I am a student.（私は生徒です）
>   b. I am a student ten years ago.（私は10年前、生徒です）
>   was   でした

もう少し練習しよう。"he"の次に入るbe動詞は"am, is, are"のうちのどれでしょう、田中くん。

田中くん "is"です。

その通り。では B. の文を見てください。

> B. He　　　a Maebashi J.H.S. student last year.

　"last year"は「去年」で、過去の話だから"is"は入りません。"is"の過去形が入らなければならない。その名は"was"と言います。

　"am"の過去形と同じに見えますけど。

　そう、"am"の過去と同じです。リピートアフターミー。"was"

〈みんな〉 was

> B. He was a Maebashi J.H.S. student last year.
> 彼は去年、前橋中学校の生徒でした。

　次の文に行きます。

> You　　　a good boy last year.

　空欄に"are"の過去形が入らなければならないことは、もうわかると思う。"are"の過去形は"were"と言います。

　リピートアフターミー。"were"

〈みんな〉 were

> You were a good boy last year.

　どんな意味になりますか、佐藤くん。

　あなたは去年、よい少年だった。

だれのことだろ（笑）

【中村くん】　少なくとも翔のことじゃないな（笑）

【佐藤くん】　Ｔ坊！　大きなお世話（笑）

本当かなあ、佐藤くんに聞いてみなければ。では聞く形にするにはどうしたらよいでしょうか。使われているのは be 動詞だから…。

【高橋さん】　「逆立ちの術」が使えます。

その通り。では「逆立ちの術」を使って疑問文に変えてください、吉田さん、どうぞ。

【吉田さん】　Were... you... a good boy last year?

その通り。

> **C. Were you a good boy last year?**
> あなたは去年、よい少年でしたか。

では佐藤くんに聞いてみよっと。答え方には気をつけてね。「be 動詞で尋ねられたら be 動詞で答える」ですよ。Were you a good boy last year, Mr. Sato?

【佐藤くん】　Yes, I... was!（笑）

佐藤くんは自信をもって "Yes" で正しく答えてくれました。でも、いちおう "No" の答えも書いておきましょう（笑）

> C. Were you a good boy last year?
> あなたは去年、よい少年でしたか。
> ans：Yes, I was (　　　　　).
> 　　 / No, I was not (　　　　　).

ちなみに（　）に共通して入る言葉は何でしょう。

〈みんな〉 ... a... good boy

正解。

> C. Were you a good boy last year?
> あなたは去年、よい少年でしたか。
> ans：Yes, I was (a good boy).
> 　　 / No, I was not (a good boy).

"Yes" の答え方は、「はい（私はよい少年でした）」ということですし、"No" の答え方は「いいえ（私はよい少年ではありませんでした）」ということだね。

"I was not a good boy."（私はよい少年ではありませんでした）という表現は、be 動詞が「納豆引き寄せの術」を使って "not" を引き寄せた否定文だということもわかるかな。ついでに "was + not" の短縮形もおぼえておきたいと思います。リピートアフターミー。"wasn't"

〈みんな〉 wasn't

C. **Were** you a good boy last year?
あなたは去年、よい少年でしたか。
ans: Yes, I **was** (a good boy).
/ No, I **was not**※ (a good boy).　※ wasn't
はい、私はよい少年でした。
/いいえ、私はよい少年ではありませんでした。

　さあ、今日の勉強はここまでです。簡単だったでしょ？　今日の話の中心をまとめましょう。

D. be 動詞の過去形
am ─┐
is ─┴─ **was**
are ───── **were**

最後に、これを「笹式 be 動詞問答」でおぼえてみよう。元気よくどうぞ。
be 動詞は？

〈みんな〉 am, is, are!

"am, is, are" は？

〈みんな〉 be 動詞。

過去形いくよ〜！ "am, is"？

〈みんな〉 was

で、"are" が？

👧😊👩 were
〈みんな〉

元気ないな。"were" は、「わー」っと両手をあげてバンザイする！（笑）
もう一度いくよ！ be 動詞は!?

😊👧👩 am, is, are!
〈みんな〉

"am, is, are" は？

👧😊👩 be 動詞！
〈みんな〉

過去形いくよ～！"am, is"？

😊👧👩 was
〈みんな〉

で、"are" が？

👧😊👩 were!（バンザイ）
〈みんな〉

See you next week!

😊👧👩 See you next week, Mr. Sasa!
〈みんな〉

今日のノートとポイントのおさらい

> Lesson1-① be動詞の過去形

A. a. I am a student.（私は生徒です）
　 b. I am a student ten years ago.（私は10年前、生徒です）
　　　 was　　　　　　　　　　　　　　　　　　　　　　でした

B. He was a Maebashi J.H.S. student last year.
　 彼は去年、前橋中学校の生徒でした。

C. Were you a good boy last year?
　 あなたは去年、よい少年でしたか。
　 ans : Yes, I was (a good boy).
　　　 / No, I was not※ (a good boy).　※wasn't
　 はい、私はよい少年でした。
　 / いいえ、私はよい少年ではありませんでした。

D. be動詞の過去形
　 am ┐
　 is ├── was
　 are ─── were

Lesson 1 ② 一般動詞の過去形（不規則変化）

月　日（　）

突然ですが、次の動詞を過去形にしてください。復習です。

> **Lesson1-②　一般動詞の過去形（不規則変化）**
>
> A.
> a. open →
> b. like →
> c. study →
> 　※ play →
> d. stop →

できましたか。パターンは d. までありましたよね。

> **Lesson1-②　一般動詞の過去形（不規則変化）**
>
> A.
> a. open → opened
> b. like → liked
> c. study → studied
> 　※ play → played
> d. stop → stopped

きちんと正しく書けましたか？

269

高橋さん・田中くん・吉田さん: ハイ。

中村くん: 難しいなあ。"stopped" を間違えた。

鈴木さん: 先生！ すっかり忘れてます！

佐藤くん: 同じく！

こらこら。これを忘れちゃったのでは先に進めないぞ。これらの動詞は、過去形にすると基本的に "ed" がつくという動詞だったよね。規則通りに変化するから、何変化と言ったっけ。

〈みんな〉 規則変化。

これはおぼえていたようだ。規則変化と言いました。リピートアフターミー。「規則変化」

〈みんな〉 規則変化。

ここまでは、1年の「復習」です。

さて、みなさんはまだ半分子どもなので、世の中のことがよくわかっていません。みなさんは知らないかもしれないけれど、この世の中には例外というものがたくさんあります。世の中とは決して簡単なものではないのです。1つの規則によってだけ成り立つような、単純なものではないのであります。

〈みんな〉 ？

難しいですか？ じゃ、わかりやすくしてあげよう。これを例えて言うなら、こういうことです。「学校の先生にハンサムな人はいない」これは常識的な「当たり前のこと」です。けれども例外というのもある。…例えば私です。

鈴木さん: 先生！ ウソ言っちゃいけませんよ！（笑）

先生、ムリがありますよ〜。

　大変わかりやすい例でしたが(笑)、規則があれば不規則がある。これが世の中というものです。どうしてだー、と言ってもダメです。世の中には実に多くの例外というものが存在し、私たちはそれを受け止めていくしかないのです。はい。

　　…。

　…話を戻しまして、今日はこの「不規則」がテーマになります。規則的に変化する「規則変化」の動詞があれば、不規則に変化する「不規則変化」の動詞がある、ということです。
　みなさんの知っている動詞で、不規則変化の動詞をいくつかあげてみましょう。

> **B. 不規則変化**
> 　a. go →
> 　b. see →
> 　c. come →
> 　d. put →　　　etc...

　B.a では"go"を例にあげました。規則変化だったら、"go"（行く）は過去形（行った）になると、どんな形になるかな。

　　goed

　そうですよね。規則変化なら"ed"がつく。しかし、残念ながらそうならない。"go"は過去形になると、"goed"ではなく、"went"になります。リピートアフターミー。"went"

　　went

中学2年　1学期　一般動詞の過去形〈不規則変化〉

271

> **B.** 不規則変化
>   a. go → went
>   b. see →
>   c. come →
>   d. put →

まったく違う形に変化してしまった。

次に"see"の過去形を見てみましょう。これは"seed"ではなく、"saw"となる。リピートアフターミー。"saw"

<みんな> saw

そして次に"come"です。あんまり文字のイメージが変わらず、"o"が"a"になるだけです。でも、読み方はエイッと変化する。リピートアフターミー。"came"

<みんな> came

次の"put"は面白い。"put"の過去形は"put"なんです。

<中村くん> 同じだ。

そう、これは形が変わりません。規則変化では"ed"がつくのに、"put"の場合は"ed"がつきませんよ、ということです。これも不規則ですよね。リピートアフターミー。"put"

<みんな> put

> B. 不規則変化
> a. go → went
> b. see → saw
> c. come → came
> d. put → put　　etc...

　この調子で延々続くことになります。どこまで続くかというと、e, f, g, h... とやっていくと、アルファベットが全然足りません。そうだなあ、アルファベットを10回分くらいやらないと終わらない…。

🧑‍🤝‍🧑〈みんな〉 えー！

👧〈吉田さん〉 それ、全部おぼえるんですか？ 絶対ムリ。

　まあ、そんなに驚かないで。中学校で習うのは、90語足らずといったところでしょう。

🧑‍🤝‍🧑〈みんな〉 えー！

　さっきより少しは「えー！」が小さくなったかな。ところで、これらの語は、みんな不規則に過去形に変化してしまいますので、○○がつきます、とか、○○に変わりますという規則（ルール）ではおぼえられない。では、どうやっておぼえたらいいか。

　…答えがわかるかな。その答えはさっき吉田さんが言ってくれました。「すべておぼえる！」が正解です。

Lesson1-② 一般動詞の過去形（不規則変化）

A. 規則変化
　a. open → opened
　b. like → liked
　c. study → studied
　　※ play → played
　d. stop → stopped

B. 不規則変化
　a. go → went
　b. see → saw
　c. come → came
　d. put → put　　　etc...すべておぼえる！

〈みんな〉えー！

　この「おぼえる」という壁は、これは英語にかぎらず、語学を勉強する人が必ず通過しなければならない壁です。私は英語以外は知りませんけど、ドイツ語やフランス語ではこの不規則変化が英語の何倍もあって、修得するのはものすごく大変だそうです。こういう言語に比べると英語はおぼえる数が少ない言語らしいですよ。

　ただ、これは比較の話であって、外国語を学習するということは、もともととんでもなく大変なことなのです。はっきり言ってしまえば、不可能に近いと言ってもいい。このことを大人はちゃんと言わないね。そして「英語ができる」「英語ができない」の２つに分けて考えようとする。おかしな話だ。そうじゃないですか。わ・か・る？

〈佐藤くん〉中年の主張、どうぞ（笑）

自分では気づいていないと思うけれど、みなさんは大変不幸な世の中に生きていらっしゃいます。何が不幸かって、寝そべって楽して英語を聞いていれば、なんとなく英語がわかるようになったり、しゃべることができるようになったりするようなことを盛んに言う人がいます。

　はっきり言いましょう。こういう言葉をまともに受け止めてはいけません。日本人は1億数千万人いるわけですから、中にはそういう特別な能力をもった人もいるでしょう。けれども、私やあなた方のような普通の人（そうでない人がいたら「ごめんなさい」だけど）は、苦労に苦労を重ねるというような努力をしなければ、外国語を身につけることはできません。

　何かを買って英語を勉強すればあっという間に身につく、とか、英語ができないのは教育（教え方）が悪いのだ、などという言葉を聞くたび、私は心底腹が立ちます。なぜならこれは、ただ単に英語の学習の問題にとどまらないからです。「自分に足らないものがあること」について、何かのせいにしたり、どこかに原因を求めて人生を過ごすこと、これは自分の人生を空費していることです。自分で努力すること。努力できないのであれば、「今の自分」というものにきちんと折り合って生きるべきだということ。私はこのように主張したいのです！

佐藤くん　もう終わりですか？（笑）

吉田さん　けっこう長かった。

　以上で語りは終わりです。あー、言いたいこと言ったらスッキリした。

鈴木さん　先生ばっかりずるーい。

　悔しかったら、将来先生になりたまえ。はっはっは。

　さて、話を戻して結論を繰り返しましょう。不規則変化の動詞は、これらをすべておぼえるしかありません。とはいっても、こんなにたくさんおぼえるのは大変ですから、何かしら工夫をしたいものですよね。

　ところで、私は頭が悪かったので（今も悪いですけど）、こういうものをおぼえるのがとても苦手でした。頭でおぼえられないものですから、どうしたかと

中学2年　1学期　一般動詞の過去形（不規則変化）

いうと、口におぼえさせるという手段をとりました。どのようにするかというと、"go-went"を10回20回繰り返すわけです。すると、"go"と言った後に自然と口が"went"と動くようになります。本当ですよ。それでは"go-went"を10回読んでください。

〈みんな〉 go-went, go-went, go-went...

go?

〈みんな〉 went

ほらね。同じようにして、この他の語も口におぼえさせるとよいのです。やってみようか。リピートアフターミー。「シーソー」

〈みんな〉 シーソー（笑）

10回言ってごらん。

〈みんな〉 シーソー、シーソー、シーソー…

笹先生ってかっこいいよね。シー？

〈みんな〉 ソー（笑）

…このように、10回ずつ繰り返してごらん。あっという間におぼえられるから。そういえば、ここまでの説明では触れませんでしたけれど、みなさんは、もう不規則動詞を知っているんですよ。気づかなかった？

"am, is"が"was"に変わり、"are"が"were"に変化するわけで、これも不規則動詞です。教科書の不規則変化の動詞が一覧になっているページを開けてごらん。ちゃんとbe動詞が書いてあるでしょ。

さあ、チャイムが鳴るまで全部読むぞ〜。

〈みんな〉 えー！

今日でいちばん大きい声だ（笑）その元気で読んでいきましょう！ リピートアフターミー。"become-became!"

〈みんな〉 become-became!

buy-bought!...

〈みんな〉 buy- bought!...

【参照：[巻末資料] 中学校で習う不規則変化動詞一覧表 P.675】

今日のノートとポイントのおさらい

Lesson1-② 一般動詞の過去形（不規則変化）

A. 規則変化
 a. open → opened
 b. like → liked
 c. study → studied
  ※ play → played
 d. stop → stopped

B. 不規則変化
 a. go → went
 b. see → saw
 c. come → came
 d. put → put　　etc...すべておぼえる！

中学2年　1学期　一般動詞の過去形〈不規則変化〉

Lesson 1 ③ 過去進行形

月　日（　）

現在進行形っておぼえているかな。どんな意味だったっけ。

〈みんな〉 ～しているところだ…。

そうそう。「～しているところだ」という意味でしたよね。
さて、今日はこの現在進行形の過去バージョンを勉強します。それを「過去進行形」と言う。リピートアフターミー。「過去進行形」

〈みんな〉 過去進行形。

進行形の「過去」？とわかりづらく思う人は、こう考えてください。現在も過去もとってしまって、「進行形」と。リピートアフターミー。「進行形」

〈みんな〉 進行形。

言葉は難しく感じられるかもしれないけれど、内容は比較的やさしい。現在進行形が「～しているところだ」に対して、過去進行形は「～していた」となる。混乱しやすいので、表にしてみるとこうなります。

現在		過去	
現在形	現在進行形	過去形	過去進行形
見る	見ている	見た	見ていた
食べる	食べている	食べた	食べていた

どうでしょう。そんなに難しくはないでしょう。

> **Lesson1-③ 過去進行形**
>
> A. 過去進行形の意味 …… ～していた

ところで、現在進行形の形をおぼえているかな、鈴木さん。

🧑‍🦰（鈴木さん） …？

be 動詞プラス…？

🧑‍🦰（鈴木さん） えーっと、何だっけな。be 動詞＋～ing！

その通り。「be 動詞＋～ing」が現在進行形の形でした。過去進行形も同じです。リピートアフターミー。「be 動詞＋～ing」

👥〈みんな〉 be 動詞＋～ing

> **Lesson1-③ 過去進行形**
>
> A. 過去進行形の意味 …… ～していた
> B. 過去進行形の形 …… be 動詞＋～ing

ここまではだいじょうぶですね。次は実際の文で確認してみよう。C.a の文を見てください。

> **C. 過去進行形の文**
>
> a. I was watching TV this morning.

文の意味もだいじょうぶだね。「be 動詞＋～ing」に気をつけて、高橋さん。

🧑（高橋さん） 私は…今朝…テレビを見ていました。

> **C. 過去進行形の文**
> a. I was watching TV this morning.
> 　私は今朝テレビを見ていました。

正解。

今度は日本語から英語の表現を考えてもらいましょう。「昨夜、ケンとメアリーは音楽を聴いていました」という文について考えてみます。吉田さん、チャレンジ！

🧑 Ken and Mary...

be 動詞に気をつけて。

🧑 Ken and Mary... were listening to music... last night.

大変けっこうです。

> **C. 過去進行形の文**
> a. I was watching TV this morning.
> 　私は今朝テレビを見ていました。
> b. Ken and Mary were listening to music last night.
> 　昨夜、ケンとメアリーは音楽を聴いていました。

よく理解できているようだから、今度は C.b の文を疑問文にしてみよう。この文の動詞はどれ？

👥〈みんな〉 were

"were" は何動詞？

be 動詞。

be 動詞はレアで強い。強いから疑問文では「逆立ちの術」ができるんだよね。では、疑問文にしてごらん。"Ken and Mary" は "they" に直してみようね。

... Were they listening to music last night?

よくできました。答え方もやってみよう。"Yes, ..."

Yes, they were.

そして、"No, ..."

No, they were not.

ついでに "were + not" もおぼえてしまおう。リピートアフターミー。
"weren't"

weren't

C. 過去進行形の文

a. I was watching TV this morning.
　私は今朝テレビを見ていました。

b. Ken and Mary were listening to music last night.
　昨夜、ケンとメアリーは音楽を聴いていました。

c. Were they listening to music last night?
　昨夜、彼らは音楽を聴いていましたか。

ans. Yes, they were (　　　　　　　　).
　　　はい、聴いていました。

　　 No, they weren't (　　　　　　　　).
　　　いいえ、聴いていませんでした。

中学2年　1学期　過去進行形

そうですね。そして、（ ）に次の文が隠れていることがわかれば、否定文もだいじょうぶだね。be 動詞はレアで強い。否定文では「納豆引き寄せの術」を使う。

---

c. **Were** they listen**ing** to music last night?
昨夜、彼らは音楽を聴いていましたか。

ans. Yes, they **were** (listen**ing** to music).
はい、聴いていました。

No, they **weren't** (listen**ing** to music).
いいえ、聴いていませんでした。

せっかくだから過去進行形を使って、みんなに質問してみよう。

Were you studying English at 9 o'clock?

〈みんな〉 No, I wasn't!

Were you studying English at 10 o'clock?

〈みんな〉 No, I wasn't.

Were you studying English at 11 o'clock?
... Good-bye, everyone!

〈みんな〉 Good-bye, Mr. Sasa!

今日のノートとポイントのおさらい

Lesson1-③　過去進行形

A. 過去進行形の意味 …… 〜していた

B. 過去進行形の形 …… **be**動詞＋**〜ing**

C. 過去進行形の文

a. I **was** watch**ing** TV this morning.
　私は今朝テレビを見ていました。

b. Ken and Mary **were** listen**ing** to music last night.
　昨夜、ケンとメアリーは音楽を聴いていました。

c. **Were** they listen**ing** to music last night?
　昨夜、彼らは音楽を聴いていましたか。

ans. Yes, they **were** (listen**ing** to music).
　　　はい、聴いていました。

　　　No, they **weren't** (listen**ing** to music).
　　　いいえ、聴いていませんでした。

Lesson 2 ① there is 〜, there are 〜の文

月　　日（　）

Lesson2-①　there is 〜, there are 〜の文

　今日みなさんが勉強する"there is 〜""there are 〜"という表現はかなりわかりやすいものですから、すぐに理解できると思います。ただ、すぐに理解できる分、忘れるのも早いらしくて、私の英語教員生活〇十年の経験からすると、多くの人が、何日もしないうちに"there"と"these"を間違えてしまいます。今日はちょっと粘っこく、同じことを繰り返しますけど、そういう理由があるからなので勘弁してくださいね。

　さて、まずは"there is"です。これはセットで切り離し不可、と考えてください。リピートアフターミー。"there is"

〈みんな〉 **there is**

10 回読んでください。

〈みんな〉 **there is, there is, there is, there is, there is, there is...**

　今度は"there are"を読みましょう。リピートアフターミー。"there are"

〈みんな〉 **there are**

10 回読んでください。

〈みんな〉 **there are, there are, there are, there are, there are, there are...**

意味はどちらも「いる、ある」です。リピートアフターミー。「いる、ある」

<みんな> いる、ある。

10回読んでください。

<みんな> いる、ある、いるある、いるあるいるあるいるある…

"there is" "there are" の意味は？

<みんな> いる、ある。

けっこうです。では、次のA.aの文を見てください。

Lesson2-① there is ～, there are ～の文
A. a. **There is** a cat in the room.

では聞きます。"there is" の部分はどういう意味ですか、2回目。

<みんな> いる、ある。

順番通り答えてくださいね。何がいたり、あったりするのか、吉田さん？

<吉田さん> 猫。

猫がどこにいるのですか、鈴木さん。

<鈴木さん> 部屋の中に。

けっこうです。では、この文を通して日本語でどうぞ、佐藤くん。

<佐藤くん> 部屋に、1匹の、猫が、います。

いいでしょう。

次に A.b の文を見てください。

> Lesson2-① there is 〜, there are 〜の文
>
> A. a. **There is** a cat in the room.
> 　　部屋に 1 匹の猫が**います**。
>
> 　b. **There are** two dogs in the park.

"there are" の部分はどういう意味ですか、3 回目。

〈みんな〉　いる、ある。

何がいるというのですか、田中くん。

田中くん　2 匹の犬。

どこに？

田中くん　公園に。

では、中村くん、この文を通して日本語でどうぞ。

中村くん　えっと、「2 匹の犬が、公園に、います」かな。

けっこうです。

> Lesson2-① there is 〜, there are 〜の文
>
> A. a. **There is** a cat in the room.
> 　　部屋に 1 匹の猫が**います**。
>
> 　b. **There are** two dogs in the park.
> 　　公園に 2 匹の犬が**います**。

ところで、A.b の文では、なぜ、"there is" ではなく "there are" が使われ

ているのか考えてください。

　　　「2匹の犬」が主語で複数だからだと思います。
　高橋さん

　そうです。"there is" "there are" は「いる、ある」という意味でしたよね。「何がいるのか」の「何」＝「主語」によって、使われるbe動詞が "is" になったり、"are" になったりするわけです。
　"there is" "there are" の文では、"there is" "there are" に続く部分が主語になり、be動詞を使い分けなければならないので注意してください。"a cat" であれば "is"、"two dogs" であれば "are" を使うわけです。

　　　普通の文と順序が違うんだ。難しいなあ。
　中村くん

　そーなんですよ、だからbe動詞を間違えやすいので気をつけて。
　さて、A.a, A.bの文の動詞はそれぞれ何ですか。

　　　"is" と "are"。
　〈みんな〉

　"is" と "are" は何動詞？

　　　be動詞。
　〈みんな〉

　be動詞の文ですから、疑問文になるとき、「逆立ちの術」が使えます。ただし、この文では "there" とbe動詞とが逆立ちしますので、気をつけてください。ではA.aの文 "There is a cat in the room." を疑問文になおしてください。「部屋に1匹の猫がいますか」、佐藤くん、どうぞ。

　　　Is there a cat in the room?
　佐藤くん

B. a.　Is there a cat in the room?
　　　　部屋に1匹の猫がいますか。

OK、リピートアフターミー。"Is there a cat in the room?"

Is there a cat in the room?
〈みんな〉

"there" を使って聞かれたら "there" で答えるというルールがあります。では、答えてみましょう。"Yes, there..."

Yes, there is.
〈みんな〉

"No, there..."

No, there isn't.
〈みんな〉

省略されている部分も、念のため書いておきましょう。"No, there isn't (any cats)." の "any" は「1 匹も」という意味です。

> **B. a. Is there a cat in the room?**
> 部屋に猫が 1 匹いますか。
> **ans. Yes, there is (a cat).**
> **／ No, there isn't (any cats).**
> はい、(猫が) います。／ いいえ、(猫は 1 匹も) いません。

念押しでもう1つ。鈴木さん、「公園に何匹かの犬がいますか」という文を作ってみてください。

Are there dogs in the park?
鈴木さん

いいですねえ。"any" を使って、"Are there any dogs in the park?" としておきます。"any" はいくつかの（ここでは「何匹かの」）という意味です。

> B. a. **Is there** a cat in the room?
>   部屋に猫が1匹いますか。
>   ans. Yes, **there is** (a cat).
>   / No, **there isn't** (any cats).
>   はい、(猫が)います。/ いいえ、(猫は1匹も)いません。
>   b. **Are there** any dogs in the park?
>   公園に何匹かの犬がいますか。
>   ans. Yes, **there are** (two dogs).
>   / No, **there aren't** (any dogs).

答えの文も書いてしまいましたが、意味がわかるかな。吉田さん、どうぞ。

〈吉田さん〉 "Yes" の答え方の文が「はい、(2匹) います」で、"No" の答え方の文が「いいえ、(1匹も) いません」です。

Is her answer OK?

〈みんな〉 Yes!

Good!

> B. a. **Is there** a cat in the room?
>   部屋に1匹の猫がいますか。
>   ans. Yes, **there is** (a cat).
>   / No, **there isn't** (any cats).
>   はい、(猫が)います。/ いいえ、(猫は1匹も)いません。
>   b. **Are there** any dogs in the park?
>   公園に何匹かの犬がいますか。
>   ans. Yes, **there are** (two dogs).
>   / No, **there aren't** (any dogs).
>   はい、(2匹)います。/ いいえ、(1匹も)いません。

By the way, is there a cat in this room?

No, there isn't.

Are there any dogs in this room?

No, there aren't.

Are there many good students in this class?

Yes, there are!

Is there a handsome teacher in this room?

No, there isn't!

See you next time... Good-bye, everyone!

Good-bye, Mr. Sasa!

今日のノートとポイントのおさらい

Lesson2-① there is 〜, there are 〜の文

A. a. **There is** a cat in the room.
　　部屋に1匹の猫がいます。

　b. **There are** two dogs in the park.
　　公園に2匹の犬がいます。

B. a. **Is there** a cat in the room?
　　部屋に1匹の猫がいますか。
　　ans. Yes, **there is** (a cat).
　　　　/ No, **there isn't** (any cats).
　　はい、(猫が)います。/ いいえ、(猫は1匹も)いません。

　b. **Are there** any dogs in the park?
　　公園に何匹かの犬がいますか。
　　ans. Yes, **there are** (two dogs).
　　　　/ No, **there aren't** (any dogs).
　　はい、(2匹)います。/ いいえ、(1匹も)いません。

Lesson2 ② there was〜, there were〜の文

月　日（　）

　さて、前回の授業で"there is 〜""there are 〜"のお話をしました。どんな意味でしたっけ？

　〈みんな〉　いる、ある。

　おぼえていてくれてましたね。前回もお話ししましたが、これを忘れてしまう中学生がとても多いのです。"There are many students in the room." などという文章が出てくると、「これらは…」なんて意味をとり始めてしまって苦労することになる。"there is""there are"はそれぞれセットで「いる、ある」の意味ですから、気をつけてくださいね。

　さて、今日はおまけのようなお話です。"there is 〜""there are 〜"が「いる、ある」の意味で、現在の事実を示す表現だとすれば、「いた、あった」と過去の事実を伝える文はどうしたらよいか、わかるかな。

　〈みんな〉　…？

全然難しくないですよ。使われている動詞に注目すればいい。

　〈田中くん〉　…be動詞を過去形にする。

　その通りです。"am, is" → "was"で、"are"が？

　〈みんな〉　were!

　バンザイ！ってやつね。"there was 〜""there were 〜"を使ってあげればよさそうですね。意味はもちろん、「いた、あった」です。

中学2年　1学期　there was 〜, there were 〜の文

291

復習的な内容だから、さっそく英文を作ってもらっちゃいましょう。

Lesson2-② there was 〜, there were 〜の文

A. a.
　　昨日、部屋に 1 匹の猫がいました。

　b.
　　先週の日曜日、公園に 2 匹の犬がいました。

中村くん：む…。

「難しいなあ」って思う人は、前回のノートを見ればだいじょうぶ(笑)
…さあ書けたかな。では佐藤くん、A.a をどうぞ。

佐藤くん：えーっと、"There was a cat in the room yesterday."

すばらしい。「いました」と過去の事実を示しているわけですね。
鈴木さん、A.b をどうぞ。

鈴木さん：うーんと、"There were two dogs in the park..."

「先週の日曜日」がわからないかな。最後の日曜日っていうことだから？

鈴木さん："... last Sunday" かな。

その通り。

Lesson2-② there was 〜, there were 〜の文

A. a. **There was** a cat in the room yesterday.
　　　昨日、部屋に 1 匹の猫がいました。

　b. **There were** two dogs in the park last Sunday.
　　　先週の日曜日、公園に 2 匹の犬がいました。

次も復習に近い内容です。B.a の文を英語になおしてみよう。悩んだら、さっきと同じで前回のノートを見ればよい。

> **B. a.**
> 　今朝、部屋に猫が 1 匹いましたか。
>
> 　　　　　　　　　はい、いました。/ いいえ、いませんでした。

…さて、田中くん、英文をどうぞ。

　　Was there a cat in the room this morning?

答えてみましょう、高橋さん。"Yes, ..."

　　Yes, there was.

そして、"No, ..."

　　No, there wasn't.

そうですね。では続いて中村くん、B.b の文を答えもまとめてぜーんぶ英語でどうぞ。

> B. a. **Was there** a cat in the room this morning?
>   今朝、部屋に猫が１匹いましたか。
>
>   ans. Yes, **there was** (a cat).
>   / No, **there wasn't** (a cat).
>   はい、いました。/ いいえ、いませんでした。
>
> b.
>   昨夜、公園に何匹かの犬がいましたか。
>
>   はい、いました。/ いいえ、いませんでした。

中村くん　えーっ！

できるできる、やってごらん。

中村くん
... Were there any dogs in the park last night?
Yes, there were. / No, there weren't.

すごいじゃない。パーフェクト。

中村くん　吉田さんに教えてもらいました（笑）

> B. a. **Was there** a cat in the room this morning?
>   今朝、部屋に猫が１匹いましたか。
>
>   ans. Yes, **there was**. / No, **there wasn't**.
>   はい、いました。/ いいえ、いませんでした。
>
> b. **Were there** any dogs in the park last night?
>   昨夜、公園に何匹かの犬がいましたか。
>
>   ans. Yes, **there were**. / No, **there weren't**.
>   はい、いました。/ いいえ、いませんでした。

さて、今日は復習的な内容が中心だったので、1つだけ応用表現を追加で勉強します。みなさんは"How many 〜 ?"という表現をおぼえていますか。1年生の内容です。

👥〈みんな〉 いくつ。

そうですね。"How many CDs do you have?"なんていう文で登場してましたよね。ちなみに、ちょっと聞いてみようかな。
How many erasers do you have in your pencil case, Ms. Yoshida?

👧〈吉田さん〉 One.

I see. You have one. How many red pens do you have now, Mr. Sato?

👦〈佐藤くん〉 I have two red pens.

Oh, you have two red pens. OK. Thank you.

ところで、"there were"を使ったこんな表現がよく登場します。C.の文を見てください。

C. How many computers were there in the room last year?

意味はわかりそうなものですが、どうでしょう。昨年…？

👥〈みんな〉 昨年、部屋には…何台コンピュータが…ありましたか。

そうです、そうです。よくできました。
答え方はどうだろう。「3台ありました」だとすると？

👥〈みんな〉 Three.

文できちんと答えるとすると、"There were three."ですね。
「たくさんありました」だとしたら？

　　There were many.

１台もなかったら、どうでしょう。

　　There weren't any (computers).

大変けっこうです。

> C. How many computers were there in the room last year?
> 去年、部屋には何台のコンピュータがありましたか。
>
> ans. There were three (computers).
> / There weren't any (computers).
> 3台ありました。/1台もありませんでした。

By the way, are there any "今日の授業がわからなかった" students in this class? Please raise your hand...

OK. No one.

Now, how many "今日の授業がわからなかった" students were there in this class?

　　There weren't any students.

Good!　すばらしい！

　　ムリヤリだ〜！(笑)

　　強引ですよ、先生！(笑)

やっと私という人間がわかってきたか！ Good-bye everyone!

Good-bye, Mr. Sasa!

今日のノートとポイントのおさらい

Lesson2-② there was ～, there were ～の文

A. a. There was a cat in the room yesterday.
　　昨日、部屋に1匹の猫がいました。

　b. There were two dogs in the park last Sunday.
　　先週の日曜日、公園に2匹の犬がいました。

B. a. Was there a cat in the room this morning?
　　今朝、部屋に猫が1匹いましたか。

　　ans. Yes, there was. / No, there wasn't.
　　　　はい、いました。/ いいえ、いませんでした。

　b. Were there any dogs in the park last night?
　　昨夜、公園に何匹かの犬がいましたか。

　　ans. Yes, there were. / No, there weren't.
　　　　はい、いました。/ いいえ、いませんでした。

C. How many computers were there in the room last year?
　　去年、部屋には何台のコンピュータがありましたか。

　　ans. There were three (computers).
　　　　/ There weren't any (computers).
　　　　3台ありました。/1台もありませんでした。

中学2年　1学期　there was ～, there were ～の文

Lesson2 ③ SVOOの文

Lesson2-③　SVOOの文

　みなさん、こんにちは。
　今日の英語の授業はとってもわかりやすい内容です。タイトルだけが難しい。
SVOOって何だろう。
　今は授業で詳しく教える先生はあんまり多くないと思いますが、私がみなさんくらいの頃（大昔になってしまいますが）には、このSとかVとかを普通に教えていました。
　でも、ご安心ください！　中学2年生だった私は、まーったくわかりませんでした！（笑）3年生でもう一度勉強しても、よくわかりませんでした。なんとなーくわかってきたのは高校生になってからです。みなさんは私よりも頭の出来がよろしいでしょうから（笑）、私よりは早く理解できるようになると思うけれど、今、ムリにおぼえたり、理解したりする必要はありません。
　ただ、日本人が英語を勉強する際に、便利な記号であることは確かなので、みなさんが3年生になったら一通り教えます。まず今日のところは、英語の説明の中に「SだとかVだとか、難しいのがあったなあ」くらいをおぼえておいてもらえればOKです。
　え、それでもSとかVとかが、何であるのか気になる?!　偉いなあ、さすが中学2年生。じゃあ、一言で言うよ。本当に言うよ。…言っちゃうよ。「Sは主語、Vが動詞、Oが目的語」、わかった？

〈みんな〉 ???

　はいっ！　忘れて！（笑）頼むから忘れて！（笑）

そもそもおぼえていません！

暗号みたいなの苦手です！

忘れてください…。

笹式で言うと、「SVOOの文」というのは、「だれだれに、なになにをの文」です。Sとか何とかは忘れてもよいけれど、これはおぼえてほしい。リピートアフターミー。「だれだれに、なになにを」

だれだれに、なになにを。

3回言ってください。

だれだれに、なになにを。だれだれに、なになにを。だれだれに、なになにを。

Lesson2-③ SVOOの文

A. SVOOの文 …… だれだれに、なになにを

この文の形に使われる動詞はごくわずか、"give"（与える）、"show"（見せる）、"tell"（言う）、"teach"（教える）の4つです。この4つの言葉を文の中で理解できるようになれば、SVOOなんて知らなくても全然困りません！ まず先に、この4つの言葉を使った文を書いてしまいましょう。

Lesson2-③ SVOOの文

A. SVOOの文 …… だれだれに、なになにを

B. a. My father gave me a computer.
　　b. I showed him a book.
　　c. Please tell me the answer.
　　d. Mr. Sasa teaches us English.

さて、「だれだれに、なになにを」の公式にのっとって、順番に文の意味を考えてみましょう。

B.aの文 "My father gave me a computer." からいきましょう。私の父が "give" した（与えた）わけですね、「だれ」に？　田中くん。

田中くん　私に。

「何」を？　吉田さん。

吉田さん　コンピュータを。

その通り。したがって、「私の父が私にコンピュータをくれた」となりますよね、簡単でしょ。

吉田さん　私、コンピュータほしいんですよ。

"Your father doesn't give you a computer." というわけだね。

吉田さん　Yes.（笑）

さて、同じように B.b "I showed him a book." を見てみましょう。私は "show" した（見せた）わけですよね。「だれ」に？　高橋さん。

高橋さん　彼に。

「何」を？　中村くん。

中村くん　本を。

その通り。「私は彼に本を見せた」でできあがり。ちなみに「だれだれに、なになにを」の「だれだれに」の部分に代名詞を使う場合は "him, her, them" などの目的格を使うので気をつけてね。B.aの文では "me"（私に）、B.bの文では "him"（彼に）を使っていますね。

🧑 人の名前のときは、そのままでいいんですか。

"He showed Mr. Sasa a book." のことかな。

🧑 そうです、そうです。

そのままでけっこうです。よい質問ですよ。ところで…。

He showed to Mr. Sasa a book.

このように "to" を入れたくなってしまう人もいるので、十分に気をつけてください。

続いて B.c "Please tell me the answer."、どうぞ "tell" して（言って）ください、「だれ」に？ 鈴木さん。

👧 私に。

「何」を？

👧 答えを。

「どうぞ私に答えを言ってください」で OK。

By the way, please tell me your name, Ms. Suzuki.

👧 I'm Suzuki Rikako.

Well done.

次は B.d "Mr. Sasa teaches us English."、笹先生はどうするの？

👦👧👩 教える。

「だれ」に？

〈みんな〉 私たちに。

「何」を？

〈みんな〉 英語を。

「笹先生は私たちに英語を教えています」で終了。

Lesson2-③ SVOOの文

A. SVOOの文 …… だれだれに、なになにを
B. a. My father gave me a computer.
   私の父は私にコンピュータをくれました。
   b. I showed him a book.
   私は彼に本を見せました。
   c. Please tell me the answer.
   どうぞ私に答えを言ってください。
   d. Mr. Sasa teaches us English.
   笹先生は私たちに英語を教えています。

難しい質問をします。田中くん、チャレンジ。
Who teaches you math in this class?

田中くん "Mr. Ozaki teaches..." ちょっと待ってください、"Mr. Ozaki does." かな。

すばらしい。答えるときには"teaches"の代わりに「～する」の意味の"does"を使うのが一般的です。Who teaches you Japanese in this class, Ms. Takahashi?

高橋さん Ms. Watanabe does.

大変けっこうです。

ところで、これを話すと混乱するかもしれないのだけど、このa.～d.の文は、実はこんなふうに書き換えることができます。それぞれの意味は基本的に同じです。

---

a. My father gave a computer to me.
b. I showed a book to him.
c. Please tell the answer to me.
d. Mr. Sasa teaches English to us.

佐藤くん　なんとなく、こっちのほうがわかりやすいなあ。

みんなもそう思う？

高橋さん　はい。今日勉強した文はなんとなく言いづらいような気がします。

吉田さん　文の途中で"to"を入れたくなっちゃう。

それが自然だと思います。この4つの文は、みなさんがこれまでに勉強してきた文の形です。そして今日勉強したのは「新しい文の形」です。新しい文の形を難しく感じるのは当然だね。ところで「文の形」というのを難しく言うと、「文型」と言います。リピートアフターミー。「文型」

〈みんな〉　文型。

今日、みなさんが勉強した「SVOOという文」は新しい文型、すなわち「文の形」だったわけですね。だからこそ、繰り返し読んで口と体にしっかり慣らすことが大切です。

そのためにもノートの例文を繰り返し読みましょう。チャイムが鳴るまでに全部暗記するつもりで、リピートアフターミー。"My father gave me..."

〈みんな〉　My father gave me...

> 今日のノートとポイントのおさらい

Lesson2-③　SVOOの文

A. SVOO の文 …… だれだれに、なになにを

B.
a. My father **gave** me a computer.
　私の父は私にコンピュータをくれました。

b. I **showed** him a book.
　私は彼に本を見せました。

c. Please **tell** me the answer.
　どうぞ私に答えを言ってください。

d. Mr. Sasa **teaches** us English.
　笹先生は私たちに英語を教えています。

Lesson3 ① 助動詞 will（未来形）

　　　　　　　　　　　　　　月　　日（　）

　みなさんは、時間は文化によって違う、ということを聞いたことがありませんか。

　　鈴木さん：聞いたことありません、先生！

　　佐藤くん：時間は地球上のどこでも、同じですよ。

　いやいや、そうでもないんだよ。だいぶ昔のことになりますが、私がオーストラリアを旅行していたときのことです。列車に間に合いそうにないので駅に向かって走っていると、「なんで走っているんだ」と話しかけるおじさんがいるわけです。「列車に間に合わないかもしれないから」と答えると、「時間通りにくるわけがない」とおっしゃる。まあ、なんとも答えようがないので、おじさんを抜かしてそのまま走って駅へ行くわけですね。おじさんが悠々と駅にやってくる。それを待っていたかのように、列車がやってくる。10分遅れで。

　日本の交通機関は、こういうことはほとんどないわけです。駅のホームでは「次の電車は2分遅れで到着します。ご迷惑をおかけして誠に申し訳ありません」と、ちょっとした遅れでも懇切丁寧に謝ってくれる。要するに、わずかでも遅れないのが常識になっているわけです。時間の感覚というのは、国によってずいぶん違うものなのです。

　　田中くん：そういう話、聞いたことがあります。時間の感じ方が国によって違うということですね。

　そうだね。というわけで、今日はみなさんと一緒に「未来」という時間について勉強したいと思います。別にみなさんが将来どういう人と結婚するとか、

そういう未来の話ではありませんよ、鈴木さん。

　　私に振らないでくださいよ〜（笑）

失礼しました！　みなさんは、中学校に入ってこれまでの間、現在のことと過去のことについて英語で表現したり、理解するルールを勉強してきました。けれども、「未来」については、まだどのように表現したらよいか知りません。

今日の勉強はあなた方の「未来」を左右する大事な授業ですから、よく耳をかっぽじって聞きなさいね。

Lesson3-①　助動詞 will（未来形）

さて、「過去」について表現するとき、みなさんは日本語でどのような言葉を使いますか。

　　だった…。

　　でした…。

そうですね。では、「現在」についてはどうでしょう。

　　「です」とか「…だ」とか。

そうですね。では、「未来」についてはどうでしょうか。

　　？

例えば、「私は次の日曜日に東京ディズニーランドに行く…？」

　　…つもりです。

みんなは2年後に高校生になる…？

🧑‍🦱 〈中村くん〉　…かもしれない！（笑）

そうですねぇ。先のことですからわかりませんよね（笑）一応、高校生になる…？

👩👨👩 〈みんな〉　予定だ！（笑）

２年後に「高校生になる予定」なのですね。そうなるように祈っています（笑）未来に関する表現は、日本語で言うと「〜するつもりだ」「〜する予定だ」ということになりそうですね。

Lesson3-①　助動詞 will（未来形）

A. a.　助動詞 **will** ……　〜するつもりだ、〜する予定だ

さて、英語ではこれをどう表現するかということなのですが、その前に、１年の復習をしたい。

英語の動詞には２つある。逆に言えば２つしかない。何動詞と何動詞でしたか。

👩👨👩 〈みんな〉　be 動詞と一般動詞。

それぞれ例をあげてください。be 動詞は？

👩👨👩 〈みんな〉　am, is, are!

過去形いきます。"am, is"？

👩👨👩 〈みんな〉　was

で、"are" が？

👩👨👩 〈みんな〉　were！（バンザイ）

続いて一般動詞！　一般動詞の例を３つあげてください。中村くん。

中学２年　１学期　助動詞 will（未来形）

　　　　eat, play, run

"eat"（食べる）からきたね（笑）さらに3つあげてください、佐藤くん。

　　　　read, have, go

もう3つあげられますか、田中くん？

　　　　study, stop, think

きりがないのですよね。でも、一言で言う方法があった。おぼえているかな？ はい、鈴木さん。

　　　　be 動詞以外！

その通り。じゃあ、これで be 動詞と一般動詞はだいじょうぶだ。今度は助動詞です。みなさんは2つの助動詞を勉強しています。おぼえていますか、高橋さん、吉田さんで1つずつ。

　　　　can

　　　　do

そうですね。
　去年、こういう話をしたのをおぼえているかな。be 動詞はレアで強い。強いから技を使える。その技は…。

　　　　「逆立ちの術」！

　　　　「納豆引き寄せの術」！

　疑問文になるとき逆立ちができる「逆立ちの術」、否定文になるとき"not"を引き寄せられる「納豆引き寄せの術」の2つの技でしたね。
　一方、一般動詞は…。

ノーマル！

そうそう、be 動詞がレアカードみたいに珍しくて、数があまりないのに対して、一般動詞はノーマルカードでいくらでもある。そしてノーマルだから be 動詞のような術は…。

使えない。

術は使えない。だから、疑問文になるとき逆立ちできずに困ってしまう。困った、どうしよう、"do" しよう、と困っていると助けてくれるのが助動詞 "do" でした。

be 動詞がレアカード、一般動詞がノーマルカードだとすると、助動詞はエネルギーカードでしたね。エネルギーカードは単体では使えないけれど、レアカード（be 動詞）やノーマルカード（一般動詞）とセットになってパワーを発揮します。さて、その技は be 動詞と同じ技、すなわち疑問文にするときには「逆立ちの術」、否定文にするときには「納豆引き寄せの術」に加えて、何ビームの術が使えたか、おぼえているかな。

「スペシャルビームの術」！（笑）

そこで笑いが起こっているということは、みなさん、ちゃんとおぼえているということです。後ろの動詞を素っ裸、すなわち原形にしてしまう「スペシャルビームの術」を！（笑）

それではしっかり復習ができたところで、今日はこのエネルギーカードである助動詞に新しい仲間を紹介しよう。光輝く未来からやってきた、その名も "will" だ。リピートアフターミー。"will"

will

again, "will"

will

この"will"こそが「未来」を表す助動詞です。ところで、未来を表す日本語の文はどんな意味になるのだっけ。

〜するつもりだ、〜する予定だ。

"will"の意味はまさにこの2つ、「〜するつもりだ」と「〜する予定だ」です。では、ちょっと練習をしてみよう。どんな意味か答えてみてね。"will eat"

食べる…つもりだ。

「食べるつもりだ、食べる予定だ」、いいですね。続けるよ。"will study"

勉強する…つもりだ、勉強する予定だ。

「勉強するつもりだ、勉強する予定だ」、大変けっこう。

Lesson3-①　助動詞 will（未来形）

A. a. 助動詞 will ……　〜つもりだ、〜予定だ
b. will eat（食べるつもりだ）、will study（勉強する予定だ）

ここからはノートには書かないけど、練習してみよう。なるべくすばやく答えてね。"will run"

走るつもりだ、走る予定だ。

"will read"

読むつもりだ、読む予定だ。

"will play soccer"

サッカーするつもりだ、サッカーする予定だ。

いいでしょう。"will" の感覚が少しつかめてきたかな。では、いよいよ文の中でどう使われるのか、B.a の文を見てください。

Lesson3-① 助動詞 will（未来形）

A. a. 助動詞 will …… 〜つもりだ、〜予定だ
　　b. will eat（食べるつもりだ）、will study（勉強する予定だ）
B. a. I will study English tonight.

さて、"tonight" は「今晩」という意味です。では日本語にしてみよう。今晩、私は…。

〈みんな〉 今晩、私は…英語を勉強する…つもりだ。

Lesson3-① 助動詞 will（未来形）

A. a. 助動詞 will …… 〜つもりだ、〜予定だ
　　b. will eat（食べるつもりだ）、will study（勉強する予定だ）
B. a. I will study English tonight.
　　　今晩、私は英語を勉強するつもりだ。

その通り。リピートアフターミー。"I will study English tonight."

〈みんな〉 I will study English tonight.

では、英文を作ってみてください。「今晩、彼は数学を勉強するつもりだ」、どうぞ。

〈みんな〉 He will study math tonight.

「今晩、私たちは寝る予定だ」（笑）

〈みんな〉 ... We will sleep tonight.

寝ない予定の人もいますか、勉強が忙しくて。このクラスにはいないようですね(笑)

ちょっと注をつけておきたいことがあります。"I"と"will"で足し算をすることができます。リピートアフターミー。"I'll"

〈みんな〉 I'll

"he + will"で"he'll"

〈みんな〉 he'll

"we + will"で"we'll"

〈みんな〉 we'll

きりがないので、このへんでやめておきましょう。"will"は"I, he, she, they"など、代名詞の主格と足し算ができます。

Lesson3-① 助動詞 will（未来形）

A. a. 助動詞 will ……〜つもりだ、〜予定だ
   b. will eat（食べるつもりだ）、will study（勉強する予定だ）
B. a. I will study English tonight.
   今晩、私は英語を勉強するつもりだ。　　※ I will = I'll、
   　　　　　　　　　　　　　　　　　　　　　he will = he'll…

さて、今度は"will"を使った疑問文を作ってみましょう。"Ken will play soccer tomorrow."（ケンは明日、サッカーをします）という文を疑問文になおしてみよう。

Ken will play soccer tomorrow.

「逆立ちの術」を使って、みんなでどうぞ！

〈みんな〉 … Will Ken play soccer tomorrow?

そういうことになりますよね。

> B. a. **I will** study English tonight.
>   今晚、私は英語を勉強する**つもりだ**。
>
>   b. **Will** Ken play soccer tomorrow?
>
> ※ I will = I'll, he will = he'll…

意味もわかりますね。

〈みんな〉 明日、ケンは…サッカーをする予定ですか。

OK です。

> B. a. **I will** study English tonight.
>   今晚、私は英語を勉強する**つもりだ**。
>
>   b. **Will** Ken play soccer tomorrow?
>   明日、ケンはサッカーをする**予定ですか**。
>
> ※ I will = I'll, he will = he'll…

尋ねられたら答えなければならない。助動詞で尋ねられたら助動詞で答える、すなわち "will" で尋ねられたら "will" で答える。やってみましょう。"Yes, he…"

〈みんな〉 … Yes, he will.

そして、"No, he…"

〈みんな〉 … No, he will not.

それぞれ意味は、「はい、する予定です」「いいえ、する予定ではありません」でいいですよね。

B. a. I **will** study English tonight.
今晩、私は英語を勉強するつもりだ。

※ I will = I'll,
he will = he'll...

b. **Will** Ken play soccer tomorrow?
明日、ケンはサッカーをする予定ですか。

ans. Yes, he **will**. / No, he **will** not.
はい、する予定です。／いいえ、する予定ではありません。

さて、"will" は助動詞なので、否定文では「納豆引き寄せの術」で "not" を引き寄せます。では、次の文を見てください。

    I _____ _____ go to Osaka next week.

さて、「私は来週大阪に行く予定ではありません」という否定文です。空欄に2語入れて完成させてください。中村くん、どうぞ。

〈中村くん〉 ... I... will... not go to Osaka next week.

"will" が "not" を引き寄せて「～予定ではない」という文を作ってくれました。ありがとう。

B. c. I **will not** go to Osaka next week.
来週、私は大阪に行く予定ではありません。

1つ追加で説明させてください。"will + not" の短縮形があります。リピートアフターミー。"won't"

〈みんな〉 won't

314

> **B. c.** I will not go to Osaka next week. ※ will + not = won't
> 来週、私は大阪に行く予定ではありません。

けっこうです。ここで終わりにしてもいいのですが、念押ししておきたいことがありますので、1つだけ追加させてください。

「今日は晴れです」は何て言ったらいいかな、吉田さん。

🧑‍🦰 吉田さん ... It is fine today.

では、"today" を消して、"tomorrow" にします。さて、他の部分はこのままでいいか。

> It is fine ~~today~~.
>   tomorrow

🧑‍🦰 吉田さん よくない…。

どこをどうしたらよいか。

🧑‍🦰 吉田さん "will" を使う。

使ってごらん、佐藤くん。

👦 佐藤くん It will fine tomorrow.

ちょっと待った。"is" はどこに消えたの？ 手品じゃないんだから、勝手に消しちゃダメだよ（笑）さあ、どうする？

👦 佐藤くん "It will... is... fine tomorrow." 違うかなあ。

困っちゃっているね。基本的には"It will is fine tomorrow."の順番でOKです。ただ、これではダメです。ここで助動詞の3つ目の術、「スペシャルビームの術」を思い出してもらいたい（笑）後ろの動詞を素っ裸、すなわち動詞の原形にしてしまう技だ。"am, is, are"の原形は何ですか？

"be"です。

では、わかるはず。みんなで答えをどうぞ！

It will... be fine... tomorrow.

It	is	fine	today.
	will be		tomorrow

その通りです。「明日は晴れる予定です」でもいいけれど、少し崩して「明日は晴れるでしょう」くらいにしておこう。

C. It will be fine tomorrow.
明日は晴れるでしょう。

理屈はわかっても、なかなかしっくりこないのがこの表現です。繰り返し読んで、パターンを身につけてください。

さあ、今日は盛りだくさんの内容でお送りしました。

We will meet in the English class tomorrow. Good-bye everyone!

Good-bye, Mr. Sasa!

今日のノートとポイントのおさらい

Lesson3-① 助動詞 will（未来形）

A. a. 助動詞 will …… 〜つもりだ、〜予定だ
   b. will eat（食べるつもりだ）、will study（勉強する予定だ）

B. a. I will study English tonight. ※ I will = I'll,
     今晩、私は英語を勉強するつもりだ。   he will = he'll...
   b. Will Ken play soccer tomorrow?
     明日、ケンはサッカーをする予定ですか。
  ans. Yes, he will. / No, he will not.
     はい、する予定です。/ いいえ、する予定ではありません。
   c. I will not go to Osaka next week. ※ will + not
     来週、私は大阪に行く予定ではありません。 =won't

C. It will be fine tomorrow.
   明日は晴れるでしょう。

中学2年 1学期 助動詞 will（未来形）

Lesson3 ② be going to 〜（未来形）

　さて、前回の勉強でみなさんは未来について語れるようになりました。おめでとう。今日はもう１つの未来について話をしたいと思います。

　　佐藤くん：もう１つの未来？

　　中村くん：何ですか、それは。

　「未来は１つではない」って聞いたことありませんか。今、Ａという選択をするか、Ｂという選択をするかによって違う未来ができるわけです。過去は変えられないでしょ。私のように、「あのとき、○○大学も受けておけばよかったなあ」とか、「今の奥さんではなく、あのときつきあっていたＡさんと結婚していたら」…なんていうのは変えられないのです。

　　鈴木さん：先生！　そんなこと言っちゃっていいんですか!?

　えー、奥さんには内緒です（フィクションですよ、フィクション！）。まあ、こういうふうに、過去のことを何度考えても、過去のことは変えようがない。けれども、未来は変えることができる。というわけで、未来のあるみなさん。間違えた選択をすることなく、正しい選択をしてよい未来を築いてください！（笑）

　話を戻しまして、今日勉強する表現はこんな表現です。「よい未来」を築くために滑舌よくどうぞ。リピートアフターミー。「be going to なになに」

　　〈みんな〉：be going to なになに（笑）

　もっと滑舌よく！「be going to なになに」

be going to なになに(笑)

「be going to なになに」は未来の表現です。「〜するつもりだ」「〜する予定だ」という意味をもっています。

あれ、それどこかで聞いたことがある。

よくぞ言ってくれました。さっき私が「もう1つの未来」って言ったでしょ。今日の勉強は、前回勉強した未来の表現"will"とほとんど同じ使い方をする、「もう1つの未来」についてです。ただし、ちょっと余計ごとだけど、厳密に言えば"will = be going to"ではありません。気になる人は放課後にでも聞きにきてください。

なお、"will"は助動詞ですが、見ておわかりの通り、"be going to"は助動詞ではなく、単語がつながってできた連語（イディオム）です。

では、実際に文の形で確認してみましょう。いっぺんに3つの文を書いてしまいます。

Lesson3-② be going to 〜（未来形）

A. 過去、現在、未来（〜するつもりだ、〜する予定だ）
B. a. I ___ going to eat sushi tonight.
  b. He ___ going to play tennis tomorrow.
  c. We ___ going to go to Tokyo next week.

さて、各文にスペースがありますが、このスペースは「be going to なになに」のどの部分に当たりますか。

... be

そうです。be 動詞の部分ですね。もうみなさんは be 動詞 "am, is, are" はわかるのですから、それぞれの文のスペースに適する be 動詞を入れられますね。

文の意味もわかるんじゃないかな。"be going to"の部分が「〜するつもりだ」「〜する予定だ」という意味だとすれば、だいじょうぶでしょ。

やってみましょう。どうぞ。

Lesson3-② be going to 〜（未来形）

A. 過去、現在、未来（〜するつもりだ、〜する予定だ）

B. a. I <u>am going to</u> eat sushi tonight.
　　　今夜、私はすしを食べるつもりです。

　b. He <u>is going to</u> play tennis tomorrow.
　　　彼は明日テニスをする予定です。

　c. We <u>are going to</u> go to Tokyo next week.
　　　私たちは来週東京に行くつもりです。

　※ "be going to"の後ろの動詞は原形になる。

できたかな。まだの人は黒板を参考にしてくださいね。ちなみに、「つもりです」「予定です」はどちらでもかまわないので、神経質にならなくてけっこうですよ。

1つ注意事項をあげさせてください。「be going to なになに」の「なになに」に当たる部分に下線を引いておきました。"be going to"に続く部分の動詞は必ず動詞の原形、すなわち素っ裸、生まれたままの形になりますので注意してください。これも助動詞"will"の「スペシャルビームの術」と同じ使い方ですね。「生まれたままの形」とはノートに書きませんので、「原形」と書きましたけど(笑)

さて、しつこく言っている通り、「be going to なになに」の文はbe動詞の文です。したがって、疑問文になるときは何ができますか。

〈みんな〉 逆立ち。

"be going to 〜"の文はbe動詞の文ですから、疑問文では逆立ちします。B.bの文を逆立ちさせて疑問文を作りましょう。吉田さん、どうぞ。

〈吉田さん〉 Is... he... going to play tennis tomorrow?

> **C. a.** **Is** he **going to** play tennis tomorrow?
> 明日、彼はテニスをする**つもりですか**。

みなさん、これでよろしいですか？

😊😊😊 〈みんな〉 いいでーす。

答えてくれてありがとうございます。人は尋ねられたら答えなければならない。この疑問文は be 動詞の文ですから、みなさんは答え方がわかるはずですよね。"Is he going to play tennis tomorrow?" に対して、"Yes, ..."？

😊😊😊 〈みんな〉 Yes, he is.

その通り。そして "No, ..."

😊😊😊 〈みんな〉 No, he isn't.

大変けっこうです。

> **C. a.** **Is** he **going to** play tennis tomorrow?
> 明日、彼はテニスをする**つもりですか**。
> **ans.** Yes, he is. / No, he isn't.
> はい、するつもりです。/ いいえ、するつもりではありません。

さて、今度は「今夜、私は英語を勉強するつもりはありません」という不届(ふとど)きな文を英語に直してみましょう。

これは "not" の入った文章、すなわち否定文になります。be 動詞はレアで強い。「納豆(not)引き寄せの術」を使える。それをヒントに高橋さん、どうぞ。

👧 〈高橋さん〉 I am not going to study English tonight.

> C. a. **Is he going to play tennis tomorrow?**
> 明日、彼はテニスをするつもりですか。
>
> **ans. Yes, he is. / No, he isn't.**
> はい、するつもりです。/ いいえ、するつもりではありません。
>
> b. **I am not going to study English tonight.**
> 今夜、私は英語を勉強するつもりはありません。

はい、よくできました。"be going to ～"の文はbe動詞の文ですから、否定文では"not"がbe動詞につくのでしたよね。

あ、もう授業は終わりですね。…ところで、Are you going to study English tonight?

No, I'm not!

…Good-bye, everyone!

Good-bye, Mr. Sasa!

今日のノートとポイントのおさらい

Lesson3-②　be going to ～（未来形）

A. 過去、現在、未来（～するつもりだ、～する予定だ）

B. a. I <u>am going to</u> eat sushi tonight.
　　今夜、私はすしを食べるつもりです。

　b. He <u>is going to</u> play tennis tomorrow.
　　彼は明日テニスをする予定です。

　c. We <u>are going to</u> go to Tokyo next week.
　　私たちは来週東京に行くつもりです。

　※ "be going to" の後ろの動詞は原形になる。

C. a. Is he going to play tennis tomorrow?
　　明日、彼はテニスをするつもりですか。
　　ans. Yes, he is. / No, he isn't.
　　　　はい、するつもりです。／いいえ、するつもりではありません。

　b. I am not going to study English tonight.
　　今夜、私は英語を勉強するつもりはありません。

中学2年　1学期

be going to～（未来形）

English After School
放課後の職員室で…

吉田さん: 先生、今日の授業で気になることを言ってましたよね。教えてもらいたくてきました。

〈先生〉: あぁ、"will" と "be going to" の違いについてかな。

高橋さん: 私もすごく気になりました。辞書や参考書で調べると、「単純未来」とか「意志未来」とか、説明は書いてあるのですけど、よくわからなくて。

〈先生〉: なるほど。中学生では、この違いについて知っている必要はないけど、興味があるなら教えましょう。でも、簡単じゃあないよ、面白いけど。
まずこの2つの日本語を比べてもらおうかな。

①「笹先生は夏休みにギリシャに行くつもりだ」
②「笹先生は夏休みにギリシャに行く予定だ」

ほとんど同じですよね。

吉田さん: そうですね。

〈先生〉: でも、違いがあるのがわかるかな。「笹先生本人が夏休みにギリシャに行くことを知っているかどうか」ということをポイントに考えてみよう。
①の場合、笹先生はギリシャに行くことを知っていますよね。「行くつもり」つまり「行く意志」があるのだから。
でも、②では校長先生しか知らない可能性もある。日ごろ一生懸命仕事しているから、ご褒美で行かせてあげようと思っているけど、笹先生は知らない。こういう可能性もあるよね。ここまでいいかな。

高橋さん 吉田さん: ハイ。

〈先生〉 ①の場合は、"Mr. Sasa will go to Greece during summer vacation." とも "Mr. Sasa is going to go to Greece during summer vacation." とも言えます。ただし笹先生が、自分がギリシャに行くことを知らない場合の②では "be going to ～" を使うことはできないんです。

髙橋さん "be going to ～" を使った文では、未来のことを本人が知っていると考えればいいですか。

〈先生〉 そう考えたほうが、中学生にはわかりやすいと思うよ。
より正確に言えば、「意志（自分の考え）があるかないか」ということになる。
例えば、次のような英文がどういう日本語に置き換えられるかを考えてみると面白い。

① It's going to snow soon.
② It will snow tomorrow.

①が「もう雪が降ってくるぞ」と、近い未来に対して自分の考えを交ぜているのに対して、②は「明日は雪でしょう」とあくまで単純な未来について話している。
まあ、このあたりは高校に行ってから、もっと詳しく勉強できるよ。

髙橋さん 吉田さん なんだか難しいけど、面白いですね！

Lesson4 ① 助動詞いろいろ①（丁寧なお願い表現）

月　　日（　）

　今日から、助動詞いろいろシリーズが始まります。
　みなさんの知っている助動詞は1年のときに勉強した"do"と"can"、そして2年になって勉強した"will"の3種類です。
　"will"のところで助動詞の復習をしたから、記憶が新鮮だと思うけど、念のため笹理論を復習しますよ。

> 　be動詞がレア系のカード、一般動詞がノーマル系のカードとすると、助動詞はエネルギーカード。助動詞はレア系・ノーマル系のカードとセットになってパワーを発揮する。エネルギーカードは単独では使えない弱点はあるが、パワーがあって、レアカードのbe動詞並みに能力が高い。そのパワーで「逆立ちの術」（疑問文）とか「納豆引き寄せの術」（否定文）とか「スペシャルビームの術」（後ろにくる動詞を原形にする）を使うことができる。

　さあ、今日から何回かに分けて、このエネルギーカードの枚数を増やす勉強を積み重ねていきます。
　その最初となる今日は、"will""would""could"の3つを紹介しましょう。

　先生、"will"はもう勉強したと思うのですが…。

　その通りですね。でも、今日勉強する"will"はみなさんがこのあいだ勉強した未来を表す助動詞"will"とは使い方が違う"will"です。よく聞いて、この時間中に理解できるようにがんばってください。ちなみに"would"は"will"の過去形、"could"は"can"の過去形ですが、過去形としての使い方ではありませんので、そのことは忘れてもらってかまいません。

ところで話は変わりますが、みなさんは敬語を正しく話せますか。

〈みんな〉…。

苦手オーラが出ている人が多いですねぇ。みなさんが1年ちょっと前に、この学校に入学してきたときなんてひどかった。「先生！ 宿題忘れた！」だもんね（笑）ひどい生徒になると、「先生！ 鉛筆貸して！」だもんね（笑）今はずいぶん進歩しました。全員が「先生、宿題を忘れました。すみません」「先生、鉛筆を忘れたので貸していただけますか」などというように、非常に正しく言葉を使えるようになっているものね！

〈みんな〉…。

あれ、そこでうつむいている、佐藤くん、中村くん、どうしたの（笑）

　ところで、私はみなさんに知っておいてほしいなあとつくづく思うことがあるのです。というのは、丁寧な日本語を話せない人は、丁寧な英語を話すことができないということなのです！　わ・か・る？

佐藤くん　始まった、始まった（笑）

私が以前出会ったオーストラリアの女性は、日本の女子高生をホームステイで何人も預かっている人でした。その人が、日本のある女子高生のことについて、「とてもよく英語を理解するし、自分の考えも伝えられる。でも、英語がきれいではないので、就ける仕事は限られるわね」と話していたのです。私もその子と日本語で話しましたが、言いにくいけれど、上品とは言えない日本語を話していました。「丁寧な日本語」を使えないばかりか、知らないようにも思えました。

　私はこう思います。英語を話せることよりも、まずは正しくて美しい日本語を話せるほうが大切なことだ、と。言葉は人を表し、品格を表します。それはどの言語でも同じことです。英語の勉強も大事ですが、美しい日本語を学ぶことを忘れないでほしい…。

佐藤くん　おしまいですか（笑）

中学2年　1学期　助動詞いろいろ①（丁寧なお願い表現）

おしまいです。短かったですか。

鈴木さん　短いです。

中村くん　もっとどうぞ(笑)

ご親切にありがとうございます。ご希望に添いたいところではございますが、先の都合もございますので、そろそろ本論に戻らせていただきます(笑)

なぜ私がこんなことを言っているかというと、「英語には敬語表現がない」と言う人がたまにいるからなのですね。これは大きな誤解で、とんでもない話です。確かに英語には日本語の尊敬語や謙譲語に当たるものはほとんどありませんが、丁寧な言い方というのはたくさんあります。「英語には敬語はないんだ」などと誤解したら、大失敗をするはずです。

今日は「人にお願いする」場面を使って、丁寧な表現について勉強しましょう。

まず、比較する意味で、助動詞は使いませんが、丁寧ではない言い方から復習しましょう。「私と公園に行きなさい」と命令する場合はどうでしょう。

〈みんな〉　... Go to the park with me.

そうですね。命令文という文だ。

---

a. Go to the park with me.
　私と公園に行きなさい。

次に、少し丁寧な言い方にしてみよう。誘い文句です。「私と公園に行きませんか（行けますか）」、クエスチョンマークをヒントにどうぞ。

〈みんな〉　Can you go to the park with me?

いいでしょう。

> a. Go to the park with me.
>   私と公園に行きなさい。
> b. Can you go to the park with me?
>   私と公園に行きませんか。

　c. の文は「どうぞ私と公園に行ってください」とわかりやすく「どうぞ」が入っているので…。

　😊😊😊　Please go to the park with me.
　〈みんな〉

そういうことです。ここまでは去年の復習。

> a. Go to the park with me.
>   私と公園に行きなさい。
> b. Can you go to the park with me?
>   私と公園に行きませんか。
> c. Please go to the park with me.
>   私と公園に行ってください。

　さあ、ここからが本日のメインイベントです。少し丁寧さを増して「私と公園に行ってくれませんか」とお願いします。丁寧とはいっても、知り合いに依頼するような感じかな。ここで"will"を使いますが、"will you"の形で使われることがほとんどなので、"will you"をセットでおぼえましょう。リピートアフターミー。"Will you go to the park with me?"

　😊😊😊　Will you go to the park with me?
　〈みんな〉

「お願い」っていう気持ちを込めて読んでみよう。リピートアフターミーアゲイン。"Will you go to the park with me?"

　😊😊😊　Will you go to the park with me?
　〈みんな〉

> **Lesson4- ①　助動詞いろいろ（丁寧なお願い表現）**
>
> **A.** 丁寧なお願い表現
>
> **a. Will you go to the park with me?**
> 　私と公園に行ってくれませんか。

けっこうです。授業の最初に、未来の助動詞"will"とは違うと考えたほうがいいよ、と言っておいたのをおぼえているかな。この"will"を未来の助動詞と考えると「あなたは私と公園に行くつもりですか」となってしまいますね。言葉に書いてしまえば同じ言葉ですが、表現の仕方や言い方でかなり内容が変わってきますから気をつけてください。

　さらに、今度は丁寧さを増して「私と公園に行っていただけませんか」、これはあまり親しくない人に使えそうな表現ですよ。ちょっと道に迷っちゃって、困っちゃって…リピートアフターミー。"Would you go to the park with me?"

　〈みんな〉　Would you go to the park with me?

> **Lesson4- ①　助動詞いろいろ（丁寧なお願い表現）**
>
> **A.** 丁寧なお願い表現
>
> **a. Will you go to the park with me?**
> 　私と公園に行ってくれませんか。
>
> **b. Would you go to the park with me?**
> 　私と公園に行っていただけませんか。

なんとなく、だんだん丁寧になってきているような感じがしてきたでしょ。
　はい、では想像してください。道に迷っちゃって困っちゃって、周りを見回すと、怖そうなおじさんしかいない（笑）でも、道を教えてもらわないと、大変なことになっちゃう。そういうわけで、さらに丁寧に、気分を害さないでくださいね〜、だいじょうぶかなあ〜と願いながら、言ってみよう。リピートアフターミー。"Could you go to the park with me?"

Could you go to the park with me?

> **Lesson4- ①　助動詞いろいろ（丁寧なお願い表現）**
>
> A. 丁寧なお願い表現
>
> a. **Will you** go to the park with me?
>   私と公園に行って**くれませんか**。
> b. **Would you** go to the park with me?
>   私と公園に行って**いただけませんか**。
> c. **Could you** go to the park with me?
>   私と公園に行って**いただけませんでしょうか**。

「迷惑でなければ、できれば」の心を込めて、リピートアフターミーアゲイン。
"**Could you** go to the park with me?"

Could you go to the park with me?

いいでしょう。

さらに "Could you **please** go to the park with me?" など、表現を付け加えることで、もっと丁寧な表現もできますが、きりがありませんのでやめておきましょう。あまりやっていると卑屈になりそうですから。

最初に話した通り、丁寧な表現を知っておくということはとても大事なことです。「なれなれしい」「ぶしつけだ」と思われるくらいなら「ずいぶん丁寧だな」「少し他人行儀だな」と思われたほうがましです。これは私の人生経験から得た教訓であります！

さて、答え方の表現ですが、単純に「はい」と「いいえ」の代表的な答えを確認しておきましょう。

「はい」の場合は、いずれの表現に対しても、"Yes. / Sure." で受け答えができます。「いいえ」の場合は、少し丁寧に "Sorry, I can't." がよいでしょう。少し大人っぽく、"Next time."（またね）とか、"Tomorrow"（明日ね）なんていうのもかっこいいですけど、中学生にはちょっと早いかな。

> **B. 答えの表現**
>   a. 「はい」の場合 …… **Yes. / Sure.** など。
>   b. 「いいえ」の場合 …… **Sorry, I can't.** など。

というわけで、本日これにてお開きとしましょう。
By the way, could you please study English tonight?

〈みんな〉 Sorry, I can't!

Good-bye, everyone!

〈みんな〉 Good-bye, Mr. Sasa!

今日のノートとポイントのおさらい

Lesson4- ①　助動詞いろいろ（丁寧なお願い表現）

A. 丁寧なお願い表現
  a. **Will you** go to the park with me?
     私と公園に行ってくれませんか。
  b. **Would you** go to the park with me?
     私と公園に行っていただけませんか。
  c. **Could you** go to the park with me?
     私と公園に行っていただけませんでしょうか。

B. 答えの表現
  a. 「はい」の場合 …… **Yes. / Sure.** など。
  b. 「いいえ」の場合 …… **Sorry, I can't.** など。

Lesson 4 ② 助動詞いろいろ②（must）

助動詞いろいろシリーズの第2弾です。

英語には3つのカードがありましたよね。レアカード、ノーマルカード、そしてエネルギーカードの3種類でした。レアカードが？

〈みんな〉 be動詞。

ノーマルカードが？

〈みんな〉 一般動詞。

そしてエネルギーカードが？

〈みんな〉 助動詞。

　be動詞や一般動詞は単独で使えるけど、エネルギーカードの助動詞はレアカードのbe動詞やノーマルカードの一般動詞とセットでしか使えない、ということでしたよね。でもセットになるとパワーを発揮するカードで、be動詞並みに能力が高くて、「逆立ちの術」とか「納豆引き寄せの術」「スペシャルビームの術」を使うことができました。これまでも何度も言っているから、確認は今回でおしまいにしますよ。

　そのことを頭に置いておいてもらって、今日勉強する助動詞は "must" です。リピートアフターミー。"must"

〈みんな〉 must

なんとなく強そうじゃないですか、"must"って。そうでもないですか。助動詞 "must" は一般動詞やbe動詞に、「〜しなければならない」という意味を

付け加えます。強い感じがするでしょ。

> Lesson4-② 助動詞 must
>
> A. 助動詞 **must** …… ～しなければならない

では実際に文の中でどのように使われるのか見てみましょう。

> Lesson4-② 助動詞 must
>
> A. 助動詞 **must** …… ～しなければならない
> B. a. I <u>must</u> study English now.
>   b. She <u>must</u> go to the hospital today.

さて、2つの文を書いてみました。それぞれ、下線部だけの意味を考えてみましょう。B.aの下線部、"must study"はどうでしょう、佐藤くん。

　勉強しなければならない。

その通り。では"must go"はどうですか、田中くん。

　行かなければならない。

そうですね。それがわかれば文の意味も難しくありませんね。こうなります。

> Lesson4-② 助動詞 must
>
> A. 助動詞 **must** …… ～しなければならない
> B. a. I <u>must</u> study English now.
>   今、私は英語を<u>勉強しなければならない</u>。
>   b. She <u>must</u> go to the hospital today.
>   今日、彼女は病院に<u>行かなければならない</u>。

少し難しいので、教えようかどうしようか迷っていたのですけど、みんな今日は集中して聞いているから、1つ付け加えちゃおう。"You must be careful."という文です。この文の元となっているのは"You are careful."（あなたは注意深い）という文です。"must"は助動詞ですから、後ろの動詞が原型になり、"are"が"be"になっています。さあ、この文の意味がわかるかな。

【中村くん】あなたは注意深い…ければならない？

日本語が得意な人、頑張って（笑）

【田中くん】注意深くなければならない？

OKです。「注意しなさいよ」という意味で使われる。

Lesson4-② 助動詞 must

A. 助動詞 must …… ～しなければならない

B. a. I <u>must</u> study English now.
　　　今、私は英語を勉強し<u>なければならない</u>。

　b. She <u>must</u> go to the hospital today.
　　　今日、彼女は病院に行か<u>なければならない</u>。

　c. You <u>must</u> be careful.
　　　あなたは注意深くし<u>なければならない</u>。

リピートアフターミー。"You must be careful."

【みんな】You must be careful.

　慣れればだいじょうぶですが、最初のうち"must be"に違和感を感じる人もいますので、よく読んで口に慣らしておきましょう。
　さて、今度は"not"のついた否定文について考えてみよう。とはいっても、助動詞はエネルギーカードで、be動詞や一般動詞とセットになって、いろいろ技が使えることを、みんなは知ってるからだいじょうぶだよね。

335

高橋さん：「逆立ちの術」！

鈴木さん：「納豆引き寄せの術」！

佐藤くん・中村くん：「スーパービームの術」！（笑）

では、「納豆引き寄せの術」を使って否定文を作ってください。元になる文章は "You must use this computer."（あなたはこのコンピュータを使わなければならない）です。

〈みんな〉 You... must not... use this computer.

C. a. You must not use this computer.

はい、けっこうです。どんな意味になりますか。

〈みんな〉 あなたは…このコンピュータを使っては…いけない。

C. a. You must not use this computer.
　　　あなたはこのコンピュータを使ってはいけません。

そうです。使っちゃダメだよ、の禁止になりますよね。ちなみに "must + not" → "mustn't" の発音は要注意です。〔mʌstnt〕ではなく、〔mʌsnt〕となりますので気をつけてね。

佐藤くん：なんでですか。

知りませんけど、たぶん言いづらいから（笑）

鈴木さん：先生がそんないい加減でいいんですか（笑）

336

その分、みんなが勉強して先生に教えてくださいよ。はっはっは。リピートアフターミー。"mustn't〔masnt〕"

<みんな> mustn't〔masnt〕

> C. a. You <u>must not</u> use this computer.　　※ must + not =
>   あなたはこのコンピュータを使ってはいけません。　　mustn't〔masnt〕

今度は疑問文にいってみよう。使う術は？

<みんな>「逆立ちの術」。

もとになる文は "You must go to Osaka."（あなたは大阪に行かなければならない）、では、疑問文にどうぞ。

<みんな> ... Must you... go to Osaka?

> C. a. You <u>must not</u> use this computer.　　※ must + not =
>   あなたはこのコンピュータを使ってはいけません。　　mustn't〔masnt〕
>   b. <u>Must</u> you <u>go</u> to Osaka?

はい、けっこうです。尋ねられたら答えなければならないので答えましょう。"Yes" だったら？

<みんな> Yes, I must.

そうだよね。じゃあ、"No" だったら？

<みんな> No, I mustn't.

中学2年　1学期　助動詞いろいろ②(must)

そう答えたくなりますよね。でも、ちょっと考えてみよう。"Must you go to Osaka?"（あなたは大阪に行かなければなりませんか）と尋ねられて、"Yes, I must." と答えたら、"Yes, I must (go to Osaka)." ということだよね。これは問題ないけど、"No" の答え方はどうだろう。"No, I mustn't (go to Osaka)." はさっき勉強したね。"mustn't" というのは「〜してはならない」という「禁止」だったでしょ。

👧 「私は…大阪に…行ってはならない」になっちゃうと思います。

そうそう。"Must you go to Osaka?"（大阪に行かなければならないのか）と尋ねられて、"No, I mustn't go to Osaka."（いいえ、行ってはならないのです）というのは、ちょっと奇妙だ。大阪に出入り禁止になっているならともかく（笑）

そういうわけで、"No" の答え方は "have to" を使って答えるとちょうどよい意味になるのですが、"have to" という表現は、もうちょっと先で教えることになっている。というわけで、後で戻って説明しますので、ここではとりあえずノートに次のように書いておいてください。

C. a. You **must not** use this computer.　※ must + not =
　　　あなたはこのコンピュータを使っては**いけません**。　　mustn't (masnt)

　b. **Must** you **go** to Osaka?
　　　あなたは大阪に行か**なければなりませんか**。

　ans. Yes, I **must.** / **No, I don't have to.**
　　　はい、行か**なければなりません**。
　　　/ **いいえ、行く必要はありません。**

助動詞シリーズの "must" はこれにて終了。次回は "may" という助動詞が登場します。"may" って強そうですか、弱そうですか。

👨👩👧 弱そう…（笑）
〈みんな〉

弱いか強いか、正解は次の時間で。By the way, must you study tonight?

〈みんな〉 No, I don't have to!

... See you next time. Good-bye everyone!

〈みんな〉 Good-bye, Mr. Sasa!

今日のノートとポイントのおさらい

Lesson4-② 助動詞 must

A. 助動詞 must……～しなければならない

B. a. I **must** study English now.
　　　今、私は英語を勉強しなければならない。

　b. She **must** go to the hospital today.
　　　今日、彼女は病院に行かなければならない。

　c. You **must** be careful.
　　　あなたは注意深くしなければならない。

C. a. You **must not** use this computer.　※ must + not = mustn't (masnt)
　　　あなたはこのコンピュータを使ってはいけません。

　b. **Must** you go to Osaka?
　　　あなたは大阪に行かなければなりませんか。

　ans. Yes, I **must**. / No, I don't have to.
　　　はい、行かなければなりません。
　　　／いいえ、行く必要はありません。

中学2年 1学期 助動詞いろいろ②(must)

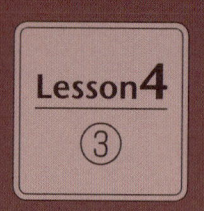

Lesson4 ③ 助動詞いろいろ③（may）

月　日（　）

今日勉強するのは"may"という助動詞です。リピートアフターミー。"may"

〈みんな〉 may

弱そうですが、助動詞のはしくれですから、エネルギーカードであることに変わりはない。

中村くん　けっこう強いんだ〜。

ええ、術はいろいろ使えます。この"may"は動詞とセットになって「〜してよい」という意味を付け加える力をもっています。別な言葉でまとめると、[許可]の意味を表す助動詞と言えます。

さっそく文で確認してみたいのですが、時間の関係上、3つの文を先に書いてしまいますね。

Lesson4-③　助動詞 may

A. 助動詞 may ……〜してよい［許可］
B. a. You may eat lunch now.
　 b. You may not use the computer.
　 c. May I come in?

まず、B.a の文から入ります。"may"は「〜してよい」、"eat"は「食べる」、さて"may eat"ではどうでしょう、中村くん？

中村くん　食べてよい！（笑）

その通り。じゃあ、"You may eat lunch now." ではどうでしょう。

中村くん　「今…あなたは昼食を食べてよい」、本当ですか？

日本語はあってますけど、今お弁当を食べちゃダメです（笑）

> B. a. You <u>may</u> eat lunch now.
> 　　　今、あなたは昼食を食べてよい。
> 　b. You <u>may</u> not use the computer.
> 　c. <u>May</u> I <u>come</u> in?

さて、"may" は助動詞ですから、否定文を作るとき、「納豆引き寄せの術」(not) が使えます。意味は「〜してよい」の否定ですから、どうなりますか。

〈みんな〉　…。

「〜してよい」が［許可］だとすると、"not" がついて［不許可］、すなわち許可しないことになる。

鈴木さん　先生、ダメってことじゃないですか。

そういうことだね。「〜してはいけない」となるだろう。文で見てみよう。さあ、やってごらん。鈴木さん。

鈴木さん　「あなたは…そのコンピュータを…使ってはいけない」かな。

中学2年　1学期　助動詞いろいろ③(may)

> B. a. You <u>may</u> eat lunch now.
>   今、あなたは昼食を食べてよい。
> b. You <u>may</u> not use the computer.
>   あなたはそのコンピュータを使ってはいけない。
> c. <u>May</u> I <u>come</u> in?

パチパチ。そうなります。大変けっこうです。

さて、"may"は助動詞ですから、「逆立ちの術」も使えます。疑問文にするときには逆立ちができる。ちょっとチャレンジだけど、B.c の文の意味を考えてごらん。…では田中くん。

田中くん　私は…入ってよい…ですか？

いいですよ。そういうことです。入室するときの「入っていいですか」という決まり表現ですので、そのままおぼえてもらってもいい。

> B. a. You <u>may</u> eat lunch now.
>   今、あなたは昼食を食べてよい。
> b. You <u>may</u> not use the computer.
>   あなたはそのコンピュータを使ってはいけない。
> c. <u>May</u> I <u>come</u> in?
>   入っていいですか。

ただね、答え方がちょっと難しい。「入ってもいいですか」と尋ねられて、OK ですよという場合、みんななら、何て答えるかな。

佐藤くん　入っていいですよ！（笑）

そうそう、当然答え方は「入っていいですよ」となりますが、この場合、部屋に入るのはだれなの。尋ねたほうですか、尋ねられたほうですか。

尋ねたほうだと思います。

そうですね。実際にやってみたほうがいいな。じゃあ、私が、教室の外に出ますよ。…で、教室に入りたいから、尋ねるわけです。

May I come in?

…早く答えてくれないと、私は教室に入れないよ！「私」はあなたにとって何なの？

…あなた。

それをヒントにして！ コンコン。May I come in?

Yes, ... you may.

No, ... you may not!（笑）

みんな笑っているということは、どうやら"may"の意味を理解できたようだから、ここで佐藤くんを無視して教室に入るよ（笑）さて、ここまでの説明をまとめると、こうなる。

B. a. You may eat lunch now.
　　　今、あなたは昼食を食べてよい。
　b. You may not use the computer.
　　　あなたはそのコンピュータを使ってはいけない。
　c. May I come in?
　　　入っていいですか。
　　　ans. Yes, you may. (　　　　)
　　　　　/ No, you may not. (　　　　)
　　　　　入ってよろしい。(　　　　)
　　　　　/入ってはならない。(　　　　)

中学2年　1学期　助動詞いろいろ③(may)

ちょっと気にしてほしいのは、日本語だ。「入ってよろしい」とか「入ってはならない」とか、どんな印象をもちますか。

　　　なんか偉そう（笑）

いやいや、その通り。正しいですよ。"may"は丁寧になったり、かしこまったりするときに使われることが多いので、親しい友達同士では使いません。その代わり、目上の人に対してはしっかり使える表現だと言っていいでしょう。そして、もう少し使いやすい答え方として、"Yes, please." と "No, you can't." を紹介しておきましょう。"may"で尋ねられて"may"で答えないわけですが、こちらのほうが使う機会は多いと思ってかまいません。

> B. a. You may eat lunch now.
> 　　　今、あなたは昼食を食べてよい。
> 　b. You may not use the computer.
> 　　　あなたはそのコンピュータを使ってはいけない。
> 　c. May I come in?
> 　　　入っていいですか。
> 　ans. Yes, you may. (Yes, please.)
> 　　／ No, you may not. (No, you can't.)
> 　　　入ってよろしい。（はい、どうぞ）
> 　　／入ってはならない。（ダメだよ）

日本語も、あえてくだけた表現にしておきましたので、参考にしてください。

ちょっと余談です。前々回「丁寧なお願い表現」を勉強しましたよね。「一緒に公園に行ってください」という表現でしたけど、おぼえていますか？

　　　はい。

今日勉強した"may"を使うと「最上級の丁寧なお願い表現」ができます。

May I ask you to go to the park with me?

"to go to the park with me" は「私と一緒に公園に行くこと」です。全文を日本語でどうぞ。

佐藤くん　えーっと、"May I ask you" って何だろう。「尋ねてもいいですか」かな。

田中くん　そうだと思うよ。「一緒に公園に行くようにあなたにお願いしてもいいですか」かな。

鈴木さん　うわ、くどーい。うっとーしー(笑)

そうだね、かなり丁寧というか、卑屈に聞こえるけど、日本人も「これ、お願いさせてもらってもいいですか」「始めさせてもらってもよろしいでしょうか」なんて言うでしょ。共通するところのある表現だなあって、私は思います。

さて、まだ3分残っているけど、"May I finish the class now?"

〈みんな〉　Yes, you may!(笑)

それじゃ終わりにしてあげない。みんなが偉そうだから！　もう1回聞くよ。

... May I finish the class now?

〈みんな〉　Yes, please!

Good-bye, everyone!

〈みんな〉　Good-bye, Mr. Sasa!

中学2年　1学期　助動詞いろいろ③(may)

今日のノートとポイントのおさらい

Lesson4-③　助動詞 may

A. 助動詞 **may** ……～してよい［許可］

B. a. You **may** eat lunch now.
　　　今、あなたは昼食を食べてよい。
　b. You **may** not use the computer.
　　　あなたはそのコンピュータを使ってはいけない。
　c. **May** I come in?
　　　入っていいですか。
　　ans. Yes, you **may**. (Yes, please.)
　　　　／ No, you **may** not. (No, you can't.)
　　　　入ってよろしい。(はい、どうぞ)
　　　　／入ってはならない。(ダメだよ)

Lesson 4 ④ 助動詞いろいろ④（shall）

　"may"に続く、ある助動詞の話をして、助動詞シリーズにピリオドを打ちたいと思います。今日の助動詞はカンタンなので、説明に時間はかかりません。最後の助動詞は"shall"と言います。リピートアフターミー。"shall"

〈みんな〉　shall

| Lesson4-④　助動詞 shall |

"shall"の印象は？

鈴木さん　強そう（笑）

　いい勘してるな〜、鈴木さん。実は"shall"は「神の意志」に通じるから。

〈みんな〉　へー！

　"shall"についての細かい用法は高校に行ってからしっかり勉強してもらいたいと思いますが、記憶力のよい人は〈shall＝神の意志〉ということをおぼえておくと、のちのちの勉強のときに役立ちます。記憶力の悪い人は鈴木さんが「いい勘していた」ということだけ、おぼえておいてあげてください（笑）

　"shall"については、整理する都合上、意味として「〜しましょうか」と書いておきますが、細かく話すと混乱する生徒が多いので、私はいつも次のように教えます。

「中学生のみなさんは"shall"を使った2つの言い方、"Shall I～?"と"Shall we～?"をおぼえるだけで十分です」

今まで苦情がきたことはないので(笑)、みなさんもこの考え方でよいと思います。

> Lesson4-④　助動詞 shall
>
> A. a.　Shall I ～ ? / Shall we ～ ? …… しましょうか［誘う］

さて、文を2つ書きます。

> Lesson4-④　助動詞 shall
>
> A. a.　Shall I ～ ? / Shall we ～ ? …… しましょうか［誘う］
> 　　b.　Shall I open the window?
> 　　c.　Shall we dance?

A.bとA.cの文を見てみましょう。"Shall I ～ ?"も"Shall we ～ ?"も、どちらも「～しましょうか」と考えてだいじょうぶです。まず、A.bを日本語でどうぞ。

〈みんな〉 窓を…開けましょうか。

正解。答え方は「はい、お願いします」の"Yes, please."、「いいえ、けっこうです」の"No, thank you."をおぼえておけば十分でしょう。

> Lesson4-④　助動詞 shall
>
> A. a.　Shall I ~ ? / Shall we ~ ? …… しましょうか［誘う］
>   b.　Shall I open the window?
>   窓を開けましょうか。
>   ans. Yes, please. / No, thank you.
>   はい、お願いします。/ いいえ、けっこうです。
>   c.　Shall we dance?（　　　　　　）

A.c はどんな意味でしょう。

〈みんな〉 私たちは…。

違う違う。"Shall we ~ ?" は「~しましょうか」と考えてください、と言ったでしょ。私の言った通りにやってみて。

〈みんな〉 …踊りましょうか。

それでいい。だんだんしっくりくるはずです。
ちなみに「~しましょう」という表現を、1年のときに勉強したよね。

〈みんな〉 Let's ~

それです。"Let's go to the park."（公園に行きましょう）の "Let's" です。
　英語の参考書などでは "Let's ~" と "Shall we ~ ?" はほとんど同じ意味であると書いてあることが多いけれど、私もそれでいいと思います。ただ、意味としては同じですが、丁寧さは "Shall we ~ ?" のほうが上です。具体例をあげれば、"Shall we dance?" が「踊りませんか」であるとすると、"Let's dance." は「踊ろうよ」といったところです。ですから、≠（ニアイコール）マークで書いておきましょう。

> Lesson4-④　助動詞 shall
>
> A. a. Shall I ~ ? / Shall we ~ ? …… しましょうか［誘う］
>   b. Shall I open the window?
>   窓を開けましょうか。
>   ans. Yes, please. / No, thank you.
>   はい、お願いします。/ いいえ、けっこうです。
>   c. Shall we dance?（≠ Let's dance.）
>   踊りましょうか。

　さて、答え方ですが、これはさまざまです。"shall"を使った答えもできますが、あまり一般的とは言えないので、"Yes, let's."といたしましょう。"No"の場合は"Shall I ～?"に対する答えと同じでいいでしょう。

> Lesson4-④　助動詞 shall
>
> A. a. Shall I ~ ? / Shall we ~ ? …… しましょうか［誘う］
>   b. Shall I open the window?
>   窓を開けましょうか。
>   ans. Yes, please. / No, thank you.
>   はい、お願いします。/ いいえ、けっこうです。
>   c. Shall we dance?（≠ Let's dance.）
>   踊りましょうか。
>   ans. Yes, let's. / No, thank you.
>   はい、踊りましょう。/ いいえ、けっこうです。

　これで"shall"を含めた助動詞のお話は一通りおしまいです。たくさん助動詞が出てきてしまって、だいぶ混乱していませんか。

　🧒（吉田さん）　いろいろ出てきたから交ざっちゃう。

🧑‍🦱〈佐藤くん〉 ごちゃごちゃしてきました。

🧑‍🦰〈中村くん〉 難しいなあ。

　それでは助動詞をちょっとノートでまとめてみよう。細かい部分は少し省いているけど。

> **B. 助動詞のまとめ**
> 　**will** ＝〜だろう、〜するつもりだ
> 　　　〔Will you 〜 ？……〜してくれませんか
> 　　　／Would you 〜 ？……〜していただけませんか〕
> 　**can** ＝〜できる
> 　　　〔Could you 〜 ？……〜していただけませんでしょうか〕
> 　**may** ＝〜してもよい
> 　**must** ＝〜しなければならない
> 　**shall** ＝〜しましょうか、〜しましょう

　さて、今日はまだ時間がたくさんあまっているので、これまで出てきた助動詞を全部いっぺんに復習する、『助動詞カルタ』をやってスッキリ整理しましょう。

🧑‍🦱🧑‍🦰🧑〈みんな〉 やったー！

　読み札をみんなで読んだ後、グループに分かれてカルタをやりましょう。読み札はリズムにあわせて読むと楽しいし、おぼえやすいよ。

君の部屋、入っていいかな？	May I come in?
勉強は、今じゃなきゃダメ？	Must I study now?
友達と、一緒に踊ろう。	Shall we dance?
このお部屋、少し暑いね。	Shall I open the window?
忙しそう。猫の手借すよ。	Can I help you?
冷たいの、1杯いかが？	Would you like orange juice?
お隣さん、ちょっと見せてよ。	Will you show me?
駅までの道、教えてくださる？	Would you tell me the way?
ぼろだけど、使っていいとも。	You may use my bike.
辛いけど、行ってみせるぞ。	I will go to a high school.
この冬に、バカンスハワイに。	Will you go to Hawaii?
やれるなら、今すぐやらなきゃ。	You must do it now.

今日のノートとポイントのおさらい

Lesson4-④ 助動詞 shall

A. a. **Shall I ~ ? / Shall we ~ ?** …… しましょうか [誘う]

   b. **Shall I** open the window?
     窓を開けましょうか。

    ans. Yes, please. / No, thank you.
      はい、お願いします。/ いいえ、けっこうです。

   c. **Shall we** dance?（≠ Let's dance.）
     踊りましょうか。

    ans. Yes, let's. / No, thank you.
      はい、踊りましょう。/ いいえ、けっこうです。

B. 助動詞のまとめ

   will ＝～だろう、～するつもりだ
      〔Will you ~ ? …… ～してくれませんか
      / Would you ~ ? …… ～していただけませんか〕

   can ＝～できる〔Could you ~ ? …… ～していただけませんでしょうか〕

   may ＝～してもよい

   must ＝～しなければならない

   shall ＝～しましょうか、～しましょう

中学2年 1学期 助動詞いろいろ④(shall)

Lesson4 ⑤ have(has) to 〜

月　日（　）

　1学期の勉強も今日で終わりです。長々と続けてきた「助動詞シリーズ」も終わったところで、今日は助動詞のいとこの友達の兄弟のような表現を勉強します。

中村くん　遠い関係だ。

鈴木さん　先生！　それほとんど無関係じゃないですか？！

　うんと遠い。無関係に近い。だから助動詞のような術は全然使えません。
　その表現とは"have(has) to 〜"という表現です。みなさんは"have"というと、どんな意味を思い浮かべますか。

〈みんな〉　持つ、持っている。

　その通りですね。けれども、今日勉強する"have(has) to 〜"という表現で使う"have"は「持つ、持っている」の"have"とはまったく関係がありませんので、気をつけてくださいね。
　この表現がどういうものかというと、次のような意味があります。

Lesson4-⑤　have(has) to 〜

　A. **have to 〜, has to 〜** ……〜する必要がある

リピートアフターミー。「〜する必要がある」

〈みんな〉　〜する必要がある。

ところで、"have to ~" "has to ~" の "have" はそれぞれ "ve" の発音が〔f〕、"s" の発音が〔s〕となるので気をつけてください。

> Lesson4-⑤　have (has) to ~
>
> A. ha<u>ve</u> to ~, ha<u>s</u> to ~ …… ~する必要がある
> 　　　〔f〕　　　〔s〕

リピートアフターミー。"have 〔haf〕 to ~"

have 〔haf〕 to ~
〈みんな〉

リピートアフターミー。"has 〔has〕 to ~"

has 〔has〕 to ~
〈みんな〉

実際に文の中でどのように使われるのか、確認してみましょう。2つの文を書きます。

> B. a. I **have to** study English now.
>
> 　　b. She **has to** help her mother today.

"have" と "has" の使い分けについてはだいじょうぶだね。"have" に三単現の s がつくと "has" になります。それぞれの文の意味がわかりますか。B.a の文はどうでしょう、鈴木さん。

　…今、私は英語を勉強する必要がある。
鈴木さん

けっこうです。B.b の文はどうでしょう、吉田さん。

吉田さん：…今日、彼女はお母さんを助ける必要がある。

　そうですね。"help" は「手伝う」くらいにしておくと、ちょうどいいかもしれないね。

> B. a. I have to study English now.
>   今、私は英語を勉強する必要があります。
> b. She has to help her mother today.
>   今日、彼女はお母さんを手伝う必要があります。

　ここまでは問題ないね。

　今度は人に尋ねる形にしたいと思います。"have(has) to ～" の "have(has)" は、お助け助動詞 "do" の助けを借りて疑問文や否定文を作ります。先に日本語を書いておこう。

> C. a.
>   あなたは明日、大阪に行く必要がありますか。
>
>   はい、あります。／いいえ、ありません。

　まずは疑問文から。C.a「あなたは明日、大阪に行く必要がありますか」を英語になおしてみよう、高橋さん。

　高橋さん：Do you... have to... go to Osaka tomorrow?

　大変けっこうです。"do" で尋ねられているのだから？

　高橋さん："do" で答えます。

　その通り。

> C. a. Do you have to go to Osaka tomorrow?
> あなたは明日、大阪に行く必要がありますか。
> ans. Yes, I do. / No, I don't.
> はい、あります。/ いいえ、ありません。

ノートには書かないけど、もし、この文の"you"が"he"になったら、どうなる？

<みんな> ... Does he... have to go to Osaka tomorrow?

なんとかだいじょうぶそうだ。この場合の答え方はもちろん、"Yes, he does.""No, he doesn't."だよね。

さて、今度は"not"のついた文、すなわち否定文について考えてみよう。「今日、彼は宿題をする必要がありません」といううらやましい文を英語にしてみよう。

この文をいちばんに言いたそうな佐藤くん、どうぞ！

佐藤くん　えっ、いきなりですね（笑）

基本となる文は"He has to do his homework today."だよ。

佐藤くん　He... don't... has...

待って、待って。"has"は"have"に三単現のsがついた形、すなわち"have + s = has"ですよ。助動詞"do"は動詞"has"の三単現のsを奪って素っ裸、すなわち原形にしてしまうのだから…。

佐藤くん　He...

田中くん　"doesn't"だよ。

佐藤くん　He... doesn't have to...

そうそう。続けて。

He doesn't have to... do his homework today.

正解。佐藤くん、そしてやさしい田中くん、ありがとう(笑)

C. a. Do you have to go to Osaka tomorrow?
あなたは明日、大阪に行く必要がありますか。

ans. Yes, I do. / No, I don't.
はい、あります。/ いいえ、ありません。

b. He doesn't have to do his homework today.
今日、彼は宿題をする必要がありません。

ところでこの間、助動詞の"must"を勉強しましたが、"must"はどのような意味だったかおぼえているかな。

〜しなければならない。

そうですね。"must"と"have to"は日本語にすると違いがわかりづらいので、「ほとんど同じ」と教えてしまう人もいますが、これはちょっと違います。例えば、"I must study English tonight."と、"I have to study English tonight."は、日本語ではどちらも「今晩英語を勉強しなくちゃ」といったところですが、英語ではだいぶ違います。こんな読み比べで少しイメージがつかめるかな。

A: I must study English tonight. (今晩英語を勉強しなくちゃ)
B: Oh, you are great! (エライね)

A: I have to study English tonight. (今晩英語を勉強しなくちゃ)
B: Do you have a test tomorrow? (明日テストがあるの？)

"must"は義務感（やらなきゃという気持ち）が強い、"have to"は必要の度合い（やらされ感）が強いという感覚があります。

ま、このことは「ふーん」くらいで忘れてもらってかまいませんが、次のように使い分けなければならないことがあることを、注意してほしいと思います。

Lesson4-②でこういうノートを書いたことをおぼえているかな。

---

b. **Must** you *go* to Osaka?
あなたは大阪に行かなければなりませんか。
ans. Yes, I must. / No, I don't have to.
はい、行かなければなりません。/いいえ、行く必要はありません。

後（あと）で戻って説明するよ、と言っておいたと思いますので、約束通り説明します。"Must you go to Osaka?"（大阪に行かなければならないのか）と尋ねられて"No, I mustn't go to Osaka."（いいえ、行ってはならないのです）と答えるのでは、「大阪に出入り禁止状態」みたいだね、という話をしたのをおぼえているかな。

では「いいえ、行く必要はありません」と答えるにはどうしたらよいか。もうみなさんはおわかりの通り、"Must you〜?"に対する"No"の応答は"No, I don't have to."を使うのです。これはおぼえておいてくださいね…といったところで、あと2分で終わりだけど、ちゃんと答えられたら、おまけですぐにおしまいにしてあげます。

〈みんな〉やったー。

Do I have to finish this class now?

〈みんな〉Yes, I do!

残念！　私が"Do I have to finish...?"と尋ねているのだから、キミたちが"Yes, I do."じゃおかしいでしょ。

〈みんな〉えー、じゃあ何て答えればいいんですか？

Do I have to finish this class now?

〈みんな〉 Yes, ... **you** do!

正解！でもさっき間違えたから、チャイムが鳴るまで教科書音読！ どうせ夏休み中は遊ぶつもりなのでしょうから、このくらい頑張りなさい！

〈みんな〉 えー！

You **have to** read your textbook many times.

〈みんな〉 ... I see.

今日のノートとポイントのおさらい

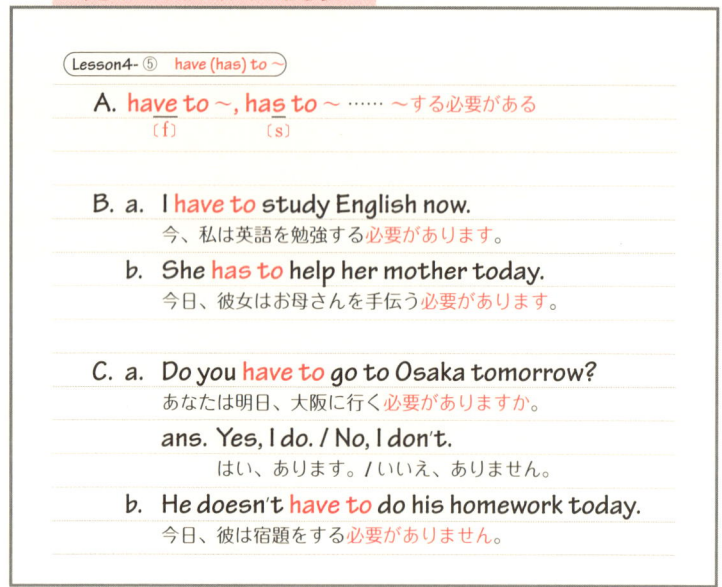

Lesson4-⑤　have (has) to ~

A. ha**v**e to ~, ha**s** to ~ …… ～する必要がある
　　　[f]　　　[s]

B. a.　I **have to** study English now.
　　　　今、私は英語を勉強する必要があります。
　　b.　She **has to** help her mother today.
　　　　今日、彼女はお母さんを手伝う必要があります。

C. a.　Do you **have to** go to Osaka tomorrow?
　　　　あなたは明日、大阪に行く必要がありますか。
　　　ans. Yes, I do. / No, I don't.
　　　　はい、あります。/ いいえ、ありません。
　　b.　He doesn't **have to** do his homework today.
　　　　今日、彼は宿題をする必要がありません。

English

中学 2 年

2 学期

Lesson5 ① to 不定詞①（名詞的用法）

月　　日（　）

　夏休みが終わって早速ですが、今日は、いよいよ２年生の英語の勉強の中で**いちばん大きな山の１つ**に登ってもらうことになります。どのくらい大きな山かというと、この間から勉強してきた助動詞たちと比べるとかなり高い山です。

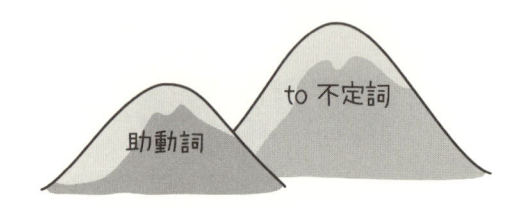

　そんなに高くないって？　頼もしいね。ただね、これは先に言っておいたほうがいいと思うけれど、中学１年から英語が好きで、ちゃんと勉強を続けて理解できていた生徒が、**ガクッと「わからない！」という顔をするのが、この「to 不定詞」**なのですよ。

吉田さん：せ、先生！　本当ですか。

佐藤くん：また先生の「脅し」だよ。

　今回に限って、事実です。なにより自信をもってそう言えるのは、**私自身が中学２年のとき、ここでつまずいたから**なのです！　でも、その分、みんなの大変さもわかりますので、一生懸命に丁寧に教えます。みんなも頑張ってついてきてね。さて、黒板を見てください。

Lesson5-① to 不定詞（名詞的用法）

これ、何と読みますか。

👧👦👩〈みんな〉 トゥーふていし、めいしてきようほう。

すばらしい。リピートアフターミー。「トゥー不定詞」

👩👦👩〈みんな〉 トゥー不定詞。

でも、笹式だと「トー不定詞」でも OK です。むしろ「トー不定詞」と読んでほしい。リピートアフターミー。「へーんしん、トー不定詞」（笑）

👧👦👩〈みんな〉 トー不定詞（笑）

「へーんしん」から読んでいただきたい(笑)「へーんしん、トー不定詞」！

👨👦👩〈みんな〉 へーんしん、トー不定詞！

念のため言っておきますけど、笹ワールドを一歩出たら、ちゃんと「トゥー不定詞」と読んでくださいね（笑）高校に行って、先生にこれは何？って聞かれて、「トー不定詞」です、なんて言ったら、「この子、だいじょうぶかしら」ということになっちゃいますから(笑) 正しくは「トゥー不定詞」です。

さて、今までみなさんは、"to" というのをどういう意味だと習ってきましたか。

👧👦👩〈みんな〉 〜へ。

そうそう「〜へ」とか「〜に」でしたね。例をあげれば…

① I go to school.（学校へ行く）
② I send a letter to him.（彼に手紙を送る）

…などですね。この"to"とはぜんぜん違いますから、今日はこの2つの意味の"to"をすっかり忘れちゃってください。

話は全然変わりますが、みなさんは名詞と動詞の違いがわかりますか。まずは「名詞」って何？

佐藤くん　ものの名前。

そうだね。そういう言い方もある。ちょっと確認してみていいかな。次の言葉の品詞を言ってください。「人」は？

鈴木さん　…名詞。

「靴」は？

高橋さん　名詞です。

「速さ」は？

吉田さん　…名詞？

先生の経験からすると、名詞を「ものの名前」とおぼえると、少し困っちゃうことがある。これを一発で解消する考え方を紹介しよう。

佐藤くん　そんなのがあるんですか。

まかせてください。「笹先生に教わってよかったなあ」って言わせてあげるから。その前に「主語」ってわかるかな。知っている人。はい、佐藤くん、アゲイン。

佐藤くん　文の最初にくる言葉！

うーん、イマイチかもしれん（笑）「秋の夜　だんごを食べる　佐藤くん」（笑）主語は「秋の夜」じゃないよなあ。でも、気持ちはわかるよ、佐藤くん！「主語になる」っていうことを難しく感じる中学生がけっこう多いんだよね。というわけで、笹式ではこう考えます。

「~は」とか「~が」という形になるのが主語です。そして主語になることができるのが名詞。さっきの「速さ」も「速さが足りない」のように、ちゃんと主語になるから名詞です。どうですか。

　　　　わかったような…。難しいです！
〈中村くん〉

　困ったな。英語の授業じゃなくなっちゃいそうだけど、これは日本人として知っておいてほしいことだから、確認しておくことにしよう。名詞ならば○、名詞以外なら×で答えて。

「佐藤くん」

　　　　○！
〈みんな〉

「佐藤くんはかっこいい」、確かに「は」がつきますね。OK！

　　　　絶対違うし（笑）
〈鈴木さん〉

では次。「本」

　　　　○！
〈みんな〉

「本は面白い」OK！　本などの「厚さ」

　　　　…○！
〈みんな〉

ちょっと考えたけど正解だね。「厚さが足らない」「厚さは3cm」、確かに「が」「は」がつくね。次は…「寒い」

　　　　…×！
〈みんな〉

「寒いはいやだ」、確かに「~は」がつかない。「寒いが嫌い」、こちらもダメだ。ということは名詞ではないから×。みんなが正解。最後です。「走る」

　　　　×！
〈みんな〉

「走るは楽しい」とは言わない。「〜は」「〜が」がつくもの、すなわち主語になるのが名詞。少しはわかったかな。

　　はーい。
〈みんな〉

…若干不安は残るが、話を先に進めよう。
もう1つ、動詞もわかってほしい。動詞ってなーに？

　　動きを表す…。
〈みんな〉

でも、「動きを表すのが動詞」と言ってしまうと、「速さ」とか「流れ」とかで混乱してしまいます。笹式で考えましょう。
「最後をのばすと［うー］となるのが動詞」です。走る〜ぅ、泳ぐ〜ぅ、殴る〜ぅ、蹴る〜ぅ、叩く〜ぅ、ひっぱたく〜ぅ（笑）わかったかな？　わからないとは言わせない！

　　わかりました！（笑）
〈みんな〉

　　脅迫だあ〜。
〈鈴木さん〉

何か言った？　鈴木さん！

　　何にも言ってません、先生！（笑）
〈鈴木さん〉

けっこうです。「最後をのばすと［うー］になるのが動詞」、それをヒントに考えていこう。

Lesson5-① to 不定詞（名詞的用法）

A.
・勉強する

「勉強する」って名詞？　動詞？

👥〈みんな〉 動詞。

なんで？

👥〈みんな〉 最後が［うー］になるから。

　その通り。じゃあ、「勉強する」を名詞にしてみよう。笹式で、名詞はどうやって区別するんだっけ？

👥〈みんな〉 「〜は」「〜が」がつく。

　そうだったね。じゃあ「勉強する」を名詞にしてごらん。「〜は」につながる形にすればいい。

👥〈みんな〉 勉強する…こと。

Lesson5-①　to 不定詞（名詞的用法）

A.
　・勉強する<u>こと</u>

　その通り。「勉強することは苦しい」「勉強することが嫌い」ほら、「は」「が」がつくでしょ。
　いくつか練習してみよう。まとめて聞きます。「走る」「泳ぐ」「愛する」、これらは名詞、動詞、どっち？

👥〈みんな〉 動詞。

　これを名詞にしてみたいと思います。

中学2年　2学期　to不定詞①（名詞的用法）

Lesson5-① to 不定詞（名詞的用法）

A.
- 勉強すること
- 走ること
- 泳ぐこと
- 愛すること

簡単だね。日本語の場合、「～こと」をつけてあげれば名詞になっちゃうんだ。さて、やっと英語です。英語でも名詞にするのは簡単です。

「勉強する」は英語で何ですか。

〈みんな〉 study

そうですね。日本語の場合は後ろに「～こと」をつけてあげればいいのだけど、英語の場合は前に"to"をつけ、「to 不定詞」にして「～すること」という意味をもたせる。リピートアフターミー。"to study"

〈みんな〉 to study

他の動詞も、同じように名詞に変身させてしまおう。

Lesson5-① to 不定詞（名詞的用法）

A.
- 勉強すること = to study
- 走ること = to run
- 泳ぐこと = to swim
- 愛すること = to love

見てもらってわかる通り、この"to"というのは動詞を名詞に変える働きをするんですね。変身させちゃうわけ。だから笹式では「変身、to 不定詞（トー不定詞）」…。わかってくれた？

佐藤くん: なるほど！ そういうことですか！

鈴木さん: 先生！ すごい。

ありがとう。そうほめられると照れちゃうなあ（笑）

さて、気をつけてほしいことがあります。「to 不定詞の to」は助動詞と同じように、スペシャルビームを発射して後ろにくる動詞を原形にします。つまり、「to ＋動詞の原形」というのが基本形です。

Lesson5-①　to 不定詞（名詞的用法）

A. to 不定詞の形 ＝ to ＋動詞の原形
- 勉強すること ＝ to study
- 走ること ＝ to run
- 泳ぐこと ＝ to swim
- 愛すること ＝ to love

さて、to 不定詞の形が「to ＋動詞の原形」であることがわかった。そして、to 不定詞の意味は動詞を名詞に変えて「〜すること」であることがわかった。次に、この to 不定詞が文の中でどういう使われ方をするか確認してみよう。B.a の文を見てください。

B. to 不定詞の意味 ＝ 〜すること

a. To love is to believe.
　愛することは信じること。

これについては解説はいらないね。「愛に説明はいらない」ですから！（笑）

鈴木さん: 先生！ 何言ってるんですか！（笑）

失礼しました！ 文の中で to 不定詞の意味をとるときには、ぜひアンダーラ

インを引いた部分をヒトカタマリに考えてほしいと思います。「愛すること」「信じること」というようにです。

　この「○○することは××すること」を使った表現は、いろいろ考えられそうだね。"To love is to swim."（愛することは泳ぐこと）なんていうのは、これは水泳選手が主人公の映画で使われそうだ。ちなみに、"To be or not to be."（生きるべきか死すべきか）なんていうのは、みんなも知っている有名な言葉だよ。

【田中くん】　確かシェークスピアの…。

【吉田さん】　スゴイ、田中くん。

【佐藤くん】　さすが、ハカセ。

シェークスピアの『ハムレット』だね。
「生きるべきか死すべきか」ほどまでいかないにせよ、私も悩むよ。"To love or not to love."（愛するべきか愛さざるべきか）

【鈴木さん】　先生、だれを愛するんですか?!（笑）

そんなこと、口が裂けても言えませんよ（笑）もっとも、みなさんの場合は、"To study or not to study."くらいかな。どっちですか？

【みんな】　Not to study.（笑）

…さて、B.b の文章を見てください。

B. to 不定詞の意味＝〜すること
　a. <u>To</u> love is <u>to</u> believe.
　　　愛する<u>こと</u>は信じる<u>こと</u>。
　b. He likes <u>to</u> play soccer.

370

B.a の文と同じように、to 不定詞の部分をカタマリとして見ることが大切です。「彼は好きです」、何を？

<みんな> サッカーすることを。

そう、"to play soccer" すなわち「サッカーをすること」ですね。

例文ついでに、もう1文紹介しておきましょう。"She wants <u>to go</u> to the library." という文です。

> **B. to 不定詞の意味＝〜すること**
> a. <u>To</u> love is <u>to</u> believe.
>   愛する<u>こと</u>は信じる<u>こと</u>。
> b. He likes <u>to</u> play soccer.
>   彼はサッカーをする<u>こと</u>が好きです。
> c. She wants <u>to</u> go to the library.

"want" を使っていますが、"want" はどんな意味ですか、中村くん。

<中村くん> 何かを欲しい。

そうですね。そして、「欲（ほ）っする」という意味もあります。ここで使われるのはこの意味です。

"She wants to go" までを日本語でどうぞ、田中くん。

<田中くん> 彼女は行くことを欲っする。

すなわち？

<田中くん> 彼女は行きたい。

"to the library" どこへ？

中学2年 2学期 to 不定詞①（名詞的用法）

371

田中くん 図書館へ。

けっこうです。「図書館へ行きたい」となります。

> B. to 不定詞の意味＝〜すること
> a. To love is to believe.
>   愛することは信じること。
> b. He likes to play soccer.
>   彼はサッカーをすることが好きです。
> c. She wants to go to the library.
>   彼女は図書館に行きたい（行くことをしたい）。

　私のアドバイスですが、to 不定詞の初心者であるみなさんは、「行くことを欲っする（行くことをしたい）」→「行きたい」と考えたほうがいいと思います。to 不定詞の基本的な意味「〜（する）こと」が隠れているのを忘れないことが大切だからです。慣れればだんだんと、すぐに「行きたい」と読みとれるようになります。

　最後に再確認をします。この不定詞は「動詞」をどのように「へーんしん」させる働きをもっていましたか。

〈みんな〉 …名詞。

　はい。というわけで、この働きには名前がついています。その名前を「名詞的用法」と言います。リピートアフターミー。「名詞的用法」

〈みんな〉 名詞的用法。

以上で説明は終わりです。

To finish the class is wonderful! Good-bye everyone!

Good-bye, Mr. Sasa!

> 今日のノートとポイントのおさらい

Lesson5-①　to 不定詞（名詞的用法）

A. **to** 不定詞の形＝ **to** ＋動詞の原形
- 勉強すること＝ **to study**
- 走ること＝ **to run**
- 泳ぐこと＝ **to swim**
- 愛すること＝ **to love**

B. **to** 不定詞の意味＝〜すること

a. <u>To</u> love is <u>to</u> believe.
　愛することは信じること。

b. He likes <u>to</u> play soccer.
　彼はサッカーをすることが好きです。

c. She wants <u>to</u> go to the library.
　彼女は図書館に行きたい（行くことをしたい）。

中学2年　2学期　to不定詞①（名詞的用法）

Lesson5 ② to 不定詞②（副詞的用法）

月　　日（　）

　「へーんしん、to 不定詞」の第2弾です（笑）前回の授業では動詞が何にへーんしんしたのか、おぼえていますか？

😊😊😊 名詞。
〈みんな〉

　今回も変身します。何に変身するかというと、副詞に変身します。みなさんはこの「副詞」という言葉を聞いただけで、「ひえ〜」ですね。顔に出さなくとも、心の声が聞こえます（笑）

　今日は、to 不定詞の説明に入る前に、少々おつきあい願って、まずこの「ひえ〜」をなんとかしたいと思います。英語の勉強の前に「日本語の勉強」です。

　まあ、「笹式一発スッキリ解決法」に、おまかせください。

品詞の考え方

走る

　「走る」は、品詞で言ったら何になりますか。品詞とは動詞とか名詞とか副詞のことです。

😊😊😊 動詞。
〈みんな〉

　最後が「走る〜ぅ」っとなるから、動詞。けっこうです。

品詞の考え方

速く　　走る
　　　〈動詞〉

では、「速く」は？

鈴木さん・吉田さん　名詞。

佐藤くん・中村くん　動詞。

田中くん・高橋さん　副詞。

…質問を変えましょう。「速く」は何に係っていますか。

〈みんな〉　走る。

「走る」は動詞でしたよね。動詞に係っていく言葉を「副詞」と言います。

品詞の考え方

速く　　走る
〈副詞〉→〈動詞〉

今日はこれだけおぼえてください。
　さて、「日本語」の話はおしまい、「英語」の話に入ります。みなさんはto不定詞の意味を1つだけ知っていましたね。

〈みんな〉　～すること。

なんとか用法という名前で言うと何て言うか、おぼえているかな。

中村くん　何だっけ…なんとか用法…名詞的用法だ！

　そうそう、よくおぼえていたね。今日は副詞的用法を勉強します。リピートアフターミー。「副詞的用法」

〈みんな〉　副詞的用法。

Lesson5-② to 不定詞（副詞的用法）

　前回の「名詞的用法」、今回の「副詞的用法」と2つ出てきましたが、次の時間に勉強する「形容詞的用法」とあわせて、3つの用法があります。
　あの、誤解されると困るから言っておくけど、こういう「なんとか用法」っていう言葉そのものはおぼえなくてもいっこうにかまいませんよ。基本的には文の意味がわかればよいのだから、こういう文法にかかわる言葉をいちいちおぼえる必要はありません。整理するのに便利だから使っているだけです。
　でもねえ、私が中学生の頃は、先生方はこういう言葉でも「ちゃんとおぼえろ」と怖かったですよ。おぼえなくてもいいんだよ〜なんて腰が引けたような状態になって、ずいぶん長い時間がたちました。今は授業で、先生はこういう言葉を使っちゃいけない、と言う人が力をもっています。「詰め込み文法はいかん！」ってね。でも、私は本当かよって思うんだよね。わ・か・る？

> 始まった、始まった（笑）

　私がどう思っているかというと、英語の勉強の初心者であるあなた方が、限られた時間で英語を勉強して、「ある程度、英語を理解できるようになった」という状態になるためには、用語で整理するのも大事だということです。
　言うまでもないことですが、語学というのは、使っていないとすぐに忘れてしまうものです。もともとそういう性格をもっています。だから、外国生活をしていました、という人でも日本に帰ってきてしばらくたつと言葉をほとんど忘れてしまう。より効率的におぼえておくための手段として、文法は大切だと思うのですが、残念ながら私のような考えをもつ先生はあまり多くありません…。
　それに、もし中学校で文法用語を教えなかったとしても、塾ではちゃんと教えています。それでは塾に行っていない人がかわいそうじゃないですか。私は塾に行っていない人が不利になるというのは我慢できません。
　例えば、の話ですが、もし私が「詰め込み文法はいかん！」と文法用語を全然教えないとする。そうしてみなさんは卒業する。その後、自分で英語を勉強

しなおそう、と思い立つ。英語の参考書とか問題集を開く。そうすると文法用語がバンバン出てくる。教えてもらったことがないから、全然わからない。それでいいんですか、ということですよ。そんなことにはさせたくない。だから、ある程度、文法用語にも慣れていってほしい。いや、慣れるべきだと私は思っているんです。

　えっ、何？ そんなに語ってて、授業の時間がなくなってしまうって？ いえいえ、だいじょうぶ。私だってプロですからね。先を考えないで怒っているわけではありません。ちゃんと時間を計算して怒っているんです！（笑）ちょうど切り上げたほうがよい時間なので、怒りを抑えて話を元に戻しましょう。

中村くん　もっと怒っていいですよ！（笑）

もう怒りはおさまりました！　ありがとう。

鈴木さん　残念。

だれか何か言いましたか？

鈴木さん　何も言ってません！（笑）

失礼しました。今日勉強するのは to 不定詞第2弾、「副詞的用法」です。to 不定詞の形はおぼえていますよね。

〈みんな〉　to ＋動詞の原形

　to 不定詞の形は変わりません。今日はこの不定詞が「〜するために」という意味で登場します。さっそく例文をあげてみましょう。

Lesson5-②　to 不定詞（副詞的用法）

A. to 不定詞の形 ＝ to ＋動詞の原形
B. to 不定詞の意味 ＝ 〜するために
　a. I go to school <u>to study</u>.

短い例文です。頭から順番に意味を考えていきましょう。"I go to school" まではわかると思う。

😊😊😊 私は学校へ行く。
＜みんな＞

そうですね。何するために？

😊😊😊 勉強するために。
＜みんな＞

まとめると？

😊😊😊 私は勉強するために学校へ行く。
＜みんな＞

そうなります。

Lesson5-②　to 不定詞（副詞的用法）

A. to 不定詞の形＝ to ＋動詞の原形
B. to 不定詞の意味＝〜するために
　a. I go to school to study.
　　私は勉強するために学校へ行きます。

下線部"to study"（勉強するために）は、どこに係るかわかるかな。

😊😊😊 go
＜みんな＞

go（行く）は品詞で言ったら何ですか。「行く〜ぅ」だから？

😊😊😊 動詞。
＜みんな＞

じゃ、to study は go（行く）という動詞に係っていくわけね。わかりやすく示すとこうなる。

> I go to school <u>to</u> study.
>   ↑_____|

studyは動詞だけど、toがついて「へーんしん、to 不定詞！」で何に変身したわけですか。

🧑‍🤝‍🧑 **副詞。**
〈みんな〉

ですから、これを副詞的用法と言うのです。to 不定詞って、名詞とか副詞なんかにいろいろ変身しちゃうんですよ。なぜなら**詞の意味が定まら不**、だから。

👦 …だから「不定」詞って言うのか。
〈田中くん〉

その通りです！ 不定、すなわち意味が決まってない言葉だから「不定詞」という名前があるんです。

少し練習しよう。次の文を英文にしてください。
「私は遊ぶために学校へ行きます」、佐藤くん。

👦 I go to school to play.（笑）
〈佐藤くん〉

何のためらいもなく答えてくれてありがとう（笑）もう1つ。「私は給食(lunch)を食べるために学校へ行きます」、中村くん、どうぞ。

👦 I go to school to eat lunch.（笑）
〈中村くん〉

中学生らしくていいねえ。4時間目だからお腹減っちゃってますね（笑）でも、ノートに書くわけにはいかないなあ。お家の人に怒られちゃう。この先生、なんてことをノートに書かせるの！ってね（笑）最後はキレイでまともな文を書いて終わりにしよう。

> **B. to 不定詞の意味＝〜するために**
>   a. I go to school to study.
>   私は勉強するために学校へ行きます。
>   b. She went to Hokkaido to ride a horse.
>   彼女は馬に乗るために北海道へ行った。

"She went to Hokkaido" までを考えてみましょう。彼女はどうしたの？

彼女は北海道に行った。

何するために？

馬に乗るために。

まとめてごらん。

彼女は乗馬をするために北海道へ行きました。

美しいですね。キレイですね。キレイにまとまったところで本日これにてお開き〜。Let's finish the class to eat lunch. ノートを書けた人から終わりにして、給食準備してください。Good-bye, everyone!

Good-bye, Mr. Sasa!

今日のノートとポイントのおさらい

Lesson5-② to 不定詞(副詞的用法)

A. to 不定詞の形＝ to ＋動詞の原形

B. to 不定詞の意味＝〜するために
  a. I go to school to study.
     私は勉強するために学校へ行きます。
  b. She went to Hokkaido to ride a horse.
     彼女は馬に乗るために北海道へ行った。

Lesson5 ③ to 不定詞③（形容詞的用法）

月　　日（　）

Lesson5-③　to 不定詞（形容詞的用法）

さて、2 回続いた to 不定詞の勉強も今日で終わりです。第 3 弾は、to 不定詞の「形容詞的用法」です。リピートアフターミー。「形容詞的用法」

<みんな> 形容詞的用法。

これは to 不定詞の用法の 3 つ目ですが、ちょっとやっかいです。けっこうわかりづらい。他の用法と難しさを山にして比べると、こんな感じです。

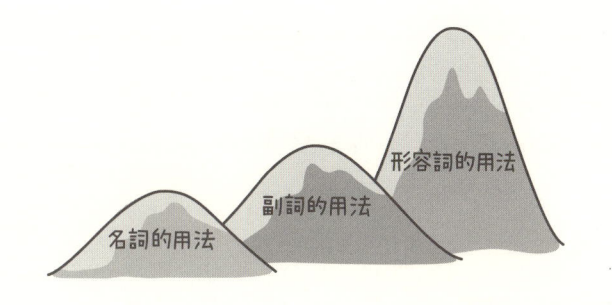

（図：名詞的用法・副詞的用法・形容詞的用法を山の高さで比較）

<吉田さん> 形が変。狭くて高い。

理解の難しさからすると、この形容詞的用法がいちばん難しいと思う。一方、この幅の狭さはなんだ、というと、この用法はあんまり使われないという意味。名詞的用法や副詞的用法に比べると、文の中に出てくる割合はかなり低い。と

はいっても、中学校で勉強するわけですから、それなりに使われる用法です。丁寧に説明しますので、理解できるようにがんばってください。

さて、みなさんの嫌いな品詞の説明を先にしておきます。日本人として最低限度の知識ですから、我慢してくださいね。

品詞の考え方
花

「花」。これは品詞で言ったら何に当たりますか。

〈みんな〉 名詞。

もうわかってきたね。判別の仕方は？

高橋さん 主語になります。

吉田さん 「〜は」「〜が」がつく。

おぼえていましたね。それではこれではどうだ。

品詞の考え方
キレイな　花
　　　　〈名詞〉

「キレイな」は品詞で言ったら何に当たりますか。

〈みんな〉 …。

質問を変えよう。「キレイな」は何に係っていきますか。

〈みんな〉 花。

そうです。

> 品詞の考え方
> キレイな　花
> 〈形容詞〉→〈名詞〉

　花は名詞でしたね。「名詞に係っていく言葉」を「形容詞」と言います。では形容詞の例をあげてください。

　🧑‍🦰〈鈴木さん〉　美しい。

　🧑‍🦱〈中村くん〉　大きい。

　けっこうです。名詞に係っていくのが形容詞です。今日勉強するto不定詞は「形容詞的用法」ですから、このto不定詞は名詞に係っていくもののようだということがわかるね。黒板を見てください。

Lesson5-③　to不定詞（形容詞的用法）

A. to不定詞の形＝to＋動詞の原形
B. to不定詞の意味＝～すべき（するための）

　形については説明を省きます。to不定詞の形は「to＋動詞の原形」でしたね。用法が変わっても形は同じです。今日勉強する不定詞の意味ですが、「～すべき」と「～するための」の２つを書いておきました。リピートアフターミー。「～すべき」

　👩‍👩‍👧〈みんな〉　～すべき。

　私は、「～すべき」だけにしておいたほうがいいと思うのですが、実際の英文に当たりながら、私の考えを伝えていきましょう。B.aの文を見てください。

> **Lesson5-③ to 不定詞（形容詞的用法）**
> A. to 不定詞の形＝ to ＋動詞の原形
> B. to 不定詞の意味＝〜すべき（するための）
>   a. This is a book <u>to study</u> English.

文の頭から意味を考えてみます。まずは"This is a book"

👥〈みんな〉 これは本です。

問題ありませんね。これはどういう本なのでしょうか。"to study"の意味は勉強…。

👥〈みんな〉 勉強するための。

👥〈みんな〉 勉強すべき。

どちらでもいいけど、「これは英語を勉強するための本です」のほうが自然かな。でも、私のこだわりとして、「勉強すべき」も書いておきたい。ところで何を勉強するの？

👥〈みんな〉 英語。

じゃあ、こうなるね。

> **Lesson5-③ to 不定詞（形容詞的用法）**
> A. to 不定詞の形＝ to ＋動詞の原形
> B. to 不定詞の意味＝〜すべき（するための）
>   a. This is a book <u>to study</u> English.
>   これは英語を<u>勉強するための（すべき）</u>本です。

ところで"to study"（勉強するための）は何に係りますか。

〈みんな〉 a book

そうですね。"a book" は「本」。「本」は名詞。名詞に係っていくから、"to study" は形容詞に「へーんしん」してしまっているわけです。

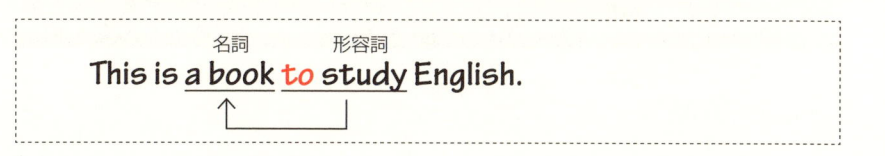

```
         名詞    形容詞
This is a book to study English.
         ↑_____|
```

さて、もう1つの文をあげてみよう。

> B. to 不定詞の意味＝〜すべき（するための）
> a. This is a book to study English.
>   これは英語を勉強するための（すべき）本です。
> b. I have a lot of homework to do.

これも頭から意味を考えてみよう。"I have a lot of homework"

〈みんな〉 私はたくさんの宿題をもっている。

けっこうです。次は "to do" の番です。"do" は「する」でいいですね。

吉田さん するための！

鈴木さん するべき！

両方考えてみましょう。「私はするためのたくさんの宿題をもっている」「私はするべきたくさんの宿題をもっている」。これはどちらかというと2つ目のほうが自然かな。「私はするべきたくさんの宿題があります」でどうだろう。

> **B. to 不定詞の意味＝〜すべき（するための）**
> a. **This is a book _to_ study English.**
>   これは英語を勉強するための（すべき）本です。
> b. **I have a lot of homework _to do_.**
>   私はするべき（するための）たくさんの宿題があります。

"to do" が係っていくのは何でしょうか。

　"homework" です。

"homework" は「宿題」。「宿題」は名詞。名詞に係っていくので "to do" は形容詞の働きをしている。先ほどと同じですね。

```
                    名詞      形容詞
I have a lot of homework to do.
                    ↑
```

さて、以上で3時間にわたって説明してきた不定詞3用法の説明はおしまいです。理解できましたか。

　うーん…。

ちょっと昔話をさせてください。〇十年前、私が中学2年生のちょうど今の季節、英語でこの to 不定詞というものを勉強していました。それまでも英語ってよくわからなかったのだけど、ここにきて、さっぱりわからなくなってしまいました。

　先生！ 英語苦手だったんですか。

そうなんですよ。国語・社会は好きで得意だったけど、英語は苦手で嫌いなほうだった。

佐藤くん　オレと同じだ！（笑）

　そんな私でも英語の先生になっちゃうんだから、世の中わからないものですね、佐藤くん。ま、それはさておき、そのときさっぱりわからなかったのがこの to 不定詞です。なんとか用法、なんとか用法というのがぐちゃぐちゃになっちゃってね。

　で、父に聞きました（父は当時、中学校の英語の先生だったんですね）。そしたら、「あー、簡単」って言うんです。「難しいことはいらない。〈すること、すべき、するために〉って 10 回言ってごらん」と言うのです。で、私は唱えましたね。「すること、すべき、するために…」で、うちの父が言うには、「この 3 つの意味を当てはめて意味をとると、どれかがしっくりくるから、それが正解」というわけで、私は to 不定詞の意味をとれるようになりました。

　今日勉強した形容詞的用法には「すべき」と「するための」という 2 つの意味が考えられるわけだけど、副詞的用法の「するために」と一緒になって混乱するから、「すべき」でいい、という父の言葉によって救われました。それではリピートアフターミー。「すること、すべき、するために」

〈みんな〉　すること、すべき、するために。

　10 回繰り返してください。

〈みんな〉　すること、すべき、するために…

　どれかを当てはめて、意味をとってしっくりくるものを探り当てていく。繰り返していると、だんだんすっと意味がわかるようになってきますよ。そのためには、1 にも 2 にも練習です。

　さて、次の英文は、あるテレビを買ったらついてきた説明書です。読み終えてニヤリと笑えたら、あなたの勝ちです。宿題とは言いませんが、家で読んでみてください。Good-bye, everyone!

〈みんな〉　Good-bye, Mr. Sasa!

To watch this TV

To watch this TV, you have to push a button.
Because it is the button to watch TV.
To find the button, you have to open a panel.
To open the panel, you need to find the panel.

To find the panel, you have to see the TV.
To see the TV, you have to open the box.
Because it is the box to keep the TV in.
After you open the box, please look at the TV carefully to find the panel.

After you find the panel, you need to open the panel to watch TV.
After you open the panel, you need to find the button to watch TV.
Did you find it? That is the button to watch TV.
Now, push the button, and enjoy watching TV.

---

push / 押す、panel / パネル、because / なぜなら、carefully / 注意深く、enjoy watching TV / TV を見て楽しむ

今日のノートとポイントのおさらい

Lesson5-③ to 不定詞（形容詞的用法）

A. to 不定詞の形 ＝ **to** ＋動詞の原形

B. to 不定詞の意味 ＝ 〜すべき（するための）
  a. **This is a book to study English.**
    これは英語を勉強するための（すべき）本です。
  b. **I have a lot of homework to do.**
    私はするべき（するための）たくさんの宿題があります。

English After School

放課後の職員室で…

佐藤くん: 先生！

鈴木さん: 先生！ 教えてください。あの〜、名詞とか動詞とか何詞とか、授業で聞いているときはなんとなくわかるんですけど、すぐごちゃごちゃになっちゃうんです。

佐藤くん: うまくおぼえるテクニックはありませんか!?

〈先生〉: 国語じゃないから、あんまり細かく知っている必要はないけど、最低限度は知っておいたほうがいいものね。じゃあ、ちょっとしたテクニックを1つ教えましょう。名詞と動詞はわかるよね。

佐藤くん・鈴木さん: それはなんとか。

〈先生〉: 授業でも使った次の2つの文をおぼえるだけで OK です。「とても速く走る」と「とてもキレイな花」の2文です。次のようにおぼえてごらん。

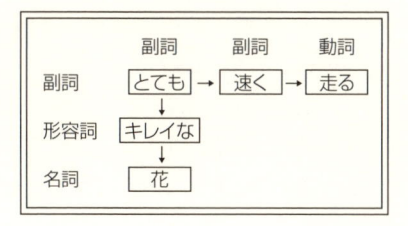

	副詞	副詞	動詞
副詞	とても →	速く →	走る
形容詞	↓ キレイな ↓		
名詞	花		

　名詞と動詞、係り方に注意して形容詞、副詞の4つだけしっかりおぼえておこう。家に着くまで、「とても速く走る」と「とてもキレイな花」を繰り返しながら、お帰りなさい。

佐藤くん・鈴木さん: 「とても速く走る」「とてもキレイな花」…

Lesson5 ④ 動名詞

月　日（　）

> **Lesson5-④　動名詞**
>
> **A. 動名詞の形 ＝ 動詞＋〜ing**
> ・勉強すること＝ **to study**
> ・走ること＝ **to run**
> ・泳ぐこと＝ **to swim**
> ・愛すること＝ **to love**

　今日はノートの分量が多いよ。覚悟しておいてね。でも、内容はそんなに難しくない。ところで、今書いたノート、どこかで見たことがありませんか。

　　🧑 to 不定詞のときのノート？
　〈高橋さん〉

　よくおぼえていましたね。to 不定詞には 3 つの用法がありましたね。

　　👩👧👩 名詞的用法、副詞的用法、形容詞的用法。
　〈みんな〉

　これはおぼえている人が少なそうですね。でも、前にも言った通り、これはおぼえていなくてもちっともかまわない。ただ、「3 つの意味」はちゃんとおぼえておいてほしい。何だったっけ。

　　👨👩👴 すること、すべき、するために！
　〈みんな〉

　はい。こっちが出てくれば OK です。今日思い出してほしいのは、このうちの名詞的用法です。動詞の前に "to" をつけることで、動詞が名詞に「変身 to（トー）」となるものでしたね。このノートはそのときのノートです。

実は、この「変身 to 不定詞」を使わなくとも、同じ意味にする方法があるのです。それがこの動名詞なんです。これもネーミングがまさに単純。動詞を名詞にするから、動名詞。リピートアフターミー。「動名詞」

〈みんな〉 動名詞。

不定詞っていうのは、動詞が名詞になったり、副詞になったり、田中くんが言ってくれたように「不定」という性格をもっていましたよね。動名詞っていう言葉から、どういう想像ができるかな。

〈高橋さん〉 動詞と名詞が一緒になっているような感じがします。

すばらしい。「動詞と名詞が一緒」、それをイメージしながら、動名詞の内容に入っていこう。

まずは、動名詞の形です。ノートに書いてある通り、「動詞＋〜ing」。あれ、これもどこかで聞いたことがありますね。

〈みんな〉 進行形。

そうです。でも、これは進行形とは全然関係ない。混乱しないように気をつけよう。でも、"ing" のつき方などは、進行形のときに使った、「動詞＋〜ing」のルールと一緒です。確認してみましょう。

Lesson5-④　動名詞

A. 動名詞の形 ＝ 動詞＋〜 ing

・勉強すること ＝ to study ＝ studying
・走ること ＝ to run ＝ running
・泳ぐこと ＝ to swim ＝ swimming
・愛すること ＝ to love ＝ loving

動名詞の形はだいじょうぶですね。それでは動名詞を文の中で確認していくよ。

> B. 動名詞の文
>   a. **Loving is believing.**

再び登場の美しい例文だ。どんな意味でしょう。

🧑‍🤝‍🧑〈みんな〉 愛することは信じること。

> B. 動名詞の文
>   a. **Loving is believing.**
>   愛することは信じること。

そうでしたね、"...and believing is loving."
キミたちにはまだわからないだろうけど。ふっふっふ。

👧〈鈴木さん〉 先生！ アヤシすぎですよ！

失礼しました。次の例文。

> B. 動名詞の文
>   a. **Loving is believing.**
>   愛することは信じること。
>   b. **He likes playing soccer.**

これも簡単に意味がとれるね。"He likes…"

🧑‍🤝‍🧑〈みんな〉 彼は…好きです。

何を好きなのか。"playing soccer"

サッカーをすること。

> B. 動名詞の文
> a. Loving is believing.
> 　愛することは信じること。
> b. He likes playing soccer.
> 　彼はサッカーをすることが好きです。

　みんなは to 不定詞を勉強しているから、動名詞がわかりやすく感じるでしょ。もちろんこの文は "He likes to play soccer." でも OK です。

　さあ、特別ルールを勉強して終わりにしよう。これは通好みの問題です。なに、要点を押さえれば簡単です。

　B.c ①の文を見てください。

> B. 動名詞の文
> a. Loving is believing.
> 　愛することは信じること。
> b. He likes playing soccer.
> 　彼はサッカーをすることが好きです。
> c. 特別ルール
> 　① She wants { to go / going } to the library.

　意味は、「彼女は図書館に行くことをしたい」すなわち「彼女は図書館に行きたい」です。to 不定詞、動名詞両方書きましたが、実はこの場合、どちらかが○でどちらかが×なんです。そこで質問です。どちらが×だと思いますか。

　　going? to go?

実は、これはおぼえるしかありません。"want" という動詞は、「後ろに to 不定詞しかとらない」というルールがあるのです。ですから、"to go" が○、"going" が×となります。

B. 動名詞の文

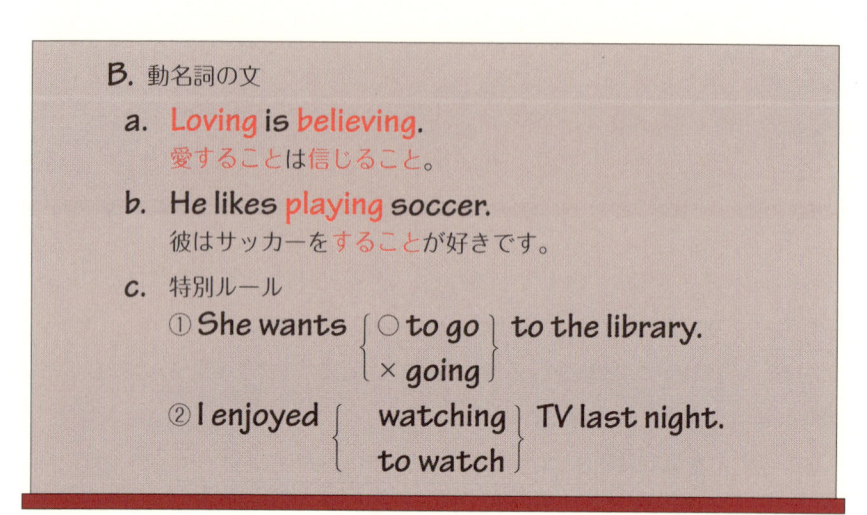

a. **Loving** is **believing**.
　愛することは信じること。

b. He likes **playing** soccer.
　彼はサッカーをすることが好きです。

c. 特別ルール
　① She wants { ○ to go / × going } to the library.
　② I enjoyed { watching / to watch } TV last night.

同じような質問をもう1つします。B.c ②を見てください。読み比べて、どちらが○で、どちらが×になるか、考えてみてください。さて、どちらが×でしょう。

〈みんな〉 watching

〈みんな〉 to watch

前回の授業の最後に渡した「TVの説明書」の最後に "enjoy watching TV" という表現が出ていました。答えは "to watch" が×、"watching" が○です。

> B. 動名詞の文
>   a. **Loving** is **believing**.
>   愛することは信じること。
>   b. He likes **playing** soccer.
>   彼はサッカーをすることが好きです。
>   c. 特別ルール
>   ① She wants { ○ to go / × going } to the library.
>   ② I enjoyed { ○ watching / × to watch } TV last night.

　これは、"enjoy" は「to 不定詞をとらず、動名詞のみ OK」という性格をもっているからです。"want" と "enjoy" に気をつけてくださいね。

　ここから先は、気を抜いて聞いてもらってかまいません。高校に行ってから勉強することだから。でも私は中２のときに教わって、へ〜っと思ったのをおぼえていますので、みんなにもわかるかもしれない。中学校で教える先生はほとんどいないと思いますが、まあ気楽に聞いてみてください。
　昨日の晩、「笹先生が奥さんに言った言葉」を当ててもらいます。奥さんは喜びました。私は奥さんに何て言ったか？

（佐藤くん）　I love you!

No, no! Never! そこまで言わなくてもいいか！（笑）

> a. I stopped to smoke.
> b. I stopped smoking.

さて、奥さんが喜んだのは、a. と b. のどっちだと思いますか。

???

　ヒント①。smoke は「たばこを吸う」という意味です。
　ヒント②。stop は後ろに to 不定詞がくるか、動名詞がくるかで意味が変わります。1 つは「止める」という意味で、もう 1 つは「(立ち) 止まる」という意味です。
　ヒント③。a. の文の to 不定詞は副詞的用法です。

　さあ、手をあげてもらいます。奥さんが喜んだのは a. のせりふだと思う人。b. のせりふだと思う人…。

　(手をあげる)

　なるほど。では、答えです。これはもちろん b. の文です。なぜか。a. の文章の不定詞は副詞的用法ですから「〜するために」という意味です。じゃあ、"to smoke" はどんな意味になるかというと…？

　たばこを吸うために。

　たばこを吸うために、どうしたのか。

　止まった。

　…ということになります。「たばこを吸うために立ち止まったんだよ」と旦那さんに言われて、喜ぶ奥さんは、まあほとんどいないでしょうね(笑)
　b. の文の "stop" はそのまま「止める」という意味です。"smoking" も素直に「たばこを吸うこと」。したがって、この文の意味は？

　たばこを吸うのを止めた。

　正解です。不定詞を使うか動名詞を使うかで、文の意味がまったく変わってしまう例を紹介しました。

以上で今日の授業はおしまいです。

あっ、忘れてた。ただいまの話はフィクションですので、登場人物や物語は現実のものとは一切関係ありません（笑）

It's time **to finish** the class. Good-bye, everyone!

〈みんな〉 Good-bye, Mr. Sasa!

今日のノートとポイントのおさらい

Lesson5-④　動名詞

A. 動名詞の形 ＝ 動詞＋〜ing
- 勉強すること＝ to study ＝ studying
- 走ること＝ to run ＝ running
- 泳ぐこと＝ to swim ＝ swimming
- 愛すること＝ to love ＝ loving

B. 動名詞の文

　a. Loving is believing.
　　愛することは信じること。

　b. He likes playing soccer.
　　彼はサッカーをすることが好きです。

　c. 特別ルール
　　① She wants { ○ to go / × going } to the library.
　　② I enjoyed { ○ watching / × to watch } TV last night.

Lesson6 ① 接続詞 that

月　　日（　）

　朝1時間目の授業でいきなりですが、"that"という言葉ほどよく使われ、さまざまな使われ方をする言葉はありません。みなさんが知っているのは次の2つですね。

> I know that man.（私はあの人を知っています。）
> That is mine.（あれは私のものです。）

　みなさんは中学3年間で、あと2種類の"that"を勉強します。
　そのうちの1つは3年生で勉強しますが、もう1つは今日勉強します。その"that"を「接続詞のthat」と言います。リピートアフターミー。「接続詞のthat」

　　接続詞のthat。
〈みんな〉

　この「接続詞のthat」は、先ほどの"I know that man."や"That is mine."の"that"とは関係がありませんので、注意してください。あくまでも「接続詞のthat」です。
　この"that"は接続詞ですから、「接続する」役割を果たします。問題は何と何を接続するかということですね。男性と女性を接続するのは愛ですが、接続詞が接続するのは文と文です。

　　先生！　朝っぱらからだいじょうぶですか！（笑）
鈴木さん

　失礼しました。ところでみなさんは「接続詞」というと、同じ接続詞である"and"や"or"のように、「AとB」「AかB」のような印象をもちませんか？

398

この"that"はこのように考えると、余計にわかりづらくなってしまうところがあります。

ですから、私はいつもこの"that"は、"that"以下を「〜ということ」とざっとまとめる言葉と説明します。一言で言えば「that 以下をざっとまとめる that」。早口言葉みたいですね。言ってみましょう。「that 以下を ざっと まとめる that」

<みんな> that 以下を ざっと まとめる that。

「that 以下を ざっと まとめる that」とは恥ずかしくて書けませんので、ノートでは〈that 以下を「〜ということ」とまとめる言葉〉としておいて、実際に文の中で確認してみましょう。

Lesson6-① 接続詞 that

A. **that** 以下を「〜ということ」とまとめる言葉
a. I know **that** Mike is from Australia.

"I know..."の部分はだいじょうぶですね。

<みんな> 私は知っている…。

何を知っているのかが"that"以下です。"that"以下に下線を引きました。"that"以下を「〜ということ」となるようにざっとまとめてみてください。

<みんな> …マイクがオーストラリア出身である…ということ。

OK です。まとめれば、「私はマイクがオーストラリア出身であることを知っています」くらいでいいかな。

> Lesson6-① 接続詞 that
>
> **A. that** 以下を「～ということ」とまとめる言葉
>
> a. I know that Mike is from Australia.
>   私はマイクがオーストラリア出身であることを知っています。

続いて次の文は "Do you think that Mr. Sato can speak English?" という文です。"Do you think..." の部分はだいじょうぶですよね。

〈みんな〉 あなたは思いますか…。

何を思うのか、が "that" 以下です。"that" 以下の下線部分が「～ということ」となるようにざっとまとめてみてください。

〈みんな〉 …佐藤さんが英語を話すことができる…ということ…。

OK です。「あなたは佐藤さんが英語を話せると思いますか」くらいにしておきましょう。あくまで「ざっとまとめる」ですから！(笑)

> Lesson6-① 接続詞 that
>
> **A. that** 以下を「～ということ」とまとめる言葉
>
> a. I know that Mike is from Australia.
>   私はマイクがオーストラリア出身であることを知っています。
> b. Do you think that Mr. Sato can speak English?
>   あなたは佐藤さんが英語を話せると思いますか。

ところで、この疑問文は答え方を間違えやすいから気をつけてね。中には "Yes, he can." とか、"Yes, he does." にしてしまう人がいる。あくまで "Do you think...?" と尋ねられているのだから？

高橋さん "Yes, I do." か "No, I don't." です。

その通りです。気をつけてくださいね。

Lesson6-① 接続詞 that

A. that 以下を「～ということ」とまとめる言葉

a. I know that Mike is from Australia.
　私はマイクがオーストラリア出身であることを知っています。

b. Do you think that Mr. Sato can speak English?
　あなたは佐藤さんが英語を話せると思いますか。
　ans. Yes, I do. / No, I don't.
　　はい、思います。／いいえ、思いません。

　さて、この接続詞、「ざっとまとめる that」の性格がわかってきたのではないかと思うのですが…。

🧒中村くん　ざっとした性格（笑）

そうなんです、いい加減でアバウトな性格（笑）みなさんの中にもいませんか？

🧒佐藤くん　T坊だ。

🧒中村くん　違うよ、そんなことないよ。

　はい、授業中にケンカしない（笑）そういえば、そういういい加減で適当な性格の人は、委員会とかをしらばっくれてこなかったり、いなくなっちゃったりしますよね。

👧鈴木さん　佐藤くんじゃない！　この間、委員会の仕事サボったの。

🧒佐藤くん　あれは違うよ、だってあれは…。

佐藤くん、そんなことがあったの？

佐藤くん： 違うんですよ、たまたま医者に行くんで、リカに言っといたのに忘れてる…。

鈴木さん： 私、聞いてないし！

まあまあ、たまたまだそうですから、勘弁してあげてください、鈴木さん。ところで今日勉強している接続詞の"that"も、佐藤くんと同じで、ときどきいなくなっちゃうことがあるんですよ(笑)

佐藤くん： ひどい…！(笑)

例えばこんな感じで。

Lesson6-① 接続詞 that

A. that 以下を「〜ということ」とまとめる言葉
a. I know that Mike is from Australia.
 私はマイクがオーストラリア出身であることを知っています。
b. Do you think that Mr. Sato can speak English?
 あなたは佐藤さんが英語を話せると思いますか。
ans. Yes, I do. / No, I don't.
 はい、思います。／いいえ、思いません。

B. that の省略
I think (that) I must study hard.
 私は一生懸命勉強しなければならないと思います。

リピートアフターミー。"I think I must study hard."

〈みんな〉 I think I must study hard.

と、省略されます。口の悪いみなさんの言葉で言えば、「ばっくれる」というのですか？(笑) 正しい言葉でまとめると、「接続詞の that」は省略することができるということになります。むしろそのいい加減な性格からして、普通は省

略する、と言っていい。

中村くん：ばっくれてばっかりなんだ。

鈴木さん：やっぱり翔みたい（笑）

佐藤くん：（怒）！

はいはい、そこまで。

"that"は、しばしば省略されます。ただ、初心者のみなさんは最初のうちはばっくれ…失礼、省略されている"that"を補って理解するほうがいいでしょう。慣れてくると不思議なもので、省略するほうが自然になってきますよ。

あいさつが終わったら、B.の文を"that"を抜かして10回読んで授業を終わりにしてください。くれぐれもばっくれ、失礼、省略して終わりにしないように（笑）

Good-bye, everyone!

〈みんな〉Good-bye, Mr. Sasa!

今日のノートとポイントのおさらい

Lesson6-① 接続詞 that

A. **that** 以下を「〜ということ」とまとめる言葉

a. I know **that** Mike is from Australia.
　私はマイクがオーストラリア出身であることを知っています。

b. Do you think **that** Mr. Sato can speak English?
　あなたは佐藤さんが英語を話せると思いますか。
　ans. Yes, I do. / No, I don't.
　　　はい、思います。／いいえ、思いません。

B. **that** の省略

I think (that) I must study hard.
　私は一生懸命勉強しなければならないと思います。

Lesson6 ② 接続詞 when と if

月　　日（　）

　さて、前回は「接続詞の that」を勉強しました。おぼえていますか〜。「that 以下をざっとまとめる…」

〈みんな〉　that!

中村くん　翔くん！(笑)

佐藤くん　勘弁してよ〜(笑)

　佐藤くんは二度と委員会や係の仕事を忘れることはないでしょう(笑)
　今日は、この"that"の仲間である接続詞"when"と接続詞"if"を学習します。まずは接続詞"when"から勉強しましょう。

中村くん　やっぱりざっとした性格なんですか!?(笑)

　はっはっは。"that"はざっとしたアバウトな性格でしたが、この"when"はいやいやどうして、なかなかきっちりした方です。なにしろ時間に関係しますから。
　今までみなさんが知っている"when"も時間に関係していたでしょ。

〈みんな〉　いつ？

　そうですね、「いつ」という意味を表す疑問詞として、文の最初に登場する言葉でしたね。"When do you study English?"（あなたはいつ英語の勉強をしますか）-"After dinner."（夕食後です）のように使われました。これは1年の復習だ。

今日登場する"when"は、みなさんが知っている"when"（いつ）と、時間という共通点でつながりがある。この"when"は「〜のとき」のように、時間について説明する接続詞として使われます。文で確認してみましょう。

> Lesson6-② 接続詞 when と if
>
> A. when 以下の文を「〜のとき」とまとめる
> a. <u>When</u> I visited his house, he was watching TV.

この文の形だと、日本語の文と順番が同じなのでわかりやすいですよ。"when"以下の下線部を「〜のとき」とまとめてみてください。吉田さん、お願いします。

（吉田さん）私が彼の家を訪れたとき…。

そうそう。そして、次の文にくっつけて（接続して）ください、佐藤くん。

（佐藤くん）彼はテレビを見ていた。

できちゃったじゃない。そんなに難しくないでしょ。文を書くときには「〜のとき」の終わりのところにコンマを忘れないようにしてくださいね。

> Lesson6-② 接続詞 when と if
>
> A. when 以下の文を「〜のとき」とまとめる
> a. <u>When</u> I visited his house, he was watching TV.
> 　　私が彼の家を訪れたとき、彼はテレビを見ていました。

"when"が後ろにくることもあります。"I wanted to be a policeman when I was little."

これはどんな意味になるか。原則は同じです。"when"以下をまとめて、もう1つの文にくっつける（接続する）。

＜みんな＞ 私は小さかったとき…。

そうそう。そしてもう１つの文にくっつけて（接続して）ください。

＜みんな＞ …警察官になりたかった。

その通り。

Lesson6-② 接続詞 when と if

A. when 以下の文を「〜のとき」とまとめる

a. <u>When</u> I visited his house, he was watching TV.
　私が彼の家を訪れた<u>とき</u>、彼はテレビを見ていました。

b. I wanted to be a policeman <u>when</u> I was little.
　私は小さかった<u>とき</u>、警察官になりたかった。

「when 以下をまとめて、もう１つの文にくっつける」、このセオリーを忘れないでくださいね。ちなみに、"when" さんは "that" さんと違ってしっかりしていますから、S くんのようにどこかに消え失せることはありませんので気をつけてね（笑）

＜佐藤くん＞ 勘弁してくださいよ～（笑）

ここまであっさり説明してしまいましたが、この接続詞の "when" は、意外とみなさんが苦しみます。みなさんの体の中に、"when" ＝「いつ」という公式が強く残っているせいか、教科書やテストの長文を読むときも、間違って意味をとってしまうことがとても多いのです。

まあ、これを乗り越えるためには、いろいろな文に触れて実際に悩んだり苦しんだりしてみるしかない。よく言われることですけど、先生という人は、泳ぎ方は教えられるけれど、代わりに泳いであげることはできないのです。そして、教わる方は、自分で泳ぎ、努力して泳ぎを身につけるしかないのです。

さて、今日はもう１つの接続詞である "if" もやっつけなければいけないの

で、先を急ぎましょう。でも、安心してもらうために最初に言っておくけど、"if"は簡単。"when"の半分くらいの労力で理解できます。

"if"は"if"以下の文を「もしも〜ならば（したら）」とまとめて、もう1つの文にくっつけ（接続し）ます。さっそく文を見てみましょう。

> **B. if 以下の文を「もしも〜なら」とまとめる**
> a. <u>If you come home</u>, please call me.

さあ、"if"以下の文を「もしも〜ならば（したら）」とまとめてみましょう。田中くん、下線をヒントにどうぞ。

田中くん： もしもあなたが家に帰ったら…。

もう1つの文にくっつけて（接続して）ください、中村くん。

中村くん： …私に電話してください。

そういうことです。

> **B. if 以下の文を「もしも〜なら」とまとめる**
> a. <u>If you come home</u>, please call me.
> 　<u>もしもあなたが家に帰ったら</u>、私に電話してください。

先ほどの"when"と同じように、「もしも〜なら」の終わりのところにコンマを忘れないようにね。

そして、これも"when"と同じように、接続詞の"if"が文の中にくることもあります。"Please help me <u>if you are free</u>."のようにです。意味はわかるかな。考え方は同じです。"if"以下の文をまとめて、もう1つの文にくっつける。"free"というのは「暇な」という意味です。高橋さん、どうぞ。

…もしもあなたが暇なら…私を手伝ってください。

> B. if 以下の文を「もしも〜なら」とまとめる
>
> a. **If you come home, please call me.**
>   もしもあなたが家に帰ったら、私に電話してください。
>
> b. **Please help me if you are free.**
>   もしもあなたが暇なら、私を手伝ってください。

けっこうです。さあ、今日の勉強は以上です。
I'll finish the class if you want. Do you want to finish the class?

〈みんな〉 Yes, I do!

Good-bye, everyone!

〈みんな〉 Good-bye, Mr. Sasa!

今日のノートとポイントのおさらい

Lesson6-② 接続詞 when と if

A. when 以下の文を「〜のとき」とまとめる

a. **When I visited his house, he was watching TV.**
   私が彼の家を訪れたとき、彼はテレビを見ていました。

b. **I wanted to be a policeman when I was little.**
   私は小さかったとき、警察官になりたかった。

B. if 以下の文を「もしも〜なら」とまとめる

a. **If you come home, please call me.**
   もしもあなたが家に帰ったら、私に電話してください。

b. **Please help me if you are free.**
   もしもあなたが暇なら、私を手伝ってください。

Lesson 7 ① 比較級

　今日からしばらくの間、あるテーマに沿った勉強をします。「あるテーマ」とは、「比べる表現」です。この内容は、2年生の中でも重要な部分を占めますし量も多いのですが、わかりやすいという特徴がありますので不安がらなくてもだいじょうぶです。よーく聞いて、授業時間内に理解できるように頑張ってください。
　今日は「比べる表現」のうちの「比較」を勉強します。まず手始めに日本語で「比較の文」を作ってもらいましょう。笹先生はみんなより…？

佐藤くん　ふけてる(笑)

　そのままじゃないですか(笑)　笹先生はみんなより…

鈴木さん　お金持ち(笑)

　ホント!?　先生のお小遣いはみんなより少ないかも…！　ま、先生の小遣いはさておき、このように「AはBに比べて、より○○」というのが比較の表現です。
　…そういえば、私が中学の英語の授業でこの比較を勉強したときのこと、忘れないなあ。英語の先生が、クラスでいちばん小柄な男の子と、いちばん背の高い男の子に前に出てこさせて、「A男はB男より背が低い」っていう英文を作っていたな。笑いながらも悔しそうなA男の顔を忘れられない…。もちろん私はそんな意地悪なことはいたしませんので安心してください。
　では「比較の文」の勉強を始めましょう。日本語では「より○○」という表現を使いますが、英語では形容詞や副詞に"er"をつけて表します。正確に言えば「原級＋er (＋than)〜」ですけど、具体的に文で確認していきましょう。B.aの文を見てください。

> **Lesson7-① 比較級**
>
> **A. a.** 比較級の意味 …… (〜)より○○
>   **b.** 比較級の形 …… 原級＋er(＋than)
> **B.** 比較級の文
>   **a.** Mike is taller than Ken.

"tall" というのはどんな意味ですか。

<みんな> 高い。

そうです。"He is tall."（彼は背が高い）などと文で使われます。この"tall"に"er"がつくと「より高い」という意味になります。"er"は「より○○」の「より」に当たり、この"er"のついた形を「比較級」と言います。リピートアフターミー。「比較級」

<みんな> 比較級。

じゃあ、"er"がついていない、例えば"tall"のような形を何と言うか。黒板に書いておいたように「原級」と言います。何もついていない元の形という意味です。リピートアフターミー。「原級」

<みんな> 原級。

続けましょう。"Mike is taller..."（マイクはより高い）まではいいでしょう。続いて出てくる"than"を辞書で引くと、「〜より」という意味で載っています。ですから、"than Ken"の部分は「ケンより」となりますね。したがって文の意味は「マイクはケンより、より背が高い」という意味になります。ただ、日本語では「〜より」が２回繰り返されてくどい文になってしまいますので、「マイクはケンより背が高い」とすることになります。

> **Lesson7-①　比較級**
>
> **A. a.** 比較級の意味 …… 〜より○○
> 　　**b.** 比較級の形 …… 原級+**er**(+**than**)
>
> **B.** 比較級の文
> 　**a.** Mike is **taller than** Ken.
> 　　マイクはケン**より背が高い**。

　もう1文、例をあげておきましょう。"Ken runs faster than Mike." くどくど言わずとも意味がとれるかな。

〈みんな〉 ケンは…マイクより…速く走る。

けっこうです。どう、比較級はそんなに難しくないでしょ。

　ところで、「ケンは私より速く走る」という文を英語に直すとします。みなさんならどのような文を作りますか。

〈みんな〉 Ken runs faster than... I, me(?)

"I" と "me"、さて、どちらが正しいのだろう。

田中くん 参考書には "me" で載っていました。

そうだね、"me" にしている参考書も多い。でも、よーく考えてみよう。"Ken" は "run" するわけだよね、どのように？

〈みんな〉 より速く。

だれが何するより？

〈みんな〉 私が…走るより？

そうですよね。この英文、実は、"Ken runs faster than I run." すなわち、

「ケンは私が走るよりも、より速く走る」という意味なんじゃないだろうか。

田中くん　じゃあ、"than I"が正しいのですか。

だって、"Me run."（私に走る）とは言わないでしょ。"I run."（私は走る）が正しいのだから、"Ken runs faster than I." という表現が正しいのです。

高橋さん　参考書の間違いですか？

そうではない。どういうわけだかわからないけど、実際に英語を使っている人のほとんどはこの文章では"me"を使っています。たぶん"than I"というのが言いづらいせいもあるのだろうけど、みんなが間違って使っているので、こっちでもいいことになっちゃったのです。こういうことは英語に限らず日本語でも珍しくない。「全然だいじょうぶ」とかね。

鈴木さん　どこがいけないんですか。

佐藤くん　全然悪くないですよ。

はい、今の佐藤くんの使い方は正しかったですね。「全然」に続くのは「〜ない」です。「全然だいじょうぶ」は「全然だいじょうぶじゃない」。

〈みんな〉　全然知らなかった〜。

それも正しい使い方です。でも、かなり多くの人が「全然だいじょうぶ」「全然近い」なんていう言い方をしています。間違いが当たり前のように使われるようになった例ですね。

というわけで、実際にはあまり使われないけれど、ノートには正しい表現を中心にまとめておこう。

> **B. 比較級の文**
>   a. Mike is **taller than** Ken.
>   マイクはケン**より**背が高い。
>   b. Ken runs **faster than** Mike.
>   ケンはマイク**より**速く走る。
>   c. Ken runs **faster than** I (me).※　※目的格がくる
>   ケンは私**より**速く走る。　　　　　ことが多い。

さあ、最後に"er"のつき方のパターンを確認して終わりにしよう。

> **C. 比較級の作り方**
>   a. old → old**er**,　small → small**er**
>   b. nice → nic**er**,　large → larg**er**
>   c. happy → happ**ier**,　early → earl**ier**
>   d. hot → hot**ter**,　big → big**ger**

　4つしかパターンはないので、すぐおぼえられる。まず、パターン a、そのまま"er"がつく。

　続いてパターン b。"e"で終わっている場合は"e"を重ねず、"r"のみをつける。

　パターン c。"y"で終わっている語は、「y を i に変えて er」。この他にも"easy → easier" "busy → busier"なども出てくるよ。最後のパターン d。語を重ねる、嫌なパターンに見えるけど、だいじょうぶ。"hot"と"big"だけおぼえておけば十分だ。

　以上で比較級の話はおしまい。次の時間は「最上級」についての話をしたいと思います。Good-bye, everyone!

　Good-bye, Mr. Sasa!

今日のノートとポイントのおさらい

Lesson7-① 比較級

A. a. 比較級の意味 …… ～より○○
   b. 比較級の形 …… 原級＋**er**（**＋than**）

B. 比較級の文
   a. Mike is **taller than** Ken.
      マイクはケンより背が高い。
   b. Ken runs **faster than** Mike.
      ケンはマイクより速く走る。
   c. Ken runs **faster than** I (me).※   ※目的格がくる
      ケンは私より速く走る。   ことが多い。

C. 比較級の作り方
   a. old → old**er**, small → small**er**
   b. nice → nic**er**, large → larg**er**
   c. happy → happ**ier**, early → earl**ier**
   d. hot → hot**ter**, big → big**ger**

Lesson 7 ② 最上級

前回の授業では比較級という表現を勉強しました。今日はその続きで、いちばん上、最も上という意味の「最上級」について勉強します。リピートアフターミー。「最上級」

👥〈みんな〉 最上級。

ところで前回、比較級では形容詞や副詞の原級に何がくっつきましたっけ。

👥〈みんな〉 er

そうでした。"taller" とか "bigger" とか、"er" がついて「より高い」とか「より大きい」という意味になるのでしたね。最上級の形では "est" がつきます。細かく言えば、「the ＋原級＋ est（＋ in あるいは of）」となるのだけれど、これじゃあ何のことかわかりませんので、実際に文で見てみましょう。B.a の文を見てください。

Lesson7-② 最上級

A. a. 最上級の意味 …… もっとも〇〇
   b. 最上級の形 …… **the** ＋原級＋ **est**（＋ **in** あるいは **of**）
B. a. Mike is **the tallest** boy in his class.

"tall" の後ろに "est" がついて "tallest" となっていますね。"tall"（高い）の最上級です。どういう意味でしょう。

中学2年 2学期 最上級

415

いちばん（もっとも）高い。

　そして、"tallest" の前に "the" がついています。なぜ "the" がつくのか、ちょっと説明しておきましょう。日本でいちばん高い山はいくつありますか。

　　１つに決まってるじゃないですか！

　そうです。鈴木さんに突っ込まれるまでもなく、日本でいちばん高い山は１つ…。

　　富士山！

　そう、富士山しかありません。では、日本でもっとも広い湖はいくつありますか。

　　１つ。

　　琵琶湖！（笑）

　その通り、琵琶湖ですよね。
　ちょっと思い出してください。昨年、この世にただ１つしか存在しないものとして、太陽とか月は "the" をつけなければならないと勉強しましたが、おぼえていますか。太陽や月は、"the sun" とか "the moon" のように "the" がつくよ、と習いましたよね。同じように日本でもっとも高い山、もっとも広い湖というのは、この世に１つしかありません。唯一のものとして、何のことであるかがすぐにわかるため、"the" がつくわけです。

　　なるほど〜。

　納得してもらえましたか。

　　ハイ！

では、B.aの文に戻りましょう。"Mike is the tallest boy…"（マイクはいちばん背が高い男の子）まではわかりました、としましょう。残りは "…in his class" となっている。さあ、どんな意味？

👥〈みんな〉 クラスの中で？

その通り。マイクはクラスの中でもっとも背が高い。"in his class" は後で追加の説明があるので、下線を引いておきます。

続いて、B.bの文を見てください。

> B. a. Mike is the tallest boy in his class.
> 　　　マイクはクラスの中でもっとも背が高い男の子です。
> 　　b. Ken runs (the) fastest of the three boys.

日本語にチャレンジしてごらん。ケンは…。

👥〈みんな〉 ケンは…3人で…いちばん速く走る…。

そういうことだよね。「ケンは男の子3人の中でもっとも速く走る」、けっこうです。

> B. a. Mike is the tallest boy in his class.
> 　　　マイクはクラスの中でもっとも背が高い男の子です。
> 　　b. Ken runs (the) fastest of the three boys.
> 　　　ケンは男の子3人の中でもっとも速く走る。

でも、B.aの「〜の中で」の表現が "in" を使っているのに対して、こちらは "of" を使ってますね。これはどういうことだろう。

👥〈みんな〉 ？？？

417

ハイ、これは教わらなければわからないことなので教えます。B.a の文では"in" の後ろの「クラス」を数えていますか？

???
〈みんな〉

先生が言っている意味がわからないかな。じゃあ、B.b の文で、"of" の後ろの「男の子」を数えていますか。

…数えて…いる。
〈みんな〉

イチ、ニイ、サン。3人の男の子って数えているじゃない。B.a の文で「クラス」を数えていますか？

数えてない。
〈みんな〉

そうです。「〜の中でもっとも」という文章において、「〜の中」の部分に、「日本で」とか「クラスで」のように数えていない言葉を使う場合は"in"、「5人の中で」とか「10個の中で」のように数えている言葉を使うなら"of" と考える。

何か質問はあるかな？

先生、B.b の文で"the"が（ ）に入っているのはなぜですか。
高橋さん

わっ。いいとこに気づいたな。というか、気づかせるために（ ）に入れておいたのだけど(笑)

実はこういうルールがある。「副詞の最上級には"the"をつけてもつけなくてもいい」、だから、B.b の文の"the"は（ ）に入っているのです。でも、きっと混乱するから、最上級はすべて"the"がつく、とおぼえたほうが便利です。

先生！ なんで「つけてもつけなくてもいい」のですか？
鈴木さん

うーんとねえ…。理由はとくに「ない」ですね。

そんないい加減な…。
佐藤くん

私たちが勉強しているのは、数学でも理科でもありません。理屈通りにできあがったものではないんですよ。副詞の"the"は、つける人もいれば、つけない人もいる。どっちも不自然ではないので、どちらでもOKということなんです。
　だいいち、本当は形容詞だって必ず"the"がつくとは限らないのですよ。

　🧑 どういうときには"the"がつかないのですか。
　　高橋さん

　よい質問なのだけど、さらに混乱させるので、ここで説明するのは止めておいたほうがよさそうです。興味のある人は、ぜひ放課後に質問にきてください。
　さて、最後に「最上級の作り方」、すなわち"est"のつき方を確認して終わりましょう。これは大事ですから、両耳をかっぽじってしっかり聞いてくださいね。"er"と同じで4つしかパターンはないので、すぐおぼえられる。
　まず、パターンa、そのまま"est"がつく。
　続いてパターンb。"e"で終わっている場合は"e"を重ねず、"est"のみをつける。
　パターンc。「yで終わっている語は、yをiに変えてest」。この他にも"easy → easiest" "busy → busiest"などもおぼえておいてほしい。
　最後です、パターンd。語を重ねる、嫌なパターンだ。でもだいじょうぶ。"hot"と"big"だけおぼえておけば十分。

C. 最上級の作り方
　a. old → old**est**,　small → small**est**
　b. nice → nic**est**,　large → larg**est**
　c. happy → happ**iest**,　early → earl**iest**
　d. hot → hot**test**,　big → big**gest**

　前回、今回で比較級と最上級の基本的な話はおしまいです。ノートを書き終えた人から終わりにしてください。See you next time!

今日のノートとポイントのおさらい

Lesson7-② 最上級

A. a. 最上級の意味 …… もっとも○○
   b. 最上級の形 …… **the** +原級+ **est**(+ **in** あるいは **of**)

B. a. Mike is the tallest boy in his class.
      マイクはクラスの中でもっとも背が高い男の子です。
   b. Ken runs (the) fastest of the three boys.
      ケンは男の子3人の中でもっとも速く走る。

C. 最上級の作り方
   a. old → old**est**, small → small**est**
   b. nice → nic**est**, large → larg**est**
   c. happy → happ**iest**, early → earl**iest**
   d. hot → hot**test**, big → big**gest**

English After School
放課後の職員室で…

田中くん: 今日の授業の…。

高橋さん: 最上級の"the"なんですが…。形容詞でも"the"がつかないのは、どういう場合ですか。

〈先生〉: やあやあ、本当に質問にきましたね。これは高校で勉強することだけど、興味がありそうだから、かいつまんで話すね。
まず、必ず"the"がつくのは次のような場合だ。

①最上級の形容詞が名詞を修飾している場合
　例　Mike is the tallest boy in his class.
　　　（マイクは彼のクラスでもっとも背の高い男の子だ。）

これは「もっとも背の高い少年」というように、最上級になることで特定されるためだね。一方で、"the"がつかないことが多いのは、次のような場合。

②最上級の形容詞が名詞を修飾していない場合
　例　Mike was happiest when he won the game.
　　　（マイクは試合に勝ったとき、最高にうれしかった。）

「もっとも幸せだ」のように状態を示す表現の場合は"the"がつかないことが多い。

高橋さん: なるほど。

田中くん: なんとなく、わかったような、わからないような…。

〈先生〉: 今は形容詞でも副詞でも、「最上級には基本的に"the"をつける」原則を忘れない、ということで十分ですよ。

田中くん・高橋さん: わかりました。ありがとうございました！

Lesson 7 ③ more, most を使った比較級・最上級

月　　日（　　）

　さて、比較級・最上級のお話も折り返し地点まできました。もう一息ですから頑張ってください。
　いきなりですが、「日本語は英語よりも難しい」という文を、これまで教わった通りに英語になおしてごらん。

〈みんな〉 ... Japanese is difficulter than English.

　けっこうです。みなさんが勉強してきたルールにしたがえば、そうなりますよね。
　しか〜し、残念ながら、この"difficulter"という言葉は英語にないんですよ。

〈みんな〉 えーっ！

　じゃあどうするのか、ということなんですけど、"more"という語を使って、"difficult"は原級のまま残すんです。リピートアフターミー。"more"

〈みんな〉 more

"more difficult"

〈みんな〉 more difficult

> **Lesson7-③　more, most を使った比較級・最上級**
>
> A. er, est を使わない比較級・最上級
>
>
> B. a.　Japanese is ~~difficulter~~ than English.
>   more difficult
>
>   日本語は英語より難しい。

もう１つ英文を作ってください。今までみなさんが勉強したルールにしたがって考えてもらえばけっこうです。「これはこの図書館でもっとも面白い本です。」

〈みんな〉　This is the interestingest book in this library???

今まで勉強してきた通りなら、そうなりますよね。でも、実はこうなる。

> **Lesson7-③　more, most を使った比較級・最上級**
>
> A. er, est を使わない比較級・最上級
>
>
> B. a.　Japanese is ~~difficulter~~ than English.
>   more difficult
>
>   日本語は英語より難しい。
>
>   b.　This is the ~~interestingest~~ book in this library.
>   most interesting
>
>   これはこの図書館でもっとも面白い本です。

"most" を使って、"interesting" は原級のまま残します。リピートアフターミー。"most"

〈みんな〉 most

"most interesting"

〈みんな〉 most interesting

　これらの文を見てみると、どうやら、英語の比較級・最上級では"er, est"を使わないものがあるらしい、ということが想像できます。これをA.でまとめると次のようになります。

Lesson7-③　more, most を使った比較級・最上級

A. **er, est を使わない比較級・最上級**
  a. **more** ＋原級＋ **than**
  b. **the most** ＋原級（＋ **in** あるいは **of**）

B. a. Japanese is ~~difficulter~~ than English.
　　　　　　　　　more difficult
　　日本語は英語より難しい。

　b. This is the ~~interestingest~~ book in this library.
　　　　　　　　most interesting
　　これはこの図書館でもっとも面白い本です。

　"more" と "most" の使い方はわかったけど、じゃあいったいどういう語の場合、"er, est" が使えずに、"more, most" を使うのだろうか。じゃ、その例をいくつかあげてみますね。

C. more, most を使う語
　beautiful, exciting, popular...

　まだまだありますが、これはどう考えたらいいのだろう。でも、なんとなく

ルールが見えませんか？

吉田さん：長い単語？

そう考えるしかないですよねえ。あんまり書きたくないけど、「比較的長い語」ということで勘弁して。

佐藤くん：勘弁します（笑）

ありがとうございます（笑）

本当はルールがないわけではありません。ノートには書きませんけど、参考までに言っておくと、"more, most" を使う語というのは母音が3音節以上ある単語なんです。例えばこうなります。

---

b<u>eau</u>t<u>i</u>f<u>u</u>l, <u>e</u>xc<u>i</u>t<u>i</u>ng, p<u>o</u>p<u>u</u>l<u>a</u>r

---

それぞれ、3つの母音が入っているでしょ。でもねえ、そうじゃない場合もあったりするので、この区別の仕方は万能じゃないんです。でも、「母音が3音節以上ある単語」なんて言われても、よくわからないでしょ。

吉田さん：ぜんぜんわかりません。

中村くん：難しいです。

安心してください。実は、私も中2のとき、この "more, most" の勉強をしましたが、よくわからなくて、気持ちが悪かった。私も若かりし頃は「きっちりした」人間だったんですねえ。今は粗雑ですけど（笑）でも、たくさんの英文に触れたり、問題を解いたりしているうちに、だんだんとなじんできました。「まあ、こんなもんだ」とね。

英語の文法はあくまでルールの基本です。英語は数学じゃありませんから、公式によって正解が完璧に出てくるものではありません。ルールをおぼえるのと一緒に、英語をたくさん読んだり聞いたりして、リズムや語感で判断できる

ようにすることも大切です。文法で理解できたからおしまい、では身につきません。それだけでは忘れやすいですし、応用も利きませんよ。何度も教科書を読んで口と体になじませましょう。

That's all for today's lesson. Good-bye, everyone!

〈みんな〉 Good-bye Mr. Sasa!

今日のノートとポイントのおさらい

Lesson7-③　more, mostを使った比較級・最上級

A. er, est を使わない比較級・最上級
　a. **more** ＋原級＋ **than**
　b. **the most** ＋原級（＋ **in** あるいは **of**）

B. a. Japanese is ~~difficulter~~ than English.
　　　　　　　　more difficult
　　日本語は英語 より難しい。

　b. This is the ~~interestingest~~ book in this library.
　　　　　　　　most interesting
　　これはこの図書館でもっとも面白い本です。

C. more, most を使う語
　beautiful, exciting, popular...

English After School
放課後の職員室で…

高橋さん: 先生、質問があります。

先生: はい、何でしょう。

高橋さん: 問題集を使って勉強していたら、こんな問題があったのですが…。

> 次の文を比較級を使って書き直しなさい。
> **English is the most popular subject in my class.**

先生: なるほど。文の意味はわかるよね。

高橋さん: はい、「私のクラスでは、英語がいちばん人気がある教科です。」

先生: そうだね。これを「〜より〇〇」という文に書き換えるわけだ。「いちばん人気がある」ということは、他の教科よりどうだということでしょうか。

高橋さん: 「他の教科より人気がある」ということですか。

先生: その通り。「私のクラスでは、英語は他の教科より人気があります」ということだね。やってごらん。

高橋さん: English is more popular than...

先生: 「他の教科より」が難しいね。"any other subjects" という表現を使ってみよう。

【高橋さん】"English is more popular than... any other subjects in my class." ですか。

【先生】そうだね。「英語は他のどんな教科より人気がある」ということです。
逆に考えてみよう。"Baseball is more popular than any other sports in Japan."（日本では野球は他のどんなスポーツより人気があります）ということは、野球はどのくらい人気がある、ということかな。

【高橋さん】いちばん人気がある…。

【先生】"Mt. Fuji is higher than any other mountains in Japan."（日本では富士山は他のどんな山よりも高い）ということは？

【高橋さん】いちばん高い。あ、わかりました。

【先生】一度しくみがわかってしまえば、だいじょうぶ。

【高橋さん】ありがとうございました。

【先生】You're welcome.

Lesson8 ① betterを使った文

月　日（　）

　しばらく続けてきた比較級・最上級の話も、もう少しで終わります。残りの勉強はおまけに近くて、内容もそれほど難しくはありませんので安心してください。私の話をよく聞いて、この時間に理解してしまうように頑張ってください。
　まず、次の文を見てもらいましょう。

Lesson8-① betterを使った文

A. (Her picture is good.)

みなさんで日本語を一緒にどうぞ。

〈みんな〉　彼女の絵はよい。

けっこうです。復習だから意味は書きませんよ。さて、この文を「彼女の絵は私の絵（my picture）よりよい」という文章にしたい。

Lesson8-① betterを使った文

A. (Her picture is good.)
　a.
　　彼女の絵は私の絵よりよい。

今まで教わったことを総動員して、なんとかしてごらん。

〈みんな〉　Her picture is... gooder than... my picture.

すばらしい。これまで私が教えたことをしっかり守って考えてくれましたね。ありがとう。

　人は素直なのが大事だと思うよ。とくに子どもの頃は。大人になるとどんどんひねくれていくわけですから、せめて子どもの頃は素直でないとね。私なんか子どもの頃からひねくれ者でしたから、こんなへんくつな大人になっちゃう（笑）みなさんは私よりよい大人になれそうですよ。

　私の過去談義はこのへんにしておきまして、これまでの勉強を思い返してください。「～より」という表現が比較級だということは勉強しました。原級に何がつくと比較級になるんだっけ。

〈みんな〉　er

そう、"er" でしたよね。ところが、例外があるんです。この例外をおぼえてほしい。でも、みなさん、聞いたことがありますよ、この言葉。リピートアフターミー。"better"

〈みんな〉　better

中村くん　聞いたことないなあ。

佐藤くん　どっかで聞いた気がするけど。

　えっ、ホント？　みんなパンに塗って食べませんか。食パンを焼いて、こうやって…。

鈴木さん　先生！　それはバターです！（笑）

　失礼しました。パンにベターっと塗るやつね。

〈みんな〉　…。

…ところで、本当に"better"って聞いたことがないかな。例えば…「今日は学校へ行かずに、休んだほうがベターだな」とか、「そのプレゼントを頼むのは、来年のクリスマスまで待ったほうがベターだな」とか。

🙂🙂🙂 うーん…。
〈みんな〉

そうですか。まあ、みなさんはせいぜい14歳ですからね。知らないことがあって当然だ。でも、いろいろな知らない言葉に敏感になって、いつも「何それ？」「どういう意味？」とか思ってたほうがベターだよ…。

さて、この"better"は、"good"の比較級です。つまり、"gooder"という言葉はこの世に存在しません。

そこで先ほどの文に戻って考えましょう。"good"の比較級は"gooder"ならぬ"better"である。今度は正しく「なんとかできる」はず。どうぞやってごらん。

🙂🙂🙂 Her picture is... better than... my picture.
〈みんな〉

Lesson8-①　better を使った文

A. (Her picture is good.)
a. Her picture is **better** than my picture.
　彼女の絵は私の絵よりよい。

リピートアフターミー。"Her picture is better than my picture."

🙂🙂🙂 Her picture is better than my picture.
〈みんな〉

はい、けっこうです。じゃ、お次。次の文は"She sings well."という文です。どんな意味ですか。

🙂🙂🙂 彼女は上手に歌う。
〈みんな〉

431

復習だから意味は書かないよ。先ほど"good"の比較級は例外的に"better"だよ、という話をしました。もう1つだけ、我慢して例外をおぼえてください。その例外は「well の比較級は better」です。"weller"という言葉はこの世に存在しません。リピートアフターミー。"better"

〈みんな〉 better

ではこの文章を「彼女は彼女の姉より上手に歌う」と変えましょう。さあ、英語でどうぞ。

〈みんな〉 She sings... better than her sister.

リピートアフターミー。"She sings better than her sister."

〈みんな〉 She sings better than her sister.

Lesson8-① better を使った文

A. (Her picture is good.)
a. Her picture is better than my picture.
　彼女の絵は私の絵よりよい。

(She sings well.)
b. She sings better than her sister.
　彼女は彼女の姉より上手に歌う。

けっこうです。だいじょうぶかな。しつこいけど例外は2つだけ、"good"と"well"の比較級は"better"。「よりよいパンにはより上手にバターをベターっと塗りましょう」とおぼえるとおぼえやすい…かな？

〈鈴木さん〉 先生！ 余計わかりづらいですよ！

失礼しました！

さて、この"better"を使った決まり表現というものがあります。これはあれこれ考えるよりも、言い方としておぼえてしまったほうが楽だと思います。その形は"like A better than B"という形です。リピートアフターミー。"like A better than B"

　　like A better than B

「BよりAが好きなのよ」

　　BよりAが好きなのよ(笑)

> **B. like A better than B = BよりAが好き**

これはわりと簡単な表現ですから、たぶんすぐに英文を作ることができます。「私はバナナよりリンゴが好きです」、はい、英語でどうぞ。

　　I like... apples better than... bananas.

> **B. like A better than B = BよりAが好き**
> **a. I like apples better than bananas.**
>   私はバナナよりリンゴが好きです。

ちょっとみなさんの迷いを感じるな…。迷ったら、"like A better than B"「BよりAが好きなのよ」と唱える。リピートアフターミー。"like A better than B"「BよりAが好きなのよ」

　　"like A better than B"「BよりAが好きなのよ」(笑)

これと似た表現で、"Which do you like better, A or B?"という表現もある。「あなたはAとBのどちらが好きですか」というものなんだけど、これは文の中

でおぼえてもらおう。"Which do you like better, this song or that song?" という文の意味をとってごらん。

あなたは…この歌と…あの歌のどちらが好きですか。

答えはだいじょうぶかな。「この歌が好き」

I like this song.

けっこうです。

追加問題です。"I like this song." の後ろに4つの英単語を入れよ。I like this song...

> B. like A better than B = B より A が好き
> a. I like apples better than bananas.
> 　私はバナナよりリンゴが好きです。
> b. Which do you like better, this song or that song?
> 　あなたはこの歌とあの歌のどちらの歌がより好きですか。
> ans. I like this song (　　　　　　　　　　).
> 　私は（　　　　　）この歌が好きです。

I like this song... better than that song.

いいでしょう。

> B. like A better than B = B より A が好き
>
> a. I like apples better than bananas.
>   私はバナナよりリンゴが好きです。
>
> b. Which do you like better, this song or that song?
>   あなたはこの歌とあの歌のどちらの歌がより好きですか。
>
> ans. I like this song (better than that song).
>   私は（あの歌よりも）この歌が好きです。

今日の勉強はそんなに難しくなかったでしょ。

佐藤くん　けっこうわかりやすかった。

中村さん　難しくなかった(笑)

そうなんですよ。中学2年生はこの比較級や最上級はよく理解してくれます。私も教えるのに困ったことはあまりありません。

ところで、みんなはこんな話を聞いたことがあるかな。

虎というのは、自分の子どもをしっかり成長させるために、我が子を谷に突き落とすそうです。そして這い上がってくる我が子を待つという話です。愛するがゆえに自分の子どもを鍛えるのですねえ。

私はみなさんを愛するがゆえに、今日のようにみなさんが簡単に谷から這い上がってくると、さらにそれを谷底に蹴落とします！

〈みんな〉　えー！　残酷(笑)

愛ゆえです(笑) チャレンジ問題に挑戦。できたらすごい。①英文の下に日本語、②答え方を2つ、日本語を参考に英語で2つ書いてください。

> Who sings better, you or your sister?
>
> ans.　　　　（私です）/　　　　　　（私の姉です）

あわせて3つできたら持っておいで。3つとも全部が○でクリアです。

　1個でも間違えていたらダメですか？
〈高橋さん〉

はい、3つとも正解だったときのみ、花丸をあげます。ノーヒントでどうぞ。

《キンコーンカーンコーン…》

　難しい〜。
〈みんな〉

残念でしたね。今日はここまで、次回解答＆解説（P.444〜445）をいたしましょう。

今日のノートとポイントのおさらい

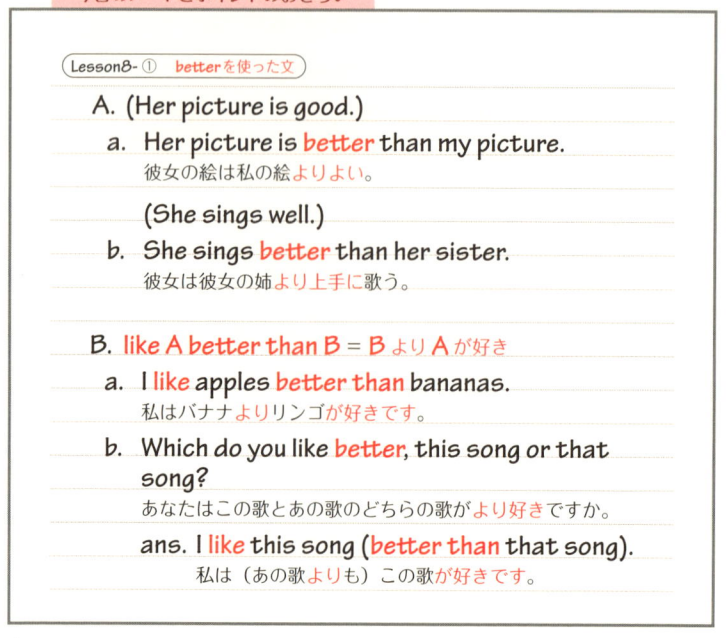

Lesson8-① betterを使った文

A. (Her picture is good.)
  a. Her picture is better than my picture.
      彼女の絵は私の絵よりよい。

  (She sings well.)
  b. She sings better than her sister.
      彼女は彼女の姉より上手に歌う。

B. like A better than B ＝ BよりAが好き
  a. I like apples better than bananas.
      私はバナナよりリンゴが好きです。
  b. Which do you like better, this song or that song?
      あなたはこの歌とあの歌のどちらの歌がより好きですか。
  ans. I like this song (better than that song).
      私は（あの歌よりも）この歌が好きです。

Lesson8 ② bestを使った文

月　日（　）

　しばらく続けてきた、比較級・最上級の話の最終回です。そして、今日の授業は2学期の英語の授業の最終回でもあります。
　ところで、みなさんの家にはサンタさんがきてくれますか？

吉田さん　去年からこなくなった(笑)

佐藤くん　まだいいよ。オレなんか小学校5年のときからきてない(笑)

　それはかわいそうに。日頃の心がけをよくしていれば、私くらいの年齢になってもちゃんとプレゼントが届きますよ。

鈴木さん　ウソだ〜。

吉田さん　現実的にあり得ない。

　ウソなんかじゃありませんよ。ぜひいい子にして今日の授業を一生懸命聞いてごらん。きっとクリスマスにはサンタさんがきてくれるから！

〈みんな〉　…。

　…さて、授業に入ります。今日の話も難しくありません。よーく聞いて、この時間中に理解してしまうように頑張ってください。
　まず、次の文を見てください。

Lesson8-② **best を使った文**

A. (He is a good teacher in my school.)

どんな意味かわかりますね。中学1年生レベルです。吉田さん、どうぞ。

　　彼は私たちの学校のよい先生です。
〈吉田さん〉

復習だから意味は書きませんよ。…これ、だれのことでしょうねえ。私のことかなあ（笑）

　　そうですよ（笑）
〈佐藤くん〉

うれしいなあ、佐藤くん。だれ、そこで「違います」って言った人！ 佐藤くん、きっと今日いいことがありますよ！（笑）

ところで、"good"は「よい」という意味ですけど、「よりよい」っていう英語が"gooder"ではなくて…。

　　better!
〈みんな〉

そうでしたよね。形がまったく変わってしまうパターンでした。そして「もっともよい」は"goodest"ではなくて…。

　　best!
〈みんな〉

すごいね。教えていないのに、ちゃんと知ってる。あ、みんなもともと知っているのか。冬に上着の下に着る、こういう形の…。

　　それは服です！
〈鈴木さん〉

あ、それとは違うのね（笑） そっか、服のベストは"vest"、こちらのベストは"best"と。リピートアフターミー。"good-better-best"！

good-better-best!（笑）

「ベストヒット」とか「今週のベスト」とか、すっかり日本語になっている英語ですね。それでは「彼は私の学校でもっともよい先生です」という文を作ってみましょう。

　He is the best teacher in my school.

> Lesson8-② best を使った文
>
> A. (He is a good teacher in my school.)
> a. He is the best teacher in my school.
> 　 彼は私の学校でもっともよい先生です。

その通りです。リピートアフターミー。"Mr. Sasa is the best teacher in my school."

　... Mr. Sasa is the best teacher in my school.（笑）

いやあ、照れるなあ、そんなに誉められると。

　先生！ 錯覚です！（笑）

はい、錯覚でした（笑）今度の文は"She sings well."という文です。意味はわかるね。

　彼女は上手に歌う。

さて、思い出してください。「上手に」という意味の"well"は、「より上手に」という意味に変わるとき、"weller"ではなくて…。

　better

その通り。"better" になるのでした。では「もっとも上手に」ではどうなるか。

〈みんな〉 best

もうわかってきたね。リピートアフターミー。"well-better-best!"

〈みんな〉 well-better-best!

では「彼女はクラスでもっとも上手に歌う」を英語でどうぞ。

〈みんな〉 She sings the best in my class.

その通り。

Lesson8-② best を使った文

A. (He is a good teacher in my school.)
a. He is **the best** teacher in my school.
   彼は私の学校でもっともよい先生です。

(She sings well.)
b. She sings **(the) best** in my class.
   彼女はクラスでもっとも上手に歌う。

(the) の説明は前にしてあるね。"the" をつけるかどうか迷ったら迷わずにつけること。

ちょっと復習。「彼女は4人の中でもっとも上手に歌う」を英語でどうぞ。ひっかからないように気をつけて。

〈みんな〉 She sings the best of (in) the four.

なんだか2種類聞こえるな。"the four"（4人）の前にくるのは "of" だっけ、"in" だっけ？

"of" です。

どうして？

　"four"（4人）と数えているからです。

　その通り。他のみんなも思い出してね。忘れてしまっている人は、Lesson7-②のノートを見直してください。

　さて、これで"best"の説明の半分はおしまいです。後半戦に入ります。

　この"best"を使った決まり表現というものがあります。これは、あれこれ考えるよりも、言い方としておぼえてしまったほうが楽だと思います。その形は"like なになに the best"という言い方です。リピートアフターミー。"like なになに the best"

　like なになに the best。

「なになにがもっとも好き」

　なになにがもっとも好き。

　これは簡単な表現です。「私はすべての果物の中（of all fruits）でリンゴがいちばん好きです」　はい、英語でどうぞ。

　I like... apples the best... of all fruits.

　大変けっこうです。

> **B. like 〜 (the) best** = 〜がいちばん好き
> a. I like apples (the) best of all fruits.
> 　私はすべての果物の中でリンゴがいちばん好きです。

ちょっと練習してみよう。「私はすべての教科の中（of all subjects）で英語がいちばん好きです」

I like English the best of all subjects.

「私はすべてのテレビ番組（of all TV programs）の中でサザエさんがいちばん好きだ」

I like Sazae-san the best of all TV programs.

大変けっこうです。

もう1つおぼえよう。"What ○○ do you like the best?" という表現です。「あなたは何の○○がもっとも好きですか」というもので、代表格は "What sport do you like (the) best?" という文です。意味はわかるよね。

あなたは…何のスポーツがいちばん好きですか。

答えはだいじょうぶかな。「私はサッカーがもっとも好き」

I like soccer the best.

> **B. like 〜 (the) best** = 〜がいちばん好き
> a. I like apples (the) best of all fruits.
> 　私はすべての果物の中でリンゴがいちばん好きです。
> b. What sport do you like (the) best?
> 　あなたは何のスポーツがもっとも好きですか。
> ans. I like soccer (the) best.

けっこうです。練習しましょう。答えてください、佐藤くん。
What sport do you like the best?

    I like baseball the best.

I like it, too. Thank you.
What subject do you like the best, Ms. Yoshida?

    I like Art the best.

Great! Thank you.
今日の勉強はそんなに難しくなかったでしょ。

    けっこうわかりやすかった。

ところで、前回の授業の最後に、「愛情にあふれた虎の親」になった私に崖から突き落とされた人、這い上がってこれたかな。

    這い上がれませんでした（笑）

這い上がる努力はしたの？

    途中で落っこちちゃいました（笑）

努力しても這い上がれなかったのなら仕方ないですよね。じゃあ、ヒントをあげよう。C. の文を見てください。

C. Who sings (the) best in your class?

意味はとれるかな。「あなたのクラスでだれが…」

    …あなたのクラスでだれが…もっとも上手に歌いますか。

OK ですよ。問題は答え方だ。「私です」と答えるならどうしたらいいと思う？

"I sing..." かなあ。

いいんじゃないの。間違いとは言えませんよ。ただ、普通は "sing" の部分を「する」の意味の "do" に置き換えて、"I do." とします。リピートアフターミー。"I do."

I do.

「かなえです」と答えるなら、どうしたらいいかな。

Kanae do.

"does" じゃない？

おっ、いいねえ。中村くんのように "Kanae do." にしたくなるけど、三単現のsを落としちゃいけないよ。田中くんの言うように、"Kanae does." となる。リピートアフターミー。"Kanae does."

Kanae does.

C. Who sings (the) best in your class?
あなたのクラスで誰がもっとも上手に歌いますか。
ans. I do. / Kanae does.
私です。/ かなえです。

前回の授業（Lesson8-①）の最後で出したチャレンジ問題も、これと考え方は同じです。黒板に答えを書きますので、自分の答えと照らし合わせてノートに書いてください。

> **Who sings better, you or your sister?**
> あなたとあなたのお姉さんのどちらが、より上手に歌いますか。
> **ans. I do.** (私です) / **My sister does.** (私の姉です)

　次回、年明け最初の授業では、比較級・最上級の親戚みたいなものを1つ紹介しますが、比較級・最上級についてはこれでおしまいです。丁寧に説明しましたので、中学生が知っていなければならないことのほとんどをカバーできたと思います。

　…ただ、ですねえ、前回と今回勉強した"better, best"について、ほんの少し補強しておきたい気がするのです。というのも、今でこそ、比較級・最上級で形が変わる言葉は"better, best"の2つを知っていればOKですが、以前の中学生はもっとたくさん勉強したのですね。ここで説明はしませんが、後で勉強するときに参考になる表を用意しました。余裕のある人は眺めるくらいでよいから、見ておいてください。時間があれば解説したいことはたくさんあるのだけど…。

			原級	比較級	最上級
良さ悪さ	良い		good	better	best
	上手に		well		
	悪い		bad	worse	worst
数と量	多い	可算	many	more	most
		不可算	much		
	少ない	可算	(few)	(fewer)	(fewest)
		不可算	little	less	least

※可算＝数えられる（本、机、ペンなど）、不可算＝数えられない（水など）

　そうそう、1つ教えておきたい言葉をとり上げます。それは"bad"（悪い）の最上級、"worst"です。読めるかな。

〈みんな〉 ウォースト？

田中くん ワースト、じゃないかな。

そう。ワースト、と読みます。いちばん良いもの 10 個で何と言いますか。

鈴木さん ベストテン！

いちばん悪いものを 10 個あげることを何て言いますか。

高橋さん ワーストテンです。

ワーストって使うでしょ。あれです。ワーストは最上級"best"の反対言葉、"bad"の最上級なんですよ。

〈みんな〉 なるほど〜。

比較級も入れて読むと、こうなる。リピートアフターミー。"bad-worse-**worst**"

〈みんな〉 bad-worse-**worst**

いい勉強になりましたね。さあ、いい勉強をしたところで、そろそろチャイムが鳴りますね。年の最後になります。

I wish you **the best**. Good-bye, everyone!

〈みんな〉 Good-bye, Mr. Sasa!

今日のノートとポイントのおさらい

> Lesson8-② best を使った文

A. (He is a good teacher in my school.)
   a. He is **the best** teacher in my school.
      彼は私の学校で**もっともよい**先生です。

   (She sings well.)
   b. She sings **(the) best** in my class.
      彼女はクラスで**もっとも上手に**歌う。

B. **like ~ (the) best** ＝〜がいちばん好き
   a. I **like** apples **(the) best** of all fruits.
      私はすべての果物の中でリンゴが**いちばん好きです**。
   b. What sport do you like **(the) best**?
      あなたは何のスポーツが**もっとも好き**ですか。
   ans. I like soccer **(the) best**.
      私はサッカーが**もっとも好き**です。

C. Who sings **(the) best** in your class?
    あなたのクラスで誰が**もっとも上手に**歌いますか。
   ans. I do. / Kanae does.
      私です。/ かなえです。

中学2年　2学期　best を使った文

番外編 Lesson　物を数える

月　　日（　）

　また会いましたね。

　中村くん　あれっ、今年の英語の授業はもう終わったのに！

　佐藤くん　何があったんですか？

　いやいや、渡辺先生が風邪でお休みのため、国語の時間が自習になってしまいました。そこでA組にやってきたわけです。

　中村くん　まさか英語の授業を…。

　やりますよ、もちろん！

　＜みんな＞　えー。／やったー。

　悲鳴と感動と両方聞こえるな（笑）こういうときは「渡辺先生の国語の授業を受けられずに残念だ」という気持ちを込めて、えー！と言うのが正解です。

　＜みんな＞　えー！

　まあまあ、英語の時間はわずかで終わりにして、漢字の書きとりをやってもらうから、安心してください。

　＜みんな＞　えー！

　はっはっは。
　さて、いきなりですけど、前回の授業で「眺めておくだけでいいよ」と言って、

表を見せたのを覚えているかな。

田中くん:「ワースト」が出てきた表ですか。

〈みんな〉:あぁ。

だれからも質問が出なかったのだけど、あの表の中に「可算・不可算」という言葉があったのに気づかなかったかな。

中村くん:そんなのあったっけ。

鈴木さん:ぜーんぜん気づきませんでした。

高橋さん:数えられる、数えられないって書いてありました。

…その話をちょっとだけさせてください。

| ①にんじん ②サンダル ③ヨット ④ごま ⑤ロケット
| ⑥七面鳥 ⑦ハチ ⑧くじら ⑨ジュース ⑩ケーキ |

佐藤くん:何ですか、それ。

日本語って難しいよね。物を数えるとき、単位がさまざまに変わる。上の①〜⑩まで、正しく日本語で数えられるかな。

鈴木さん:先生！ バカにしないでくださいよ〜。中学２年ですよ！

では、鈴木さん、全部言ってみて！

鈴木さん:えーっ。えーっと、①本 ②足 ③艘(そう) ④粒 ⑤台 ⑥羽 ⑦匹 ⑧頭 ⑨杯 ⑩は…何だろ、「切れ」かな。

すばらしい。ところで、この①〜⑩がそれぞれ５つずつあったとしたら、どんなふうに言うかな？ それぞれが５つあったとして、"five books"のように

読んでごらん。

① five carrots　② five sandals　③ five yachts
④ five sesames　⑤ five rockets　⑥ five turkeys
⑦ five bees　⑧ five whales　⑨ five juices
⑩ five cakes...

なーんか変なのないかなあ。

"five juices" はおかしいと思います。

オレもそう思った！

サンダルも、ちょっと変な気がします。片方のサンダルが5つあるような感じがする…。

オレもそう思った！（笑）

ケーキも、なんかでっかいケーキが5つあるみたい…。

すばらしい。いいところを突いてきたなあ。さすが私が教えてきただけのことはある！

…。

失礼しました。ところで、みなさんの指摘は確かに正しい。いちばんわかりやすい「ジュースの話」からすることにしよう。

英語は数にこだわる言葉だよ、ということは1年の授業のときに繰り返したからおぼえていると思う。英語では次のような区別がとても大事だったよね。「1つ、1人」が？

単数。

そして、「2つ、2人以上」が？

複数。

　さっき答えてもらったように、にんじんやごま、ハチなどは「1本、2本…」「1粒、2粒…」「1匹、2匹…」のように数えられます。こういう名詞を「数えられる名詞」、ちょっと難しく言うと「可算名詞」と言います。英文法の言葉というより日本語として知っておいてほしいので、リピートアフターミー。「可算名詞」

　可算名詞。

　可算名詞は「1つ、1人」「2つ、2人以上」に区別できる。でも、この世には数えようのないものもありますよね。例えば"love"(愛)。「1個、2個、3個」って「愛」を数えないでしょ(笑) それから、ジュースや水のような液体だってそうです。分子単位にしなければ、「1個、2個」って数えられない。

　このように、「数えられない名詞」(量ではかる名詞)のことを、難しく言うとこんなふうに言う。リピートアフターミー。「不可算名詞」

　不可算名詞。

　けっこうです。この「不可算名詞」は基本的に単数扱いします。ただ、水やジュースは数える方法もあります。

　分子にする！(笑)

　ま、それも1つの方法でしょうが、日常生活でいちいち分子に戻していたら大変です(笑) みなさんは水やジュースを飲むとき、何に入れて飲みますか。

　コップ、グラス…。

　例えば「水をグラス1杯ください」は "Please give me a glass of water." と言う。リピートアフターミー。"a glass of water"

　a glass of water

では、カップ 1 杯のジュースは何と言うと思う？

〈みんな〉 a cup of juice

すばらしい。今度は、ケーキを数えてみましょう。先ほど吉田さんが言ってくれたように、ケーキは普通「ホールケーキ」では食べません。食べたいでしょうけど、体にも財布にも悪いから止めたほうがいいよ（笑）ケーキ 1 切れの数え方もちゃんとあります。こう言います。リピートアフターミー。"a piece of cake"

〈みんな〉 a piece of cake

"piece"（ピース）というのは、「切れ」「かけら」のような意味です。一切れでは足らない人は、"Please give me two pieces of cake." と頼んでくださいな（笑）

佐藤くん　なんか、「ピース」って聞いたことあるなあ。

中村くん　あるある！

チキンを売っている店なんかでは使っているよね。でも、使い方はみんな間違えている。「チキン 1 ピースください」は OK だけど、「チキン 3 ピースください」は間違いですよね。

高橋さん　あっ、「ピーシーズ」じゃないとおかしい。

その通り。これからみなさんはチキンを買うとき、きちんと「3 ピーシーズください」って言わなきゃダメだよ！（笑）ちなみに「ピース」にはいろんな意味があり、"a piece of paper" と言えば「1 枚の紙」、あるいは "one-piece" と言えば、女性用の服や水着のことになります。辞書で "piece" を引いてみると面白いことがたくさんありますので、調べてみてください。そういえば、"a piece of cake" も、「1 切れのケーキ」という意味以外に、面白い意味もあるんですよ。ぜひ辞書で調べてね。冬休みの宿題、ということで。

…。
〈みんな〉

　最後にサンダルを数えてみましょう。サンダルに限らず、靴・ブーツなどは、日本語では「足(そく)」と数えます。もちろん左右セットで「1足」ですね。左か右のどっちかのサンダルや靴は「片方の靴」としか言いようがありません。では「1足のサンダル」は英語でどのように表現するか。"a pair of sandals"のように使います。靴でも同じです。2足の靴ならば"two pairs of shoes"となります。面白いでしょ。

　同じような表現をいくつか紹介しましょう。

> a bottle of water（水ボトル1本）、a slice of bread（パン1切れ）、
> a bunch of grapes（ブドウ1房）、a bar of chocolate（板チョコ1枚）

　みなさんが知っている"a lot of"（たくさん）もこの仲間ですよ。

　最後に、前回の授業でみなさんに見せた表のうち、"many, much"（両方とも「多い」という意味だが、可算・不可算名詞で使い分ける）、"few, little"（両方とも「少ない」という意味だが、可算・不可算名詞で使い分ける）について、例文と一緒に紹介します。

　ついでに、"a few"と"a little"（両方とも「少しはある」という意味だが、可算・不可算名詞で使い分ける）も紹介してしまいます。

中学2年　2学期　物を数える

数と量	多い	可算	many	a lot of	There are many books in the room.	部屋にはたくさんの本がある。
		不可算	much		There is much water in the lake.	湖にはたくさんの水がある。
	少ない	ほとんどない	可算	few		There are few books in the room.	部屋にはほとんど本がない。
			不可算	little		There is little water in the lake.	湖にはほとんど水がない。
		少しはある	可算	a few		There are a few books in the room.	部屋には少し（2、3冊）本がある。
			不可算	a little		There is a little water in the cup.	コップの中には少し水がある。

ちなみに、さっきも出てきた"a lot of"（たくさん）は、"many, much"の代わりに、可算・不可算ともに使えます。理由はぜひ辞書を引いて調べてね。これも冬休みの宿題ということで。

〈みんな〉…。

ところで「few と a few」「little と a little」の使い方が難しいね。どっちがどっちだか迷ってしまったら、「少しはある」のだから「a few と a little」には「a（あ）」がついている、とおぼえるといいですよ。ちょっと難しいけれど、これから冬休み。じっくり辞書を引きながら、だんだんと語の意味と使い方に慣れていってください。

さあ、漢字の書きとり…と思ったら、もう授業時間が終わりですね。漢字の書きとりは冬休みの宿題ということで。

〈みんな〉…。

Have a nice winter vacation. Good-bye, everyone!

〈みんな〉 Good-bye, Mr. Sasa!

English

中学 2 年

3 学期

Lesson8 ③ 同格の表現

月　日（　）

Lesson8-③　同格の表現

　新しい年を迎えましたね。3学期の始まりです。私は久しぶりに "a lot of students" に会えてうれしくなりました。"a lot of homework" は無事終わったかな。

〈みんな〉　Yes!

　Good! さて、2学期の後半はずっと比較級・最上級を勉強してきました。今日は、比較級や最上級の親戚に当たる同格の表現を勉強します。
　みなさんに教えなければならないことはとても少ないので、あっという間に説明が終わってしまいます。

佐藤くん　It is a piece of cake!

　すばらしい。"a piece of cake"（簡単にできること）、ちゃんと冬休みの宿題をしてきましたね！

佐藤くん　さっきハカセに聞きました！

　…Lesson8を終えると、残すところLesson9だけです。先も見えてきたので、説明が終わったら…

〈みんな〉　…終わったら！

　説明が終わって、みなさんがきちんと理解できたら、英語のゲームをして楽

しみたいと思います！

<みんな> やったー！

どうせみなさんのところにはサンタさん、こなかったでしょ。私からのささやかなプレゼント＆お年玉です。

<中村くん> サンタさん、こなかったですよ。まじめに授業を受けてたのに。

<佐藤くん> オレも！

<鈴木さん> 私もでーす。

はいはい、サンタさんほどではないけど、ささやかなプレゼントをしてあげるから、授業の前半戦、しっかり聞いて理解してくださいね。内容は簡単ですが、簡単な分、忘れやすくもあります。

さて、同格というのは、「同じ格」という言葉の通り、レベル（格）が同じという意味のことです。

<佐藤くん> 笹先生と校長先生みたいなものですか。

まあ、そんな感じ…何を言わせるんだ！（笑）

Lesson8-③　同格の表現

A. a. 同格の意味 …… ～と同じくらい○○

文の形を確認してみましょう。"as" と "as" に形容詞・副詞の原級をはさんだ形になります。

> **Lesson8-③　同格の表現**
>
> **A. a.** 同格の意味 …… ～と同じくらい○○
> **b.** 同格の形 …… as ＋原級＋ as ～

これでは何のことかわかりませんので、実際の文の中で見てみましょう。

> **B.** 同格の文
>
> **a. Tom is as tall as Ken.**

トムは何だっていうのでしょうか。

〈みんな〉　トムは…ケンと同じくらい…背が高い。

> **B.** 同格の文
>
> **a. Tom is as tall as Ken.**
> 　　トムはケンと同じくらい背が高い。

そうなります。リピートアフターミー。"Tom is as tall as Ken."

〈みんな〉　Tom is as tall as Ken.

ノートには書きませんが、いくつか練習してみましょう。「トムはケンと同じくらい幸せだ（happy）」

〈みんな〉　Tom is as happy as Ken.

「トムはケンと同じくらいお腹が減っている（hungry）」

〈みんな〉　Tom is as hungry as Ken.

「トムは私と同じくらい背が高い」

〈みんな〉 Tom is as tall as...I.

比較級でも勉強したけど、この場合は"I"が正しい。なぜなら"Tom is as tall as I am tall."（トムは私が高いのと同じくらいに高い）だから。一般的には"me"を使うことが多いので、どちらでもいい、としておきましょう。

さて、B.bの文を見てください。

> B. 同格の文
> a. Tom is as tall as Ken.
>   トムはケンと同じくらい背が高い。
> b. Tom runs as fast as Ken.

どうでしょう。黒板とよーくにらめっこして、日本語にチャレンジしてみてください。トムは…。

〈みんな〉 トムは…ケンと…同じくらい速く…走る。

大変けっこうです。リピートアフターミー。"Tom runs as fast as Ken."

〈みんな〉 Tom runs as fast as Ken.

どっちが速いとも言えない。同じくらい速く走るわけですね。これが「同格」の表現です。

さて、もう1つ説明したら、今日の話はおしまいです。次の文を見てください。

> C. 同格の文の否定
>   I am   as tall as Mike.

この文に"not"を入れてみましょう。

〈みんな〉 I am not as tall as Mike.

> **C. 同格の文の否定**
> **I am not as tall as Mike.**

さて、どんな意味になるでしょうか。

〈みんな〉 私はマイクと同じくらい背が高くない？？？

"I"（私）は"Mike"と同じくらい背が高くないってどういう意味かなあ。

鈴木さん 何だろ。

中村くん 難しいなあ。

"I"（私）と"Mike"はどっちが背が高い？

高橋さん マイクだと思います。「マイクほど高くない」だから。

吉田さん たぶんマイク。アメリカ人だから。

佐藤くん それは関係ないような〜（笑）

どうやらマイクのほうが背が高いのは間違いないらしいけど、マイクは私よりどのくらい背が高いのかな？

田中くん そんなには高くなさそうな…。

〈みんな〉 うん、うん。

どうやら意味はなんとなくわかるようだ。日本語の表現を工夫して意味を通じやすくしてみよう。「私はマイクほど背が高くない」とまとめたらどうかな。

慣れるまでは意味がとりづらく感じる人が多いので、"A is not as 〜 as B"

は「AはBほど〜でない」と公式的に考えるのも1つの手です。

> **C. 同格の文の否定　○○ほど〜ない**
> **I am not as tall as Mike.**
> 私はマイクほど背が高くない。

以上で説明は終わりです。さて、正しく答えられたら "Let's enjoy the game."

🧑‍🦱〈佐藤くん〉　間違えたらどうなるんですか。

Drill time!

👦👧👦〈みんな〉　えー！

Listen to me carefully. I have four games, A, B, C and D.

Game A is as fun as game B. Game C is not as fun as game B. Game D is funnier than game B.

Now, which is the funniest game?

👦👧👦〈みんな〉　Game D?

Yes, that's right! Now let's enjoy game D.

👦👧👦〈みんな〉　Yes!

今日のノートとポイントのおさらい

Lesson8-③　同格の表現

A. a.　同格の意味 …… ～と同じくらい○○

　　b.　同格の形 …… **as**＋原級＋**as**～

B. 同格の文

　　a.　Tom is **as** tall **as** Ken.
　　　　トムはケンと同じくらい背が高い。

　　b.　Tom runs **as** fast **as** Ken.
　　　　トムはケンと同じくらい速く走る。

C. 同格の文の否定　○○ほど～ない

　　I am **not as** tall **as** Mike.
　　私はマイクほど背が高くない。

Lesson 9 ① 受け身（受動態）①

月　日（　）

　さあ、みなさん！ いよいよ進級ですね。えっ、気が早いって？ だって、もうすぐみなさん３年生でしょ。２ヵ月もすれば新しいクラスで３年生ですよ。そして、今から１年後には卒業式、進路決定を目前に控えた３年生として、人生のわかれ道ってところですから。

中村くん：　イヤだなあ。

田中くん：　受験勉強が大変そうです。

吉田さん：　このままでいい。１年生に戻りたいくらい。

　それはムリだなあ。ついこの間、あんなにかわいい顔をして入学してきたみなさんが、こんなに大人びた様子になってきちゃって。中村くんなんか、"He is as tall as I."で、私と並ぶとどっちが背が高いかわからないくらい（笑）

　ところで、私も長年中学校の教師をやっていますが、２年生の２学期後半から３学期にかけてのこの時期が、ある意味で人生でいちばんきついところです。大人になる最初の門をくぐる、とでも言うかな。私自身も、中学生時代を思い返すと、いちばん辛く、苦しい思い出は２年の後半に集中しています。私は今の穏やかなジェントルマン笹先生からは想像がつかないくらい生意気だったので、先生や親に食ってかかったりしてましたよ。

鈴木さん：　そんなに生意気だったんですか。

　あんまり生意気で、先輩ににらまれたりしたこともありましたよ。屋上に連れて行かれて囲まれて殴られるとか…。

高橋さん： えっ、本当ですか！

ウソじゃないですよ。殴られたり、蹴られたり…。そうかと思うと後輩からラブレターもらったり…。

鈴木さん： それは絶対ウソだ！

何を言うか、私の中学生時代は美少年と呼ばれ…おおっと脱線しそうだった。あぶない、あぶない。この話はまたの機会ということで…。

〈みんな〉 えーっ！ 聞きたい〜！

まあまあ、そういう波乱の人生が中学2年からスタートしたのです。みなさんも、これからいろいろな経験をするでしょうが、しっかり準備をして3年生になりましょう。

〈みんな〉 …。

えへん、ところで、次の文を見ていただきたい。右の四角の中。これはノートには書かなくていいですよ。

Lesson9-① 受け身（受動態）①

A. 受け身の意味
 a. 愛する
 b. 読む
 c. 観る
 d. 食べる

・貫一はお宮を愛しています。
・私は『坊ちゃん』を読んだ。
・たくさんの人が『スターウォーズ』を観た。
・姉は柏餅を食べた。

〈みんな〉 何ですか、それ。

まあまあ。みなさんは「貫一とお宮」の話を聞いたことがありませんか。尾崎紅葉の『金色夜叉』。

お宮は貫一の許嫁、けれども結婚を前にして、お宮は富に目がくらんで金持ちと婚約してしまいます。

　けれども「心は貫一様、あなたのものよ」…そんな2人は、静岡県は熱海の海岸におきまして再会を果たすのでございました。貫一も不幸ならばお宮も不幸。許しを請うお宮に激怒した貫一は、お宮を愛する気持ちを心に秘めたまま、こう叫ぶのでありました。「こうして2人が一処に居るのも今宵限りだ。中略（笑）いいか、宮さん、来年の今月今夜になったならば、僕の涙で必ず月を曇らせてみせるから」…そしてお宮を蹴り倒すのであります。あれ〜！

　　　先生、だいじょうぶですか？

　　　しっかりしてくださいよ、先生！（笑）

　恋は凶器なり。いずれみなさんもわかるときがくるやも知れませぬ…。
　この話は明治の作家である尾崎紅葉という人が書いた『金色夜叉』という有名な小説のクライマックスです。何度も映画になったり、芝居になったりしています。静岡県の熱海の海岸には、貫一がお宮を蹴飛ばしている「像」があるんですよ！

　　　へええ…。

　さて、ここに貫一はお宮を愛しているのですが、お宮にとってはどうなのでしょう。

　　　？

　貫一はお宮を愛している、お宮は貫一に…。

　　　「愛されている」

　「愛し、そして愛されているにもかかわらず愛しい人を蹴り、愛し、愛されているにもかかわらず愛しい人に蹴飛ばされる」悲しい物語なのであります…。
　さて、この「愛されている」「愛される」という言葉は日本語でもありますよね。

中学2年　3学期　受け身（受動態）①

「すしは日本人に愛されている」とか、「笹先生はみんなに愛されている」とかね。

〈みんな〉 …。

　失礼、「2年A組のみんなは笹先生に愛されている」。これでいいかな。ハイ、そこでキモイとか言わない（笑）

　…では、次の文。「私は『坊ちゃん』を読んだ」。それでは『坊ちゃん』という本は、どうだったというのですか。『坊ちゃん』は私によって…。

〈みんな〉 読まれた？

　その通り。「坊ちゃんは私によって読まれた」となる。文としてはおかしくない。文としてはおかしくないけど…、みんなはこういう言い方をするかな。

〈みんな〉 …しない。

　するときもありますよね。「この本、最近よく中学生に読まれてるんだってさ」、これはOKですよね。でも、みんなは、うちに帰って、「今日、宿題でさ、英語の教科書、オレに読まれなくちゃならないんだよ」とか言わないよね。

中村くん 絶対言わない（笑）

　「オレ、今日、英語の教科書を読まなきゃならないんだよ」とも言わないかもしれないけど（笑）

　ま、それは置いといて、日本語ではこういう使い方をあまりしない。でも、英語ではよくするのです。不思議ですねえ。じゃあ、次。

　「たくさんの人が『スターウォーズ』を観た」。じゃあ、映画『スターウォーズ』にとってはどうなのですか。『スターウォーズ』はたくさんの人によって…。

吉田さん 観られた。

　そうですよね。でも、みんなは「明日さあ、あの映画、私たちによって観られるのよ〜、楽しみ〜」なんて言っている人、いますか。

🧑‍🤝‍🧑 〈みんな〉 いない、いない（笑）

でも、英語では言うのです。不思議ですねえ。
　さて、最後。「姉は柏餅を食べた」。じゃあ、柏餅に身になったらどうなのだろう。柏餅はどうしちゃったの？　柏餅は姉によって…。

🧑‍🤝‍🧑 〈みんな〉 食べられた（笑）

　みんな笑っているけど、中村くん、こんなふうに言ってるんじゃないの。「今日の給食、ハンバーグだ。たくさんのハンバーグがオレに食べられるぞ〜」

🧑 中村くん そんなこと、言わないですよ！（笑）

　そうか、失礼。確かにそんな日本語はないですよね。でも英語はあるんです…というのが今日のお話であり、2年の英語の最後の山場にもなるわけです。
　今、日本語で確認した通り、愛される、読まれる、観られる、食べられる、殴られる、蹴られる、ラブレターを送られる…などの「〜られる」という表現を、「受け身」または「受動態」と言います。リピートアフターミー。「受け身」

🧑‍🤝‍🧑 〈みんな〉 受け身。

　あるいは受動態。リピートアフターミー。「受動態」

🧑‍🤝‍🧑 〈みんな〉 受動態。

　ここまでをノートにまとめます。

中学2年　3学期　受け身（受動態）①

Lesson9-① 受け身（受動態）①

A. 受け身の意味
  a. 愛 ~~する~~ される
  b. 読~~む~~ まれる
  c. 観~~る~~ られる
  d. 食べ~~る~~ られる

- 貴一はお宮を愛しています。
- 私は『坊ちゃん』を読んだ。
- たくさんの人が『スターウォーズ』を観た。
- 姉は柏餅を食べた。

内容が難しいところにもってきて、「受動態」なんてよけいに難しそうに聞こえますので、私の説明では「受け身」に統一したいと思います。柔道で受け身っていうのがあるでしょう。何をされたら受け身をするの、中村くん？

🧒 中村くん　　えー、投げられたとき。

そうですよね。投げられたら受け身をするわけですよね。私はそう見えないと思いますけど、昔、柔道をやっていたんですよ。

🧒 中村くん　　えっ、本当ですか!?

投げるよりも投げられるほうが得意でしたけど（笑）さて、受け身の意味は「～される」ということで理解できたとして、英語ではどんな形になるのだろう。
　その形は次のようになります。「be 動詞＋過去分詞（＋ by ＋[目的格]）」
　　　　　　　　　　　　　　　　　　　　　　　　　　～によって

Lesson9-①　受け身(受動態)①

A. 受け身の意味
  a. 愛~~する~~　される
  b. 読~~む~~　まれる
  c. 観~~る~~　られる
  d. 食べ~~る~~　られる

B. 受け身の形
　　be 動詞＋過去分詞 （＋ ~によって by ＋ ［目的格］）

・貫一はお宮を愛しています。
・私は『坊ちゃん』を読んだ。
・たくさんの人が『スターウォーズ』を観た。
・姉は柏餅を食べた。

まず過去分詞という言葉に引っかかっちゃうよね。でも、今は深入りしません。しばらくの間、過去分詞は動詞の過去形と同じ形のものだと思っていてほしい。今日の授業の後半には説明するから、しばらく忘れてもらっていい。それよりも今問題なのは「受け身」だ。続けるよ。みなさんは次の文の意味ならわかるよね。

Everyone loves Doraemon.

〈みんな〉　みんなはドラえもんを愛しています。

じゃあ、日本語で受け身にしてみよう。ドラえもんは…？

〈みんな〉　ドラえもんは…みんなによって…愛されています…。

B. 受け身の形
　　be 動詞＋過去分詞 （＋ ~によって by ＋ ［目的格］）

C. 受け身の文
  a.
　　ドラえもんはみんなに（よって）愛されています。

自信をもってくださいね。それでいいのですよ。なんか変な感じがするとしたら、それはあなたが正しいの。さっきから何度も言っているように、日本語ではあまり受け身の文を使わないために「変な感じがして当然」なのです。

さあ、それではこの文を英語にしてみよう。文の先頭にくるのは"Doraemon"ですよね。受け身の形は「be動詞＋過去分詞」だから、次はbe動詞が必要だ。"Doraemon"に続くbe動詞は、吉田さん？

もちろん"is"。

次は過去分詞だけど、過去形と同じ形です。したがって、佐藤くん…。

もちろん"loved"。

"Doraemon is loved..."残りは「みんなによって」ですね。「〜によって」というのが"by"に当たる。これでわかるかな。"Doraemon is loved by..."

Doraemon is loved by everyone.

それで正解。

B. 受け身の形
be動詞＋過去分詞（＋ by 〜によって ＋［目的格］）

C. 受け身の文
a. **Doraemon is loved by everyone.**
　ドラえもんはみんなに（よって）愛されています。

リピートアフターミー。"Doraemon is loved by everyone."

Doraemon is loved by everyone.

では、みなさんに質問。「ドラえもんはみんなによって好かれています」。英語でどうぞ。ちなみに"like"の過去分詞は"liked"です。鈴木さん、どうぞ。

🧑 鈴木さん　Doraemon is... liked by everyone.

「（番組の）"Doraemon"はみんなに見られています」。見る（watch）の過去分詞形は過去形と同じ、田中くんどうぞ。

🧑 田中くん　Doraemon is watched by everyone.

よくできました。

さて、B.の「受け身の形」のところをもう一度見てほしい。「〜によって」の"by"の後ろに目的格と書かれているね。「ドラえもんは私たちによって愛されています」という文を作ってもらえば、私の言わんとしていることがわかるはず。

🧑 高橋さん　Doraemon is love by... us.

その通り！「私たちに」ですから、"by"の後ろは目的格になりますよ。ノートには書きませんが、"we"とか"our"などを入れてしまう人もいるので、念のため付け加えました。

さてもう1回、黒板を見てもらおう。（+ by + ［目的格］）となっているよね。"by"の後は、文の内容によっては省略することがあります。例えばね、次のような文があったとしよう。

> **Doraemon is loved by Japanese people in Japan.**
> ドラえもんは日本で日本人によって愛されています。

…くどくないですか？

🧑🧑🧑〈みんな〉　くどい。

ドラえもんが、日本で、ドイツ人によって特別に愛されている、ということなら、あえて省略すべきじゃないけれど(笑)、日本で愛されているなら、日本人に愛されているのだろうと想像がつきますよね。このように、"by"以下は省略される場合もあります。

中学2年　3学期　受け身（受動態）①

> Doraemon is loved ~~by Japanese~~ in Japan.
> ドラえもんは日本で（日本人によって）愛されています。

同じように考えれば"Japanese is spoken in Japan."という文の意味がわかる。"spoken"は"speak"（話す）の過去分詞形です。

😊😊😊〈みんな〉 日本語は…日本で…話されています。

それでけっこうです。

---

c. 受け身の文
a. **Doraemon is loved by everyone.**
   ドラえもんはみんなに（よって）愛されています。
b. **Japanese is spoken in Japan.**
   日本語は日本で話されています。

もしも"Japanese is spoken by Japanese in Japan."（日本語は日本で日本人によって話されています）じゃあ、くどくてしょうがないでしょ。

さて、受け身の話は今日はここで打ち止めにして、先ほど飛ばしておいた「過去分詞」について話をして授業をおしまいにしよう。この過去分詞という輩(やから)は、下手をすると3年生になってからも、みなさんを苦しめるものになります。つまり、今やっつけてしまえば、後が楽です！ リピートアフターミー！「過去分詞」

😊😊😊〈みんな〉 過去分詞。

元気がない！「過去分詞」！

😊😊😊〈みんな〉 **過去分詞！**

気合を入れて乗り切れそうだ。受け身の形が「be動詞＋過去分詞…」である以上、過去分詞を避けて通るわけにはいかないですからね。3年になると、過

去分詞を使った表現が他にも出てきて、とっても大変なんですよ。…と、しっかり脅しておいたところで、いよいよ過去分詞とは何であるのかお教えします。

　ところで、みなさんは、一般動詞の過去形が２種類あったことをおぼえていますか。

👥〈みんな〉　？

何かがつくパターンがあったのだけど…。

👥〈みんな〉　ed？

そうそう。"walk"（歩く）に "ed" がついて "walked"（歩いた）となったり、"watch"（見る）に "ed" がついて "watched"（見た）のようになるのをおぼえていたかな。このように、原則的に "ed" がついて過去形になる動詞のことを何動詞と言ったか思い出してほしいのだけど。…規則的に変化するから…。

👥〈みんな〉　規則動詞。

そうそう。一方で、形がまったく変わってしまう動詞もあったよね。これは２年で勉強しているから、忘れられては困るよ。"go" が "went" になったり、"come" が "came" になったり。さっき出てきた "speak-spoke" とか、形の変わらない "put-put" なんていうのもあった。こういうのは規則的ではないから…。

👥〈みんな〉　不規則動詞。

さて、先ほどチラッとお話ししたのですが、"like-liked" "love-loved" "watch-watched" などの規則変化の動詞は、過去形と過去分詞形が同じ形になる。〔現在形－過去形－過去分詞形〕と並べて読んでみよう、リピートアフターミー。"love- loved -loved"

👥〈みんな〉　love- loved -loved

"watch-watched -watched"

中学２年　３学期　受け身（受動態）①

473

watch-watched -watched
〈みんな〉

これはだいじょうぶだね。

なんとか…。
〈みんな〉

そんな自信のないことじゃ困るなあ。ここからが問題なんですよ。不規則動詞の場合はどうなるかということです。…実はこのようになる。リピートアフターミー。"go-went-gone"

go-went... gone !
〈みんな〉

"come-came-come !"

come-came... come !
〈みんな〉

"see-saw-seen !"

see-saw-seen !
〈みんな〉

"put-put-put"

put-put-put
〈みんな〉

さあ、わかったかな。過去分詞は過去形と同じだったかな？

違う〜。
〈中村くん〉

同じのもあったんじゃなかったっけ。
〈佐藤くん〉

現在形と同じだったかな？

違うのもあった。
〈吉田さん〉

3つが全部同じのもありました。
〈高橋さん〉

弱りましたね。〔現在形－過去形－過去分詞形〕が同じだったり違ったり。違い方も、それぞれさらに違うらしい。さて、2年になってすぐの頃、不規則動詞のおぼえ方を教えたのだけど、おぼえているかな。

（田中くん）…何度も読む。

そう、それしかありません。だからノートはこうなる！

> D. 過去分詞は
> 　一覧表でぜんぶおぼえよ！

〈みんな〉えー！

さあ、気合を入れて読んでいくよ。読んでいくうちに何かに気づくかもしれない。次の時間に聞くから言えるようにしておいてね。とにかく、今日は何度も読みます！
リピートアフターミー。"become-became- become!"

〈みんな〉become-became-become!

"buy-bought-bought!..."

〈みんな〉buy- bought-bought!...

【参照：［巻末資料］中学校で習う不規則変化動詞一覧表 P.675】

今日のノートとポイントのおさらい

> Lesson9-① 受け身（受動態）①
>
> **A.** 受け身の意味
>   a. 愛~~する~~ される
>   b. 読~~む~~ まれる
>   c. 観~~る~~ られる
>   d. 食べ~~る~~ られる
>
> **B.** 受け身の形
>   be 動詞＋過去分詞（＋ by ～によって ＋［目的格］）
>
> **C.** 受け身の文
>   a. Doraemon **is loved by** everyone.
>   ドラえもんはみんなに（よって）愛されています。
>   b. Japanese **is spoken** in Japan.
>   日本語は日本で話されています。
>
> **D.** 過去分詞は
>   一覧表でぜんぶおぼえよ！

- 貴一はお宮を愛しています。
- 私は『坊ちゃん』を読んだ。
- たくさんの人が『スターウォーズ』を観た。
- 姉は柏餅を食べた。

English After School
放課後の職員室で…

中村くん: 先生、今日勉強した過去…。

吉田さん: 「過去分詞」。全部おぼえなきゃ、ダメなんですか。私、おぼえるのすごく苦手なんです。

中村くん: 同じく！

〈先生〉: はっはっは。そうだね。最初はみんな「こりゃムリだ」と思うものです。私のアドバイスの1つは「口におぼえさせる」だけど、もう1つあげるとするなら「パターンを見抜け」というのがあるね。

中村くん: 何ですか。そのパターンって。

〈先生〉: "go-went-gone" が「ABCパターン」、"come-came-come" が「ABAパターン」じゃあ、"buy-bought-bought" は？

吉田さん: 「ABBパターン」？

〈先生〉: そうそう。"put-put-put" は？

中村くん: 「AAAパターン」だ。

〈先生〉: このように、変化のパターンをつかむとおぼえやすいんだよ。それに、同じパターンでは変化の形も似ている。"buy-bought-bought" と "bring-brought-brought" のようにね。

吉田さん: なるほど。

〈先生〉: 人にもよると思うけど、バラバラにおぼえるよりも一気におぼえたほうが楽だと思うよ。3年生になる前に、強引に「頭と体」におぼえさせよう。頑張って！

吉田さん・中村くん: はい！ ありがとうございました！

中学2年 3学期 受け身（受動態）①

Lesson 9 ② 受け身（受動態）②

　さあ、みなさん、『中学校で習う不規則変化動詞一覧表』をリピートアフターミー。"become-became-become!"

　〈みんな〉 えー！... become-became-become!

"buy-bought-bought!..."

　〈みんな〉 buy-bought-bought!...

　…やあ、朝１時間目から元気が出たねえ。前も言ったかもしれないのだけど、私はあんまり頭がよくないのですよ。いやいや、本当。だから中学校時代には、頭でおぼえることがとても苦手だった。でもおぼえなければ勉強になりません。そこで、ある方法を思いついたのです。その方法を、「頭におぼえさせるな、口におぼえさせろ法」という（笑）こういうことを言う先生、ほとんどいないよ。

　〈吉田さん〉 確かにいない（笑）

　何度も何度も繰り返し読んでいると、頭ではおぼえていないのに、なぜか口が勝手に動いてくれるようになる。"go-went-gone"とか"stand-stood-stood"なんてすらすら出てくるけど、これはみんな、私がみなさんくらいの年齢のときに、しつこく口におぼえさせたおかげなのですよ。
　そういうわけで、もう一丁やってみる？『中学校で習う不規則変化動詞一覧表』を、リピートアフターミー。"become-became- become!"

　〈みんな〉 えー！... become-became-become!

478

"buy-bought-bought!..."

😀😀😀〈みんな〉 buy- bought-bought!...

　…さすがに、いい歳して朝から２回もこれをやると酸欠になるなあ。３クラスも４クラスも連続でやると目がチカチカして、本当に酸欠になって涙が出てくるんですよ。ゴホゴホ(笑)

　さて、今日は受け身の２回目になりますね。そして同時に２年最後の英語の授業ですね。笹先生最後の英語の授業かもしれません…。まあまあ、そんなに泣かないで。

😀〈鈴木さん〉 泣いてません！(笑)

　あ、そう？　私との別れが悲しくて泣いているのかと思いましたが、そうではないようですね。では、とっとと受け身その②に入りましょう(笑)

　前回の復習です。受け身の意味を言ってください。

😀😀😀〈みんな〉 ～される。

　受け身の形を言ってください。

😀😀😀〈みんな〉 be 動詞＋…過去分詞（＋…by ～）

　けっこうです。よくおぼえているじゃないの。私の最後の授業だと思って気を遣ってもらって恐縮だなあ。

😀😀😀〈みんな〉 …。

　…さて、今日は受け身の文の疑問文と否定文を勉強します。といっても、いつものごとく動詞を確認すれば、たいしたことはない。まずは A.a の文を見てください。

中学２年　３学期　受け身（受動態）②

> Lesson9-② 受け身(受動態)②
>
> **A.** 受け身の疑問文
>
> a. Tama is loved by Katsuo.

前回の授業の復習です。どんな意味ですか、田中くん。

田中くん　タマはカツオに愛されています。

けっこうです。それではこの文で使われている動詞はどれですか。

田中くん　is

中村くん　loved

おやおや。"loved" は動詞じゃないですよ。"loved" は何でしたっけ。

〈みんな〉　過去分詞。

そうそう。動詞は "is" ですよ。受け身の文は be 動詞の文ですから、「逆立ちの術」や「納豆引き寄せの術」(not) が使えます。まずは「逆立ちの術」を使って疑問文をどうぞ、佐藤くん。

佐藤くん　Is Tama loved by Katsuo?

タマがなんだというのですか、鈴木さん。

鈴木さん　えっと、「タマはカツオに愛されていますか」

けっこうです。

> **Lesson9-②　受け身(受動態)②**
> **A.** 受け身の疑問文
> a. Tama is loved by Katsuo.
> b. Is Tama loved by Katsuo?
> 　タマはカツオに愛されていますか。

答え方をどうぞ。"he"とか"she"とかで悩まないでね。タマは猫ですから雄雌関係ないよ！(笑)

〈みんな〉　Yes, it is.（はい、そうです。）
　　　　　No, it isn't.（いいえ、そうではありません。）

> **Lesson9-②　受け身(受動態)②**
> **A.** 受け身の疑問文
> a. Tama is loved by Katsuo.
> b. Is Tama loved by Katsuo?
> 　タマはカツオに愛されていますか。
> ans. Yes, it is. / No, it isn't.
> 　　はい、そうです。／いいえ、そうではありません。

続いては否定文。"English is spoken in Japan."の意味はわかるかな。

〈みんな〉　英語は日本で話されている。

まあ、ごくごく一部ではね。でも大多数は"not"だね。「納豆引き寄せの術」を使って否定文をどうぞ。

〈みんな〉　English isn't spoken in Japan.

英語は日本で話されていない、となります。

> **B.** 受け身の否定文
> **English isn't spoken in Japan.**
> 英語は日本で話されていません。

「英語は日本で話されていない」のにねえ。

<みんな> ？

「英語は日本で話されていない」のにねえ。なんでなのかねぇ…。

<みんな> 何ですか、先生。

いやいや、いろいろしゃべりたいことがあるのだけど…。

佐藤くん 聞きたい、聞きたい。

鈴木さん どうぞ遠慮なく！（笑）

　ありがとう。でも、みなさんが3年になる前にもうちょっと教えておかなければならないことがあるので、今日の「中年の主張」は授業の最後にいたします。2年生最後の授業ですから、脱線して時間が足らなくなったら申し訳ないので。
　さて、今日の授業の最初に、みなさんに受け身の形を尋ねて、みなさんは、正しく「be動詞＋過去分詞（＋by＋目的語）」と答えてくれました。例外として、この形にならない表現を3つだけ紹介します。

> **C.** おぼえてほしい受け身の特別な表現
> a. He **is known to** everyone.
>   （彼はみんなに　　　　　）
> b. The mountain **was covered with** snow.
>   （山は雪に　　　　　）
> c. I **am interested in** English.
>   （私は英語に　　　　　）

　この表現は、それぞれ"be known to ～""be coverd with ～""be interested in ～"と、熟語のようにおぼえてしまえば済んでしまうものなのだけど、とても英語らしい表現も含まれていますので、あえて説明させてもらいます。

　まず、"know"の意味はみなさん**知っています**よね。

🙂😊🙂 知っている（笑）
〈みんな〉

　そうです。「知っている」を受け身になおしてください。

🙂😊🙂 …知っていられる？…知られる。
〈みんな〉

　そうそう、「知られる」です。「be 動詞＋ known（know の過去分詞）」だから、「知られる」となります。私がみなさんに教えた知識からすると、"be known"の次にくるのは何ですか。

🙂😊🙂 by
〈みんな〉

　そうです。けれども、"be known"の次は"by"ではなく、"to"を使います。"to"には「～に(へ)」という意味があるから、なんとなくしっくりくると思う。しっくりこない人はおぼえていただくしかない。リピートアフターミー。"be known to だれだれ"

🙂😊🙂 be known to だれだれ。
〈みんな〉

483

「だれだれに知られている」となります。したがって、この文は「彼はみんなに知られている」となります。

さて次。C.bの文で使われている"cover"は「～を覆う」という意味です。カバーは日本語になっているからわかりますよね。では「覆う」を日本語で受け身にしてください。

覆われる。
〈みんな〉

けっこうです。今度は"by"でも"to"でもなく、"with"を使います。"I wrote my name with my pen."のように"with"には「～で」という意味があるから、なんとなくわかると思います。おぼえてしまいましょう。リピートアフターミー。"be covered with なになに"

be covered with なになに。
〈みんな〉

「～に覆われている」となります。したがってこの文は「山は雪に覆われていた」という意味になります。

そして最後。"be interested in ～"を紹介しましょう。これは意味を知っている人も多い。

～に興味がある。
〈みんな〉

そうですね。でも、これも受け身なんです。そのことは知らない人が多い。受け身の部分である、"be interested"を元の形に戻すと"interest"になります。さあ、辞書を引いてください、"interest"ってどういう意味？

…興味をもたせる、興味を起こさせる。
〈高橋さん〉

はい、辞書を持ってきてくれたのは数人ですね。よくないなあ。語学の学習をするときは、手元に辞書を置いておかなければいけないよ。

ちょっと脱線するけど、今、私たちの国は、国も社会も学校も先生も、そして私自身も甘ちゃんになってしまって、子どもを厳しく育てることが難しくなっ

てきている。君たちもそれに慣れてしまった。不幸なことです。いつかそのつけを、国も社会も学校も先生も、もちろん私自身も払わなければならない。でも、いちばん多くつけを払わなければならないのは、だれでもない、君たち自身なんだよ。だから、心を鬼にしてもう一度言おう。英語の授業には辞書を持ってきなさい。

　…さて、"interest"の意味は「興味をもたせる」だそうです。では「興味をもたせる」を受け身にしてください。

　佐藤くん　興味を…もたれる？

　中村くん　…もたせ…？

　鈴木さん　もつ…。

　吉田さん　もっちゃう。

難しいね。こう考えてみたらどうでしょう。まず、この関係がわかるかな。

This book interests me!
（この本、私に興味をもたせるわ）

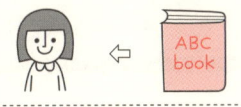

では、今度は立場を「私」にしてみましょう。「私は…」どうなのでしょう。

　〈みんな〉　私はこの本に興味をもつ。

ちょっとまって。「興味をもたせる」の受け身は「興味をもつ」ではないよ。もうちょっと考えて。「興味をもたせる」の受け身は、「興味を…」

　〈みんな〉　興味を…もたせ…られる？

その通り。

I am interested in this book.
（私はこの本に興味をもたせられるわ）

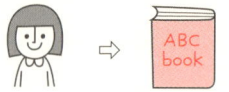

　この文の意味は、あくまで「私はこの本に興味をもたせられる」です。ただ、こういう日本語はあまりにも不自然でしょ。「私は科学に興味をもたせられたから、科学を勉強している」とか、「この間観た映画にすっかり興味をもたせられちゃったから、もう1回観に行こう」なんて言わないわけ。だから、日本語としては「私はこの本に興味がある」とすることが、ほとんどなわけです。
　3つの表現をまとめよう。

C. おぼえてほしい受け身の特別な表現

a. **He is known to everyone.**
（彼はみんなに知られている。）

b. **The mountain was covered with snow.**
（山は雪に覆われていた。）

c. **I am interested in English.**
（私は英語に興味がある。）

　辞書も引かずに、何も考えずに、"be interested in ～"＝「～に興味がある」と丸暗記しちゃった人は、いつか "The book interested me a lot."（その本が私の興味を強く引いた）という文に出くわしたときは「お手上げ」となってしまう。
　英語の勉強というのは、日本語とまったく違うしくみをもつ言葉を勉強しているのです。母国語で推測ができるものもあれば、まったくできないものもあります。「私はこの本によって興味をもたせられた」って、不思議な感覚ですよね。でも、ちゃんと辞書を引いて言葉を知ることで、みなさんは英語が日本語と、ものすごく違っているということがわかる。それを面白いと思うかどうかは自分の勝手ですが、「違うのだということを知ること」は、みなさんが学ぶべきことですよ。

…といろいろ話してきましたが、みなさんの気持ちがわからないわけではない。日本では話されていないし、使われてもいない英語を、どうして日本人はみんなして勉強しているのだろうね。

<佐藤くん> 英語の勉強は本当に必要なんですか。日本に住んでいれば英語ができなくても困らないのに。

　…私は、もう十数年、中学校で英語を教えているのだけど、最近、英語嫌いの中学生が増えているような気がするんだよね。英語の先生は英語を好きになってほしいと思って頑張るのだけど、あんまりうまくいってないように思うなあ。

<中村くん> 英語苦手だー（笑）

　前にも言いましたが、私はかなり珍しい英語の先生です。中学校時代、英語も英語の授業も英語の先生も苦手だった。今でこそ、私は英語を教えているわけですが、中学校時代なんか、まったく文法がわからなかった。なんで英語なんか勉強しなくちゃいけないのかと、ずっと思っていた。でも、あるときわかった。英語を勉強しなければならないんだ、ってね。

<鈴木さん> どうしてなんですか？

　あれ、約束しなかったっけ。忘れちゃったかな。その答えは、去年、最後の授業で約束した通り、みなさんが卒業するときに話すことになっているんですよ。

<みんな> えー！

　でも、少なくとも、私は英語が苦手で嫌いな中学生の気持ちがかなりわかる。「英語が苦手で嫌いな中学生の気持ちがわかる英語の先生コンテスト関東大会」があったら、ベスト16くらいに入る自信がある（笑）

　そういう珍しい先生に1年間みなさんは英語を教わったわけですが、"Did you enjoy studying English with me?"

<みんな> Yes!

今日のあいさつは "Good-bye."（さようなら）では寂しくなるなあ。

高橋さん: えっ、先生は来年3年生を教えないのですか!?

佐藤くん: ホントですか!?

田中くん: それは残念。

中村くん: 笹先生がいいなあ。

ありがとう。じゃあ、一言付け加えてお別れしよう。
Good-bye and see you again!（またね）

〈みんな〉: See you again, Mr. Sasa!

今日のノートとポイントのおさらい

Lesson9-② 受け身(受動態)②

A. 受け身の疑問文
  a. Tama is loved by Katsuo.
  b. Is Tama loved by Katsuo?
    タマはカツオに愛されていますか。
    ans. Yes, it is. / No, it isn't.
    はい、そうです。/ いいえ、そうではありません。

B. 受け身の否定文
  English isn't spoken in Japan.
  英語は日本で話されていません。

C. おぼえてほしい受け身の特別な表現
  a. He is known to everyone.
    （彼はみんなに知られている。）
  b. The mountain was covered with snow.
    （山は雪に覆われていた。）
  c. I am interested in English.
    （私は英語に興味がある。）

English

中学3年

1学期

Lesson 1 ① SVOCの文 ①

月　　日（　　）

3年生に進級おめでとう。

　佐藤くん：先生のおかげで、僕たちも3年生になれました。

　鈴木さん：ホント、先生のおかげです。

おや、ちょっと見ない間にすっかり口が上手になりましたねぇ。成長したものです（笑）

　佐藤くん：それも先生のおかげです（笑）

やっぱりあんまり成長してなかったようですね（笑）ところでみなさん、最上級生になった気分はいかがですか。

　吉田さん：微妙です。1年生に戻りたい。

　高橋さん：ドキドキします。

　中村くん：もう1年でおしまいかあ。

　田中さん：受験、頑張らなくっちゃ。

　いろいろ感慨がありそうだけど、何にしてもあと1年で中学校は終わりです。1年後に後悔しないように、精一杯頑張りましょう。

　ところで、英語の授業も2年間続けてきたわけですが、少しは英語がわかるようになったかな。

吉田さん：微妙です。ちょっとはわかるようになったけど…。

中村くん：難しいです。

佐藤くん：同じく。

　先日ラジオで聞いたんですけど、17ヵ国語を話したり読んだり書いたりできるという人が、こんなことを言っていました。世界の言葉の中で、もっとも難しい言葉は間違いなく「日本語」だそうです。私は日本語と英語以外の言葉はまったく知りませんので、日本語がいちばん難しいかどうかはわかりません。ただ、日本語と比較すれば、英語はやさしい言葉かなあ。だって、こんな頭の悪い私でもなんとか理解できるから（笑）

　それは冗談として（ホントかもしれないんだけど）、英語は中学校3年間、高校3年間、計6年間勉強すると、文の基本的な構造をほとんど学べちゃうのですよ。

〈みんな〉：えー。

高橋さん：本当ですか？

　大学受験の英語の試験問題を見てみると、英語圏で大人によって読まれているようなエッセイや小説が出題されるし、簡単な論文まで読まされます。

　これはどういうことか。中学・高校の6年間、学校で英語をしっかり勉強すれば、少なくとも読むことに関しては、たいていの英語を読みこなせるようになる、ということなのです。日本語の勉強で同じようにはいかないでしょうね。これと比較すれば、英語は簡単と言っていいでしょう。

〈みんな〉：（ため息）

　でもね、あなた方が2年間英語の授業を受けて、間違いなく学んできたことがあると思います。これは絶対にだれも否定しないと思いますよ。そうじゃない、と思ったら遠慮なく「違う！」って言ってくださいね。…それは「やっぱり英

語は難しい」ということです！ だれか否定する人、いますか？

〈みんな〉 いませーん！（笑）

はっはっは。比較的とっつきやすい英語でさえ、これだけ難しい。そのことがわかっただけでも、今みなさんが英語を勉強している意味はあると思いますよ。だいいちね、英語に限らず、「外国語を勉強するということ」は「とても難しいこと」なんです。わ・か・る？

佐藤くん 始まった、始まった（笑）

鈴木さん 今日は長いですか。

3年生最初の授業ですから、長いです。覚悟してください（笑）

あと1年でみなさんは中学校の勉強を終えます。ということは、私はあと1年で、みなさんが英語の勉強で「ひとりだち」できるようにしなければならない。

誤解のないように言っておきますが、「ひとりだち」というのは、なにも英語を読んだり書いたりしゃべったりできるようになるということではありません。さっきも言った通り、1つの外国語を学ぶということは、そんなにたやすいことではありませんから。

来年からみなさんの中には高校に進学して、本格的に英語の勉強を始める人もいるでしょう。あるいは、英語の勉強から一度離れてしまう人もいるかもしれません。「ひとりだち」とは、「外国語を学ぶとはどういうことなのか、ということを知ること」です。このことを知っていれば、英語の勉強を続けている人はもちろん、仮に英語の勉強をやめてしまっても、いつか外国語の勉強を再び始める意味を見つけることができます。勉強を続けている人を尊敬し、自分の生き方を見つめなおすことにもつながります。

難しいことですが、私もみなさんにそれを伝えられるよう、精一杯努力しますので、みなさんにも、しっかりついてきてほしいと思います。一緒に頑張りましょう！

〈みんな〉 ハイ！

佐藤くん 終わりましたか。

終わりました。短すぎましたか？（笑）

　さて、今日は３年生の最初の授業を記念して、英語のしくみの秘密の話をしましょう。その秘密とは、英語の文というのは、どんな文であっても基本的には５つのパターンに分類されるよ、という話です。

中村くん へえ。

高橋さん すごい。

　そんなに感心されると困っちゃうなあ。便利ではあるけれど万能ではなくて「基本的には分類できて、英文を理解するヒントになる」ということなので、そんなに期待はしないでね。それに、なるべくわかりやすくするために、もっと丁寧に説明すべきところもあるのですが、思いきってシンプルに説明します。今日は大ざっぱに理解してもらうことを最優先にしたいと思います。

　次の文を見てください。

Lesson1-①　SVOCの文①

第一文型　**Kenji runs.**

この文の意味はわかりますよね。

〈みんな〉 ケンジは走る。

　そうです。これが「第一文型」です。「だから何だよ」という気がしないでもないのですが、これが「第一文型」なのです。多くの人は???でしょうね。でもね、第二文型をとばして第三文型の話をすると、ちょっとわかるようになる。

　第三文型の文を見てください。意味はわかるよね。

中学３年　１学期　SVOCの文①

> Lesson1-① SVOCの文①
> 第一文型　Kenji runs.
> 第二文型
> 第三文型　He likes running.

🧑‍🤝‍🧑 〈みんな〉　彼は走るのが好きです。

お尋ねします。彼は好きですよ、何を？

🧑‍🤝‍🧑 〈みんな〉　走ること？

そうですよ。ケンジは走ることを好きなのですね。では、ケンジは見るよ〜、…何を？

🧑‍🤝‍🧑 〈みんな〉　？

「テレビを」でしょ。ケンジは食べるよ〜、…何を？「給食を」。ケンジは持ってるよ〜、…何を？「教科書を」。

🧑 〈佐藤くん〉　ツッコミだ！(笑)

そうそう。ツッコミです。実はこのようにツッコミできる文が第三文型なんですよ。わかる？ じゃあ、一方で第一文型はどうか。

　第一文型の文を見てください。ケンジは"run"するよ〜（走るよ〜）、…何を？で、答えられますか？

🧑‍🤝‍🧑 〈みんな〉　…答えられない。

　ケンジは"walk"するよ〜（歩くよ〜）、…何を？で、答えられない。ケンジは"live"しているよ〜（生きているよ〜）、…何を？…やっぱり答えようがない。"Kenji sleeps."（ケンジは眠るよ〜）、…何を？ 答えられるわけがない (笑)

　ツッコミできるのが第三文型、ツッコミできないのが第一文型。

ちなみに、この文の"He"のことを主語（shugo）の"s"をとってSと省略することがあります。…本気にしないでね（笑）

【佐藤くん】ウソなんですか。

ウソです（笑）

Lesson1-① SVOCの文①

第一文型　Kenji runs.
　　　　　　S

第二文型

第三文型　He likes running.
　　　　　　S

動詞はブルブル震えるのでVと言います（笑）

そして第三文型で動詞の後ろにくる言葉は、「何を」ってツッコめるので「を」を使ってOと言います！

【鈴木さん】先生！　それもウソですね！

もちろんウソです（笑）でも第二文型が簡単なのは本当です。第二文型の文を見てください。意味はだいじょうぶですね。

Lesson1-① SVOCの文①

第一文型　Kenji runs.
　　　　　　S　V

第二文型　He is a good runner.

第三文型　He likes running.
　　　　　　S　V　　O

👥〈みんな〉 彼はよいランナーです。

はい、けっこう。なんで第二文型が簡単かというと、この文章で使われている動詞に注目。動詞はどれですか？

👥〈みんな〉 is

そうですね。"is" は何動詞ですか。

👥〈みんな〉 be 動詞。

be 動詞だもんね。はい、まとめます。「『です、である』の意味の be 動詞を使った文は第二文型です」以上。

👥〈みんな〉 へ!?

本当に簡単だったでしょ。そして S とか V とかの記号で何と言うかは…わかるかな？ "He is a good runner." の "He" は何だろう、わかるかな。田中くん。

👤〈田中くん〉 S ですか？

すごいすごい。その通り。「彼は（He）」は主語だものね。"is" もわかりそうだ、be 動詞なのだから…、中村くん。

👤〈中村くん〉 V!

その通り。指でサインまで送ってくれてありがとう。では be 動詞に続く言葉の "a good runner" は、鈴木さん？

👤〈鈴木さん〉 ？

B（be 動詞）の次にくるんだから？

🧑‍🦰鈴木さん　？

えっ。鈴木さん、アルファベットの順番忘れちゃったの？　A, B ときたらお次は？

🧑‍🦰鈴木さん　C？

正解！　B の次にくるのですから、C と省略します！　本気にしないでね（笑）でも、第二文型のこの文が SVC の文ということは本気にしてもらってだいじょうぶです。

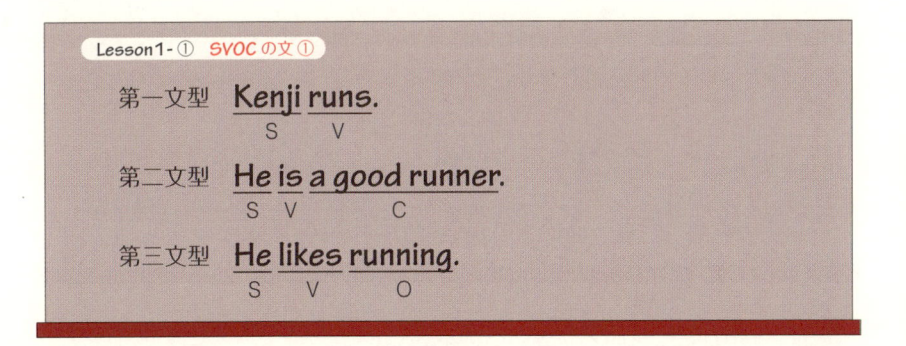

Lesson1-① SVOC の文①

第一文型　Kenji runs.
　　　　　　S　　V

第二文型　He is a good runner.
　　　　　　S　V　　　C

第三文型　He likes running.
　　　　　　S　　V　　　O

それから、この第二文型の文には特徴があって、S と C はある関係にあります。どういう関係かわかりますか？

👧🧒👦〈みんな〉　？

じゃ、例文を出しましょう。

I am Sasa.
私は笹です。

これは be 動詞を使った文ですから、第二文型です。じゃあ、S である "I" と、C である "Sasa" の関係、すなわち「私」と「笹」の関係は？

同じ？

そうです。ノートの文でも、"He" と "a good runner" は同じでしょ。「彼」は「よいランナー」ですし、「よいランナー」は「彼」なんだから。この文型のSとCは「イコールの関係」になります。チェックしておいてくださいね。

さて次は「第四文型」です。2年のときに勉強したのだけど、おぼえているかな、吉田さん？

Lesson1-① SVOC の文 ①

第一文型　Kenji runs.
　　　　　　S　　V

第二文型　He is a good runner.
　　　　　S　V　　　C
　　　　　　　　　　　　　　　※ S＝C の関係

第三文型　He likes running.
　　　　　S　V　　O

第四文型　His mother gave him new shoes.

彼のお母さんは彼に新しい靴をあげた。

そうです。2年のとき、私はみなさんに「だれだれに、なになにを」とおぼえてもらいました。"give" の他にも "show" とか "teach" があったよね。例文をあげてみようか。

Please show me your pictures.
私にあなたの写真を見せてください。

He teaches me English.
彼は私に英語を教えます。

思い出してもらえたかな。

あー、なんとなく思い出しました！

あのとき、みなさんはほとんどわからなかったと思うけど、今日はもう少しわかると思うよ。第四文型の文をS, V, O, Cで考えてみましょう。"His mother"（彼のお母さん）はどれだろう？

【吉田さん】S

おー、だいぶわかってきたね。じゃ、"give"（与える）の過去形"gave"（与えた）は？

【吉田さん】V。けっこうわかってきたかもしれない！

【中村くん】うんうん。

Good! では、次にくる「だれだれに」と「なになにを」はSVOCのどれかな。「なになに**を**」についてはツッコミの好きな人はわかると思うけど、鈴木さん、どうぞ(笑)

【鈴木さん】O！

その通り。「〜を」だものね。「だれだれに」も同じ種類のOと考えてもらって、第四文型はSVOOの文となります。

Lesson1-① SVOCの文 ①

第一文型　Kenji runs.
　　　　　　S　　V

第二文型　He is a good runner.　　　※S＝Cの関係
　　　　　S　V　　　C

第三文型　He likes running.
　　　　　S　V　　　O

第四文型　His mother gave him new shoes.
　　　　　　　S　　　　V　　O　　　O

さて、文型は残り1つです。これが今日の勉強の目玉。ちなみに、私はこの第五文型を「『なになにを、なになにと』文型」と呼んでいる。リピートアフターミー。「なになにを、なになにと」

〈みんな〉 なになにを、なになにと。

もっと滑舌よく！「なになにを、なになにと」

〈みんな〉 なになにを、なになにと！

はい、それがわかれば第五文型の文、"She calls him Ken."の意味がわかります。

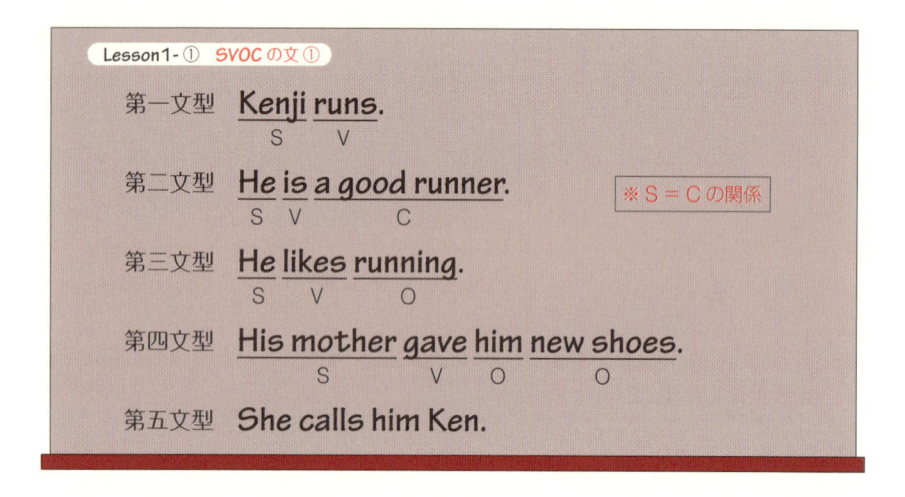

Lesson1-① SVOCの文①

第一文型　Kenji runs.
　　　　　S　　V

第二文型　He is a good runner.　　※S＝Cの関係
　　　　　S　V　　　C

第三文型　He likes running.
　　　　　S　　V　　　O

第四文型　His mother gave him new shoes.
　　　　　　　S　　　　V　　O　　　O

第五文型　She calls him Ken.

「彼女」は何するの、鈴木さん。

鈴木さん　呼ぶ。

高橋さん、答えてください。「だれを？」

高橋さん　彼を。

吉田さんに聞きます。「何と？」

🧑‍🦰 吉田さん　ケンと。

これでできました。「彼女は彼をケンと呼ぶ」。ところで "She" は SVOC のどれかな、佐藤くん。

🧑 佐藤くん　たぶん S。

正解。中村くん、"call"（呼ぶ）は？

🧑‍🦱 中村くん　V（笑）

またまた V サインまでありがとう。では、田中くん、"him"（彼を）は？

🧑 田中くん　O

その通り。よくできました。「何を」の O だよね。
問題は次の "Ken" だ。何になるかわかるかな？

🧑🧑🧑 〈みんな〉　？

じゃ、ヒント出すね。"him" とケンの関係を見てください。「彼（を）」と「ケン」の関係です。どういう関係かわかるかな。

🧑🧑🧑 〈みんな〉　…同じ?!

そうです。「彼」と「ケン」は同じですよね。イコールの関係だ。さて思い出してください。間に入ってイコールの関係を生み出す言葉があったよね。何だったっけ。

🧑 高橋さん　be 動詞です。

🧑 田中くん　第二文型の関係と同じなのかな？

そう、その通り。この部分は "He is Ken." と書き換えられますよね。だとすると、この "Ken" は SVOC のどれかわかるかな。

Cですか。

その通りです。

Lesson1-① SVOCの文①

第一文型　Kenji runs.
　　　　　 S　　V

第二文型　He is a good runner.　　※S＝Cの関係
　　　　　 S　V　　　C

第三文型　He likes running.
　　　　　 S　　V　　　O

第四文型　His mother gave him new shoes.
　　　　　　　 S　　　　V　　O　　　O

第五文型　She calls him Ken.（彼女は彼をケンと呼ぶ）
　　　　　 S　　V　　O　C
　　　　　　　　　　　　　　　　　　※O＝Cの関係

OとCの間にbe動詞が隠されている、と考えたらわかりやすいですよね。先ほど説明した通り、be動詞の後にくるのはC、ということになりますから。

　さあ、これで今日の基本的な話は終わりです。次の時間には、今日新しく出てきた「第五文型」の文について、もう少し細かく勉強したいと思います。それでは1年間よろしくお願いします。Good-bye, everyone!

Good-bye, Mr. Sasa!

今日のノートとポイントのおさらい

Lesson1-① SVOCの文①

- 第一文型　Kenji runs.
  　　　　　　S　　V
- 第二文型　He is a good runner.　　※S＝Cの関係
  　　　　　S　V　　　C
- 第三文型　He likes running.
  　　　　　S　V　　O
- 第四文型　His mother gave him new shoes.
  　　　　　　　S　　　V　　O　　O
- 第五文型　She calls him Ken.（彼女は彼をケンと呼ぶ）
  　　　　　S　V　　O　C
  　　　　　　　　　　　　　※O＝Cの関係

English After School
放課後の職員室で…

（高橋さん）先生、こんにちは。

（鈴木さん）先生！ 質問があります！

〈先生〉やあ、こんにちは。珍しいね、鈴木さんが質問にくるなんて。

（鈴木さん）私、3年になって頑張ろうと思っているんですよ。

〈先生〉ほう。

（鈴木さん）行きたい高校があるんですよ〜。絶対バレー続けたいんで。

〈先生〉頑張ってください、応援しているよ。

（鈴木さん）ありがとうございます。

中学3年　1学期　SVOCの文①

〈先生〉 ところで、質問は何？

鈴木さん 今日のSとかVとかなんですけど、説明を聞いているときはわかったような気がしたのですが、思い出してみるとこんがらがっちゃって…。

〈先生〉 なるほど。前にも話したことがあるけど、私も中学生のときには全然わかりませんでしたよ。

鈴木さん 先生もですか!?

〈先生〉 はい。中学校時代は最後までよくわからず、やっと少しわかったのは高校に入ってからのことでした。でも、わからなくて困ったことはなかったし、みなさんも理解できなくとも、英語を理解する上で困ることもありませんよ。ただ、高校で難しい文を勉強するときには必要になってくることもあるから、そのときに「あー、あれか」と思い出してもらえればいいと思って教えているんだよ。次の時間もSとかVの話を続けるけど、その程度の理解でOK。

鈴木さん 安心しました！

高橋さん ところで先生、塾で第二文型が出てきたとき、"look" とか "sound" とかも出てきたのですが…。

〈先生〉 そうだね、第二文型については、なるべく話を簡単にするために、be動詞以外の表現に触れなかったからね。塾で勉強したのは "He looks happy." や "It sounds nice." などでしょう。

高橋さん ハイ、そうです！

〈先生〉 "He looks happy." "It sounds nice." の動詞をbe動詞と置き換えてごらん。

高橋さん "He is happy." "It is nice." あっ！

〈先生〉 わかったかな。原則は「『です、である』のbe動詞」と考えると第二文型のS＝Cの関係がわかりやすいと思うよ。

鈴木さん 高橋さん ありがとうございました！

Lesson 1 ② SVOCの文 ②

　今日は前回の授業の続きです。第○文型とか、SとかVとかOとかCとか出てきましたけど、おぼえています？

　　　だいたい忘れました！（笑）

　　　難しかったことだけ、おぼえています（笑）

　けっこうですよ。私も中学校のときに勉強しましたが、意味がピーマンでした。

　　　何ですか、それ。

　私が中学生の頃には意味がわからないことを「意味がピーマン」（略して「意味ピー」）と言っていたのです…。

　まあ、それはさておき、私がこのSとかVとかの意味がわかったのは、高校に入ってからでした。ですから、みなさんも私の説明をおぼえたり正確に理解しなければならないということはありません。説明を聞いてもらって、「ふーん」と思ってもらうくらいで十分です。高校に行って、もう一度勉強しなおしたときに、私と同じように「ああ、あれはこういう意味だったのか」と思い起こしてもらうのが私の願いです。初めて聞くのと、どっかで聞いたことがあるのでは大違いですから。

　さて、前回の授業を簡単におさらいしましょう。話の中心は、SVOCを使うと英語の文が5つの文の形、難しく言えば5つの文型に分類されるよ、ということでした。そのうちの第五文型は「なになにを、なになにと」という文の形になるよ、というところまで説明したと思います。今日はこの第五文型の文について、もう少し細かく勉強を進めます。

まず、次の文を見てください。「なになにを、なになにと」に当てはめれば意味はわかるかな？

Lesson1-②　SVOCの文②

A.「なになにを、なになにと」

a. Sazae calls her cat Tama.

〈みんな〉　サザエは…彼女のネコを…タマと…呼びます。

そうですね。

Lesson1-②　SVOCの文②

A.「なになにを、なになにと」

a. Sazae calls her cat Tama.
　サザエは彼女の猫をタマと呼びます。

そして、"Her cat (is) Tama." のようにbe動詞が "her cat" と "Tama" の間に隠されているので、"her cat" ＝（イコール） "Tama" でしたよね。思い出しました？ SVOCとか難しそうなタイトルだったけど、けっこう簡単だったでしょ。

佐藤くん　はい！　だいじょうぶです！

中村くん　難しくなかった！

でも、そのようにおっしゃるみなさんの中に、こういう文を書く人が必ずいますので、よく注意してくださいね。

Sazae calles Tama her cat.

〈みんな〉 …（笑）!?

あの、ここ笑うところなんですけど、だいじょうぶですか？ そこのSくん、Nくん、真面目な顔をしているけど、本気？ これじゃあ、サザエさんは、「タマを彼女のネコ」って呼んでいることになっちゃうでしょ！

〈みんな〉 （笑）

あやしいぞ、本当にわかっているかなあ。テストでは、くれぐれも気をつけてね。

さて、これだけでは話がやや単純なので、参考までに、もう少し表現を広げてみましょう。「その猫は（サザエに）タマと呼ばれています」という文を英語になおしてみましょう。頑張れば…できます。やってみたい人、ハイ、吉田さん。

〈吉田さん〉 The cat...

…「呼ばれている」という受け身の文ですよ。ヒントは「be 動詞＋過去分詞」。

〈吉田さん〉 The cat is called... Tama.

OK です。文の後ろには「サザエに」という意味で "by Sazae" が（ ）つきで入りそうだね。

Lesson1-② SVOC の文②

A. 「なになにを、なになにと」

a. Sazae **calls** her cat Tama.
　　サザエは彼女の猫をタマと呼びます。

㊜ **The cat is called Tama (by Sazae).**
　　その猫は（サザエに）タマと呼ばれています。

今度は、この「なになにを、なになにと」の文型でよく使われる動詞を紹介しましょう。

中学3年　1学期　SVOCの文②

みなさんは、この単語の意味を知っていますよね。

> **name**

知らない人でもわかりますよ、ローマ字読みすれば。

〈みんな〉　なめ(ぇ)。

佐藤くん　先生、うまい！

ありがとうございます（笑）"name"はもちろん「名前」という意味ですが、動詞として使うと「名前をつける、名づける」という意味があります。これを使って文章を作ると"Katsuo named the cat Tama."という文ができあがります。動詞は違っても公式は同じなので、意味もわかるでしょ。どんな意味？

〈みんな〉　カツオは…そのネコを…タマと…名づけました。

そういうことです。

Lesson1-② SVOCの文 ②

A. 「なになにを、なになにと」

a. Sazae **calls** her cat Tama.
   サザエは彼女の猫をタマと呼びます。

㊜ The cat is **called** Tama (by Sazae).
   その猫は（サザエに）タマと呼ばれています。

b. Katsuo **named** the cat Tama.
   カツオはその猫をタマと名づけました。

確認しますが、"the cat"は"Tama"とイコールの関係ですから、"The cat is Tama."ともなります。これでバッチリ…のように思えますが、やっぱりいるんですよ、こういう文を書く人が。

> **Katsuo named Tama the cat.**

👨‍👩‍👧 〈みんな〉（笑）

笑っている人、合格。田中くん、意味をどうぞ。

👦〈田中くん〉　カツオはタマを『そのネコ』と名づけた（笑）

「ザ・キャット」っていう名前も格好いいけどね（笑）よいか、みなの者、心して「なになにを、なになにと」の順番を間違えることなかれ。

　さて、話をもう半歩先に進めましょう。

　前回の授業から私がみなさんに話してきたのは、SVOC＝「なになにを、なになにと」という公式を使えばだいじょうぶ、ということです。ところで、実はこのSVOCの文には、もう1つ公式があります。

　その公式を「なになにを、どのように」と言います。まあまあ、そんなにおびえないで。この公式で使う動詞は1種類だけですから。その動詞は"make"です。みなさんは「作る」という意味をおぼえていると思いますが、"make"には「〜する」「〜させる」という意味もあります。次のようにおぼえておけば、後が楽ですよ。リピートアフターミー。「make なになにを、どのように」

👨‍👩‍👧〈みんな〉　make なになにを、どのように。

3回言ってください。

👨‍👩‍👧〈みんな〉　make なになにを、どのように、make なになにを、どのように、make なになにを、どのように…

「なになにを、どのようにする」と用いられます。それでは文で確認してみましょう。B.aの文を見てください。

> **B.** 「なになにを、どのように」
> a. The book made me sad.

みなさんだったら、どんな日本語にしますか？ 公式は「なになにを、どのように」です。

〈みんな〉 その本は…私を…悲しく…させました。

そうですね。それでも OK です。でもねぇ、私が中学生だった〇十年前ではそういう答えを書くと×をもらっちゃったんですよね。
どうしてかというと…、この文の主語は何？

田中くん 「その本」です。

「その本」って、人ですか、人じゃないですか。

〈みんな〉 人じゃない。

そうですよね。で、私たちの年代は、日本語の表現は基本的に主語は人である、と教わってきたんですよ。そういうわけで、「その本は…」と始まってしまうと、問答無用で×だったのです。

鈴木さん ひどーい。

いえいえ、ひどくはない。そのときは、それが正しいと思われていたのですから。善かれ悪しかれ、そのとき、その時代に正しいと思われていることを教えるのが学校の役割ですから、仕方ありません。ところで、現在ではそこまでこだわる必要はないから、「その本は私を悲しくさせました」でも〇。でも、先人の教えのように、人を主語にしたほうがナチュラルな日本語になりますから、頑張ってやってみましょう。

この文の中で「人」は「私」ですから、「私は」から始めて文の意味を考えて

みましょう。思い切った日本語を作ってもらってかまいません。だれかチャレンジしてくれる人、ハイ、では２人でどうぞ。

鈴木さん　私は、その本で悲しくなった。

高橋さん　私は…その本を読んで…悲しく…なった。

すばらしい。そういうことになります。

> B.［なになにを、どのように］
> a. The book made me sad.
> 　その本は私を悲しくさせました。
> 　（その本を読んで私は悲しくなりました）

　この２つの日本語はどちらも間違いではありませんが、私は自分が教わったように、みなさんには人を主語にした日本語を考えてほしいな、と思います。私は英語をナチュラルな日本語に置き換えることも、大切な力だと考えているからです。慣れてくると、そういう楽しさも英語の学習の一部になりますよ。
　"The news made me happy." という文などは、その練習のために絶好の文です。そのままの意味としては、「その知らせは私を幸せにした」です。けれども、こういう日本語はあまり使いません。そこで、「私は」から文を作ってみたいと思います。ではどうぞ。

高橋さん　私は…その知らせを…聞いて…幸せになりました。

　「私はその知らせを聞いてうれしくなった」、ご名答。バッチリじゃないですか。

B.「なになにを、どのように」

a. The book made me sad.
その本は私を悲しくさせました。
(その本を読んで私は悲しくなりました)

b. The news made me happy.
その知らせは私を幸せにしました。
(私はその知らせを聞いてうれしくなりました)

　なかなかよい日本語ができてきているので、あと、2～3文練習してみようか…と思ったら、もう、時間がないですね。

　じゃあ最後の最後に一言だけ。前回の授業でSは"shugo"のS、Vはブルブル震えるV、なんてこじつけをしたけど、言うまでもなく「こじつけ」です。Sは"subject"（主語）のS、Vは"verb"（動詞）のV、Oは"object"（目的語）のO、Cは"complement"（補語）のCです。このあたりは高校に行ってからしっかり勉強してくださいね。

　おっと、チャイムが鳴りました。

Does this chime make you happy?

〈みんな〉 Yes!!

... OK. Good-bye, everyone!

〈みんな〉 Good-bye, Mr. Sasa!

今日のノートとポイントのおさらい

Lesson1-② SVOCの文 ②

A. 「なになにを、なになにと」

a. Sazae calls her cat Tama.
　サザエは彼女の猫をタマと呼びます。

㊟ The cat is called Tama (by Sazae).
　その猫は（サザエに）タマと呼ばれています。

b. Katsuo named the cat Tama.
　カツオはその猫をタマと名づけました。

B. 「なになにを、どのように」

a. The book made me sad.
　その本は私を悲しくさせました。
　（その本を読んで私は悲しくなりました）

b. The news made me happy.
　その知らせは私を幸せにしました。
　（私はその知らせを聞いてうれしくなりました）

Lesson 1 ③ ask ～ to...

月　日（　）

今日の話はとてもわかりやすいと思います。まずは文の形から入りましょう。リピートアフターミー。「ask だれだれ to なになに」

〈みんな〉 ask だれだれ to なになに。

"ask" は、みなさんも知っている「尋ねる」という意味の他に、「求める」「頼む」という意味もあります…ので、リピートアフターミー。「だれだれに、なになにするように頼む」

〈みんな〉 だれだれに、なになにするように頼む。

で、次の文の意味がわかるわけです。

Lesson1-③　ask ～ to...

A. 「**ask** だれだれ **to** なになに」
　（だれだれに、なになにするように頼む）
a. Mr. Sasa **asked** me **to** clean his room.

〈みんな〉 笹先生は…私に…部屋を掃除するように…頼んだ。

> Lesson1-③ ask ~ to...
>
> A. 「ask だれだれ to なになに」
>   (だれだれに、なになにするように頼む)
>   a. Mr. Sasa asked me to clean his room.
>   笹先生は私に部屋を掃除するように頼んだ。

もちろん、みなさんは喜んでやってくれると思いますが。

佐藤くん　お金くれるんですか(笑)

お金はあげませんが、難しい問題を出してあげましょう！(笑) 次の日本語を英語になおしてください。「私は笹先生に部屋を掃除するように頼まれた」、できたらエライ。

〈みんな〉　... I was asked... to clean his room by Mr. Sasa.

> Lesson1-③ ask ~ to...
>
> A. 「ask だれだれ to なになに」
>   (だれだれに、なになにするように頼む)
>   a. Mr. Sasa asked me to clean his room.
>   笹先生は私に部屋を掃除するように頼んだ。
>   b. I was asked to clean his room by Mr. Sasa.
>   私は笹先生に部屋を掃除するように頼まれた。

すごい、すごい。受け身を使って文を作ってくれました。正解、です！

佐藤くん　お金は…。

あげません！(笑) A.aの文、A.bの文に共通して言えることですが、この文のto以下は、去年みなさんが勉強したto不定詞です。ですから、"to"の次に

は動詞の原形がきますので注意してください。ちなみに to 不定詞の「名詞的用法」なので、「〜すること」という使い方です。つまり、笹先生は「私」に「何すること」を頼んだの？　田中くん。

田中くん　掃除すること。

そうそう。「掃除することを頼んだ」、すなわち「掃除するように頼んだ」と考えるとよい。

さて、実はこの文の形を使う動詞には、「ask だれだれ to なになに」の他に、もう2種類あります。まずはリピートアフターミー。「tell だれだれ to なになに」

〈みんな〉　tell だれだれ to なになに。

さらにリピートアフターミー。「だれだれに、なになにするように言う」

〈みんな〉　だれだれに、なになにするように言う。

口に慣らしましょう。リピートアフターミー。「だれだれに、なになにするように言う」

〈みんな〉　だれだれに、なになにするように言う。

これを使って、B. の文を日本語にしてごらん。難しいけど、お金はあげませんよ（笑）

B.　「**tell** だれだれ **to** なになに」
　　　（だれだれに、なになにするように言う）
　　　I will **tell** my brother **to** help me with my homework.

〈みんな〉　私は…兄に…宿題を手伝ってくれるように…言う…つもりだ。

すばらしい。さすが3年生。

516

B. 「tell だれだれ to なになに」
（だれだれに、なになにするように言う）

I will **tell** my brother **to** help me with my homework.
私は兄に宿題を手伝ってくれるように言うつもりです。

ここでちょっと気をつけてほしいことがありますので、A.a の文に戻ってください。

A.a の文では、"me" が "clean" するんですよね。「私」が「掃除する」わけです。では、B. の文ではだれが "help" してくれるのですか。

〈みんな〉 my brother

そうそう。ちょっとわかりづらいかもしれないけれど、この2つの文においては、こういう関係が成り立っていることがわかりますか。

Mr. Sasa asked me to clean his room.
　　　　　　　　私　が clean する
I will ask my brother to help me with my homework.
　　　　　　兄　　　が help する

〈高橋さん〉 主語になっている…。

その通り！ to 不定詞の "to" を挟んで、「〈だれだれ〉が〈to 不定詞以下〉をする」という形になっていますよね。〈だれだれ〉の部分が主語ですね。

なんでこんな説明をしているかというと、このことを頭に置きながら、C. の文を勉強してもらうと、よく頭に入るからなんですね。

C. 「want だれだれ to なになに」
（だれだれに、なになにしてほしい）

I **want** you **to** come to my house.

わかるかな。"want"は「なになにしてほしい」という意味です。ですから「want だれだれ to なになに」は「だれだれに、なになにしてほしい」となります。吉田さん、「私はあなたに…」?

吉田さん：「私の家にきてほしい」かな?

そうそう。「あなたに私の家にきてほしい」という意味になります。そして、私の家にくるのはだれですか? 鈴木さん。to 不定詞の直前にきている語です。

鈴木さん：うーん、「あなた」。

正解!

> C. 「**want** だれだれ **to** なになに」
> （だれだれに、なになにしてほしい）
> I **want** you **to** come to my house.
> 私はあなたに私の家にきてほしい。

では「私は彼女に私の家にきてほしい」と言うにはどうしたらいい? 佐藤くん。

佐藤くん：I want she...

「彼女に」だから、"her" を使います。

佐藤くん：I want her... to come to my house.

すばらしい、できたじゃない!

佐藤くん：やったー。さすが!（笑）

じゃあ、仮に「私は笹先生に私の家にきてほしい」だったらどうでしょう。

〈みんな〉：I want... Mr. Sasa... to come to my house.

大変けっこう。"Mr. Sasa" が "come to my house" するわけですね。なんだか、みんなに頼られているようで気持ちがいいなあ（笑）

鈴木さん：先生！ 錯覚ですよ。

佐藤くん：Mr. Sasa! I want... you... to give me money.

頼りすぎです！（笑）

中村くん：I want Mr. Sasa to finish the class!（笑）

そう言われちゃあ、終わりにせざるを得ませんね（笑）それでは、Good-bye, everyone!

〈みんな〉：Good-bye, Mr. Sasa!

今日のノートとポイントのおさらい

Lesson1-③　ask〜to...

A.「**ask** だれだれ **to** なになに」
（だれだれに、なになにするように頼む）

a. Mr. Sasa **asked** me **to** clean his room.
　笹先生は私に部屋を掃除する**ように頼んだ**。

b. I was **asked to** clean his room by Mr. Sasa.
　私は笹先生に部屋を掃除する**ように頼まれた**。

B.「**tell** だれだれ **to** なになに」
（だれだれに、なになにするように言う）

I will **tell** my brother **to** help me with my homework.
私は兄に宿題を手伝ってくれる**ように言う**つもりです。

C.「**want** だれだれ **to** なになに」
（だれだれに、なになにしてほしい）

I **want** you **to** come to my house.
私はあなたに、私の家にきて**ほしい**。

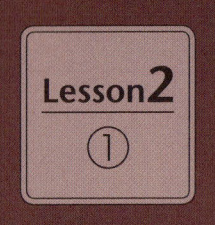

Lesson2 ① 現在完了形〔完了・結果〕①

　月　　日（　）

　３年になりたてで大変ですけど、とっても高い山を登っていただきます。かなり高い山です。

　〈みんな〉　えーっ。

　中村くん　どのくらい高いんですか。

　そうですね。３年間の英語の勉強の中でも、いちばんと言ってもいいくらい高い山です。

　中村くん　そんなに！

　はい、覚悟を決めて、みんなで一緒に一気に登っていきたいと思います。その山の名前は「現在完了形」と言います。リピートアフターミー。「現在完了形」

　〈みんな〉　現在完了形。

　この「現在完了形」がどうしてそんなに難しいかというと、日本人がもっていない時間の感覚を扱っているからです。日本人にはない感覚を理解しようとするのだから、難しいに決まっています。簡単だ、と言う人がいたら、その人はウソをついているとしか言いようがない。私も一生懸命わかりやすく説明しますけれど、限界があります。みなさんも理解しようと頑張ってください。

　まず、現在完了形の形の説明から入ります。

> **Lesson2-①　現在完了形〔完了・結果〕①**
>
> **A. a.**　現在完了形の形 …… **have**

みなさん、"have" の意味はわかりますよね。

〈みんな〉　持つ、持っている。

その通り。では、"have" は何動詞でしたか。

〈みんな〉　一般動詞。

左様。けれども、今日登場する "have" は、一般動詞の "have"（持つ、持っている）ではありません。それは忘れてください。本日登場するのは現在完了形の "have" です。よろしいですか？

そして、現在完了形の形はこうなる。

> **Lesson2-①　現在完了形〔完了・結果〕①**
>
> **A. a.**　現在完了形の形 …… **have (has)＋過去分詞**

リピートアフターミー。「have(has)＋過去分詞」

〈みんな〉　have (has)＋過去分詞。

アゲイン。「have (has)＋過去分詞」

〈みんな〉　have (has)＋過去分詞。

4回言ってください。

〈みんな〉　have (has)＋過去分詞、have (has)＋過去分詞、have (has)＋過去分詞…

中学3年　1学期　現在完了形〔完了・結果〕①

現在完了形の意味は4つあります。

> **Lesson2-①　現在完了形〔完了・結果〕①**
> **A. a.** 現在完了形の形 …… **have (has)** ＋過去分詞
> 　　**b.** 現在完了形の意味 …… 経験・継続・完了・結果

リピートアフターミー。「経験・継続・完了・結果」

〈みんな〉 経験・継続・完了・結果。

アゲイン。「経験・継続・完了・結果」
4回言ってください。

〈みんな〉 経験・継続・完了・結果、経験・継続・完了・結果、経験・継続・完了・結果…

じゃあ、聞きますよ。現在完了形の形を大きな声で言ってください。
はい、どうぞ！

〈みんな〉 have (has) ＋過去分詞！

現在完了形の意味を言ってください！　はい、どうぞ！

〈みんな〉 経験・継続・完了・結果！

元気がよくていいですねえ。形と意味。これは基本中の基本ですから、しっかりおぼえておいてください。

説明を続けるよ。次の文を見てください。

I cleaned my room.

質問があります。この部屋は現在キレイでしょうか。

<みんな> キレイ…？

本当ですか？　じゃあ、いたずらしてしまいましょう。

> **I cleaned my room three years ago.**

鈴木さん　絶対汚い(笑)

もう一度質問します。この部屋はキレイですか？

<みんな> 汚い！

田中くん　いや、わからないと思う。

ん、やるね、田中くん。そう、"I cleaned my room." というのは「私は部屋を掃除した」という事実しか言っていません。普通、3年間掃除してなかったら、みんなの部屋のように小汚い部屋になるでしょうけど(笑)、現在、その部屋がキレイかどうかは、見てみなければわかりません。ひょっとしたら、3年間使ってなくて、けっこうキレイなのかもしれませんからね。

　この文を現在完了形で書き換えてみましょう。B.a の文を見てください。

B. 現在完了形（完了）の文
a. I have already cleaned my room.

"already" という語は、「もう」とか「すでに」という意味になります。さて、この部屋はキレイですか、汚いですか？

<みんな> キレイ？

話の流れ的に正解です(笑)「私はもう部屋を掃除しました」という意味になります。

> B. 現在完了形（完了）の文
>   a. I have already cleaned my room.
>   私はもう部屋を掃除しました。

次の図を見てください。

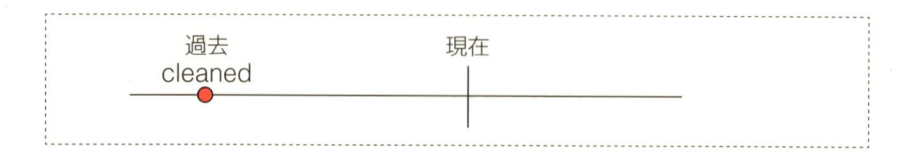

```
          過去              現在
         cleaned
          ●
─────────────────────────────────
```

掃除を終えたのは過去です。この図で考えるなら、●の位置としましょう。

現在完了形を使った表現では、「過去のある時点で行われた出来事が現在までつながっている」という感覚があります。もう掃除を終えてしまった（完了した）ので、現在も部屋はキレイだよ、と。

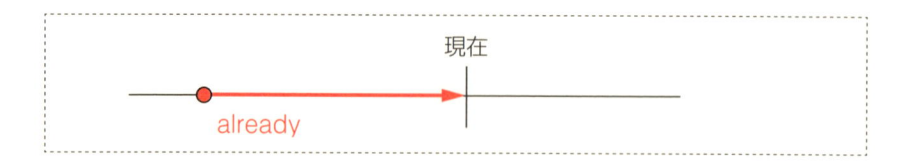

```
                        現在
         ●─────────────→│
        already
```

少し難しいね。話を先に進めながら考えたほうがわかると思うので、我慢してついてきてください。B.b の文を見てください。

> B. 現在完了形（完了）の文
>   a. I have already cleaned my room.
>   私はもう部屋を掃除しました。
>   b. I have just cleaned my room.
>   私はちょうど部屋を掃除したところです。

"just" は「ちょうど」という意味ですから、「私はちょうど部屋を掃除したと

ころです」という意味になります。

　ところで、「ちょうど部屋を掃除したところ」なのだから、部屋は今、どういう状態なの？

🧑‍🤝‍🧑 〈みんな〉　キレイ。

そうそう、あるいは、「もう部屋は掃除する必要はないよ」とかね。

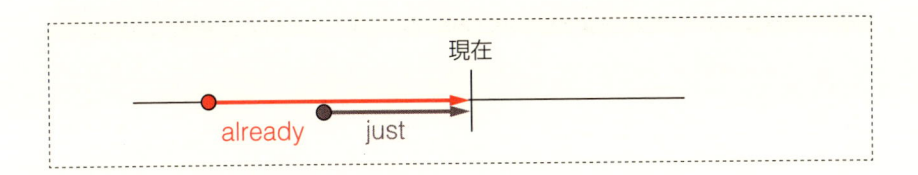

```
                        現在
    ●━━━━━━●━━━▶┃
    already    just
```

　それじゃあ、"I have cleaned my room now." という文ではどうかな。"now" は「今」という意味だから、「私は今、掃除しました」という意味だよね。掃除し終えたのは現在・過去・未来のいつ？

🧑‍🤝‍🧑 〈みんな〉　現在？

　本当かな。あなたが掃除していて、「ああ、終わった」って思ったら、お家の人が入ってきて、「早く掃除しなさいよ！」なんて言う。そしたら、みんな言うでしょう。「今、終わったところだよ！　もう、まったく。ホントに○▼□●△…」ってね（笑）「今」って言っているけど、掃除は終わっているわけだから、掃除を終えていたのは？

🧑‍🤝‍🧑 〈みんな〉　過去。

そうなるよね。

中学3年　1学期　現在完了形（完了・結果）①

B. 現在完了形（完了）の文
a. I **have already cleaned** my room.
　私はもう部屋を掃除しました。
b. I **have just cleaned** my room.
　私はちょうど部屋を掃除したところです。
c. I **have cleaned** my room **now**.
　私は今部屋を掃除したところです。

図で見るとこうなる。

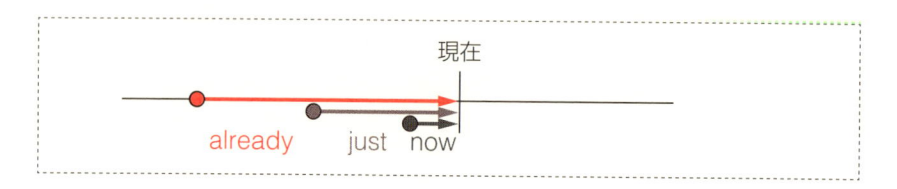

現在
already　just　now

そして、「今」終わったところだから、何なの？

〈みんな〉 部屋はキレイ。

あるいは、今掃除が終わったところだから、勉強を始められるよ、とかね。少しイメージがつかめてきたかな。
　さあ、ここまでの話を、ノートを見直しながらおさらいしてみましょう。

> Lesson2-① 現在完了形〔完了・結果〕①
>
> **A. a.** 現在完了形の形 …… **have（has）** ＋過去分詞
> 　**b.** 現在完了形の意味 …… 経験・継続・完了・結果
> **B.** 現在完了形〔完了〕の文
> 　**a.** I **have** already **cleaned** my room.
> 　　私はもう部屋を掃除しました。
> 　**b.** I **have** just **cleaned** my room.
> 　　私はちょうど部屋を掃除したところです。
> 　**c.** I **have cleaned** my room now.
> 　　私は今部屋を掃除したところです。

　B.aの文。"I have already cleaned my room." 私はもう部屋の掃除を終えちゃっているから、今は何なの？

　〈みんな〉 遊べる！（笑）

そうそう、そういうこと。掃除をもう終えてしまったから、外出できる、とかね。では、B.bの文。"I have just cleaned my room." 私はちょうど部屋の掃除を終えたところだから…今は何なの？

　〈みんな〉 遊べる（笑）

…まあ、いいでしょう。ちょうど掃除を終えたところだから、やっと本を読める、とかね。次はB.cの文。"I have cleaned my room now." 私は今部屋の掃除を終えたところだから、何なの？

　〈みんな〉 遊べる（笑）

コラコラ。遊ぶことしか頭にないのか、君たちは。あっ、チャイムが鳴りましたね。"We have finished our class now." なので、今、みなさんは!?

527

遊べる！

You're right. Good-bye, everyone!

Good-bye, Mr. Sasa!

今日のノートとポイントのおさらい

Lesson2-① 現在完了形〔完了・結果〕①

A. a. 現在完了形の形 …… have（has）＋過去分詞
   b. 現在完了形の意味 …… 経験・継続・完了・結果

B. 現在完了形（完了）の文
   a. I <u>have</u> **already** <u>cleaned</u> my room.
      私は<u>もう</u>部屋を<u>掃除</u>しました。
   b. I <u>have</u> **just** <u>cleaned</u> my room.
      私はちょうど部屋を<u>掃除</u>したところです。
   c. I <u>have cleaned</u> my room <u>now</u>.
      私は<u>今</u>部屋を<u>掃除</u>したところです。

Lesson 2 ② 現在完了形〔完了・結果〕②

　いきなりですが、"We have already studied 現在完了形." だから、今はどうなの？

〈みんな〉 …？

「もう現在完了形はバッチリ」でしょ？

〈みんな〉 えーっ！

　あ、そうでもない？ そうですか。そうね、まだ現在完了形の4つの意味のうち、1つしか勉強してませんしね、はっはっは。

〈みんな〉 …。

　ところで現在完了形の4つの意味は？

〈みんな〉 経験・継続・完了・結果！

　よくおぼえていました。さて、前回の授業では「完了」を勉強しました。今日は「結果」を勉強しますけど、実はこの「完了・結果」はセットものなので、明確な区別をする必要はない。ですが、初心者が現在完了形を理解するためには、分けて説明したほうがよいと思いますので、私のやり方で説明させてください。

　前回、3つの文を勉強しました。

Lesson2-② 現在完了形〔完了・結果〕②

A. 現在完了形（完了）の文のキーワード

I have already finished my work.
もう（すでに）～してしまった

I have just finished my work.
ちょうど～したところだ

I have finished my work now.
今～したところだ

復習です。それぞれの文で特徴的に使われるキーワードを思い出してみましょう。"already"（もう、すでに）、"just"（ちょうど）、"now"（今）でしたね。それぞれが、文中・文末など、どの場所で使われているかもよくおぼえておきましょうね。

さて、次の文を見てください。

I lost my key.

意味はわかりますよね。

〈みんな〉 私は鍵をなくした。

さて、この人、自分の家の前にいます。家に入れるでしょうか。

鈴木さん・吉田さん 入れない。

佐藤くん 入れる。

どっち？ 鍵をなくしたのだから？

高橋さん 入れないと思います。

田中くん 入れないんじゃないかなあ。

🐵 中村くん　ハカセが言うなら、「入れない」(笑)

ホントかなあ。いたずらしちゃおう。

I lost my key three years ago.

この人は3年前に鍵をなくしたのね。じゃあ、この人3年間、自分の家に入っていないわけですか(笑)

🐵 佐藤くん　やったー、オレだけ正解！

いやいや喜ぶにはまだ早い。答えは「わからない」です。だって本当に3年間家に入っていないかもしれないから。

🐵 佐藤くん　ずるいですよ、先生！(笑)

普通の人なら3年間、ただ家の前で呆然としているわけはないけどね。スペアキーを使って鍵を開けるとか、新しい鍵を作るとか(笑)　でも、あくまで文に忠実に考えれば、この人が3年前に鍵をなくした、というのは事実ですが、今のことはわからないわけですよ。

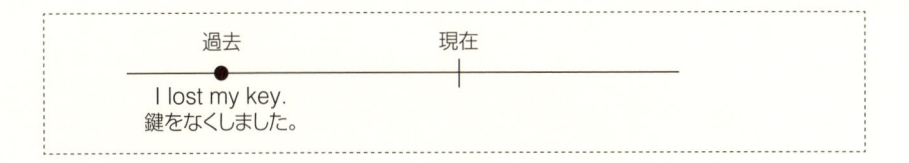

　　　過去　　　　　　現在
　　　●──────────┼──────
　I lost my key.
　鍵をなくしました。

この文を現在完了形の文にしてみましょう。

I have lost my key.

さあ、思い描いてください。家の前で、さて家に入ろうと思ったら鍵がない！"I have lost my key!"（鍵をなくしちゃった！）、その結果として何なの？

〈みんな〉 家に入れない！

はい、全員正解。がっかりしているところまで思い描けましたか？ 目に涙を浮かべているところまで思い描けた人、花丸で合格です（笑）

> **B.** 現在完了形（結果）の文
> **I have lost my key.**
> 私は鍵をなくしてしまいました。

現在・過去のイメージに置いてみると、こんな感じ。

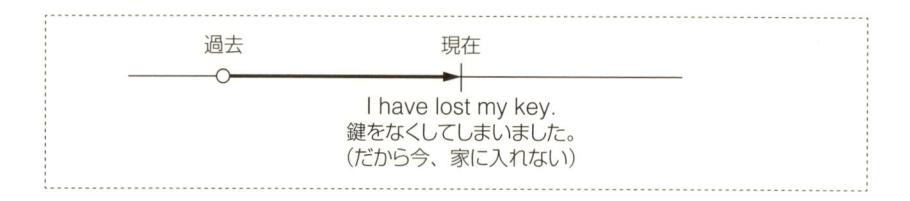

```
    過去            現在
─────○──────────────┼─────────────
         I have lost my key.
         鍵をなくしてしまいました。
         （だから今、家に入れない）
```

「過去のある時点で何かが発生し、その結果として、現在○○である」、そういう感覚がわかってもらえるとうれしい。

ちょっと話は戻りますけど、この文章、キーワードがありますか？

〈みんな〉 …ない。

はい、"already" も "just" も "now" も、その他のワードも見当たらない。では結果の用法をまとめましょう。「キーワードがないのが、結果用法」、これが１つの目印です。

ここまでで現在完了形の基本的なしくみの話はおしまいです。確かに難しいとは思うけれど、理解不可能というほどではないでしょ。

前回の授業で、英語には日本語と違って現在・過去・未来という時間に加えて、過去と現在をつなぐ「現在完了」という時間があると紹介しましたね。「日本語にない感覚」を勉強しているのだから、難しいのは当たり前のことです。だん

だんと理解を深めてもらえばよいと思いますが、私としては、英語と日本語では時間の感覚も違うことに、「へえ」と思ってもらえればうれしい。

さて、今日は次のステップに移りましょう。次のマンガを見てください。

（コマ1）Did you finish your homework?
（コマ2）Yes, I did!
（コマ3）You did not finish your homework!
（コマ4）I did! I finished my homework three days ago!

ニヤリと笑えたら、正解です。

🧑 「ニヤリ」(笑)
佐藤くん

　このお母さんは、この悪〇キ（失礼！）に対する質問の仕方を間違えてしまいましたね。

「宿題したの？」「したよ！」「してないじゃない。」「したよ。3日前にしたのさ。」（笑）

3日前に宿題をしているから、ウソは言ってないじゃん、って言うでしょうね、この憎ったらしい悪○キは（笑）

お母さんは、「もう宿題は終えてしまったの（だから今、遊ぶことができるの）？」と尋ねるべきだった。そう、現在完了形の疑問文です。では、そのように尋ねるためにはどうしたらよいか。

その前にちょっとだけ寄り道をします。今まで勉強した助動詞をあげてください。

佐藤くん　can

鈴木さん　must

高橋さん　may...

代表的な"can"を取り上げましょう。

> **You can swim.**

疑問文にしてください。"can"は助動詞、エネルギーカードでしたね。レアカードのbe動詞やノーマルカードの一般動詞と一緒に使われてパワーを発揮しますから、逆立ちが…。

〈みんな〉　できる。

させてみてください。

〈みんな〉　Can you swim?

そうでした。助動詞は「逆立ちの術」が使えましたね。

ところで、今勉強している"have"はどういう"have"でしたっけ？

👥〈みんな〉 現在完了形の have。

左様。一般動詞である「持つ、持っている」の "have" は、もちろん逆立ちはできない。けれど、この「現在完了形の have」は助動詞に並ぶエネルギーカードです。ですから、疑問文を作るときには be 動詞や助動詞のように「逆立ちの術」を使うことができます。やってみましょう。

> **C.** 現在完了形（完了）の疑問文
> Have you finished your homework yet?
> あなたはもう宿題を終えてしまいましたか。

さて、疑問文になって "already" や "just" や "now" が消え、新たなるキーワードが登場しています。それを "yet" と言う。リピートアフターミー。"yet"

👥〈みんな〉 yet

アゲイン。"yet"

👥〈みんな〉 yet

赤の下線を引いておいた通り、「もう」とか「すでに」という意味になります。リピートアフターミー。"Have you finished your homework yet?"

👥〈みんな〉 Have you finished your homework yet?

さて、尋ねられたら、答えなければならない。"have" で聞かれたら "have" で答える。「はい」だったら、"Yes, I..." ?

👥〈みんな〉 Yes, I have.

> **C.** 現在完了形（完了）の疑問文
> **Have** you **finished** your homework **yet**?
> あなたはもう宿題を終えてしまいましたか。
> ans. Yes, I have. /

「いいえ」だったら、"No, I..."？

〈みんな〉 No, I have not.

そうなります。

> **C.** 現在完了形（完了）の疑問文
> **Have** you **finished** your homework **yet**?
> あなたはもう宿題を終えてしまいましたか。
> ans. Yes, I **have**. / No, I **have not**.

さっきのお母さんも、これを使えばよかったんですね。これでお母さんの勝ち、です（笑）

続いて"not"が入った形、すなわち否定文を見てみよう。

「現在完了形の"have"」は助動詞と同じエネルギーカードですから、be動詞や"can"などのように「納豆引き寄せの術」が使えます。つまり"not"を引き寄せて否定文を作ることができます。

> D. 現在完了形（完了）の否定文
> I have not finished my homework yet.
> 私はまだ宿題を終えていません。

キーワードは疑問文と同じ"yet"ですが、意味は「まだ」となります。リピートアフターミー。"yet"

〈みんな〉 yet

D.の文が「私はまだ宿題を終えていません」という意味になることはわかるね。ちなみに、しつこいけど、「まだ宿題を終えていない」から、何なの？

〈みんな〉 あきらめる！

あきらめちゃうの！（笑）

「まだ、宿題を終えていない」から、「今は遊びに行けない」とか「まだ眠れない」とかね。あきらめずに勉強してください！（笑）

それから、たぶん賢いみなさんのことですから、予想がつくと思いますが、「have + not」で短縮形になります。リピートアフターミー。"haven't"

〈みんな〉 haven't

> D. 現在完了形の否定文
> I have not finished my homework yet.　　※ have + not
> 私はまだ宿題を終えていません。　　　　　　＝ haven't

さて、以上で現在完了形の「完了・結果」と、現在完了形の疑問文、否定文の説明が終わりました。けれども "We have not finished studying 経験 and 継続 yet." です。現在完了形の頂点に向けた山登りはまだまだ続きます…。Good-bye, everyone!

Good-bye, Mr. Sasa!

今日のノートとポイントのおさらい

Lesson2-② 現在完了形〔完了・結果〕②

A. 現在完了形（完了）の文のキーワード

I have **already** finished my work.
もう（すでに）〜してしまった

I have **just** finished my work.
ちょうど〜したところだ

I have finished my work **now**.
今〜したところだ

B. 現在完了形（結果）の文

I **have lost** my key.
私は鍵をなくしてしまいました。

C. 現在完了形（完了）の疑問文

Have you **finished** your homework **yet**?
あなたはもう宿題を終えてしまいましたか。

ans. Yes, I **have**. / No, I **have not**.

D. 現在完了形（完了）の否定文

I **have not finished** my homework **yet**.   ※ have + not
私はまだ宿題を終えていません。　　　　　　　　　　　= haven't

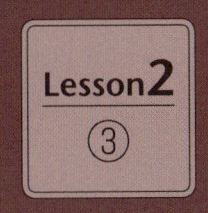

Lesson2 ③ 現在完了形〔経験〕

月　日（　）

　さて、現在完了形の話も、今日から後半戦に入ります。今日勉強する現在完了形の「経験」は、現在完了形の中でわかりやすい内容のお話になります。ただ、いくつか重要なポイントがありますから、落ちのないように聞いてくださいね。

　さて、「経験」という言葉から想像される日本語の表現は「～したことがある」という言い方になるでしょうね。これを頭において次の文を見てください。

Lesson2-③　現在完了形〔経験〕

A. 現在完了形（経験）の文
　a. I've visited Tokyo before. ※

　"I've"は"I + have"の短縮形、"before"は「以前に、かつて」という意味のキーワードです。文の意味はわかるかな。

　🙂😊🙂　私は…以前に…東京を…訪れたことがある。
　〈みんな〉

そうなります。

Lesson2-③　現在完了形〔経験〕

A. 現在完了形（経験）の文
　a. I've visited Tokyo before. ※
　　私は以前に東京を訪れたことがある。

ところでA.aの表現は、"I visited Tokyo."（私は東京を訪れました）という表現と何が違うのでしょうか。

前回の授業で繰り返した通り、現在完了形は、過去の行為や出来事が現在につながっている、という感覚を表現しているのだ、ということを思い出してください。

"I visited Tokyo."という表現は、「私は東京を訪れた」という事実を表現しています。「東京を訪れた」けれど、東京のことはすっかり忘れているかもしれない。渋谷がどこにあるか、おぼえていないかもしれない。

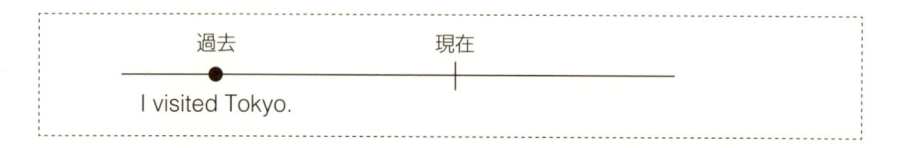

```
       過去           現在
────────●────────────┼────────────
   I visited Tokyo.
```

けれども、"I have visited Tokyo before."（私は以前に東京を訪れたことがある）という文は違います。「私は以前に東京を訪れたことがある」から、「私は新宿がどこにあるか知っているよ」とか、「おいしいお店を知っているよ」とか、「東京を訪れた経験」が現在までつながってくるように感じとってください。

```
       過去           現在
────────○───────────▶●────────────
          I have visited Tokyo before.
          私は以前に東京を訪れたことがある。
```

"before"がキーワードだよ、というお話はしましたね。ちなみに、このキーワードは変化することがあります。例えば「1回訪れたことがある」なら"once"、「2回訪れたことがある」なら"two times"あるいは"twice"、「3回」なら"three times"…などです。では、4回はどうでしょうか、吉田さん？

　　　four times

9回は、中村くん？

nine times

じゃ、何度も繰り返して多くの回数を訪れたら？　はい、高橋さん。

　many times

> Lesson2-③　現在完了形〔経験〕
> A. 現在完了形〔経験〕の文
>   a. I **'ve visited** Tokyo **before**.※
>   私は以前に東京を訪れたことがある。
>   ※once, two times (twice), three times... many times

大変けっこうです。"I've visited Tokyo many times." はどんな意味になるかな、田中くん。

　私は東京を…何度も訪れたことがある。

そうだね。「何度も訪れたことがある」から、今、何なの。

　…東京のことをよく知っている！

そういうこと、そういうこと！　よくわかってくれました。例えば…「新宿駅東口のセブンイレブンのアイスはすごくおいしい」とか、「高田馬場のマクドナルドのハンバーガーは格別！」とかね。

　あり得ません！（笑）

失礼しました。あるいは「何度も行ったことがある」からもう行く必要がないよ、ということかもしれない。いずれにしても、過去の経験が現在につながってくる感覚を理解していってください。

さて、今度はA.aの文の "I" を "you" に変えて疑問文にしてみよう。

中学3年　1学期　現在完了形〔経験〕

現在完了形の"have"は助動詞と同じエネルギーカードでパワーがありますから…もうわかりますね。A.bの文を見てください。

> **Lesson2-③　現在完了形〔経験〕**
>
> **A.** 現在完了形（経験）の文
>
> a. I**'ve visited** Tokyo <u>before</u>. ※
>   私は<u>以前に</u>東京を<u>訪れたことがある</u>。
>   ※ once, two times (twice), three times... many times
>
> b. **Have** you **ever visited** Tokyo (before)?
>   あなたは<u>今までに</u>東京を<u>訪れたことがありますか</u>。

逆立ちが成立して、疑問文になりました。さらに、新しいキーワードが登場しましたね。リピートアフターミー。"ever"

🧑‍🦰😊🧑　ever
〈みんな〉

"ever"は「今までに」という意味になります。"before"は"ever"と一緒に残って同じ意味を強める働きをすることもありますし、使わない場合もあります。日本語ではどちらの場合も「今までに」で十分でしょう。

さて、尋ねられたら、答えなければならない。"Yes, I..."？

🧑😊🧑　Yes, I have.
〈みんな〉

そうですね。行ったことがありますよ、と。じゃあ、"No"だったら…。

😊🧑😊　No, I haven't.
〈みんな〉

その通り。行ったことはありませんよ、とね。ちなみに、"No, I have not..."に続くのは？

🧑😊🧑　... visited Tokyo
〈みんな〉

そういうことです。

Lesson2-③　現在完了形〔経験〕

A. 現在完了形（経験）の文

a. **I've visited** Tokyo **before.** ※
   私は以前に東京を訪れたことがある。
   ※ once, two times (twice), three times... many times

b. **Have** you **ever visited** Tokyo (before)?
   あなたは今までに東京を訪れたことがありますか。
   ans. Yes, I have. / No, I haven't (visited Tokyo).

否定文もだいじょうぶでしょう。A.c を見てください。

　現在完了形の "have" は助動詞と同じパワーがありますから、"not"（納豆）を引き寄せることができます。また、否定文でしばしば使われるキーワードがありますので、あわせて紹介しておきましょう。

---

c. I **have not** (**never**) **visited** Tokyo.
   私は（一度も）東京を訪れたことがありません。

リピートアフターミー。"never"

😊😊😊 never
〈みんな〉

　ネバー・ギブアップ（決してあきらめるな）のネバーだね。ちなみに、この "never" はよく見てみると、"not + ever" だってことがわかるかな。ですから、"I've not never visited Tokyo." というのはありません。"not" が2つになっちゃいますから。気をつけてください。

　さて、ここから先は少し難しいお話になります。とはいっても、現在完了形らしい話でもありますので、ぜひ頑張って聞いてくださいね。ポイントを2つに絞ってお話をします。

まず、ポイントの1つ目です。

次の3つの文を見てください。○か×か、考えてもらいたいと思います。

> B. 現在完了形（経験）の文のポイント
> point 1
> a. I've visited Tokyo before.
> b. I've visited Tokyo many times.
> c. I've visited Tokyo two years ago.

まず、B.aの文ですが、○ですか、×ですか。

〈みんな〉 …○？

はい。もちろん○です。「私は今までに東京を訪れたことがある」、ノートにも書いてあるでしょ。じゃ、次、B.b。○ですか、×ですか。

〈みんな〉 ○。

そうだよね、さっき例文で読んでもらった文ですよ。「私は何度も東京を訪れたことがある」。

じゃ、次のB.cを見てもらおう。○ですか、×ですか。聞くまでもないような気がするけど。

〈みんな〉 …×…。

話の流れ的に正解です（笑）じゃあ、なぜダメなのか。理由が説明できるかな。

〈みんな〉 うーん。

何度も話した通り、現在完了形というのは、過去のある時点で起こった出来事が現在に至るまで続いている、という感覚がある。

```
   過去        現在
────○──────────●──────────
    I have visited Tokyo before.
```

B.c の文は「2年前」と時間をはっきりさせています。「2年前」というのは、あくまで「2年前」という時点での話であって、現在につながってくる時間ではありません。

```
   過去        現在
────○──────────●──────────→
    I have visited Tokyo before.

────●──────────┼──────────
  two years ago
```

「現在に至るまでつながっている」感覚の現在完了形とは相容(あいい)れない時間なんですよ。だからこの文は×、となるのです。

公式的に言ってしまえば、「現在完了形の文では、過去のはっきりした時間を用いることはできない」ということになります。テクニック的に言えば、「現在完了形の経験用法では ago は使えない」と考えてもよい。

> **B. 現在完了形（経験）の文のポイント**
> **point 1**
> a. I've visited Tokyo before. ○
> b. I've visited Tokyo many times. ○
> c. I've visited Tokyo two years ago. ×

ちなみに、B.c の文を正しく成立させるためには、どうしたらいいと思うかな。そんなに難しくはないんですよ。あくまで2年前という「過去」の話なんですから。さあ、どう考える？

田中くん　過去形にすればいい。

すばらしい。単純に"I visited Tokyo two years ago."（私は2年前に東京に行きました）と言ってしまえばいいわけです。

さて、もう1つポイントをお話しします。

「彼女は東京に行ったことがある」という文を英語で表現したいとします。次の2つの文を見てください。

---

point2　a. She has been to Tokyo before.

　　　　b. She has gone to Tokyo.

さて、「行ったことがある」のはどっち？

〈みんな〉　？

これは、表現そのものをおぼえてもらったほうがいいと思います。

a. の文は、「have(has) + been to どこどこ」の形で、「どこどこに行ったことがある」という表現になります。リピートアフターミー。"She has been to Tokyo before."

〈みんな〉　She has been to Tokyo before.

どんな意味になりますか。

〈みんな〉　彼女は以前東京に行ったことがある。

けっこうです。一方で、b. の文は、「have(has) + gone to どこどこ」の形で、「どこどこに行ってしまった」という表現になります。リピートアフターミー。"She has gone to Tokyo."

〈みんな〉 She has gone to Tokyo.

鈴木さん 先生、違いがわかりません！

よい質問だ。

前回の授業で、"I have lost my key."「私は鍵をなくしてしまいました」（結果として家に入れない）という文を読んでもらいましたが、おぼえていますか。現在完了形（結果）用法の文でした。b. の文もこれと同じで、「彼女は東京に行ってしまった」という意味です。そして「行ってしまった」ので、結果として今彼女はここには…？

鈴木さん いない、っていうことですか。

正解！ "has gone to ～" で「～へ行ってしまった」（だからここにはもういない）、ということになります。

---

point2　a. She **has been to** Tokyo before.
　　　　　彼女は以前東京に行ったことがある。
　　　　b. She **has gone to** Tokyo.
　　　　　彼女は東京に行ってしまった（ここにはもういない）。

この2つの文は、使い方を間違えると意味がまったく違ってしまいますので、注意が必要です。表現をまるごとおぼえてしまったほうがてっとり早いかもしれません。

さて、ちょっと長くなりましたが、今日の説明はここまでです。ところで次の日本語を英語で表現してください。「笹先生が（この教室を出て）いなくなってしまいました（どこに行ったかわかりません）」…。

〈みんな〉 Mr. Sasa has gone.

そういうことです。結果としてみんなは？

〈みんな〉 Happy!

... Good-bye, everyone!

〈みんな〉 Good-bye, Mr. Sasa!

今日のノートとポイントのおさらい

Lesson2-③ 現在完了形〔経験〕

A. 現在完了形（経験）の文

a. I've visited Tokyo before. ※
　私は以前に東京を訪れたことがある。
　※ once, two times (twice), three times... many times

b. Have you ever visited Tokyo (before)?
　あなたは今までに東京を訪れたことがありますか。
　ans. Yes, I have. / No, I haven't (visited Tokyo).

c. I have not (never) visited Tokyo.
　私は（一度も）東京を訪れたことがありません。

B. 現在完了形（経験）の文のポイント

point1　a. I've visited Tokyo before.　　　○
　　　　b. I've visited Tokyo many times.　○
　　　　c. I've visited Tokyo two years ago.　×

point2　a. She has been to Tokyo before.
　　　　　彼女は以前東京に行ったことがある。
　　　　b. She has gone to Tokyo.
　　　　　彼女は東京に行ってしまった（もういない）。

Lesson 2 ④ 現在完了形〔継続〕

　さて、現在完了形もいよいよ最後の用法の説明になります。ここまでよくついてきてくれました。これを乗り越えてしまえば、3年の内容は半分近く終了します。そしてみなさんは関係代名詞を勉強して、「はい、卒業！」ということになります。

鈴木さん： 先生！ 気が早いですよ！

　そうですか。そんなことありません、あっという間ですよ。ちなみにみなさんは卒業したら何になるの？ 高校生ですか？ 就職？ 最近では95％以上の人が高校進学、50％以上の人が大学に進学しているそうですね。
　中学・高校で6年、さらに大学で4年英語を勉強するなんて、ぞっとする人もいるんじゃないかな。

中村くん： ぞっとします！（笑）

　そうだよね、中村くん！（笑）しかも、10年英語の勉強をしたとしても、それで身につくとは限らない。いえ、むしろ身につかないことのほうが圧倒的に多い。
　私が嫌いな言葉に、「〇年英語を勉強してきたのに、ちっとも使えるようにならない」という言葉があります。でも〇年と言ったって、これ、実は錯覚なんですよ。わ・か・る？

佐藤くん： 始まった、始まった（笑）

　例えば、週に4時間英語の授業があったとします。50分×4＝200分です。中学のカリキュラムでは、1年間は35週なので、200分×35週＝7000分と

なります。これを3年間分にすると、7000分×3年間＝21000分となり、けっこうな時間だな、と思うのですが、時間になおせば350時間。毎日6時間勉強して、60日分くらいです。高校・大学で同じ量を勉強したとしても、せいぜい200日分くらいにしかならない。

これで十分かというと、とんでもないことです。「できるはずだ」という人は、2年間で3つ以上の言語をマスターしてみてほしい。言うまでもないことですが、そんなことができるわけがない。こういうことは、よく考えれば中学生にもわかることでしょう。私たちは、日本語だって膨大な時間をかけて学んできたわけですよね。小学校1年くらいになると多少は日本語が使えるようになってきます。仮に、3〜7歳の5年間に1日12時間以上日本語の練習をしてきたとして、その時間は12時間×365日×5年、20000時間をゆうに超えます。これは1日6時間の勉強時間に換算して、まるまる10年かかる計算になります。つまり、1日6時間、10年間勉強を続けて、やっと「小学1年生前」です（笑）

しかし、これでは外国語を学ぶことは不可能に近いことになってしまう。そこで威力を発揮するのが英文法です。みなさんが学んでいる英文法は、ご存じ5千円札の人物、新渡戸稲造をはじめとする、多くのすばらしい日本人が外国の知恵や技術を学ぶために作ってきた知恵の結晶なのですよ。確かに英語の文法は面倒ですし、簡単なものではありませんが、くじけそうになったとき、思い出してください。「英文法は日本人の大先輩が編み出してきた『効率的に英語を学ぶ魔法の技だ』」と。

中村くん　終わりですか。

終わりです。

佐藤くん　今日はいつもより長かったですね。

そうですね。中学校最後の夏休みも近づいているので、ハッパをかけようと思って、ついつい熱が入ってしまいました。

佐藤くん　もっと入れてもいいですよ（笑）

いえいえ、十分にやる気になってくれたと思いますので、夏休み前の勉強内容をきっちり終えるために本題に入りましょう。

今日の話は2つのキーワード、"since" と "for" が中心です。"for" はすでに登場していますが、"since" は初見参(はつけんざん)ですね。リピートアフターミー。"since"

〈みんな〉 since

「～から」「～以来」という意味だと考えてください。"for" は「～の間」という意味でしたね。

さて、まずはキーワードの "since" を使った文を見てみましょう。

Lesson2-④　現在完了形〔継続〕

A. 現在完了形（継続）の文

a. I have studied English { since two years ago.

先ほど言ったように、"since" は「～から」という意味になりますので、この文が「私は2年前からずっと英語を勉強しています」という意味になることがわかりますか。

Lesson2-④　現在完了形〔継続〕

A. 現在完了形（継続）の文

a. I have studied English { since two years ago.

私は { 2年前から ずっと英語を勉強しています。

ところで、この人は今も英語の勉強をしていますか、あるいはもう飽きちゃって勉強を止めてますか。

> …今も勉強している。

そうです。現在完了の時間の感覚がわかりつつありますね。過去のある時点から始めて現在に至るまでずっと何かの行為をしていたり、状態が続いているのでしたよね。この場合、2年前に勉強を始めて、現在に至るまでずーっと勉強をしているよ、という意味になります。

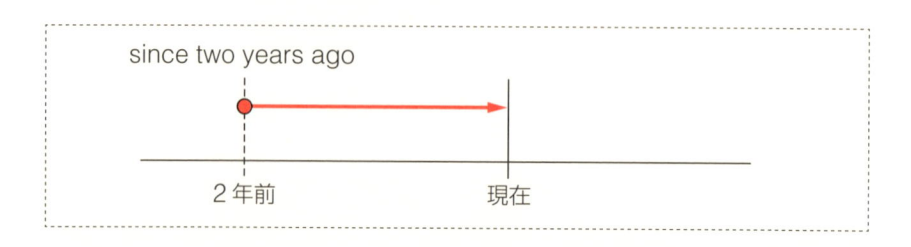

```
since two years ago
      ●━━━━━━━━━▶
      ┊           ┊
──────┼───────────┼──────
    2年前          現在
```

続いて"for"を使った文を見てみましょう。同じ文を使ってキーワード以降だけを変えます。

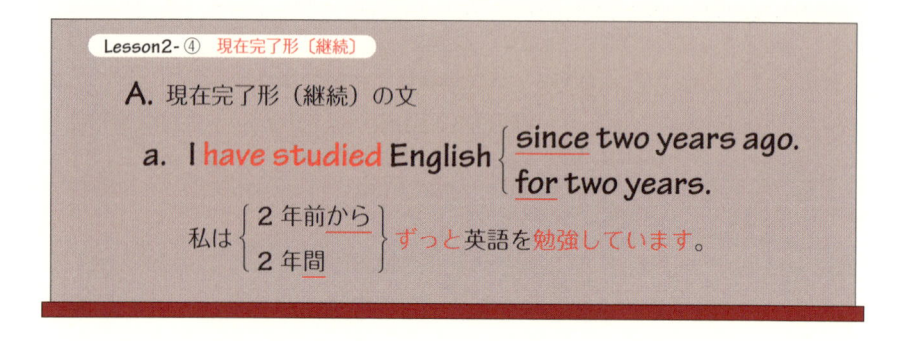

Lesson2-④ 現在完了形〔継続〕

A. 現在完了形（継続）の文

a. I have studied English { since two years ago.
                          { for two years.

私は { 2年前から
     { 2年間   } ずっと英語を勉強しています。

"for"は「〜の間」という意味でしたね。そうすると、「私は2年間ずっと英語を勉強しています」という意味になるのがわかりますか。

そしてこの2つの文は、内容としては「同じこと」を言ってますよね。2年前から始めて今も続けている、ということは、2年間ずっと続けているというのと同じことでしょ。わからない人は次の図を見てごらん。

since two years ago
for two years
2年前　現在

どうでしょう。言っている意味が伝わったかな。

さて、"since" を使った少し形の違う表現を勉強しましょう。A．bの文を見てください。意味はわかるはずだけど…。

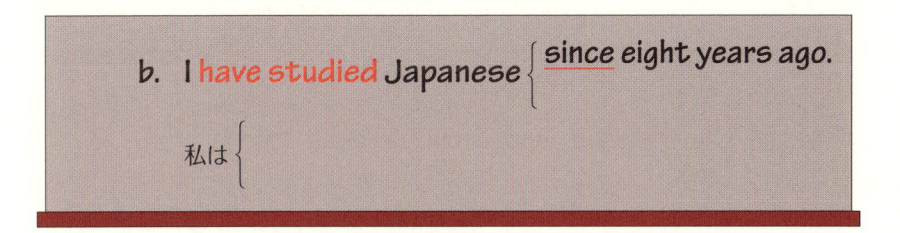

b. I have studied Japanese { since eight years ago.

私は {

…私は8年前から日本語を勉強しています。

そうですね。そして、今も勉強しているわけですよね。

8年前というとみなさんはこーんなに小さくて、すごくかわいかったのでしょうね、私は知らないけど (笑) 今度は「私は小さい頃からずっと日本語を勉強しています」という言い方を、英語になおせるかな。

I have studied Japanese since... ???

ちょっと難しいね。ここには "I was little" という文が入ります。"since" を使った場合、後ろに "eight years ago"（8年前）のような語句がくることもあるし、"I was little"（私は小さかった）のような文がくることもあるよ、というのが正しい説明になります。この文は、そのまま日本語にすると「私が小さかった頃から」となりますが、通りが悪いので、「小さい頃から」とするのがよいでしょう。

> b. I **have studied** Japanese { since eight years ago. / since I was little.
>
> 私は { 8年前から / 小さい頃から } ずっと日本語を勉強しています。

両方の文を繰り返し読んでおきましょう。リピートアフターミー。"I have studied Japanese since eight years ago."

〈みんな〉 I have studied Japanese since eight years ago.

"I have studied Japanese since I was little."

〈みんな〉 I have studied Japanese since I was little.

よく読んで、パターンに慣れてくださいね。

最後にもう1つ重要なポイントを短く解説して授業をおしまいにします。

次のB.の文 "I am busy." (私は忙しい) を、「私は1週間ずっと忙しい」という現在完了形の文になおしてもらいたいと思います。

> B. 現在完了形（継続）の文のポイント
> I am busy. →
> 　　　　　私は1週間ずっと忙しい。

まず、現在完了形ですから、「have (has) ＋過去分詞」の形になります。"I" の次にくるのは "have" ですか、"has" ですか、中村くん。

〈中村くん〉 have!

そうですね。be動詞の "am" を過去分詞形になおしましょう、田中くん。

"been" です。

"for a week"（1週間）を加えてできあがり。

> **B. 現在完了形（継続）の文のポイント**
> I am busy. → I *have been busy* for a week.
> 私は1週間ずっと忙しい。

be動詞の過去分詞形である"been"が出てこない人がいますので、ポイントとして付け加えておきました。リピートアフターミー。"I have been busy for a week."

〈みんな〉 I have been busy for a week.

私も"I have been busy for a week." どころか"for a month"で全然休む暇がなくて、土日も休みがなくって…。ホントにもう…。

中村くん 先生、チャイム鳴ってますよ。

…Good-bye, everyone!

〈みんな〉 Good-bye, Mr. Sasa!

今日のノートとポイントのおさらい

Lesson2-④ 現在完了形〔継続〕

A. 現在完了形（継続）の文

a. I have studied English { since two years ago.
　　　　　　　　　　　　 for two years.

　私は { 2年前から / 2年間 } ずっと英語を勉強しています。

b. I have studied Japanese { since eight years ago.
　　　　　　　　　　　　　 since I was little.

　私は { 8年前から / 小さい頃から } ずっと日本語を勉強しています。

B. 現在完了形（継続）の文のポイント

I am busy. → I have been busy for a week.
　　　　　私は1週間ずっと忙しい。

Lesson 2 ⑤ 現在完了形の応用表現とまとめ

月　　日（　）

今日で現在完了形の勉強はおしまいです。そして1学期の授業も終わりです。1学期はほとんど現在完了形の勉強で終わったようなものですね。内容も難しかったでしょう。

中村くん：難しかったなあ。

田中くん：でも、いろいろな用法がけっこうわかった。

高橋さん：時間の感覚が違うというのが面白かったです。

さすが3年生だね。さあ、もう一踏んばりです。この時間には、現在完了形を使った文の応用表現を2つ勉強します。基本的にはおぼえる内容だから、わからないということはありませんので安心してください。その後、現在完了形の学習全体を振り返って復習してみましょう。

まずは応用表現の1つ目です。次の文を見てください。

Lesson2-⑤　現在完了形の応用表現とまとめ

A. How long have you studied English?

"How long ～?" という表現は「どのくらい長く」、と尋ねる表現です。ものの長さを尋ねることもあれば、時の長さ（期間）を尋ねることもあります。

ここでは "How long ～?" が "Have you studied English?" と一緒になって、「あなたはどのくらい長い間、英語を勉強しているのですか（今も続けているのですか）？」という表現を作り出しています。

リピートアフターミー。"How long have you studied English?"

How long have you studied English?
〈みんな〉

さて、尋ねられたら答えなければいけない。で、どう答えるか。2つのパターンがあると思います。

それぞれを英語で見てみましょう。まずは"since"を使って答える表現。

Lesson2-⑤　現在完了形の応用表現とまとめ

A. **How long have you studied English?**
あなたはどのくらい長い間、英語を勉強しているのですか。

ans. a. **I have studied it since two years ago.**
私はそれを2年前から勉強しています。

あるいは、シンプルに"Since two years ago."という答え方もあります。

次に"for"を使って答える表現。よく使われる「およそ」という意味の"about"を付け加えて、シンプルな答え方を紹介しておこう。

Lesson2-⑤　現在完了形の応用表現とまとめ

A. **How long have you studied English?**
あなたはどのくらい長い間、英語を勉強しているのですか。

ans. a. **I have studied it since two years ago.**
私はそれを2年前から勉強しています。

b. **For about two years.**
およそ2年間です。

前にも話したけど、どちらも同じことを意味していますよね。「私は2年前から勉強しています」というのは「およそ2年間勉強している」というのと同じことでしょ。

　　確かに…。

　応用表現の2つ目に入ります。
　"How many times ～?" を使った表現です。この表現は回数を尋ねていますね。これが現在完了形とセットになって、次のような表現になります。

> **B. How many times have you ever been to Hawaii?**

意味はわかりますか。

　　あなたは今までに何回ハワイに行ったことがありますか。

そうですね。

> **B. How many times have you ever been to Hawaii?**
> あなたは今までに何回ハワイに行ったことがありますか。

　では、この文は〔経験・継続・完了・結果〕のどの用法であるかわかりますか。これはわかりやすいよ。

　　経験？

　そう。行った経験があるかどうかですから、〔経験〕用法です。そして、経験の回数を尋ねているわけです。したがって、答え方は "times"（～回）を使って次のように答えます。

> B. How many times have you ever been to Hawaii?
> あなたは今までに何回ハワイに行ったことがありますか。
>
> ans. a. I have been there three times.
> 私は3回そこに行ったことがあります。

さらにシンプルに答えるなら B.b のようになりますし、行ったことがなければ、B.c のようになるでしょう。

> B. How many times have you ever been to Hawaii?
> あなたは今までに何回ハワイに行ったことがありますか。
>
> ans. a. I have been there three times.
> 私は3回そこに行ったことがあります。
>
> b. Three times.
> 3回です。
>
> c. I have never been there.
> 一度も行ったことはありません。

以上、現在完了形を使った応用表現を2つ勉強しました。この他にも応用表現として整理したい表現もあるのですが、少しくどくなるので、このあたりでやめておきたいと思います。英語の文を読んでいく中で、だんだんと触れていきましょう。

さて、最初に言った通り、現在完了形の勉強は今日でおしまいですので、現在完了形のまとめをしておきたいと思います。キーワードを中心に確認していきましょう。次の表を見てください。

C. 現在完了形のまとめ

経験 「〜したことがある」	継続 「ずっと〜し （続け）ている」	完了 「〜してしまった」 「〜したところだ」	結果 「〜し（てしまっ）た」
before 〜 times 否 never 疑 ever	for since	just now already 否疑 yet	なし

　これまで現在完了形の用法〔経験・継続・完了・結果〕のしくみについて説明してきました。その中で、折に触れてそれぞれでどのようなキーワードが使われることが多いかということをお話ししてきました。この表は、用法ごとに、使われることの多いキーワードをまとめたものです。よーく見ていると参考になりますよ。

　…もっとも、こういうまとめ方は、「いつの時代だ」と言われちゃいそうな古い方法なんですよね。今は、こういうやり方を嫌う先生もたくさんいて、私なんかいつも怒られるかビクビクしてますよ、気が小さいから（笑）ただ、私はいつも、こう考えるのですよ。基本は基本だ、とね。わ・か・る？

　　　始まった、始まった（笑）

　私は、中学校の３年間というのは、これからの人生の生き方や生活の仕方の基本を学ぶ場所だと思っています。もちろん、実際の人生や生活では基本をはずれることや応用が求められます。むしろそういうことのほうがはるかに多い。

　部活でもそうだよね。ラケットの持ち方、フォーメーション、楽器の基礎練習、気持ちの入れ方。基本練習を何度も繰り返すけど、大会では練習と同じ場面なんてなかなかない。じゃあ、基本練習は無駄なのか、というと、そうではない。「こういうときはこうする」という基本があるから、基本以外の状態にも「こうじゃないかな」と推測して対応することができる。

理科の実験がそのまま活きたり、数学的な考え方が毎日求められたり、道徳で学んだことが実生活で同じように起こるなんてことも、ほとんどない。中学校というのは、「基本的にはこう考える」という知識と構えを育てる場なのだ、と私は思っています。

　中学生は英語の学習の初心者です。初心者はあくまで基本通りに勉強するほうがよいと思います。古くさいとは思いますが、私はこういうまとめ方や考え方は大事だと思っています。

　ただ、あくまで基本だということを知っておくことも当然必要です。今回の場合、具体的には、「完了・結果」の用法は実際にはほとんど区別されないこと、それぞれの用法で必ずこのキーワードが使われるわけではないということです。キーワードが使われない場合もありますし、別な言葉になることもあります。この整理はあくまで基本です。繰り返しこの表を参考にし、用法に慣れてくれば、いちいち何用法であるのかを確認しなくとも、意味がわかったり、キーワードを使えるようになってくるはずです。

佐藤くん　終わりですか。

　終わりです。

　以上でみなさんは3年生の最初の高い山を登り終えました。卒業までにまだ山は出てきますが、確実にみなさんの視界は広がりつつあります。夏休みにはこれまでの学習をしっかり振り返り、どんな山にも負けない体力と気力を身につけてきてください。期待しています！　では、Good-bye, everyone!

〈みんな〉　Good-bye, Mr. Sasa!

今日のノートとポイントのおさらい

Lesson2-⑤ 現在完了形の応用表現とまとめ

A. How long have you studied English?
あなたはどのくらい長い間、英語を勉強しているのですか。

ans. a. I have studied it since two years ago.
私はそれを 2 年前から勉強しています。

b. For about two years.
およそ 2 年間です。

B. How many times have you ever been to Hawaii?
あなたは今までに何回ハワイに行ったことがありますか。

ans. a. I have been there three times.
私は 3 回そこに行ったことがあります。

b. Three times.
3 回です。

c. I have never been there.
一度も行ったことはありません。

C. 現在完了形のまとめ

経験 「～したことがある」	継続 「ずっと～し （続け）ている」	完了 「～してしまった」 「～したところだ」	結果 「～し（てしまっ）た」
before ～ times ㊁ never ㊂ ever	for since	just now already ㊁㊂ yet	なし

中学3年 1学期 現在完了形の応用表現とまとめ

English

中学3年

2学期

Lesson 3 ① It is 〜 for... to −

月　日（　）

　中学校最後の夏休みが終わったね。どこかに旅行に行きましたか。

　　鈴木さん　先生！ 私たち受験生ですよ！

　　中村くん　イヤミだ(笑)

　失礼しました！ 私はアメリカからカナダ、ヨーロッパに渡ってイギリス、フランスと旅行してきたものですから、つい…。

　　高橋さん　いいなあ。

　　吉田さん　マユ、本気にしちゃダメだよ。

　あ、ばれました？

　　佐藤くん　当たり前ですよ。僕らだって先生とのつきあいは長いんだから。

　失礼しました。夏休みはずっと家でスイカばかり食べていました(笑)
　突然ですが、人の理想的な体型って何頭身だか知ってる？ 頭と体の長さのバランス。

　　田中くん　8頭身？

　　佐藤くん　ハカセさすが。よく知ってる！

　そう言われますね。こんな感じ。スイカをアタマ１つ分にすると、体がスイカ７個分。

もちろん人にもよりますけど、欧米人は日本人に比べて背が高い人が多いですね。私もこの夏、アメリカやヨーロッパで歩き回っていたら、こういう人がたくさんいるのね。

🧑 先生、マユが本気にするから止めてください（笑）

失礼しました。私がこの夏にアメリカやヨーロッパを歩き回ったというのは事実ではありませんが、8頭身の人がこれらの国々に多いというのは事実です。否定しても仕方ありません。平均すれば、あちらのほうが背が高いのだから。人によっては9頭身くらいかなぁと思っちゃう。私たち日本人は5頭身くらいですか？（笑）スマートな私は例外として（笑）

🧑 先生も十分5頭身です！（笑）

…さて、次の文章を見てください。復習です。

> To study English is interesting.

復習ですから、意味はわかりますよね。この文の「頭」がどこだかわかりますか。

🧑🧑🧑 To study English?

そうですね。足に当たるのが"interesting"。そうすると私をのぞく日本人程度の5頭身くらいかな。よく言えば、がっちりタイプ(笑)

じゃあ、これから「頭」を重くしますので、よく見ていてください。

To study English very hard is interesting.

頭の部分はどこですか。

To study English very hard

そうですね。あったま重くなってきましたね。3頭身くらい？（笑）

じゃあ、これでどうだ！

To study English very hard every day is interesting.

わかるかな？ 頭が "To study English very hard every day" ですよね。足が "interesting" ですから、これはすごい。

図体より頭のほうが重い！（爆笑）

これでは歩くのも大変だ（笑）英語ではこういう頭の大きすぎるアンバランスを嫌うのですねぇ。

こういうスマートなのが好き。

(笑)〈みんな〉

こういう体型にするために、ある文型を使いますのでおぼえてください。

リピートアフターミー。"It is なになに for だれだれ to なになに"！

〈みんな〉It is なになに、for だれだれ、to なになに。

元気があってすばらしい！ もう1つ、リピートアフターミー。

「だれだれにとって、なになにすることは、なになにだ！」

〈みんな〉だれだれにとって、なになにすることは、なになにだ！

では、次の文を見てください。意味はわかるはずだ。

It is interesting for me to study English.

「だれにとって」でしょうか、佐藤くん？

私？〈佐藤くん〉

そうそう。「私」にとって「何すること は」、田中くん？

英語を勉強することは。〈田中くん〉

そうです。「私にとって英語を勉強することは」何だって言うの、中村くん？

面白い。〈中村くん〉

中学3年 2学期 It is 〜 for... to 〜

けっこうです。できあがりました。

「私にとって英語を勉強することは面白い」

すっかりスマートになったでしょ（笑）
そういえばこの日本語、どこかで聞いたことがあるよね。

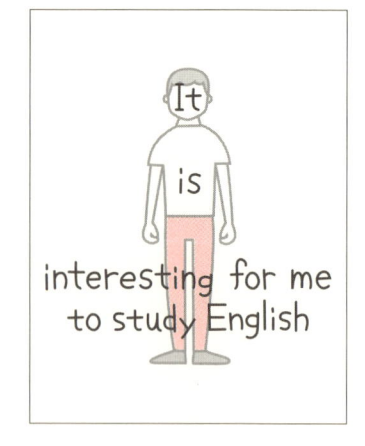

中村くん　さっき出てきた…。

そう、さっき出てきた"To study English is interesting for me."の意味と同じだ。ここまでの説明をまとめよう。

Lesson3-①　It is ～ for... to －　（…にとって－することは～だ）

A. a.　To study English is interesting for me.
　　　　　　　　　　＝
　 b.　**It is** interesting *for* me *to* study English.
　　　　私にとって英語を勉強することは面白い。

2つ追加で説明します。

1つ目。「for だれだれ」の部分は、あきらかにわかっている場合などは省略することもあります。

Lesson3-①　It is ～ for... to －　（…にとって－することは～だ）

A. a.　To study English is interesting for me.
　　　　　　　　　　＝
　 b.　**It is** interesting (*for* me) *to* study English.
　　　　（私にとって）英語を勉強することは面白い。

570

2つ目。A.a の文と A.b の文を比較してわかる通り、この文の主語である"it"は"to study English"と置き換え可能です。"to study English"だと頭でっかちになりすぎてしまうので、"it"が"to study English"の代わりに主語の役割を「仮」に果たして、スマートな文を作っているわけですね。だからこの"it"を仮の主語として「仮主語」と言ったり、形だけの主語として「形式主語」なんて呼ぶこともあります。まあ、あなた方は中学生ですから、言葉は横に置いておいて、「"it"と"to study English"はイコールの関係だ」と理解しておいてください。

Lesson3-①　It is ~ for... to - （…にとって—することは~だ）

A. a. To study English is interesting for me.
　　　　　　　　　　‖
　　b. **It is** interesting (**for** me) **to** study English.
　　　　（私にとって）英語を勉強することは面白い。
　　　　※ it = to study English

さて、この文章は be 動詞の文ですから、疑問文は簡単にできますよね。主語である"it"と「逆立ち」させれば、できあがりです。

B. **Is it** interesting (**for** you) **to** study English?
　　（あなたにとって）英語を勉強することは面白いですか。

答え方は少し気をつけてください。"for you"と尋ねられているので、"Yes, I am."などと答えそうになってしまいますが、主語はあくまで"it"ですから"Yes, ..."

　　Yes, it is.
〈みんな〉

そして、"No, ..."

No, it isn't.
〈みんな〉

日本語は「はい」と「いいえ」にしておきます。

> **B. Is it interesting (for you) to study English?**
> （あなたにとって）英語を勉強することは面白いですか。
> **ans. Yes, it is. / No, it isn't.**
> 　　　はい。/ いいえ。

だいじょうぶですね。ちなみに、"Is it interesting for you to study English?"

　　　No, it isn't!（笑）
〈みんな〉

I see. But I think it will be interesting for you to study English someday! Good-bye, everyone!

　　　Good-bye, Mr. Sasa!
〈みんな〉

今日のノートとポイントのおさらい

Lesson3-① It is 〜for... to−（…にとって−することは〜だ）

A. a. To study English is interesting for me.
　　　　　　　　　　=
　b. **It is** interesting (**for** me) **to** study English.
　　（私にとって）英語を勉強することは面白い。
　　※ it = to study English

B. Is **it** interesting (**for** you) **to** study English?
　　（あなたにとって）英語を勉強することは面白いですか。
　ans. Yes, **it** is. / No, **it** isn't.
　　はい。/ いいえ。

Lesson3 ② 疑問詞＋to 不定詞

月　　日（　）

　さて、今日登場するのは「疑問詞＋to 不定詞」という文の形です。なんだか難しそうですが、それほど難しくはありません。

　ところで、いきなり脱線しますが、私は子どもの頃、親に勉強を教わったことはほとんどありませんでした。例外は英語で、英語に関しては 3 回だけ教えてもらいました。

　1 回目は、私が中学校で英語の勉強が始まる前に、アルファベットを教えてもらったときです。私は中学入学前にはアルファベットを全部言えませんでしたし、書くこともできませんでした。それはまずいよ、ということで父が数時間教えてくれました。ついでにローマ字もまったく読めなかったのですが、これも教えてもらいました。こちらものちのち大変助かりました。

　2 回目はしばらく英語を勉強していて、英単語がなかなかおぼえられなかったとき。「10 個おぼえれば、次の 10 個をおぼえるのが楽になる。100 個おぼえれば、次の 100 個をおぼえるのが楽になる。1000 個おぼえれば、次の 1000 個をおぼえるのが楽になる。英単語は、数をおぼえるほどおぼえやすくなるものだ」というアドバイスをもらいました。本当にそうだったので助かりました。

　そして 3 回目が to 不定詞です。これは 2 年生のときにも話したことがあると思います。夕食時に「英語がわからないんだよ」と珍しく漏らした私に、父が教えてくれたのは短いけれど効果の高い考え方でした。

　「ああ、不定詞ね。名詞的用法とか形容詞的用法とか副詞的用法とか、そういう言葉はいらないよ。to 不定詞が出てきたら、次の言葉を当てはめなさい。どれかしっくりくるから。意味がとれればそれでいい」というアドバイスでした。その言葉は「すること、すべき、するために」です。

　「10 回繰り返してごらん」と言われるままにリピートした私は、その後 to 不定詞が出てくるたびに「すること、すべき、するために」を順番に当てはめ、

573

意味をとりました。そうしたら、なんとなくだいじょうぶでした。

　…というわけで、リピートアフターミー。「すること、すべき、するために」

〈みんな〉 すること、すべき、するために。

5回繰り返してください。

〈みんな〉 すること、すべき、するために、すること、すべき、するために…

　今日の授業の「疑問詞＋to不定詞」は、今の話とかかわりがあります。後で戻りますので、よくおぼえておいてくださいね。

　ところで今日勉強する表現は、日本語の一部になっているんですよ。

　「ハウツーもの」って聞いたことがないかな。「実用書」とも言います。本屋さんなんかに行くと、「ハウツーもの」のコーナーがあって、例えば料理の仕方とか、花の育て方とか、盆栽の育て方とか、要するに何かをする仕方を紹介した本が並んでいます。何かの「やり方」を説明した本のこと。これを「ハウツーもの」（how to ＝～の仕方）と言います。正しい発音は〔hau tu〕ですけどね。これが本日、私たちが勉強する表現のうちの1つです。

　さて、今日の表現を実際の文の形で見てみましょう。

Lesson3-②　疑問詞＋to 不定詞

A. Aya knows how to cook tempura.
　　あやは　　　　　　　　　　　を知っています。

　"Aya knows"（あやちゃんは～を知っている）、ここまではだいじょうぶだよね。じゃ、何を知っているか、ということになる。"how to" が「～の仕方」だとすると、"how to cook tempura" はどういう意味ですか。

〈みんな〉 天ぷらの作り方。

　そうですね。「あやちゃんは天ぷらの作り方を知っている」ということになる。

> **Lesson3-②　疑問詞＋to 不定詞**
>
> ## A. Aya knows <u>how to</u> cook tempura.
> 　あやは天ぷらの作り方（　　　　　　　　　　）を知っています。

　これが普通の教え方です。でも、私の教え方は違うんですよね。参考までに聞いてください。ところで"how"ってどんな意味？

　🧑‍🦱👧👦〈みんな〉 どのように。

　そうですよね。"to cook tempura"は「料理すべき」と考えます。だとすると、"how to cook tempura"はどんな意味になりますか。

　👩👦👩〈みんな〉 どのように…天ぷらを…料理…すべきか。

　したがって、この文章は「あやは天ぷらをどのように料理すべきか知っている」と考えたほうがよいと私は考えるのです。

> **Lesson3-②　疑問詞＋to 不定詞**
>
> ## A. Aya knows <u>how to</u> cook tempura.
> 　あやは天ぷらの作り方（どのように作るべきか）を知っています。

　もちろん、みなさんがノートに意味をとったり、テストで意味を書いたりするときには「作り方を知っている」と書いてもらったほうがいいのですが、今、私が説明したように考えておくと、とってもお得なことがあるんです。というのも、表題を見てください。今回みなさんが勉強している文の形というのは、あくまでも「疑問詞＋to 不定詞」です。私の考え方だと"how"以外の疑問詞＋to 不定詞の意味をとりやすくなるんですね。

　それを証明するために説明を続けましょう。ところで、みなさんの知っている疑問詞をあげてください。

what, who, why, when...

はい、ありがとう。

では、次の文を見てください。"Aya doesn't know..."（あやは…を知りません）に、いくつかの文をつなげてみますね。

B. Aya doesn't know　what to do.
　　　　　　　　　　 where to go.
　　　　　　　　　　 when to go.
　　　　　　　　　　 which to go.

"what" の意味は何ですか？

何。

そうですね。そして "to do" は「すべき」と考えます。じゃあ、"what to do" はどんな意味になりますか。

何をすべきか。

そうです、そうです。続けますよ。"where" は「どこに」ですよね。"to go" を「行くべき」と考えれば、どんな意味になりますか。

どこに…行くべきか。

"when" は「いつ」。"to go" は「行くべきか」。あわせてみてください。

いつ行くべきか。

"which" は「どちら」。"Aya doesn't know which to go."（あやちゃんは知らないよ）、何を？

（田中くん）どちらに行くべきか。

> B. Aya doesn't know ⎡ **what to** do.　何をすべきか
> 　　　　　　　　　　 **where to** go.　どこに行くべきか
> 　　　　　　　　　　 **when to** go.　いつ行くべきか
> 　　　　　　　　　　 **which to** go.　どちらに行くべきか ⎦

どうでしょう。わかってきたのではないかな。では、この後の時間はノートを整理してください。

（高橋さん）先生！ 他の疑問詞はどうなるんですか。例えば…"who"とか"why"とか。

大変よい質問です。私は中学生がおぼえておく必要があるのは、黒板に書いただけでよいと思っていますので、「これ以外はない」と思っていてください。どうしても気になる人は、授業が終わったらこっそりきてください。こっそり教えますから。

Do you understand **what to do** next?

（みんな）Yes.

Now, let's start it!

今日のノートとポイントのおさらい

Lesson3-② 疑問詞＋to不定詞

A. Aya knows how to cook tempura.
あやは天ぷらの作り方（どのように作るべきか）を知っています。

B. Aya doesn't know ┌ what to do.　何をすべきか
　　　　　　　　　　│ where to go.　どこに行くべきか
　　　　　　　　　　│ when to go.　いつ行くべきか
　　　　　　　　　　└ which to go.　どちらに行くべきか

English After School
放課後の職員室で…

〈高橋さん・田中くん〉　先生。こっそり質問にきました。

〈先生〉　今日の「疑問詞＋to不定詞」だね。今日授業では、"what to～, where to～, when to～, which to～"の4つを勉強したのだったね。

〈高橋さん・田中くん〉　ハイ。

〈先生〉　ところで、高橋さんはどう思うの？　例えば"who to～"はあると思う？

〈高橋さん〉　どうかなあ。なんとなく不自然な気がするんですが。

〈田中くん〉　"I didn't know who to ask." だったら「だれに聞いたらよいかわからない」という意味になるんじゃないかと思うのですが。

高橋さん: あっ、そうか。

〈先生〉: そうだね。田中くんが言ってくれた通りです。正確には"I didn't know whom to ask."となるのだけれど、それは横に置いておこう。頻繁に使われるわけではないけれど、表現としてはあります。ところで"why to"についてはどうだろう。

田中くん: 言えそうな気もするんですが…。

〈先生〉: そうですね。絶対にないとは言えませんが、基本的に使いません。例えば、"I didn't know why to do that."（なぜそれをすべきかわからなかった）と言いたいなら、普通は、ちょうど次の時間に勉強する「間接疑問文」を使って"I didn't know why I should do that."という表現をとるほうが多いのです。

高橋さん: 難しいですねえ。

〈先生〉: そりゃそうです。私たちは外国語を勉強しているのですから。とくに今日の質問は、中学校の英語の質問としては最高レベルに難しいものですから、焦る必要はありません。まあ、ぼちぼち頑張りましょう。

高橋さん・田中くん: ハイ。ありがとうございました。

Lesson 3 ③ 間接疑問（を使った）文

月　　日（　）

1年生のときのことを思い出してください。

> ①　　This is a pen.

3年生にむかって怒られそうですが、「これはペンです」という意味です。ちなみに、これがペンなのか何なのかわからない、という場合には、まず、"a pen" が疑問詞 "what" に置き換わりますね（②）。

> ①　　This is a pen.
> 　　　　　　　／
> ②　　This is what .

疑問詞は〈ほわっと〉軽いので、文の先頭に移動する（③）。

> ①　　This is a pen.
> 　　　　　　　／
> ②　　This is what .
> ③ What this is.

そして人に尋ねる形の文ですから、逆立ちをさせなければならない。で、こうなる（④）。

580

①   This is a pen.

②   This is what .

③ What this is.

④ What is this?

おぼえているだろうとは思いましたが、1年生に戻って確認してもらいました。

中村くん：忘れてました。

吉田さん：ひさしぶりに聞いて新鮮でした。

それはよかった。さて、今日のタイトルを見て何か変だと思いませんか。

Lesson3-③ 間接疑問（を使った）文

田中くん：普通は「間接疑問文」だと思いますが、そうではなくて「（を使った）」が入っている…。

そうなんですね。今日勉強する新しい表現は、普通「間接疑問文」と呼ばれているものです。でも私の考えでは、これがどうもわかりづらい。そこで、「間接疑問（を使った）文」と呼んでみることにします。リピートアフターミー。「間接疑問（を使った）文」

＜みんな＞：間接疑問（を使った）文。

理由は後で説明します。きっと「私の考え」に納得してくれると思いますよ。さて、間接疑問の形は原則的に「疑問詞＋S＋V」です。

> Lesson3-③　間接疑問（を使った）文
>
> **A.** 間接疑問の形
> 　疑問詞 ＋ S ＋ V

これでは何もわかりませんので、文に基づいて説明したいと思います。B. の2つの英文を見てください。

> **B.** 間接疑問を使った文
> a. I don't know. ＋ What is this?

意味はおわかりの通り、「私は知らない」と「これは何ですか」です。これを、日本語で1文にしていただきたい。どうなりますか。

中村くん：「私は知らないのは何？」　違うな(笑)

佐藤くん：「私はこれが何か知らない」じゃないかな？

「私はこれが何か知りません」でOK。では、今度はこの2つの英文を1文にしてみたいと思います。まずは、そのままくっつけてみましょう。

> Lesson3-③　間接疑問（を使った）文
>
> **A.** 間接疑問の形
> 　疑問詞 ＋ S ＋ V
>
> **B.** 間接疑問を使った文
> a. I don't know what is this?
> 　私はこれが何か知りません。

あっ、ノートに書くのはちょっと待ってね。この後、書き換えますから。まずは説明をしっかり聞きとってください。

私から質問があります。この文は「疑問文」ですか。

鈴木さん　はい…違うかな。

ヒント。日本語。

佐藤くん　疑問文…じゃない。

違いますよね。「私はこれが何か知りません」というのは、どう考えたって、人に尋ねている疑問文ではありません。

けれども、見てください。クエスチョンマークもついているし、"is" と "this" が逆立ちしちゃっています。おかしいですね。"this" と "is" を逆立ちさせて、クエスチョンマークをつけるのは疑問文のときですよね。この文は「普通の文」なんだから、さっき最初に説明した③と④の順番を逆に戻し、クエスチョンマークをはずさなければならない。

---

④ What is this?
③ What this is.

ノートでまとめ直そう。

> **Lesson3-③　間接疑問（を使った）文**
>
> **A.** 間接疑問の形
> 　　疑問詞 ＋ S ＋ V
>
> **B.** 間接疑問を使った文
> 　　a. I don't know. ＋ What is this?
> 　　　　↓
> 　　b. I don't know what this is.
> 　　　私はこれが何か知りません。

リピートアフターミー。"I don't know what this is."

中学3年　2学期　間接疑問（を使った）文

I don't know what this is.

今、この文を読んでみて「何だか変だな」と感じた人、手をあげてください。いやいや、恥ずかしがらなくていい、しっかり手をあげてください。

　　ハイ。

はい、手を下ろしてください。全員でしたね。よかった。

　　何でですか？

今、手をあげられたのは、みなさんが今までの英語の勉強をしっかりやってきた証拠です。手があがらなければ、おかしいはずなんですよ。だって、今まであなた方は疑問詞"what"の後ろに"this"がくるような文を読んだことがないんですから。"what"と読んだ瞬間に、"is"が出てきてしまいそうな感覚があるのは、当然のことです。ではどうしたらよいか。繰り返し読んで、口に慣らしてあげるしかない。

というわけで、3回読んでください。どうぞ。

　　I don't know what this is. I don't know what this is. I don't know what this is...

さて、次の話に移ります。今度は2年生の復習です。

---

① **He wanted to go to Canada.**

---

①の文の意味はわかりますね、吉田さん。

　　彼はカナダに行きたいと思っていました。

はい、2年生レベルはだいじょうぶですね。さて、「彼」が「どこに」行きたいのかわからないので、尋ねたいとします。「どこに」は英語で"where"です。①の文のどの部分が"where"になりますか、中村くん。

Canada
中村くん

そうですね。"to Canada"（カナダに）と考えて、ここに "where" を置きましょう。これが②です。

---
① 　　　　He wanted to go to Canada.
② 　　　　He wanted to go where .

"where" は疑問詞ですから、文頭に移動します。これが③ですね。

---
① 　　　　He wanted to go to Canada.
② 　　　　He wanted to go where.
③ Where　　he wanted to go.

「彼はどこに行きたいと思っていますか」と尋ねる文章（疑問文）ですから、逆立ちさせたい。けれども使われている動詞は一般動詞で、ノーマルカードですから逆立ちさせることができません。そのため "do" の助けを借りて疑問文を作ります。これが④。

---
① 　　　　He wanted to go to Canada.
② 　　　　He wanted to go where.
③ Where　　he wanted to go.
④ Where do he wanted to go.

"do" は助動詞ですから、"wanted" の "ed" を見ると奪って "wanted" を原形にしてしまいます。"ed" をもらった "do" は "did" になります。これが⑤。

①　　　　　He wanted to go to Canada.
②　　　　　He wanted to go where.
③ Where　　he wanted to go.
④ Where do he wanted to go.
⑤ Where did he want　to go?

復習は終わりましたので、c. の２つの文を見ていただきます。

c. I asked him. + Where did he want to go?

意味はおわかりの通り、「私は彼に尋ねました」と「彼はどこに行きたいと思っていたのですか」です。日本語で１つの文にしてください。

田中くん：私は彼にどこに行きたいと思っていたのか尋ねました。

そうですね。先ほどと同じように、英語で１文にしてみましょう。

c. I asked him. + Where did he want to go?
↓
d. I asked him where did he want to go?
私は彼にどこに行きたいと思っていたのか尋ねました。

これもやはり、人に尋ねる文＝疑問文ではありません。「普通の文」に戻さなければならない。先ほどの③～⑤を逆にたどって、"do" の助けを解消します。

⑤ Where did he want　to go?
④ Where do he wanted to go.
③ Where　　he wanted to go.

586

するとほら、できあがり。疑問文ではないのですから、クエスチョンマークをはずすのを忘れずに！

> c. I asked him. + Where did he want to go?
> ↓
> d. I asked him where he wanted to go.
> 私は彼にどこに行きたいと思っていたのか尋ねました。

少し複雑ですが、最初のうちは私が説明した流れを考えながら文を作るようにするとよいと思います。

さて、もう少しで説明は終わりです。次は少しやっかいです。

2つの文を見てください。

> C.
> a. Do you know? + Why has he gone?

意味はわかりますね。「あなたは知っていますか」と「なぜ彼は行ってしまったのですか」です。日本語で1つの文にしてください。

あなたは彼がなぜ行ってしまったのか知っていますか。

これをそのまま1文にすると、次のようになりますね。

> C.
> a. Do you know? + Why has he gone?
> ↓
> b. Do you know why has he gone??
> あなたは彼がなぜ行ってしまったのか知っていますか。

中村くん　先生、クエスチョンマークが 2 つありますよ？？

ふっふっふ。まあ、黙って見ていてください！ 下線「彼がなぜ行ってしまったのか」の部分は疑問文ではありませんね。したがって、この部分を「普通の文」の順番に戻さなければなりません。

まず、"has" と "he" の逆立ちを直します。すると、この部分は疑問文ではなくなりますから、クエスチョンマークも 1 つはずさなければなりませんよね。

```
Do you know why has he gone??
            ⤸
Do you know why he has gone?        ↓
```

ほら、これでできあがりだ。

〈みんな〉　なるほど〜。

「間接疑問を使った疑問文」とでも言えばいいかな。

C. 間接疑問を使った疑問文

　a. Do you know? + Why has he gone?
　　　　　　　　　　⬇
　b. Do you know <u>why</u> he has gone?
　　　あなたは<u>彼が</u><u>なぜ</u>行ってしまったのか<u>知っていますか</u>。

難しく感じても、理屈は私が説明した通りです。繰り返しになりますが、とにかく何度も声に出して読み、「間接疑問（を使った）文」の語順に慣れるしかありません。頑張って読む！

リピートアフターミー。"Do you know why he has gone?"

〈みんな〉　Do you know why he has gone?

アゲイン。"Do you know why he has gone?"

Do you know why he has gone?
〈みんな〉

5回繰り返して、読み終えた人から終わりにしてください。

Do you know why he has gone? Do you know why he has gone?
〈みんな〉
Do you know why he has gone?...

今日のノートとポイントのおさらい

Lesson3-③　間接疑問（を使った）文

A. 間接疑問の形
　　疑問詞 + S + V

B. 間接疑問を使った文
　a. I don't know. + What is this?
　　　↓
　b. I don't know what this is.
　　　私はこれが何か知りません。

　c. I asked him. + Where did he want to go?
　　　↓
　d. I asked him where he wanted to go.
　　　私は彼にどこに行きたいと思っていたのか尋ねました。

C. 間接疑問を使った疑問文
　a. Do you know? + Why has he gone?
　　　↓
　b. Do you know why he has gone?
　　　あなたは彼がなぜ行ってしまったのか知っていますか。

中学3年　2学期　間接疑問（を使った）文

Lesson4 ① 関係代名詞〔主格〕①・who

月　　日（　　）

> **Lesson4-① 関係代名詞〔主格〕①・who**
> **A.** 関係代名詞（主格・who）

　今日は3年生の最大の山、関係代名詞の学習に入ります。
　「関係代名詞」と聞くと、「難しい」と感じる人が大人にもたくさんいます。確かに、大昔の中学校ではそれなりに難しい内容まで扱っていましたけど、今、中学生が勉強している関係代名詞はそんなにやっかいなものではありません。よーく聞いていれば十分に理解できるものです。

（佐藤くん）　本当ですか。

　本当ですとも。ですから、これからしばらくの間、しっかり私の授業を受けて、関係代名詞なんて吹っ飛ばしてしまいましょう。
　では、その「関係代名詞」の説明に入ります。ところで、タイトルのカッコの中に〔主格〕と書いておきましたが、これはのちのち意味がわかりますので、今は細かく説明しません。ただ、関係代名詞にはいくつかの種類があり、今日はそのうちの1つを勉強するのだなとだけ思っていただければよいでしょう。
　はじめに、日本語の問題を出したいと思います。

> **Lesson4-① 関係代名詞〔主格〕①・who**
> **A. a.** 私は友達がいます。　彼は東京に住んでいます。

「私は友達がいます」と「彼は東京に住んでいます」という2つの文を書きました。さて、「私は」から始めて、日本語で1つの文にしてみてください。

　　えーっと「私は友達がいて、…東京に住んでいます」

悪くはないのですが、読点を使わずに1文にしてもらいたい。

　　「私は…東京に住んでいる友達がいます」

そうですね。けっこうです。日本語でも、2つの文を組み合わせてスッキリした文を作ることはやさしくありませんね。

Lesson4-①　関係代名詞〔主格〕①・who

A. a. 私は友達がいます。　彼は東京に住んでいます。

　　b. 私は東京に住んでいる友達がいます。

今度は、英語で合体させてみます。まずは「私は友達がいます」という中学校1年レベルの英作文をしてください、吉田さん。

　　I have a friend.

そうですね。次に「彼は東京に住んでいます」、これも中学校1年レベルです。では、佐藤くん。

　　He lives in Tokyo.

よくできました。

> **Lesson4-① 関係代名詞〔主格〕①・who**
>
> **A. a.** 私は友達がいます。　　彼は東京に住んでいます。
> 　　　　**I have a friend.　　He lives in Tokyo.**
> 　　**b.** 私は東京に住んでいる友達がいます。

　では、この"I have a friend."と"He lives in Tokyo."の2つの文を英語で1文にしてみましょう。
　まず、手順としては代名詞に注目するのがポイントです（だって、「関係代名詞」でしょ）。2つ目の文の下線部"he"と同じ内容の語を、1つ目の文の中から見つけましょう。鈴木さん、わかるかな。

　　ちょっと待ってください。うーんと…、"a friend"じゃないですか。

　そうです、その通り。"a friend"＝"he"という関係ですよね。ここに着目して、文を1つにまとめてみたいと思います。

> **Lesson4-① 関係代名詞〔主格〕①・who**
>
> **A. a.** 私は友達がいます。　　彼は東京に住んでいます。
> 　　　　**I have a friend.　　He lives in Tokyo.**
> 　　**b.** 私は東京に住んでいる友達がいます。

　ここで登場するのが「関係代名詞・who」です。"who"は今までどんな意味で登場してましたっけ、中村くん。

　　えーっと、「だれ」。

　そうですね。でも疑問詞の"who"は忘れてください。今日登場するのは、関係代名詞としての"who"です。
　さっきもちょっと言いましたが、関係代名詞っていう言葉から「関係」をはずすと「代名詞」ですよね。いまアンダーラインを引いた"he"も「代名詞」。

つまり、関係代名詞"who"と代名詞"he"は…。

仲間？
田中くん

そうなんです。この仲間関係を使って2つの文を1つの文にするのです。
ではやってみますよ。
代名詞"he"のところに代名詞仲間である関係代名詞の"who"を入れます。
そして"he"と同じ内容をさす前の文の"a friend"にくっつけて1文にします。

Lesson4-① 関係代名詞〔主格〕①・who

A. a. 私は友達がいます。　　彼は東京に住んでいます。
    I have a friend.　　　He lives in Tokyo.
   b. 私は東京に住んでいる 友達 がいます。
    I have a friend who lives in Tokyo.

関係代名詞"who"には、2つの語を「関係」させて、文同士をくっつけてしまう接着パワーがあります。これが関係代名詞"who"の力なんですね。私としては、中学校で勉強する関係代名詞は「接着代名詞」と教えたほうがわかりやすいと考えています。

ちょうど、手元にある黒板消しを使って考えると、こんな感じに接着することになります。

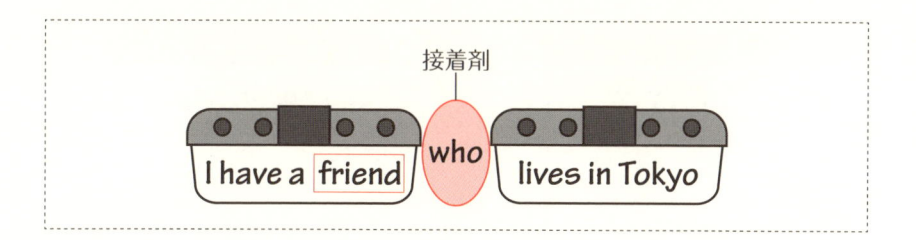

接着剤
I have a friend　who　lives in Tokyo

追加で説明しておくと、日本語では「東京に住んでいる」→「友達」と前から後ろに意味が係っていくのに対して、英語では後ろから前の話を説明する形になるので注意してください。

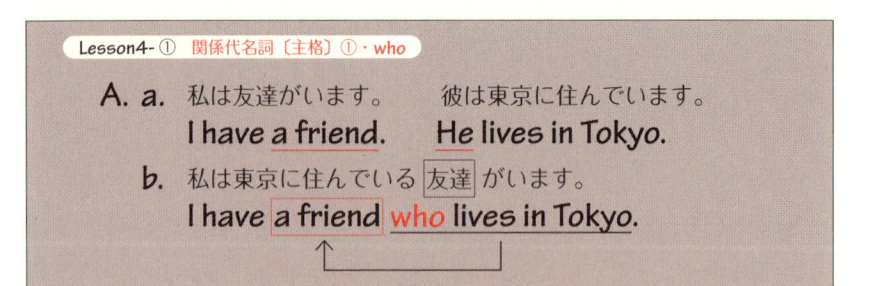

Lesson4-① 関係代名詞〔主格〕①・who

A. a. 私は友達がいます。　　彼は東京に住んでいます。
　　　I have a friend.　　He lives in Tokyo.

b. 私は東京に住んでいる 友達 がいます。
　　I have a friend who lives in Tokyo.

さて、同じことをもう一度やります。赤線を引いた2つの語に着目して、2つの文を1つの文にします。B.aの文を見てください。

B. a. その先生は新井先生です。　　彼は英語を話せます。
　　　The teacher is Mr. Arai.　　He can speak English.

では、さっきと同じように、2つ目の文の"he"を"who"に置き換えて、1つ目の文の同じ内容の語に接着します。くっつける際に注意してほしいのですが、みなさんは接着剤でものをくっつける場合、どうしますか？ 例えばこの2つの黒板消しをくっつけたいと思ったとき、このように離して置く人はいないよね。

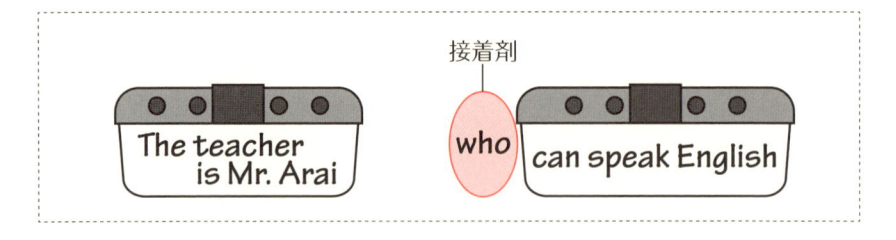

接着剤
The teacher is Mr. Arai　　who　can speak English

佐藤くん： それはいない。

中村くん： 絶対にくっつかない。

もちろん、こうしますよね。

```
接着剤
The teacher is Mr. Arai  [who]  can speak English
```

今回、**くっつけたいのは** "the teacher" と "who (he) can speak English" なのですから、となり同士に置いて、しっかりくっつけて文を作ってください。では、どうぞ。

〈みんな〉 The teacher... who...

早くくっつけないと接着剤が乾いちゃうよ！（笑）

〈みんな〉 ... who can speak English... is Mr. Arai.

> **B. a.** その先生は新井先生です。　　彼は英語を話せます。
> The teacher is Mr. Arai.　　He can speak English.
> **b.** The teacher who can speak English is Mr. Arai.

はい、よくできました。それでいいのですよ。ちゃんと "the teacher" と "who" をくっつけられて、こんな感じになりました（と思ってください！）。

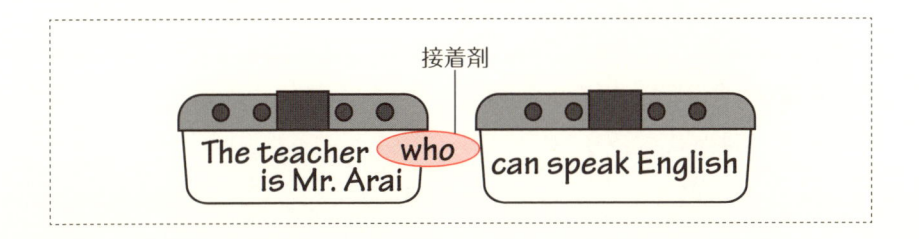

```
接着剤
The teacher is Mr. Arai (who) can speak English
```

中学3年　2学期　関係代名詞〔主格〕① ・ who

595

ところでね、この文章はどんな意味になるかな。

👧👦👩 先生は、英語を話せる新井先生？？？
〈みんな〉

苦労しているようですね。こう考えてみましょう。これならわかるはずです。

B. a.　その先生は新井先生です。　　彼は英語を話せます。
　　　　The teacher is Mr. Arai.　He can speak English.
　b.
　　　　The teacher who can speak English is Mr. Arai.
　　　　　　　　　↑_____|

👦👧👨 英語を話せる先生は…新井先生です。
〈みんな〉

そういうことになりますね。

B. a.　その先生は新井先生です。　　彼は英語を話せます。
　　　　The teacher is Mr. Arai.　He can speak English.
　b.　英語が話せる先生は新井先生です。
　　　　The teacher who can speak English is Mr. Arai.
　　　　　　　　　↑_____|

　日本語では「英語が話せる」は前から「先生」に係りますが、英語では後ろから"the teacher"に係ります。このあたりが関係代名詞の難しさですね。慣れていくしかありませんが、これで関係代名詞の基本的な説明は終わりです。
　最後に、知識としておぼえておいていただきたい言葉があります。関係代名詞の直前の言葉、これに名前があります。どんな名前かというと、「先行詞」と言います。大事な言葉なのでリピートアフターミー。「先行詞」

先行詞。

　先行詞は、どんなときでも関係代名詞に「先行」(前に来るということ) します。ということは、関係代名詞を使った文では、どれが先行詞なのかが必ずわかるということです。

　練習してみましょう。A.b の文の先行詞は？

　a friend

B.b の文の先行詞は…？

　the teacher

そうです。

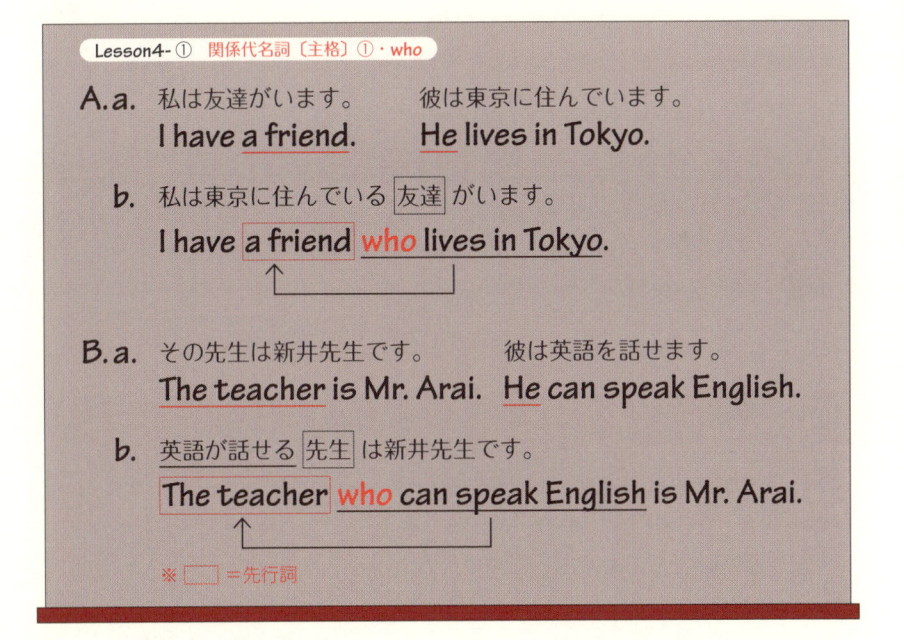

Lesson4-① 関係代名詞〔主格〕①・who

A. a. 私は友達がいます。　　彼は東京に住んでいます。
　　I have a friend.　　He lives in Tokyo.

　b. 私は東京に住んでいる 友達 がいます。
　　I have a friend who lives in Tokyo.

B. a. その先生は新井先生です。　　彼は英語を話せます。
　　The teacher is Mr. Arai.　　He can speak English.

　b. 英語が話せる 先生 は新井先生です。
　　The teacher who can speak English is Mr. Arai.

※ □ ＝先行詞

　先行詞が何であるかを判別することは、とても大切です。なぜかというと…次の２つの文を比較しながら考えてみましょう。

① Mr. Arai　　　　　　　　is a teacher who lives in Tokyo.
② Mr. Arai and Mr. Tanaka are teachers who live in Tokyo.

①の文の先行詞は？

"a teacher" です。

②の文の先行詞は？

"teachers" です。

① Mr. Arai　　　　　　　　is a teacher who lives in Tokyo.
② Mr. Arai and Mr. Tanaka are teachers who live in Tokyo.

先行詞と関係代名詞は「イコール」の関係になるということに注意してください。なぜそれが大切なのか。

　①の文では、"a teacher"＝"who"が主語となるから、続く動詞には"lives"と三単現のsがつきますよね。

　一方、②の文では、"teachers"＝"who"ですから、続く動詞は"live"と三単現のsはつきません。

　…さあ、説明は以上です。お疲れさまでした。難しかった？

難しいです！

T坊じゃないけど、ホント、難しかった。

頭の中がぐちゃぐちゃになりそう。

私もわかりやすく教えられるよう頑張ります！ Good-bye, everyone!

Good-bye, Mr. Sasa!

今日のノートとポイントのおさらい

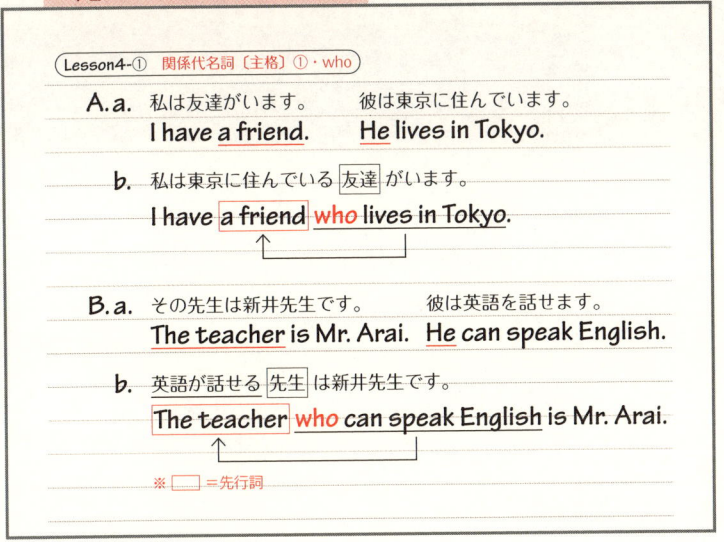

Lesson4-① 関係代名詞〔主格〕①・who

A. a. 私は友達がいます。　　彼は東京に住んでいます。
I have a friend.　　He lives in Tokyo.

b. 私は東京に住んでいる 友達 がいます。
I have a friend who lives in Tokyo.

B. a. その先生は新井先生です。　　彼は英語を話せます。
The teacher is Mr. Arai.　　He can speak English.

b. 英語が話せる 先生 は新井先生です。
The teacher who can speak English is Mr. Arai.

※ □ ＝先行詞

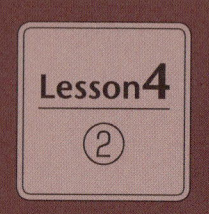

Lesson4 ② 関係代名詞〔主格〕②・which

月　　日（　）

関係代名詞の第2弾です。前回登場した関係代名詞をおぼえていますか。

　〈みんな〉 who

そうですね。今日は新人が登場します。その名前は関係代名詞の"which"と言います。

Lesson4-② 関係代名詞〔主格〕②・which

今までにみなさんが勉強した"which"はどのような意味でしたっけ。

　田中くん 「どちらが」とか「どちらの」とかです。

そうですね。前回勉強した関係代名詞"who"が疑問詞の"who"（だれ）とは無関係だったように、"which"の元の意味はすっかり忘れてください。今日勉強するのは、あくまでも関係代名詞としての"which"です。

さて、新人"which"がどのように使われるのか、実際に文の中で見てみましょう。まず、次の2つの文を日本語で1つの文にしてください。

Lesson4-② 関係代名詞〔主格〕②・which
A. a. これはバスです。　それは東京に行きます。

　〈みんな〉 …これは東京に行く…バスです。

けっこうです。

Lesson4-②　関係代名詞〔主格〕②・which

　A. a. これはバスです。　　それは東京に行きます。

　　b. これは東京に行くバスです。

では続いて、A.aの2つの文をそれぞれ英語に直してください。難しいぞ、佐藤くん、どうぞ。

　佐藤くん： 難しいなあ！（笑）"This is a bus." でいいですか？

1年生レベル合格。「それは東京に行きます」を田中くん。

　田中くん： It goes to Tokyo.

田中くんも合格。

Lesson4-②　関係代名詞〔主格〕②・which

　A. a. これはバスです。　　それは東京に行きます。
　　　　　This is a bus.　　　It goes to Tokyo.
　　b. これは東京に行くバスです。

では、この2つの英文を1つの文にしましょう。方法は前回の授業と同じです。2つ目の文に代名詞がありますね。どれですか、中村くん。

　中村くん： "it" だと思う。

そうですね。この"it"は具体的に言うと、1つ目の文の何でしょう、吉田さん。

　吉田さん： "bus" です。

そうですね、"a bus" としておこうか。それぞれに下線を引きます。

Lesson4-② 関係代名詞〔主格〕②・which

A. a. これはバスです。　　それは東京に行きます。
　　　This is a bus.　　　It goes to Tokyo.
　 b. これは東京に行くバスです。

では「関係代名詞の which」をこの代名詞"it"と置き換えて、2つの文をくっつけてみましょう。関係代名詞"who"と同じ方法で接着します。

Lesson4-② 関係代名詞〔主格〕②・which

A. a. これはバスです。　　それは東京に行きます。
　　　This is a bus.　　　It goes to Tokyo.
　 b. これは東京に行く バス です。
　　　This is a bus which goes to Tokyo.

日本語と順番が逆になりますから注意しましょう。リピートアフターミー。"This is a bus which goes to Tokyo."

This is a bus which goes to Tokyo.

けっこうです。しっかり接着できましたね。もう1つの文を同じように確認したいと思います。B.aの2つの文を見てください。これを日本語で1つの文にしてみましょう、鈴木さん。

B. a. その犬は私の犬です。　　それは長い耳をしています。

　 b.

🧑 えっと、「その犬は私の犬で、…長い耳をしています…」

悪くはない。でも、「長い耳」から始めて「何は何だ」と短く表現してほしい。

🧑 「長い耳の犬は私の犬だ」

もう少し頑張って（笑）

🧑 「長い耳をしている犬は…私の犬だ！」

それでいきましょう！

> **B. a.** その犬は私の犬です。　それは長い耳をしています。
>
> **b.** 長い耳をしている犬は私の犬です。

B.a の文をそれぞれ英語になおしてください。両方どうぞ、高橋さん。

🧑 "The dog is my dog." と "It has long ears." です。

1つ目の文の "the dog"、2つ目の文の "it" に下線を引きました。

> **B. a.** その犬は私の犬です。　それは長い耳をしています。
> <u>The dog</u> is my dog.　<u>It</u> has long ears.
>
> **b.** 長い耳をしている犬は私の犬です。

先ほどと同じ考え方で2つの文を1つにしてみましょう。"it" を "which" に置き換え、"the dog" にくっつけます。みんなでどうぞ。

🧑🧑🧑 The dog... which has long ears... is my dog.
〈みんな〉

本当にこれでだいじょうぶですか。

中村くん: 難しい。

佐藤くん: なんとなく変な気がする。

そのほうが自然なのですよ。先ほども言った通り、日本語と言葉の順番が逆なのですから。簡単だと言う人のほうが珍しい人です。難しいなあ、と思って当たり前。練習しましょう。リピートアフターミー。"The dog which has long ears is my dog."

〈みんな〉: The dog which has long ears is my dog.

> **B. a.** その犬は私の犬です。　それは長い耳をしています。
> The dog is my dog.　It has long ears.
>
> **b.** 長い耳をしている 犬 は私の犬です。
> The dog which has long ears is my dog.

さて、確認です。A.b の文 "This is a bus which goes to Tokyo." の先行詞は何でしょうか、中村くん。

中村くん: えーっと、うーんと…。

直前にきている語だから。

中村くん: あ、そうか。"a bus" だ。

そうですね。

ちょっと変なことを尋ねますが、"a bus" というのは人ですか、人以外ですか、中村くん。

中村くん：…人以外？

B.b の文の先行詞は何でしょう、田中くん。

田中くん："the dog" です。

"the dog" は人ですか、人以外ですか。

田中くん：人以外。

前回のノートを開いてください。

"I have a friend who lives in Tokyo." という文を書きましたよね。この文の先行詞は何ですか、佐藤くん。

佐藤くん：… "a friend" ！

人ですか、人以外ですか。

佐藤くん：…人？かな、たぶん。

えー！ サルや犬が友達じゃ困りますよ（笑）

中村くん：翔はそういう友達もいるかもしれない。

佐藤くん：いるわけないだろ！（笑）

佐藤くんのことはわかりませんが、普通は「人」です（笑）

さて、もう1つの文はこういう文でした。"The teacher who can speak English is Mr. Arai." この文の先行詞は何？

〈みんな〉：the teacher

"the teacher" は人ですか、人以外ですか。

👥〈みんな〉 人！

間違えたら新井先生、怒っちゃいますよ(笑) さて確認します。前回勉強したこの２つの文で使われている関係代名詞は何？

👥〈みんな〉 who

そうですね。では、今日のノートに戻ります。先行詞は"a bus"と"the dog"でした。使われている関係代名詞は？

👥〈みんな〉 which

…言わなくても、ルールが見えてきたかな？

👥〈みんな〉 先行詞が人のときは"who"、人以外のときは"which"。

たいへんけっこうです。人か物か、という区別の仕方をする人がいますが、迷ってしまうことがあるので、人か人以外か、というまとめ方をしておきましょう。単純ですけど、たいへん重要な規則ですので、日本語で書いておきます。書き終わった人から授業を終わりにしてください。Good-bye, everyone!

👥〈みんな〉 Good-bye, Mr. Sasa!

B. a. その犬は私の犬です。それは長い耳をしています。
<u>The dog</u> is my dog.　　<u>It</u> has long ears.

b. 長い耳をしている 犬 は私の犬です。
The dog which has long ears is my dog.
　　↑_____|

※先行詞が人のときは"who"、人以外のときは"which"を使う。

今日のノートとポイントのおさらい

Lesson4-② 関係代名詞〔主格〕②・which

A. a. これはバスです。　それは東京に行きます。
This is a bus.　It goes to Tokyo.

b. これは東京に行くバスです。
This is a bus which goes to Tokyo.

B. a. その犬は私の犬です。それは長い耳をしています。
The dog is my dog.　It has long ears.

b. 長い耳をしている犬は私の犬です。
The dog which has long ears is my dog.

※先行詞が人のときは"who"、人以外のときは"which"を使う。

Lesson4 ③ 関係代名詞〔主格〕③・that

月　日（　）

　今日は関係代名詞第3弾の登場です。もっとも今日はみんなに怒られちゃうかもしれないなあ。

（佐藤くん）　なんでですか!?

（鈴木さん）　先生！ また何か悪いことしたんですか!?

いえ、これからするんです（笑）まずは復習から入りましょう。

Lesson4-③　関係代名詞〔主格〕③・that

A. I have a friend _____ (　　　) has a lot of books.
B. I have a book _____ (　　　) makes me happy.

A. の文章を見てください。下線部に適する関係代名詞は何でしょうか。

（みんな）　who

そうですね。なぜ"who"を使うのですか。

（みんな）　先行詞が人だから。

その通りです。先行詞は何？

（みんな）　a friend

"a friend"は人ですか、人以外ですか。

〈みんな〉 人。

犬やネコが友達だ、という人もいるでしょうが、ご勘弁ください。普通は人です(笑)

中村くん 翔はサルが友達です。

佐藤くん 違うってば！(笑)

ケンカは休み時間にお願いします(笑) B. の文章を見てください。下線部に適する関係代名詞は何でしょうか。

〈みんな〉 which

先行詞は？

〈みんな〉 a book

人ですか、人以外ですか。

〈みんな〉 人以外。

バッチリだいじょうぶですね。ここからが新しい内容です。みなさんの今までの苦労を無に帰してしまうようなことを言います。実は、この"who, which"の代わりに使うことのできるものがあるのです。それが"that"です。

Lesson4-③　関係代名詞〔主格〕③・that

A. I have a friend <u>who</u> (that) has a lot of books.
B. I have a book <u>which</u> (that) makes me happy.

ありゃりゃ。じゃあ、せっかくおぼえた"who"と"which"は？ごめんな

さい。原則的にすべて"that"でかまわないのです。

〈みんな〉　えーっ！

〈鈴木さん〉　先生、ひどい。

　まあまあ、そう怒らないで。簡単に言えば、関係代名詞を使うときにはこう考える「迷ったら that」。

〈吉田さん〉　じゃあ"who"とか"which"とか、勉強しなくてもいいじゃないですか。

　そう思う気持ちはわかるけど、言葉というのは、そんなに簡単にいかないものなのです。

　例えば、私たち日本人は、「私」とか「僕」とか「オレ」とか、自分を指す言葉をたーくさんもっていますが、そんなに必要なの？ 英語みたいに１つでいいじゃない、と言われても困りますよね。「使い分け」のようなものがある。大人数を前にした場面で「オレは…」と自己紹介するのが許されるのはロック歌手に限られるでしょう（笑）一方で、友達を紹介してもらって「私(わたくし)は」ではダメなわけではないけれど、堅すぎる。

　これはあまりよい例ではなかったかもしれないけど、今、みんなが勉強した関係代名詞もやっぱり「使い分け」のようなものがあります。

　ここからの内容は、中学生は知らなくてもあまり困りませんが、なかなか面白いと思うので、まずはよく聞いてみてください。

　まず、次の二重四角の中を見てください。

　それぞれ、選択肢がありますので、適すると思う関係代名詞を選んで○を書いてもらいます。ただし、選択肢の中で、「もっとも適する関係代名詞」には◎、「適する関係代名詞」には○、「あまり適さない関係代名詞」には△、「適さない関係代名詞」には×を書いてもらいます。勘で書いてもらってかまいません。

　では 10 分あげますから、やってみてください。

例　I am a teacher (who, which) teaches English.
　　　　　　　　　◎　　×

① I saw a man (who, that, which) was running in the park.

② I need a book (who, that, which) tells me the truth.

③ He is the oldest man (who, that, which) knows everything about the village.

④ He is the only man (who, that, which) has his own car.

⑤ I know the best student (who, that, which) can do that work.

⑥ I want something (who, that, which) makes me happy.

⑦ I saw a man and a dog (who, that, which) were running in the park.

①の文から見ていきましょう。

先行詞は"a man"ですから、"who"と"that"に○がついたと思います。けれど、こうしてください。"who"に◎。なぜこうなるかというと「先行詞が人の場合は、that より who のほうが好まれる傾向にある」というルールがあるからなのです。深く悩んでも仕方ありません。慣れればこの感覚は自然と身についてくるはずです。

① I saw a man (who, that, which) was running in the park.
　　　　　　　　　　◎　　○　　×

次に②の文を見てみましょう。

先行詞は"a book"です。"who"に×、"that"と"which"に○がついたと思います。はい、"that"と"which"に◎をつけてください。先行詞が人のときと違って、どちらがより適している、ということはありません。

② I need a book (who, that, which) tells me the truth.
　　　　　　　　　×　　◎　　◎

次は③です。

先行詞は"the oldest man"で人ですから、"who, that"に○がついたと思います。では、"that"を◎にしてください。なんでだ〜という人、もう少し我慢してくださいね。先に進めばだんだんルールが見えてきます。

③ He is the oldest man (who, that, which) knows everything about
　　the village.　　　　　　　　　○　　◎　　×

④にいきましょう。

先行詞は"the only man"。人ですから、"who, that"に○がついていればよろしい。では"that"を◎にしてください。うーん、なんでだろう。ヒントです。③の文の先行詞は"the oldest man"ですね。何人いますか。

1人。

612

そうですね、"the oldest" が「もっとも年をとった」と "man" を強く限定していますね。④の文の "the only man" ですが、これは何人いますか。

<みんな> 1人。

はい。"the only" が「ただ1人の」と "man" をやはり強く限定しています。このあたりがポイントです。

④ He is the only man (who, that, which) has his own car.
　　　　　　　　　　　　　○　　　◎　　　×

さあ、⑤の答えが見えてきたかな。何が◎になるかわかりますね。ルールは「**先行詞に最上級が使われていたり、the only（ただ1人の）のように強く限定されている場合、関係代名詞は that を使う傾向がある**」です。

⑤ I know the best student (who, that, which) can do that work.
　　　　　　　　　　　　　　○　　　◎　　　×

もう少しで終わりです。頑張ってください。⑥の文を見てください。先行詞は何？

<みんな> something

はい、そうですね。3つの関係代名詞のうち、×になるのはどれ。

<みんな> who

"something" は人以外ですから、"who" は入らない。残りは "that" と "which" だ。"that" に◎、そして "which" に△。理由は「**先行詞が something, anything, someone, anyone である場合、関係代名詞は that を使う傾向がある**」となります。

⑥ I want something (who, that, which) makes me happy.
　　　　　　　　　　×　　　◎　　　△

最後になります。⑦の文を見てください。先行詞は何？

〈みんな〉 a man and a dog

人ですか、人以外ですか。

〈みんな〉 …両方。

では、関係代名詞は何を使ったらよい？ うまく逃げましょう。

〈みんな〉 that

正解です。先行詞が人と、人以外である。こういう場合は、万能"that"を使うしかない。"who, which"は×、"that"が◎となります。

⑦ I saw a man and a dog (who, that, which) were running in the park.
　　　　　　　　　　　　　　　　×　　　　◎　　　　×

以上で特別ルールはおしまいです。この特別ルールを言葉でまとめてみましょう。

まとめ

- 関係代名詞"who, that, which"は、先行詞が人の場合は（who）、人以外の場合は（which）を使う。（that）は両方の場合に使えるが、人の場合は（who）を使うことが多い。

- ただし、先行詞が人の場合でも、先行詞に（最上）級が使われている場合、あるいは先行詞が"the only～, the first～"など、先行詞の範囲を強く限定している形容詞を含んでいる場合には（that）を使う傾向がある。

- なお、先行詞が"anyone"や"anything"、"someone"や（something）の場合、あるいは人と人以外の場合には（that）を使う。

くどいようですが、中学生でこの特別ルールを完ぺきに知っている人はあんまりいませんし、みなさんも無理に理解しなくてもかまいません。ただ、知っている人は自慢になりますので、大いに自慢していただきたいと思います。たまには知識をひけらかすことも、心の健康によいものです(笑)

　関係代名詞、いよいよ次回が山場です。ですから宿題を出します。

〈みんな〉 えーっ！

　そんなに難しい宿題ではありません。「次の授業の前の晩は、よく寝てきてください！」、以上(笑) Good-bye, everyone!

〈みんな〉 Good-bye, Mr. Sasa!

今日のノートとポイントのおさらい

Lesson5-③　関係代名詞〔主格〕③・that

A. I have a friend who (that) has a lot of books.

B. I have a book which (that) makes me happy.

Lesson5 ① 関係代名詞〔目的格〕① ・whom, which

月　　日（　）

１時間目

　さて、これから私があることをしゃべったら、みんな一斉に「えー！」って、大きい声を出してね。それによって、みんなの気合の入り方をチェックしたいから。今日は時間表の変更で、英語が２時間続きになります！

〈みんな〉　えーっ！

気合が入っているなあ。そんなにうれしいですか？

鈴木さん　うれしくないですよ！

はいはい。でもみんなはラッキーですよ。今日は英語の勉強をしながら、もう１つ大切なことを学べるのだから。

〈みんな〉　何ですか？

人生には思い通りになるときと、ならぬときがある、ということです！　はっはっは。

〈みんな〉　…。

　…えへん。さて、関係代名詞の第一段階をみなさんは終了しました。「関係代名詞は難しい」とよく言われているけれど、それほど大したことはなかったでしょう。そうなんです。ここまでの説明は理解できる人が多いのです。問題はここからなのです。

前回の授業を思い出してください。みなさんが勉強した関係代名詞ですが、私が説明しているときに、「○○格」という言い方をしていたのですが、おぼえていますか。

〈みんな〉 えーっと…主格。

そうです。よくおぼえていてくれました。「主格」以外にも「○○格」がありますが、思いつきますか。代名詞一覧表を思い出してみればわかるかもしれない。

田中くん 目的格。

高橋さん 所有格。

けっこうです。代名詞に3つの格があるということは、関係代名詞にも主格以外に目的格、所有格があるということだ。この主格・目的格・所有格の難しさを山でイメージすると、こんな感じになります。

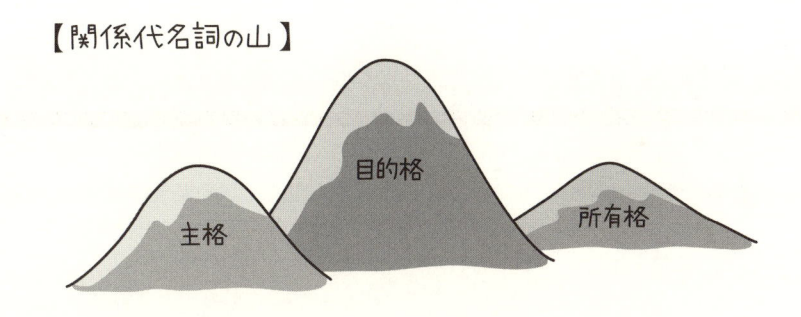

【関係代名詞の山】

（主格／目的格／所有格）

今日の勉強はこの真ん中の山、「目的格」です。

中村くん うわっ。すごく高い！ 難しそうだなあ。

中学校の英語の学習の中で、もっとも理解が難しいものだと言う人もいます。しかし、まずはよーく耳をかっぽじって私の説明を聞いてください。しっかり聞いていれば、必ずある程度のところまでは理解できるから。

「ある程度」なんだ…。
〈佐藤くん〉

　私はいい加減なことを言ってごまかすのは嫌いですから、正直に言います。今日勉強する内容は、英語を勉強する人の多くがつまづく場面です。そうそう簡単に登れる山だと思わないで臨んだほうがいい…。とはいえ、精一杯わかりやすく説明するから、みなさんも頑張って。

　さて、先ほども言った通り、今までみなさんが勉強してきたのは「主格」の関係代名詞です。で、「目的格」って何だっけ。面倒ですけど、1年生に戻ります。目的格の代名詞をあげよ。

me, him, her...
〈みんな〉

　はい、けっこうです。「私に（を）」「彼に（を）」「彼女に（を）」という意味でしたよね。この知識をよく押さえておいてくださいね。さて、次の2つの文を見てください。

Lesson5-①　関係代名詞〔目的格〕①・whom, which

A. a. 新井先生は先生です。　だれもが彼を好きです。

　この2つの文を日本語で1つの文になおしてください。新井先生は…。

新井先生は…だれもが…好きな…私たちの先生です。
〈みんな〉

　はい、けっこうです。多少遠慮して「笹先生」にはしませんでした(笑)

Lesson5-①　関係代名詞〔目的格〕①・whom, which

A. a. 新井先生は先生です。　だれもが彼を好きです。

　b. 新井先生はだれもが好きな先生です。

では、A.aの2つの文をそれぞれ英語にしましょう。1年生レベルの英作文です。

〈みんな〉 "Mr. Arai is a teacher." と "Everyone likes him." です。

> **Lesson5-① 関係代名詞〔目的格〕①・whom, which**
>
> **A. a.** 新井先生は先生です。　　　　　だれもが彼を好きです。
> **Mr. Arai is a teacher.　　Everyone likes him.**
>
> **b.** 新井先生はだれもが好きな先生です。

次にこの2文を、英語で1つの文にしてみましょう。
　注目していただきたいのは、2つ目の文章の代名詞である"him"です。"him"って何格だったっけ？

〈みんな〉 目的格。

そうです。2つ目の文の"him"、そしてこの"him"とイコールの関係にある言葉"a teacher"に注目して考えてみたいと思います。

> **Lesson5-① 関係代名詞〔目的格〕①・whom, which**
>
> **A. a.** 新井先生は先生です。　　　　　だれもが彼を好きです。
> **Mr. Arai is <u>a teacher</u>.　　Everyone likes <u>him</u>.**
>
> **b.** 新井先生はだれもが好きな先生です。

さて、前回の授業でも勉強したように、2つの文章をくっつけるためには関係代名詞の力が必要になります。前回までの授業をもう一度思い出してください。みなさんが勉強してきた関係代名詞は何格でしたか。

〈みんな〉 …主格。

中学3年　2学期　関係代名詞〔目的格〕①・whom, which

関係代名詞は何を使いましたか。

　which, who, that...

　その通りです。今回のくっつけたい２つの文で使われている代名詞は目的格の代名詞"him"だ。で、どうしたらよいか。みなさんの知っている関係代名詞"which, who, that"はすべて主格の関係代名詞ですから、目的格の代名詞の代わりに使うことはできない。

　そこで新しい関係代名詞の登場です。その名は"whom"。変な感じの言葉ですが、"he"が主格で"him"が目的格、"who"が主格で"whom"が目的格。なんとなく感覚になじむところがあるね。

　ちなみに、この"whom"は中学校の英語の教科書には一切出てきません。むしろ「教えちゃダメ」な知識です。でも気の利いた参考書や塾では教えています。なぜなら、教えたほうが生徒もわかりやすいことが多いから。

　私は気が利いた先生ですから教えちゃいます。文句がある人は放課後に私のところにくるとよろしい。２時間かけて「なぜ whom を勉強したほうがわかりやすいか」について説明してあげるから！

　けっこうです！（笑）

　…話を先に進めましょう。先ほどの２つの文をくっつけて１つの文にしてみます。

　まず、２つ目の文の代名詞"him"を接着能力のある接着代名詞こと関係代名詞の"whom"に置き換えてください。

　これで２つの文をくっつける準備完了です。次は実際にくっつけますが、"Mr. Arai is a teacher everyone likes whom." でよいでしょうか？

　ダメ…。

ダメな理由まで説明できますか？

　…。

じゃ、私が理由を説明しよう。話は変わりますが、ここに2つの黒板消しがあります。この2つの黒板消しをくっつけたいと思います。接着剤をつけてくっつけますが、接着剤はどこにつけますか。

🧑‍🤝‍🧑 〈みんな〉 内側。

そりゃそうですよね。この2つの黒板消しをくっつけるのに、このように接着剤をつける人はいませんよね。

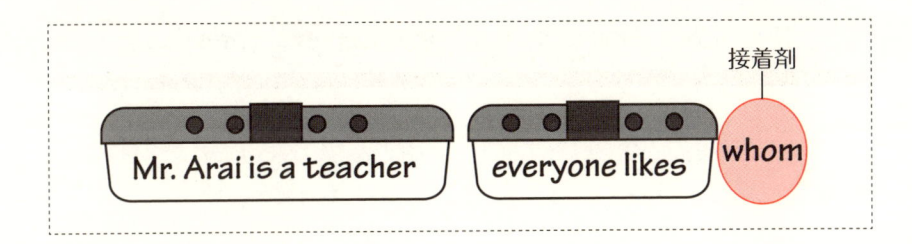

```
        Mr. Arai is a teacher    everyone likes   [whom 接着剤]
```

🧑 〈鈴木さん〉 いない、いない！（笑）

🧑 〈佐藤くん〉 絶対くっつかない。

関係代名詞は接着剤のようなものです。"Mr. Arai is a teacher everyone likes whom." という文は、上の絵のような場所に接着剤がくっついているみたいなものです。

🧑 〈中村くん〉 接着剤の意味がない！（笑）

その通りです。正しいのは、もちろん次のような形ですよね。

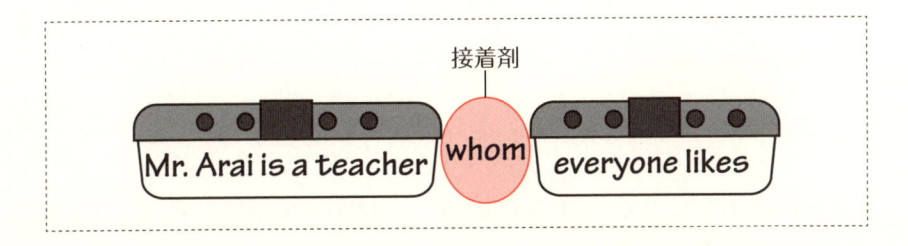

```
        Mr. Arai is a teacher  [whom 接着剤]  everyone likes
```

中学3年　2学期　関係代名詞〔目的格〕① ・whom, which

これと同じように、接着剤である関係代名詞を正しい場所、すなわち文と文の間にもってきましょう。そして不必要なピリオドをはずし、"Everyone"の大文字を小文字になおすとできあがりです。

Lesson5-①　関係代名詞〔目的格〕①・whom, which

A. a.　新井先生は先生です。　　　　　だれもが彼を好きです。
　　　Mr. Arai is a teacher.　　　Everyone likes him.

　　b.　新井先生はだれもが好きな先生です。
　　　Mr. Arai is a teacher whom everyone likes.

手も足も出ないほど難しいですか？ そんなことないでしょ。ただ、日本語と語順が逆になりますから、この感覚に慣れる必要があります。

Lesson5-①　関係代名詞〔目的格〕①・whom, which

A. a.　新井先生は先生です。　　　　　だれもが彼を好きです。
　　　Mr. Arai is a teacher.　　　Everyone likes him.

　　b.　新井先生はだれもが好きな 先生 です。
　　　Mr. Arai is a teacher whom everyone likes.

リピートアフターミー。"Mr. Arai is a teacher whom everyone likes."

〈みんな〉 Mr. Arai is a teacher whom everyone likes.

3回読んでください。

〈みんな〉 Mr. Arai is a teacher whom everyone likes. Mr. Arai is…

先ほどと同じことをもう1回繰り返して、文のしくみの理解を深めます。B.aの2つの文を見てください。

> **B.a.** その女の子は私の友達です。　昨日あなたは彼女に会いました。

さて、それぞれを英語になおせるかな。

<みんな> "The girl is my friend." と "You met her yesterday." です。

たいへんけっこうです。

> **B.a.** その女の子は私の友達です。　昨日あなたは彼女に会いました。
> The girl is my friend.　You met her yesterday.

では、この2つの文をあわせて「昨日あなたが会った女の子は私の友達です」という意味の文になるようにしてみましょう。注目するのはB.aの下線部です。

> **B.a.** その女の子は私の友達です。　昨日あなたは彼女に会いました。
> The girl is my friend.　You met her yesterday.
> **b.** 昨日あなたが会った女の子は私の友達です。

1つ目の文の "the girl" と2つ目の文の "her" がイコールの関係です。先ほどと同じように考えますが、文の形が少し変わりますので要注意です。

まず、2つの文を1つにするためには接着剤が必要でしたよね。接着能力のある関係代名詞を使います。"her" は目的格の代名詞ですから、"her" を "whom" に置き換え、1つ目の文の "the girl" に接着します。文を接続するので "you met yesterday" も一緒にくっつけます。

> **B.a.** その女の子は私の友達です。　昨日あなたは彼女に会いました。
> The girl is my friend.　　You met her yesterday.
>
> **b.** 昨日あなたが会った女の子は私の友達です。
> The girl whom you met yesterday is my friend.

この文も、日本語の意味と順番が逆になるので要注意です。

> **B.a.** その女の子は私の友達です。　昨日あなたは彼女に会いました。
> The girl is my friend.　　You met her yesterday.
>
> **b.** 昨日あなたが会った 女の子 は私の友達です。
> The girl whom you met yesterday is my friend.

リピートアフターミー。"The girl whom you met yesterday is my friend."

〈みんな〉 The girl whom you met yesterday is my friend.

3回読んでください。

〈みんな〉 The girl whom you met yesterday is my friend. The girl whom you met yesterday is...

さて、今日の英語の授業は2時間続きです。説明はもう一息で終わりますので、休み時間に脳をしっかりリフレッシュさせておいてくださいね。

中村くん　ひぇー、疲れた。

佐藤くん　眠くて死にそう(笑)

2時間目

　さあ、しっかりリフレッシュしてきてくれたかな。宿題をきちんとしてきた諸君はだいじょうぶなはずなんですよ。宿題は何でしたっけ、よく宿題を忘れる佐藤くん？

佐藤くん　よく寝る！

　ちゃんとやってきましたか？

佐藤くん　ハイ！

中村くん　さっき眠いって言ってたじゃん。

佐藤くん　…(笑)

　宿題をちゃんとやってきた人は、残りの説明もしっかり聞くことができるはずですよ〜。さて、C.aの文を見てください。

C.a.
He has a car.　　　Everyone wants it.

この2つの文の意味はだいじょうぶですね、高橋さん、田中くん。

高橋さん　彼は車を持っています。

田中くん　だれもがそれを欲しいと思っています。

　その通り。

> **C. a.** 彼は車を持っています。　だれもがそれを欲しいと思っています。
> **He has a car.**　　　　　**Everyone wants it.**

では、C.aの2つの文を、日本語で1文にしてください、吉田さん。

> 🧒 …彼は…だれもが欲しいと思っている…車を持っています。

すばらしい。まず、2つ目の文の代名詞"it"に注目。意味は「それを」ですから、何格になりますか、鈴木さん。

> 🧒 目的格！

おっ、元気いいねえ。昨日よく寝てきたでしょ。

> 🧒 ハイ！（笑）

この"it"とイコールになるのは、1つ目の文のどの言葉ですか、中村くん。

> 🧒 … a car?

その通りです。

ではこの関係に着目して、2つの文を1つの文に置き換えます。まず、"it"を接着能力のある関係代名詞に置き換えます。今回は"whom"ではなく、"which"を使います。"it"を"which"に置き換え、1つ目の文のイコールとなる言葉に文を接着させてください。

> **C. a.** 彼は車を持っています。　だれもがそれを欲しいと思っています。
> **He has a car.**　　　　　**Everyone wants it.**
> **b.** 彼はだれもが欲しいと思っている車を持っています。
> **He has a car which everyone wants.**

先ほどのように、修飾の関係を確認すると次のようになります。

> **C. a.** 彼は車を持っています。　だれもがそれを欲しいと思っています。
> He has <u>a car</u>.　　　Everyone wants <u>it</u>.
>
> **b.** 彼は<u>だれもが欲しいと思っている</u> 車 を持っています。
> He has a car which everyone wants.

さて、A.B. の文では"whom"、C. の文では"which"が使われていますが、どのように使い分けられているのか…おわかりですね、昨日よく眠ったはずの佐藤くん!?

【佐藤くん】先行詞？

おー、すばらしい。それぞれの文の「先行詞」を確認してみよう。先行詞とは、関係代名詞の直前にくる言葉でしたよね。A.b の文の先行詞は？

【みんな】a teacher

"a teacher"は人ですか、人以外ですか？

【みんな】人。

【佐藤くん】人以外(笑)

新井先生に怒られるぞ～(笑) 新井先生は言うまでもなく若くてかっこいい立派な「人」です。では、B.b の文の先行詞は？

【みんな】the girl

"the girl"は人ですか、人以外ですか？

627

🧑‍🤝‍🧑 〈みんな〉 人。

それでは、"a car" は人ですか、人以外ですか。

🧑‍🤝‍🧑 〈みんな〉 人以外。

2時間連続英語の授業、お疲れさまでした。少し早めですが、ノートが書けた人から今日の授業は終わりです。

🧑‍🤝‍🧑 〈みんな〉 やったー！！！

Good-bye, everyone!

🧑‍🤝‍🧑 〈みんな〉 Good-bye, Mr. Sasa!

C. a. 彼は車を持っています。だれもがそれを欲しいと思っています。
   He has <u>a car</u>.　　Everyone wants <u>it</u>.

b. 彼はだれもが欲しいと思っている 車 を持っています。
   He has a car which everyone wants.

※先行詞が人のときは "whom"、人以外のときは "which" を使う。

今日のノートとポイントのおさらい

Lesson5-① 関係代名詞〔目的格〕①・whom, which

A. a. 新井先生は先生です。　　　　だれもが彼を好きです。
　　　 Mr. Arai is a teacher.　　Everyone likes him.

　 b. 新井先生はだれもが好きな 先生 です。
　　　 Mr. Arai is a teacher whom everyone likes.

B. a. その女の子は私の友達です。　昨日あなたは彼女に会いました。
　　　 The girl is my friend.　　You met her yesterday.

　 b. 昨日あなたが会った 女の子 は私の友達です。
　　　 The girl whom you met yesterday is my friend.

C. a. 彼は車を持っています。だれもがそれを欲しいと思っています。
　　　 He has a car.　　Everyone wants it.

　 b. 彼はだれもが欲しいと思っている 車 を持っています。
　　　 He has a car which everyone wants.

※先行詞が人のときは"whom"、人以外のときは"which"を使う。

English After School
放課後の職員室で…

高橋さん・吉田さん: 笹先生、質問です！

〈先生〉: …まさか文句を言いにきたのでは…。

高橋さん: 違います！

〈先生〉: 2時間しゃべらずに済んでよかった！（笑）

吉田さん: でもやっぱり"whom"が難しかったんですけど、おぼえたほうがいいですか。

〈先生〉: 混乱するようだったら忘れてしまったほうがいいと思います。ちゃんと高校で教えてもらえるからだいじょうぶです。
私があえて教えるのは、"whom"を勉強すると「関係代名詞の全体像」を見通せるからなんですね。詳しくはLesson5-③のときに説明しようと思っていますが、「全体像」を見通すことで、最初は難しく感じても、パズルのように最後には「なるほど！」って納得できると思うのです。

高橋さん: 私の塾では当たり前のように教えていたので、授業でも勉強できて助かりました。

〈先生〉: 参考書や問題集でも差があります。まあ、くっきり理解できるかどうかはさておき、「教わらないものはわからない」わけですから、もうしばらく辛抱してね！

高橋さん・吉田さん: わかりました！

Lesson 5 ② 関係代名詞〔目的格〕②・that

月　日（　）

前回は、2時間にわたって大きな山を登ってもらいました。…まだだれも山を下りていないですよね(笑) 勝手に一人で下山すると遭難しちゃいますよ(笑)

> T坊は下山しちゃいました。

> 翔は遭難しちゃいました！(笑)

ケンカは休み時間中にお願いします(笑)
　まだ、みんなが頂上の見晴台にいるかどうか、問題をやってもらって確認したいと思います。次の文を見てください。

Lesson5-② 関係代名詞〔目的格〕②・that

A. Mr. Sato is a soccer player (　　　) everyone likes.
　佐藤さんはみんなが好きなサッカー選手です。

（　）に適する関係代名詞を入れよ。

> 〈みんな〉 whom

OKです。では次の問題。B.の文の（　）に適する関係代名詞を入れよ。

B. This is a car (　　　) Mr. Sato wants.
　これは佐藤さんが欲しいと思っている車です。

---

which

> Lesson5-② 関係代名詞〔目的格〕②・that
>
> A. Mr. Sato is a soccer player (whom) everyone likes.
> 佐藤さんはみんなが好きなサッカー選手です。
>
> B. This is a car (which) Mr. Sato wants.
> これは佐藤さんが欲しいと思っている車です。

OKです。よくできました。なぜA.の文が"whom"で、B.の文が"which"なんでしたっけ。A.の文は？

> 先行詞が人だからです。

一方、B.の文では？

> 先行詞が人以外だからです。

よかった、だれも勝手に下山していない様子ですね（笑）

さて、ここでみなさんを崖から突き落とすようなことを言います…。実は…。

> Lesson5-② 関係代名詞〔目的格〕②・that
>
> A. Mr. Sato is a soccer player (whom) everyone likes.
>   that
> 佐藤さんはみんなが好きなサッカー選手です。
>
> B. This is a car (which) Mr. Sato wants.
>   that
> これは佐藤さんが欲しいと思っている車です。

実は"whom"も"which"も、"that"で置き換えることができるのです。

〈みんな〉 えーっ！

しかも…普通は"whom"や"which"ではなく、"that"を使うことのほうが圧倒的に多いのです！

吉田さん じゃあ、"whom"とか"which"とか必要ないのですか！

その通りです。それどころか…。

佐藤くん なんか嫌な予感がしてきた。

するどい勘をしているね、佐藤くん。しかも"whom"も"which"も"that"もすべて「省略することができる！」

〈みんな〉 えー！

Lesson5-② 関係代名詞〔目的格〕②・that

A. Mr. Sato is <u>a soccer player</u> { (whom) / that } everyone likes.
佐藤さんはみんなが好きなサッカー選手です。

B. This is <u>a car</u> { (which) / that } Mr. Sato wants.
これは佐藤さんが欲しいと思っている車です。
※関係代名詞目的格の"whom, which" ＝ "that" ＝省略できる！

〈みんな〉 じゃあ、今までの勉強は…。

はい、無駄ではありませんが、関係代名詞の目的格は、なんと省略可、むしろ使わないことのほうが普通と言ってもいい！ 驚いた？

…というより疲れました（笑）

表にして整理すれば、こうなります。

先行詞	主格（省略不可）		目的格（省略可）	
人	who	that	whom	that
人以外	which		which	

やあ、いい汗かきましたね。では、"whom, which" を使ったパターン、"that" を使ったパターン、省略のパターンを繰り返し読んで、体に刻み込もう。それぞれを頭で理解することも大事、口と体にしみこませるのも大事。チャイムまでじっくり口と体を使います。はい、全員起立。大声大会です！（笑）リピートアフターミー。"Mr. Sato is a soccer player whom everyone likes."

Mr. Sato is a soccer player whom everyone likes.

"Mr. Sato is a soccer player that everyone likes."

Mr. Sato is a soccer player that everyone likes.

"Mr. Sato is a soccer player everyone likes."

Mr. Sato is a soccer player everyone likes.

次の文〜。"This is a car which Mr. Sato wants."

This is a car which Mr. Sato wants.

"This is a car that Mr. Sato wants."

This is a car that Mr. Sato wants.

"This is a car Mr. Sato wants."

This is a car Mr. Sato wants.

さあ、まだまだ繰り返すよ〜。"Mr. Sato is a soccer player whom everyone likes..."

今日のノートとポイントのおさらい

Lesson5-② 関係代名詞〔目的格〕②・that

A. Mr. Sato is a soccer player { whom / that } everyone likes.
佐藤さんはみんなが好きなサッカー選手です。

B. This is a car { which / that } Mr. Sato wants.
これは佐藤さんが欲しいと思っている車です。
※関係代名詞目的格の "whom, which" = "that" = 省略できる！

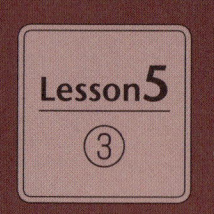

Lesson 5 ③ 関係代名詞〔所有格〕・whose

月　　日（　）

関係代名詞の勉強も今日で終わりです。

でも、本当のことを言うと、中学生が勉強しなければならない内容は前回の授業で終わっているんですよね。今日勉強する内容は、あくまでおまけです。

まず、次の表を見てください。

				主格	所有格	目的格	所有代名詞	再帰代名詞	主格に対応するbe動詞	
									現在形	過去形
				～は, が	～の	～に, を	～のもの	～自身		
人称代名詞	単数	一人称	私	I	my	me	mine	myself	am	was
		二人称	あなた	you	your	you	yours	yourself	are	were
		三人称	彼	he	his	him	his	himself	is	was
			彼女	she	her	her	hers	herself	is	was
			それ	it	its	it		itself	is	was
	複数	一人称	私たち	we	our	us	ours	ourselves	are	were
		二人称	あなたたち	you	your	you	yours	yourselves	are	were
		三人称	彼・彼女・それら	they	their	them	theirs	themselves	are	were
関係代名詞	単数	先行詞が人		※					※※	※※
		先行詞が人以外								

※ 先行詞に同じ　　　※※ 先行詞に対応する

この表はみなさんがこれまでに習った代名詞の一覧表に関係代名詞を付け加えたものです。何度もお話ししましたが、関係代名詞はあくまで代名詞ですから、こんな風に付け加えることができるんですね。この空欄に、これまでに勉強した関係代名詞〔who, which, whom, that〕を記入してみましょう。

関係代名詞	※	単数	先行詞が人	who (that)		whom (that)
			先行詞が人以外	which (that)		which (that)

※ 先行詞に同じ

※※	※※

※※ 先行詞に対応する

　…さて、上のように空欄が埋まりましたか。そこで、気になるのが残った空欄ですね。心理学に「ツァイガルニック効果」というのがあって、「人は何事かにとりかかると、それを終えたくなってしまう」傾向があるそうです。私もこういう状態のものを見ると、どうしても完成させたくなってしまいます。みなさんはどうですか。

　実は中学校の勉強で、この空欄の部分を扱わなくなってからずいぶん長い時間がたちます。では、みなさんがいつこの空欄を勉強するかというと、高校に入ってからなのですね。

　でもね、私は中学校でも十分に扱えるし、この表をちゃんと完成させるように勉強してしまったほうがスッキリしていいと思っているのです。塾でもちゃんと教えているところがありますし、参考書にも書いているものがけっこうある。理解することが不可能、というほど難しいわけではないのですよ。

　そういうわけで、みなさんにちょっとだけつきあってもらって、この表を完成させてしまいたいと思います。

　では始めましょう。次の2つの英語を日本語になおしてください、鈴木さん、吉田さん。

> Lesson5-③　関係代名詞〔所有格〕・whose
>
> A. a.　I have a friend.　　His father is very famous.

(鈴木さん) 私は友達がいます。

(吉田さん) 彼の父親はとても有名です。

そういうことですね。

> Lesson5-③　関係代名詞〔所有格〕・whose
>
> A. a.　I have a friend.　　His father is very famous.
> 　　　　私は友達がいます。　　彼の父親はとても有名です。

では、今度はこの２つの日本語を１つの文にしてください。高橋さん。

(高橋さん) 私は…父親がとても有名な…友達がいます。

そういうことですね。

> Lesson5-③　関係代名詞〔所有格〕・whose
>
> A. a.　I have a friend.　　His father is very famous.
> 　　　　私は友達がいます。　　彼の父親はとても有名です。
> 　　b.
> 　　　　私は父親がとても有名な友達がいます。

では、今度は２つの英語の文を１つにしてみたいと思います。これまでの関係代名詞と同じ考え方をしましょう。

　後ろの文の"his"と同じ内容を指すのは、前の文のどれですか。

a friend

そうですね。これまでの勉強で、代名詞が"he"（主格）だったら関係代名詞は"who"ないし"that"を使いました。"him"（目的格）だったら何を使いましたか。

　　　whom

　　　that

　　　省略！

すばらしい。その通りでしたね。でも、今回の代名詞は"his"（所有格）です。今みんなにあげてもらった関係代名詞は使えない。そこで今回登場するのは所有格の関係代名詞"whose"です。

　リピートアフターミー。"whose"

　　　whose

これまでみなさんは"whose"をどんな意味で使っていましたっけ。

　　　だれの。

そうそう。でもそれは忘れてください。今日勉強する"whose"は私の言葉で言うところの「接着代名詞」、すなわち「関係代名詞」の"whose"です。

　さあ、これまでと同じ手順で、2つの文を1つにしていきますよ。まず後ろの文章の所有格の代名詞"his"を"whose"に置き換えてください。そして、前の文章の同じ意味をもつ語に「接着」してください。どうなりますか。

　　　I have a friend... whose father is very famous.

> **Lesson5-③　関係代名詞〔所有格〕・whose**
>
> A. a.　I have a friend.　　His father is very famous.
>   　　私は友達がいます。　彼の父親はとても有名です。
>
>   b.　I have a friend whose father is very famous.
>   　　私は父親がとても有名な友達がいます。

ちなみに確認しておきますけど、先行詞は何？

〈みんな〉　？

おやおや、先行詞は関係代名詞の直前に先行してくる言葉でしょ。

〈みんな〉　a friend?

そうですよ。"whose" も "who" や "that" と同じ関係代名詞です。基本ルールは変わりません。

> **Lesson5-③　関係代名詞〔所有格〕・whose**
>
> A. a.　I have a friend.　　His father is very famous.
>   　　私は友達がいます。　彼の父親はとても有名です。
>
>   b.　I have a friend whose father is very famous.
>   　　私は父親がとても有名な 友達 がいます。

もう１つ例文をあげましょう。先ほどと同じように、２つの英文の意味を考えてください。

> B. a.　A dog is running in the park.　　Its hair is white.

1匹の犬が公園を走っています。

　　その毛は白い。

そういうことですね。では日本語で1文にしてください。

　　毛の白い…1匹の犬が…公園を走っています。

> B. a.　A dog is running in the park.　　Its hair is white.
> 　　　　1匹の犬が公園を走っています。　　その毛は白い。
>
> 　　b.
>
> 　　　　毛の白い1匹の犬が公園を走っています。

よーし、では先の文章と後ろの文章で、同じ意味をもつ語をあげてください。

　　"a dog" と "its"。

"its" を "whose" に置き換え、先の文章の "a dog" に接着してください。

　　A dog... whose hair is white... is running in the park.

> B. a.　A dog is running in the park.　　Its hair is white.
> 　　　　1匹の犬が公園を走っています。　　その毛は白い。
>
> 　　b.　A dog whose hair is white is running in the park.
> 　　　　毛の白い1匹の犬が公園を走っています。

その通り。先行詞は何ですか。

中学3年　2学期　関係代名詞〔所有格〕・whose

〈みんな〉 a dog

> B. a. <u>A dog</u> is running in the park. <u>Its hair is white.</u>
>   1匹の犬が公園を走っています。　その毛は白い。
>
>   b. A dog whose hair is white is running in the park.
>   毛の白い 1匹の犬 が公園を走っています。

ちょっと確認しておくけど、A.b の文の先行詞は"a friend"でした。"a friend"は人ですか、人以外ですか。

〈みんな〉 人。

B.b の文の先行詞は"a dog"でした。"a dog"は人ですか、人以外ですか。

〈みんな〉 人以外。

そうですね。じゃあ、"whose"は先行詞が人でも人以外でも…？

〈みんな〉 使える。

そういうことになります。

きっちりわかった？ 私も先ほどの表がきっちり仕上がって気持ちいい…というところで、本日の授業はこれにてお開き〜。Good-bye, everyone!

〈みんな〉 Good-bye, Mr. Sasa!

今日のノートとポイントのおさらい

> **Lesson5-③** 関係代名詞〔目的格〕・whose
>
> A. a. I have a friend.　His father is very famous.
> 　　　　私は友達がいます。　彼の父親はとても有名です。
>
> 　　b. I have a friend whose father is very famous.
> 　　　　私は父親がとても有名な 友達 がいます。
>
> B. a. A dog is running in the park.　Its hair is white.
> 　　　　1匹の犬が公園を走っています。　その毛は白い。
>
> 　　　A dog whose hair is white is running in the park.
> 　　　　毛の白い 1匹の犬 が公園を走っています。

代名詞・関係代名詞一覧表（完成版）

			主格	所有格	目的格	所有代名詞	再帰代名詞	主格に対応するbe動詞	
			～は, が	～の	～に, を	～のもの	～自身	現在形	過去形
人称代名詞	単数	一人称 私	I	my	me	mine	myself	am	was
		二人称 あなた	you	your	you	yours	yourself	are	were
		三人称 彼	he	his	him	his	himself	is	was
		三人称 彼女	she	her	her	hers	herself	is	was
		三人称 それ	it	its	it		itself	is	was
	複数	一人称 私たち	we	our	us	ours	ourselves	are	were
		二人称 あなたたち	you	your	you	yours	yourselves	are	were
		三人称 彼・彼女・それ ら	they	their	them	theirs	themselves	are	were
関係代名詞 ※	単数	先行詞が人	who (that)	whose	whom (that)			※※	※※
		先行詞が人以外	which (that)	whose	which (that)				

※ 先行詞に同じ　　※※ 先行詞に対応する

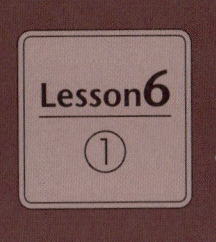

Lesson6 ① 分詞の形容詞的用法

月　　日（　）

　いよいよ年の瀬。2学期もおしまいですね。3年の英語の内容も終わりつつあります。

佐藤くん：あー、もう中学校生活も終わりかあ。

鈴木さん：卒業式、悲しい。

田中くん：受験が…。

高橋さん：なんだか、やり残したことがたくさんあるような気がします。

吉田さん：早く高校生になりたい！

中村くん：正月が楽しみ！（笑）

　それぞれの感慨があるようだね。いずれにしても、今日で2学期の英語の授業は終わり。年が明けての3学期はあっという間に終わってしまうから、みなさんの英語の勉強も、もうすぐ3年間の終末、フィナーレを迎えることになる。そもそも、3年の大きな山である現在完了形・関係代名詞の勉強を終えてしまいましたから、あとはおまけと言ってもいい内容です。

　とくに今回勉強する分詞の形容詞的用法などは、一言でオシマイになっちゃう中身です。たいそうな名前がついてますけど、たいしたことありませんのでご安心ください。

Lesson6-① 分詞の形容詞的用法

A. 現在分詞の形容詞的用法

では話を始めましょう。まず、次の文を見てください

> **He looked at a sitting girl.**
> 彼は座っている女の子を見た。

現在分詞って何？という人がいると思いますけど、なんてことはありません。この文で言えば "sitting" が現在分詞です。他の例をあげれば、"running" "singing" "eating" などなど。

🧒 現在進行形じゃないですか？

そうそう。現在進行形や過去進行形で使った「ing形」のことですよ。なんだか知りませんけど、現在分詞なんて難しい名前がついているんですね。とはいっても、みなさんが高校に行って勉強を続けようとするなら、この手の「文法用語」もたくさん出てきますから、慣れておいたほうがよい。リピートアフターミー。「現在分詞」

👧👦👧 現在分詞。

さて、先ほどの文に戻りましょう。ちょっと難しい言い方になりますが、"girl"＝「女の子」を修飾しているのは "sitting"＝「座っている」という形容詞です。

> **He looked at a <u>sitting</u> <u>girl</u>.**
> 　　　　　　　　└──↑
> 彼は<u>座っている</u> <u>女の子</u>を見た。
> 　　　└──↑

646

ところで話はまったく変わりますが、私はともかく、日本人は足が短い（笑）みなさんも例外ではありません。否定できる人がいますか？（笑）

ところが！ 英語圏の人って、足が長い人が多いのね。身長があるから当たり前ですけど、私のへそくらいまで足なんじゃないかという人も…（笑）ま、それはともかく、この文を私お得意の絵で描くと、こんな感じですかね。バランスは悪くない。

ちょっといたずらしてしまいますね。

He looked at a <u>sitting under a very big tree</u> girl.

彼はとても大きな木の下に座っている 女の子を見た。

ひどい…（笑）

えらく胴長短足になっちゃったね。日本語では不自然な感じはまったくないのですけど、英語だと不格好です。

いたずらがどうにも止まらないので、さらに…。

中学3年　2学期　分詞の形容詞的用法

He looked at a sitting under a very big dark green tree girl.

彼はとても大きな濃い緑の木の下に座っている 女の子を見た。

これは、スゴイ。

　　歩けない！（爆笑）
佐藤くん

というわけで、バランスを重んじる英語圏文化では、このような文は存在を認められません!?
そこで、こうなる。

Lesson6-① 分詞の形容詞的用法

A. 現在分詞の形容詞的用法

a. **He looked at a girl sitting under the tree.**
　彼は木の下に座っている女の子を見た。

やっぱり、私のようにスマートでなくちゃ。

　　先生！ 本気じゃないでしょうね。
鈴木さん

だいじょうぶ。本気じゃありません。ちゃんと家に鏡がありますから（笑）日本語とは修飾の仕方が反対になることに注意してね。

648

もう1つ、例文を見てみましょう。同じように足長になります。

Lesson6-① 分詞の形容詞的用法

A. 現在分詞の形容詞的用法

a. He looked at a girl sitting under the tree.
彼は木の下に座っている女の子を見た。

b. She lives in a house standing near the tree.

意味はわかりますか。

彼女は…その木の近くに立っている家に…住んでいます。
〈みんな〉

Lesson6-① 分詞の形容詞的用法

A. 現在分詞の形容詞的用法

a. He looked at a girl sitting under the tree.
彼は木の下に座っている女の子を見た。

b. She lives in a house standing near the tree.
彼女はその木の近くに立っている家に住んでいます。

さて、説明は以上で終了。

ところで、授業の最初に私が、この説明は実は一言で済むよ、と言ってたことを思い出してください。それをやってみせますよ。ただし、この教え方は私オリジナルのもので、あらかじめ言っておくけど、「邪道」です。

邪道？
〈みんな〉

正しい考え方ではないということです。ただ、みなさんは英語の学習の初心者であって、まだまだ「子ども」ですよね。ですから、ルールは単純で明快なほうがわかりやすい。みなさんが勉強を進めていけば、いずれ修正されるもの

だと思っています。

　じゃあ、笹先生がどうやって「一言で済ます」のか、聞いてみてください。

　まず、A.aの文を見てください。（　）に適する語をそれぞれ入れよ。できるかな。

Lesson6-① 分詞の形容詞的用法

A. 現在分詞の形容詞的用法

a. He looked at a girl (　　)(　) sitting under the tree.
　彼は木の下に座っている女の子を見た。

b. She lives in a house (　　)(　) standing near the tree.
　彼女はその木の近くに立っている家に住んでいます。

〈みんな〉　…"who" と…"is"。

すばらしい。

Lesson6-① 分詞の形容詞的用法

A. 現在分詞の形容詞的用法

a. He looked at a girl (who)(is) sitting under the tree.
　彼は木の下に座っている女の子を見た。

b. She lives in a house (　　)(　) standing near the tree.
　彼女はその木の近くに立っている家に住んでいます。

A.bはどうだろう。同じように（　）に適する語をそれぞれ入れよ。

〈みんな〉　"which" と "is"。

> **Lesson6-① 分詞の形容詞的用法**
>
> A. 現在分詞の形容詞的用法
>
> a. He looked at a girl (who)(is) sitting under the tree.
>   彼は木の下に座っている女の子を見た。
>
> b. She lives in a house (which)(is) standing near the tree.
>   彼女はその木の近くに立っている家に住んでいます。

じゃ、よく見ていてくださいよ。( )をさらに大きなカッコで囲んでしまおう。

> **Lesson6-① 分詞の形容詞的用法**
>
> A. 現在分詞の形容詞的用法
>
> a. He looked at a girl 〔(who)(is)〕 sitting under the tree.
>   彼は木の下に座っている女の子を見た。
>
> b. She lives in a house 〔(which)(is)〕 standing near the tree.
>   彼女はその木の近くに立っている家に住んでいます。

私の言わんとすることが見えたかな。「〔主格の関係代名詞＋be動詞〕はセットで省略することができる」です。どう？

　〈みんな〉　えーっ！

　田中くん　なるほど。

　一言で済んだでしょ。このようにルール化して考えておくと、もう１つの話も簡単にできるんです。

今日、ここまで説明した文で使っているのは"sitting""standing"など、現在進行形のときに使う「現在分詞」でしたね。「分詞」って、現在分詞以外にもう1つありました。おぼえているかな。"loved"とか"liked""written"とか"seen"などが「過去分詞」でしたね。「過去分詞」はどういう場合に使われるものでしたっけ？ おぼえているかな。

中村くん 現在完了形。

佐藤くん 受け身。

はい。そうですね。今、思い出してほしいのは、「受け身」の意味です。「～される」という意味でしたね。

では"be loved"の意味は？

鈴木さん 愛される。

"be written"は？

吉田さん 書かれる。

けっこうです。確認はここまでにして B.a, B.b の文を見てみましょう。先ほどと同じように（ ）に入る言葉が書けるかな。

B. 過去分詞の形容詞的用法

a. She is a girl (　　)(　) loved by everyone.
彼女はだれからも愛されている女の子です。

b. She received a letter (　　)(　) written in English.
彼女は英語で書かれた手紙を受け取った。

できたかな。

> **B. 過去分詞の形容詞的用法**
>
> a. She is a girl (who)(is) loved by everyone.
>   彼女はだれからも愛されている女の子です。
>
> b. She received a letter (which)(is) written in English.
>   彼女は英語で書かれた手紙を受け取った。

だいじょうぶですね。やはり先ほどの説明と同じように、大きなカッコを書きますよ。大きなカッコの中は省略することができます。

> **B. 過去分詞の形容詞的用法**
>
> a. She is a girl 〔(who)(is)〕 loved by everyone.
>   彼女はだれからも愛されている女の子です。
>
> b. She received a letter 〔(which)(is)〕 written in English.
>   彼女は英語で書かれた手紙を受け取った。

先ほどと同じように、「〔主格の関係代名詞＋be動詞〕はセットで省略することができる」と考えればスッキリするじゃありませんか。関係代名詞のしくみが理解できているなら、「現在分詞の形容詞的用法」だの、「過去分詞の形容詞的用法」などという難しげな言葉は必要ないでしょ。

なるほど〜。
〈みんな〉

とはいえ、語順を自然に感じられるようになるまで時間がかかると思います。ぜひ繰り返し声に出して読み、語順に慣れるようにしてほしいと思います。

では、楽しいクリスマスとお正月、もとい、受験勉強頑張ってください！
Good-bye, everyone!

Good-bye, Mr. Sasa!

今日のノートとポイントのおさらい

Lesson6-① 分詞の形容詞的用法

A. 現在分詞の形容詞的用法

a. He looked at a girl [(who)(is)] sitting under the tree.
彼は木の下に座っている女の子を見た。

b. She lives in a house [(which)(is)] standing near the tree.
彼女はその木の近くに立っている家に住んでいます。

B. 過去分詞の形容詞的用法

a. She is a girl [(who)(is)] loved by everyone.
彼女はだれからも愛されている女の子を見た。

b. She received a letter [(which)(is)] written in English.
彼女は英語で書かれた手紙を受け取った。

English

中学 3 年

3 学期

Lesson6 ② too〜to... 構文と so〜that 構文

月　日（　）

　さあ、いよいよ3学期ですね。さすがにみなさんの表情も受験生っぽくなってきましたね。

　　　受験生っぽい顔ってどんな顔ですか。

「疲れて追い詰められた顔」ということです。人生で何回もない、必死で勉強する時期です。どうぞ疲れるくらいしっかりと勉強してください！

　　　…。

　さあ、今年も元気よく英語の授業をいたしましょう！

Lesson6-② too〜to... 構文と so〜that 構文

　年あけ早々、難しい言葉が登場しましたね。「構文」という言葉が2回登場しました。リピートアフターミー。「構文」

　　　構文。

　「構文」というのがどういうものか、わかりやすく言ってみますね。数学が好きな理数系の人であれば、「公式」と考えるとよいと思います。一方、国語が好きな文系タイプの人なら、「決まり切った言い回し」と考えてもらうとよいと思います。

　「公式」として考えれば、公式を当てはめれば意味がとれますし、「決まり切った言い回し」と考えれば、「ああ、あの言い方か」と意味がわかると思います。私は、

「公式」としての使い方と、「決まり切った言い回し」の使い方の両方から話を進めます。

さて、「too ～ to... 構文」の説明から始めましょう。"too ～ to..." という音（日本語ではほとんどトゥ、トゥと同じになっちゃいますね）からだけだと、同じものが繰り返されているように聞こえますが、もちろん、"too" と "to" の組み合わせです。前にくる "too" はすでに勉強している通り、「あまりにも～すぎる」という、次にくる言葉の意味を強める副詞です。例文を2つあげます。

> ① There are *too* many people here.
>   ここにはあまりにも人が多すぎます。
> ② I'm *too* busy.　　私はあまりにも忙しすぎます。

後ろの "to" は、みなさんご承知である to 不定詞の "to" です。不定詞の意味を3つ答えてください。「すること」から始めてください。

〈みんな〉 すること、すべき、するために。

そうですね。今日、みなさんが勉強する「too ～ to... 構文」の "to" は、「するために」という意味の "to" になります。

実はここまでのお話で、文の意味はとれるようになっちゃいます。次の文を見てください。

> Lesson6-② too ～ to... 構文と so ～ that 構文
>   A. too ～ to... 構文
>   a. Alice was *too* big / *to* get out of the room.

言わずと知れた、『不思議の国のアリス』のアリスが大きくなる薬を飲んで部屋から出られなくなっちゃうシーンです。まず、/（スラッシュ）までの意味を考えてしまいましょう。

アリスはなんだっていうのですか、高橋さん。

👧 アリスはあまりに大きすぎた。
<高橋さん>

その通り。その次の to 不定詞は、「するために」の意味です。スラッシュ以下をどうぞ、田中くん。

👨 その部屋を出るためには。
<田中くん>

「アリスはあまりに大きすぎたよ、その部屋を出るためには」 これを日本語で通りがよいようにまとめてください。

👥 アリスは…部屋を出るためには…あまりに大きすぎた。
<みんな>

ほら、できちゃった。

Lesson6-② too〜to... 構文と so〜that 構文

A. too〜to... 構文
a. Alice was *too* big / *to* get out of the room.
　アリスはその部屋を出るためにはあまりに大きすぎた。

公式的に解釈すれば、「too〜to... 構文」は「…するにはあまりに〜だ」という意味になります。

Lesson6-② too〜to... 構文と so〜that 構文

A. too〜to... 構文（…するにはあまりに〜だ）
a. Alice was *too* big *to* get out of the room.
　アリスはその部屋を出るためにはあまりに大きすぎた。

ところで、「部屋を出るためにはあまりに大きすぎた」ということは、「アリスはあまりに大きかったので」どうなったわけですか、吉田さん？

大きすぎたから…部屋から出られなかった。
〈吉田さん〉

そうですよね。これもあわせて書いておきます。

Lesson6-②　too ～ to... 構文と so ～ that 構文

A. too ～ to... 構文（…するにはあまりに～だ）
　a. Alice was **too** big **to** get out of the room.
　　アリスはその部屋を出るためにはあまりに大きすぎた。
　　　　　　　　　　　＝
　　アリスはあまりに大きかったので、その部屋から出られなかった。

続いては「so ～ that 構文」について説明します。次の文を見てください。

B. so ～ that 構文
　a. Alice was **so** big / **that** she could not get out of the room.

　"so" は「とても」という意味ですが、私は説明の都合上、「sóんなに」と考えると便利だよ、と言います。わかりやすいでしょ。リピートアフターミー。「sóんなに」

　　　sóんなに。
〈みんな〉

　先ほどと同じように、スラッシュの前までを日本語にしてみよう。さて、スラッシュの前まで、意味をどうぞ。

　　　アリスは sóんなに大きかった。
〈みんな〉

　けっこうです。次は、こう考えます。「sóんなに～だったので、結果として that 以下」、リピートアフターミー。「sóんなに～だったので、結果として that 以下」

659

soんなに〜だったので、結果としてthat以下。

じゃあ、アリスはsoんなに大きかったので、結果として何なのか、スラッシュ以下を日本語にしてください、田中くん。

はい。結果として部屋から出られなかった。

「アリスはsoんなに大きかったので、その結果としてその部屋から出られなかった」という意味になりますよね。ま、「soんなに」をそのまま使うわけにはいかないので、公式的に「とても〜なので、その結果としてthat以下」を使いましょう。

> **B. so 〜 that 構文**（とても〜なので、その結果としてthat以下）
> a. Alice was **so** big **that** she could not get out of the room.
> アリスはとても大きかったので、その部屋から出られなかった。

あれ、なんだか、どっかで見た日本語になっちゃったね。

A.a と同じだ。

その通り。A. と B. の文は、ほとんど同じ意味になります。そういうわけで、最近はあまりはやらないのですけど、「so 〜 that 構文」を「too 〜 to... 構文」に書きなおす練習があるのですよ。やってみましょうか。まず、「so 〜 that 構文」を使って次の文章を作ってみてください、中村くん。「彼はとても貧乏なので、新しい車を買えない」

He is so poor... that... he can not buy... a new car.

先生のことですか？

2人とも正解です（笑）じゃあ、この文章を「too 〜 to... 構文」で書きなおし

てごらん、吉田さん。

He is too poor... to buy a new car.

---
① He is so poor that he can not buy a new car.
  ↕
② He is too poor to buy a new car.

大変よくできました。難しく感じる人がいるとしたら、「so～that 構文」では"can not"と否定が使われているのに、「too～to... 構文」では使わない表現になるというところでしょうね。いずれにしても「公式」「決まり切った言い回し」にそって考えれば間違いを起こしません。

付け加えて言うなら、「so～that 構文」「too～to... 構文」はすべて書き換えが可能なわけではありません。例えば次の文を見てください。

They were so hungry that they ate everything in the kitchen.

「彼らはとてもお腹が空いていたので、台所のものをすべて食べた」という意味ですが、これを「too～to... 構文」で書きなおしてみよう。

They were too hungry to eat everything in the kitchen.

このようになりますが、この文、意味が変だね。「彼らはキッチンにあるものをすべて食べるには、あまりにお腹が空いていました」と、なんだか意味がねじれた文になってしまいます。ですから、この場合は書き換えができない、ということになります。

公式的な言い方をすれば、「too～to... 構文」の文は「so～that 構文」の文に書き換えられるけれど、その逆はできない場合がある、となります。

少し時間があるので、よけいな話をします。この文をちょっといじって成立

させる方法があるんですよ。高校に行った後に勉強する内容なんですけど、教えちゃいましょう。いえいえ、そんなに難しくはない。ちょこっといじってあげればできちゃいます。"not" を使います。

They were so hungry that they ate everything in the kitchen.

=

They were too hungry not to eat everything in the kitchen.

「彼らはキッチンのものすべてを食べないでいるには、おなかが空きすぎていました」、要するに「お腹があまりに空いていたので、キッチンのものをすべて食べてしまいました」ということになるでしょ。to 不定詞に前に "not" を置いて、"to" 以下を否定する文の形です。

さて "We are too hungry not to eat lunch now."（昼食を食べないでいるにはお腹か空きすぎています）ですから、授業を終わりにして給食にしましょう。Good-bye, everyone!

Good-bye, Mr. Sasa!

今日のノートとポイントのおさらい

Lesson6-② too〜to... 構文とso〜that 構文

A. too 〜 to... 構文（…するにはあまりに〜だ）
  a. Alice was **too** big **to** get out of the room.
     アリスはその部屋を出るためにはあまりに大きすぎた。
     =
     アリスはあまりに大きかったので、その部屋から出られなかった。

B. so 〜 that 構文（とても〜なので、その結果として that 以下）
  a. Alice was **so** big **that** she could not get out of the room.
     アリスはとても大きかったので、その部屋から出られなかった。

Lesson6 ③ as 〜 as one can 構文と as soon as 〜構文

月　　日（　）

いよいよ、私の授業も今日でおしまいですね。さみしいなあ。

佐藤くん　僕たちもさみしいです！（笑）

元気よく言われると、複雑だなあ（笑）
「儚い」という表現があります。「人の夢」と書いて「儚い」とは、漢字もステキですね。「儚い」とは、「あっけなくて、むなしい」様子です。みなさんは知らないでしょうが、先生という仕事はけっこう儚い仕事なのですよ。例えまぐれですばらしい授業ができたとしても、例えみなさんたちとの関係がとてもよいものになったとしても、そのことを知っているのは私とあなた方しかいません。形に残って人の目に触れるものではありませんからね。みなさんが卒業して先生の目の前からいなくなってしまえば、何もなかったのと同じ、空っぽの教室があるだけなんです…。

鈴木さん　そんな、さみしいこと言わないでくださいよ〜。

中村くん　先生のこと忘れませんよ〜。翔は先生のこと、忘れるかもしれませんけど。

佐藤くん　忘れない、忘れない（笑）

慰めてくれてありがとう（笑）グチを言ったらスッキリしましたので、張り切って今日の授業に入りましょう。私のことは忘れてもかまいませんが、私に教わったことは忘れないでくださいね（笑）
さて、次の文は2年のときの勉強の復習です。おぼえていますね。

663

> **He is as tall as his sister.**
> 彼は彼の姉と同じくらい背が高い。

"as 〜 as..." は「…と同じくらい〜だ」とおぼえていると思います。次の文を見てください。同じく2年の復習です。

> **He runs as fast as his sister.**
> 彼は彼の姉と同じくらい速く走る。

こちらも「…と同じくらい〜する」と公式的に考えれば意味がわかったことを思い出してください。

今日、みなさんが3年生の最後の授業で勉強するのはこの "as 〜 as..." 表現の発展バージョンと思っていただいていいでしょう。

そういえば、次の文は正しくないということをおぼえていますか。

> **He is as tall as her.**
> 彼は彼女と同じくらい背が高い。
> **He runs as fast as her.**
> 彼は彼女と同じくらい速く走る。

英語圏の人でも、この文が誤りであるとは思わない人がほとんどでしょうね。でも、「きちんと英語を勉強した」人なら、この表現が間違いであることを知っています。もっとも正しくないことを知っていても、言葉というのはついつい使ってしまうのですけどね。「見れる」「来れる」「出れる」…。

佐藤くん: 何がおかしいんですか!?

田中くん: 「ラ抜き表現」だ。

中村くん: 何それ、ハカセ。

🧑 田中くん　本当は「見られる」「来られる」「出られる」のように、可能の助動詞「ら」を入れなきゃいけないんだよ。

あまりに誤用が多すぎて、間違いが間違いと認識されなくなった例だね。テレビでしゃべっている人も、ほとんどの人が言い間違えてテロップでなおされている。日本人は英語よりも日本語を勉強したほうがいいかもしれませんねえ。英語ができなくても大して恥はかきませんが、日本語ができないのはねえ…。

🧑 佐藤くん　始まった、始まった（笑）

…という中年の主張は今日の授業の最後にとっておいて、先に進めましょう。

先ほどの質問に対する答えを教えに戻ります。実は正しい表現はこうなるのです。

He is as tall as she.
彼は彼女　　　　と同じくらい背が高い。
He runs as fast as she.
彼は彼女　　　　と同じくらい速く走る。

なぜならば…

He is as tall as she (is tall).
彼は彼女（が背が高いの）と同じくらい背が高い。
He runs as fast as she (runs).
彼は彼女（が走るの）と同じくらい速く走る。

くどいので省略されているわけです。"her"（彼女を、に）の後ろに動詞がくることはありませんから、"her"が最後にくることはおかしい、となります。「見れる」「来れる」のように、あまりに誤用が多すぎて、間違いであることが忘れられちゃっていますけどね。

さて、ここまでの話を元に説明を進めます。A.aの文を見てください。

> Lesson6-③　as ~ as one can 構文と as soon as ~ 構文
>
> A. as ~ as one can
> a. He ran as fast as he could run.

"He could run"（走ることができる）と同じくらいの速さで"he ran"（走った）というのは、どういうことだろう。

　田中くん：走ることのできるのと同じくらいの速さで走った？

　佐藤くん：なんだそりゃ。

限界にチャレンジしているんだろうね。「走ることのできる」のと同じくらいに「速く走ったわけ」だから？

　高橋さん：できるだけ速く走った？

そうなるでしょう。そしてくどいので、2回目に出てくる"run"は使いません。

> Lesson6-③　as ~ as one can 構文と as soon as ~ 構文
>
> A. as ~ as one can
> a. He ran as fast as he could (run).
> 　　彼はできるだけ速く走った。

公式的におぼえるなら、"as ~ as one can"は「one ができるだけ~のように」と意味がとれます。

> **Lesson6-③** as ～ as one can 構文と as soon as ～構文
>
> A. as ～ as one can （one ができるだけ～のように）
> a. He ran as fast as he could (run).
>   彼はできるだけ速く走った。

では、「できるだけゆっくり歩きなさい」という文を作ってみよう。"walk" からどうぞ。

〈みんな〉 Walk... as... slowly as...?

そうですね。"one can" の "one" には代名詞を入れましょう。この場合は命令文で、「あなた」に言っているわけだから…。

〈みんな〉 ... you... can.

正解。

> **Lesson6-③** as ～ as one can 構文と as soon as ～構文
>
> A. as ～ as one can （one ができるだけ～のように）
> a. He ran as fast as he could (run).
>   彼はできるだけ速く走った。
> b. Walk as slowly as you can (walk).
>   できるだけゆっくり歩きなさい。

さて、次に勉強する表現もこれまでの説明の延長線上です。まず、文を見てもらっちゃいましょう。

> B. as soon as ～
> a. Ken ate cakes as soon as he went back home.

"he went back home"（家に帰る）するのと同じくらい"soon"（すぐ）に"ate cakes"（ケーキを食べた）そうです。じゃあ、ケンはどんな感じでケーキを食べたかわかるかな。

<みんな> ???

「家に帰った」（he went back home）のと同じくらい「すぐ」（soon）に、「ケーキを食べた」（ate cakes）、ということは、家に帰ると…。

<鈴木さん> すぐに食べた！

その通り。家に帰ってドアを開けたと思ったらす～ぐに部屋に飛び込んでケーキを食べるイメージ。だってそうでしょ。家に帰り着くのと同じくらいすぐにケーキを食べているんだから。ケンちゃん、よっぽどお腹が減ってる。

<佐藤くん> わかるわかる。

<中村くん> 腹減るもんね（笑）

公式的に言うと、「～するとすぐに」となるのが普通です。でも、ちょっと古い日本語ではあるけれど、ぴったりという表現があるので、私はこちらを使いたいと思います。

B. as soon as ～（～するやいなや）
 a. Ken ate cakes **as soon as** he went back home.

リピートアフターミー。「なになにするやいなや」

<みんな> なになにするやいなや！

したがってケンちゃんの場合はこうなる。

> **B. as soon as 〜**（〜するやいなや）
>   a. Ken ate cakes **as soon as** he went back home.
>   ケンは家に帰るやいなやケーキを食べた。

　ケンちゃん、よっぽどお腹が減っているっていう感じが出るでしょ。帰るやいなや食べているんですから。ちょっといやしいけど。

佐藤くん　わかるわかる。

中村くん　腹減るもんなあ。

鈴木さん　進歩ないなあ、男子は（笑）

　さて、今度は美しい例文で…。B.bの文を見てください。

> **B. as soon as 〜**（〜するやいなや）
>   a. Ken ate cakes **as soon as** he went back home.
>   ケンは家に帰るやいなやケーキを食べた。
>   b. A horse stands up **as soon as** it is born.

　いかがでしょう。どんな意味かわかるかな？ "be born" は「生まれる」だったよね。

高橋さん　馬は…生まれる…やいなや…立ち上がる。

　その通りです。

> B. as soon as ～ (～するやいなや)
> a. Ken ate cakes **as soon as** he went back home.
>   ケンは家に帰るやいなやケーキを食べた。
> b. A horse stands up **as soon as** it is born.
>   馬は生まれるやいなや立ち上がる。

　馬は、生まれるとすぐに立ち上がる。どうしてそんなに早く立ち上がるかというと…。

中村くん　…おそわれるから！

　そうそう。立ち上がって走るまでに何時間、何日もかかっていたらあっという間にライオンやらトラやらに食われてしまう。野生のほとんどの動物は生まれるやいなや立ち上がって歩きますよね。そしてひとりだちして一人前になるまでに、せいぜい1年、2年ですね。

　一方、我々人間はいかがでしょうか。

　みなさん知っての通り、人は立ち上がるまでに数ヵ月、他人とある程度の共同生活ができるようになるまでに6年（小学校入学）、社会で生きていく基礎ができるまでに足かけ15年（義務教育終了）もかかる。そしてその間、勉強することを求められて、みなさんは学校にきて座ってきた、いやもとい、勉強してきたわけです（笑）

　さて、なぜみなさんはそんなに長い間、勉強しなければならないことになるのか。これはとても大きなテーマなので、短時間で考えることはできない。ただ、みなさんが1年のときに約束した通り、3年間の授業のまとめとして「**なぜ、すべての中学生が英語の勉強をしなければならないのか**」ということについてみんなと考えてみたい。

　「どうしてみんなが英語を勉強しなくちゃイケナイの？」という質問をされたら、なんて答えるかな。

佐藤くん：仕方ないから（笑）

中村くん：高校へ行くために必要だから。

鈴木さん：就職のときとか会社に入った後とかも、テストを受けるってニュースでやってましたよ。

あなたはそうかもしれないけど、みんなが勉強しなければならないのはなぜか、ということを問題にしたいな。みんなが高校に行くわけじゃないし、みんなが英語のテストがある会社に入るわけじゃないよね。

高橋さん：やっぱり、国際化が進んで、いろんな人とコミュニケーションを図れるようにならなければいけないからじゃないかと思います。

吉田さん：私の親戚の高校生が韓国に交換留学に行って、韓国の高校生と英語で話したって言っていました。

なるほど。そうすると、英語を母国語にする人に限らず、外国の人とコミュニケーションするためには英語ができると便利なわけだね。だから全員が英語を勉強しないと…。田中くんはどう思う？

田中くん：英語は大切だと思いますが、日本で暮らしている分には、英語を話す必要はほとんどないと思います。

なるほど。

佐藤くん：必要な人が勉強すればいいんじゃないかなあ。そうだとうれしいんだけどな（笑）

はっはっは。

高橋さん：いろんな国の人がお互いの考えを知り合うことは大切だと思います。だって、他の国のことを理解しなければ、日本のことも理解してもらえないと思います。

佐藤くん　だからさあ、日本語じゃダメっていうのがわかんない。みんなが英語ができなくてもいいんじゃないか、と思う。全員が英語を勉強しなくてもいい。

吉田さん　日本語じゃダメっていうわけじゃなくて、英語ができたほうが便利だっていうか…。みんなが英語ができなきゃならないわけじゃないけど、できたほうがいいんじゃない？

　ちょっと待って。英語の勉強をするってことは、イコール英語ができるようになるっていうことなのかな。そこにこだわらなくちゃダメなのかな。

中村くん　英語ができなくてもいいってことですか！ それはうれしいです！（笑）

佐藤くん　結果はいらないってことですか。

　勉強の「結果」が何を指すのか考えなければならないけど、「英語ができる」ことだけが「結果」なら、海外生活経験があって、たまたま英語ができるという生徒がいたら、その生徒は英語の授業を受ける必要がなくなっちゃうでしょう。でも、学校の勉強はそうではありません。

　外国語の学習の目標は大きく3つある。①言葉や文化を理解すること、②意思や気持ちを伝え合おうとする姿勢、③外国語を読み、書き、話し、聞く力。

高橋さん　じゃあ、「英語ができるようになる」っていうことだけが目標じゃないんですね。

　そりゃあそうですよ。もしもそうであったら、英語はなかなかできないけれど英語の勉強は好き、なんていう生徒は救われないでしょう。もちろん、英語ができるようになることは大きな目標です。でも、できるようになるための学習を通して、その他のいろんなことも学んでいるわけです。

　例えば、英語が苦手で嫌いでテストは残念な結果が多かったけど（笑）、予習だけはちゃんとやってきたこと。これはとても大事なことですよ。苦手なことでもあきらめずに取り組む態度として立派だよね、N君（笑）

中村くん　ありがとうございます！（笑）

　難しいなあと思いながらも英語の勉強を続けてきたこと、映画を観ていたら少し英語が聞き取れたこと、日本語と英語はずいぶん違うなって思ったこと、文法がちょっとだけわかったこと、何より、ここにいるみんなが一緒に英語を勉強してきた、ということ。こういう小さなことにも、ちゃんと価値があるってことを知ってほしい。そして、いつの日か英語を勉強しなおしたいと思ったとき、そのことを思い出してほしいと思う。

　さっき、高橋さんが文化の違うもの同士が互いに知り合う必要がある、と言ってくれた。その通りです。「私たちの文化」は「私たちの文化だけ」で存在することはできません。文化同士は互いに関わり合って存在するものであり、他の文化と触れ合うことで自分たちの文化が自分たちのものとして確立されるのです。

　外国語の学習の目的の１つは、語学のスキルを身につけたり、自分の知識を豊かにすることだと思います。

　でも、外国語を勉強するということは「自分たちの言葉や文化を深く知る」ことでもあります。私たちが私たちであるために、あるいは自分たちが自分たちの文化（言葉）を深く知る（継承する）ためにこそ、私たちは外国語を知ったり、外国の文化を知ることが必要なんですよ。その意味において、語学の学習は「自分のため」だけではなく、同じ言葉、文化を共有する人々（すなわち日本人である私たち自身）のためにするものでもあるのです。だからこそ価値がある。私はそう思います。

　私が、日本人が外国語（今はたまたま英語ですが）を勉強すべきなのだと考えているのは、こういう理由によるのです。少し難しいけれど、みなさんに少しでも伝わったらうれしいな。

　さて、いよいよ３年間の英語の授業が終わりますね。みなさんが英語の勉強を通して、これからも人として成長してくれることを心から願い、期待しています。

3年間、ありがとうございました。さあ、最後もいつも通り元気よく！
Good-bye, everyone!

〈みんな〉 Good-bye, Mr. Sasa!

今日のノートとポイントのおさらい

Lesson6-③ as～as one can 構文と as soon as～構文

A. as ～ as one can （one ができるだけ～のように）
a. He ran as fast as he could (run).
   彼はできるだけ速く走った。
b. Walk as slowly as you can (walk).
   できるだけゆっくり歩きなさい。

B. as soon as ～ （～するやいなや）
a. Ken ate cakes as soon as he went back home.
   ケンは家に帰るやいなやケーキを食べた。
b. A horse stands up as soon as it is born.
   馬は生まれるやいなや立ち上がる。

[巻末資料] 中学校で習う不規則変化動詞一覧表

No.	現在形	過去形	過去分詞形	意味
1	am / is / are〔be〕	was / were	been	です、である / いる、ある
2	bear(s)	bore	born	生む
3	become(s)	became	become	〜になる
4	begin(s)	began	begun	始める
5	bite(s)	bit	bitten	噛む
6	blow(s)	blew	blown	吹く
7	break(s)	broke	broken	壊す
8	bring(s)	brought	brought	持ってくる
9	build(s)	built	built	建てる
10	burn(s)	burnt / burned	burnt / burned	燃やす
11	buy(s)	bought	bought	買う
12	catch(es)	caught	caught	捕まえる
13	choose(s)	chose	chosen	選ぶ
14	come(s)	came	come	来る
15	cut(s)	cut	cut	切る
16	dig(s)	dug	dug	掘る
17	do / does	did	done	する
18	draw(s)	drew	drawn	描く
19	drink(s)	drank	drunk	飲む
20	drive(s)	drove	driven	運転する
21	eat(s)	ate	eaten	食べる
22	fall(s)	fell	fallen	落ちる
23	feel(s)	felt	felt	感じる
24	fight(s)	fought	fought	闘う
25	find(s)	found	found	見つける
26	fly / flies	flew	flown	飛ぶ
27	forget(s)	forgot	forgotten / forgot	忘れる
28	get(s)	got	gotten, got	得る
29	give(s)	gave	given	与える
30	go(es)	went	gone	行く
31	grow(s)	grew	grown	育つ
32	have / has	had	had	持つ、持っている
33	hear(s)	heard	heard	聞く

No.	現在形	過去形	過去分詞形	意味
34	hide(s)	hid	hidden	隠す・隠れる
35	hit(s)	hit	hit	打つ
36	hold(s)	held	held	つかむ
37	hurt(s)	hurt	hurt	傷つける
38	keep(s)	kept	kept	保つ
39	know(s)	knew	known	知る
40	lead(s)	led	led	導く
41	learn(s)	learned / learnt	learned / learnt	学ぶ
42	leave(s)	left	left	離れる
43	lend(s)	lent	lent	貸す
44	lie(s)	lay	lain	横たわる
45	lose(s)	lost	lost	失う
46	make(s)	made	made	作る
47	mean(s)	meant	meant	意味する
48	meet(s)	met	met	会う
49	mistake(s)	mistook	mistaken	間違う
50	put(s)	put	put	置く
51	read(s)	read	read	読む
52	ride(s)	rode	ridden	乗る
53	ring(s)	rang	rung	鳴る・鳴らす
54	rise(s)	rose	risen	上がる、昇る
55	run(s)	ran	run	走る
56	say(s)	said	said	言う
57	see(s)	saw	seen	見る
58	sell(s)	sold	sold	売る
59	send(s)	sent	sent	送る
60	set(s)	set	set	置く、設定する
61	shake(s)	shook	shaken	振る
62	shoot(s)	shot	shot	撃つ
63	show(s)	showed	shown	見せる
64	shut(s)	shut	shut	閉める
65	sing(s)	sang	sung	歌う
66	sit(s)	sat	sat	座る
67	sleep(s)	slept	slept	眠る
68	smell(s)	smelled / smelt	smelled / smelt	(においを) かぐ
69	speak(s)	spoke	spoken	話す

No.	現在形	過去形	過去分詞形	意味
70	spend(s)	spent	spent	費やす
71	spread(s)	spread	spread	広がる・広げる
72	stand(s)	stood	stood	立つ
73	steal(s)	stole	stolen	盗む
74	swim(s)	swam	swum	泳ぐ
75	take(s)	took	taken	つれていく、持っていく、のっていく
76	teach(es)	taught	taught	教える
77	tell(s)	told	told	言う
78	think(s)	thought	thought	思う
79	throw(s)	threw	thrown	投げる
80	understand(s)	understood	understood	理解する
81	wake(s)	woke	woken	目を覚ます
82	wear(s)	wore	worn	着る
83	win(s)	won	won	勝つ
84	write(s)	wrote	written	書く

参考文献

江川泰一郎　『英文法解説　改訂三版』金子書房，1991

江利川春雄　『日本人は英語をどう学んできたか』研究社，2008

大津由紀雄 他　『英語教育、迫り来る破綻』ひつじ書房，2013

金谷憲　『英語教育熱』研究社，2008

斎藤兆史　『英語達人列伝―あっぱれ、日本人の英語』中央公論新社，2000

高岡昌江　『国語の教科書は、なぜたて書きなの？』アリス館，2001

笹達一郎　『すぐに役立つ！365日の英語授業づくりガイドブック　授業の基本・文法指導編』明治図書，2012

笹達一郎　『すぐに役立つ！365日の英語授業づくりガイドブック　コミュニケーション活動・評価編』明治図書，2012

綿貫陽 他　『教師のためのロイヤル英文法』旺文社，1994

綿貫陽 他　『表現のための実践ロイヤル英文法』旺文社，2006

綿貫陽 他　『徹底例解　ロイヤル英文法　改訂新版』旺文社，2000

おわりに

　英語をゼロから学びなおしたい人。英語が苦手で嫌いだけど、中学校の段階から勉強しなおさなければならないという人。そんな人が抵抗感なく英語のしくみを理解できる本はないだろうか。
　本書はそんな思いで書いた本です。初めて英語を本格的に学ぶ中学生が受ける英語の授業、中学校の教室を舞台にしたことで、読みやすく面白いものになったと思います。

　初歩の学習者にとって、文法用語はいかにきれいに整理して説明しても難しく感じられるものです。そのため本書では文法用語の使用を最低限度にし、例文を絞り込みました。また、文法説明の場面では、助動詞の"does"を《do＋三単現のs》と説明したり（doesはdoの変形）や、5文型の説明の中で"subject"のSを"shugo"（主語）のSとこじつけたりするなど、アクロバティックな説明をたくさん盛り込みました。これは「中学生でも」「英語初心者でも」わかりやすくするための工夫です。本来であれば、そのいちいちに正しい説明を加えたり、注釈したりすべきですが、それでは世にある他の本と変わらなくなってしまいます。専門家の方や英語の学習が進んでいる方からはお叱りを受ける懸念はありましたが、思い切って「初心者がとっつきやすい」内容にすることを最優先にしました。このことを了解いただいたうえで、本書を読んで英文法に興味をもたれた方には、さらに中高生向けの文法解説書を読んで知識を整理したり、深めたりしてほしいと思います。読者のみなさまにとって、この本が英語への道を開く「扉」としてお役に立てれば幸いです。

本書が誕生する経緯について一言。

　本書は、私が英語教師として群馬県前橋市の公立中学校で勤務し始めた1997年から10年近くかけて完成させた『笹式！　中学英文法講義』に手を加えたものです。この本は私家版を印刷・製本し、全国の数百人の先生にお送りしてきました。今回、『笹先生といっしょに学ぶ中学英語』として形を変えて、より多くの読者のみなさまにお届けすることができたことは望外の幸せです。ベレ出版担当の新谷さん、編集部はじめ出版社のみなさん、かわいいイラストを描いていただいたいげためぐみさん、装丁を担当していただいた神部えりさんに御礼申し上げます。本書を通して少しでも多くの方の英文法アレルギーが解消され、学習の一助となれば幸いです。

　語学の学習は、外国語によるコミュニケーション・スキルの向上のためだけのものではありません。私たちの母語である日本語を豊かにし、私たちの文化を高める大切な方途でもあります。1つの語学を修めることは大きな努力を必要とするものですが、ぜひこのことを学習を進める上で心の支えにしていただけるよう願っています。

　最後に、私の文法説明のノウハウの多くは英語教師として先輩にあたる私の父から口伝で受け継いだものであることを告白し、父である笹達吉に、父を支えた母、トミ江に感謝の意を表して筆を擱きたいと思います。

平成25年　8月

┃著者紹介┃

笹 達一郎（ささ たついちろう）

1967年群馬県生まれ。早稲田大学卒業。
東京での民間勤務を経て、1997年より群馬県公立中学校等に勤務。英語、社会を担当。
長年にわたる英語指導の経験を活かし、独特のノウハウが満載された「わかりやすく楽しい英語授業」には定評がある。
教育・進路・学級経営等のアイデアを掲載した中学校教員向けのHP『教室のアイデア』を運営。

〈主な執筆活動〉
『人気ゲーム満載！英語表現・文法指導アイデアワーク』〈中学1年／2年／3年〉、『英文法の基礎・基本＆面白解説ワーク』〈中学1年／2年／3年〉、『すぐに役立つ！365日の英語授業づくりガイドブック』〈授業の基本・文法指導編／コミュニケーション活動・評価編〉、『中学校教師のための学級経営365日のパーフェクトガイド』（以上、明治図書）、他多数。

笹先生といっしょに学ぶ中学英語

2013年8月25日　初版発行

著者	笹 達一郎
カバーデザイン	神部 えり
イラスト	いげためぐみ
DTP	WAVE 清水 康広

©Tatsuichiro Sasa 2013. Printed in Japan

発行者	内田 眞吾
発行・発売	ベレ出版 〒162-0832　東京都新宿区岩戸町12 レベッカビル TEL.03-5225-4790　FAX.03-5225-4795 ホームページ　http://www.beret.co.jp/ 振替 00180-7-104058
印刷	モリモト印刷株式会社
製本	根本製本株式会社

落丁本・乱丁本は小社編集部あてにお送りください。送料小社負担にてお取り替えします。

本書の無断複写は著作権法上での例外を除き禁じられています。
購入者以外の第三者による本書のいかなる電子複製も一切認められておりません。

ISBN978-4-86064-365-2 C2082　　　　　　編集担当　新谷友佳子